Peter A. Berger · Ronald Hitzler (Hrsg.)

Individualisierungen

Sozialstrukturanalyse

Herausgegeben von
Peter A. Berger

Peter A. Berger
Ronald Hitzler (Hrsg.)

Individualisierungen

Ein Vierteljahrhundert
„jenseits von Stand und Klasse"?

VS VERLAG

Bibliografische Information der Deutschen Nationalbibliothek
Die Deutsche Nationalbibliothek verzeichnet diese Publikation in der
Deutschen Nationalbibliografie; detaillierte bibliografische Daten sind im Internet über
<http://dnb.d-nb.de> abrufbar.

1. Auflage 2010

Lektorat: Frank Engelhardt

VS Verlag für Sozialwissenschaften ist eine Marke von Springer Fachmedien.
Springer Fachmedien ist Teil der Fachverlagsgruppe Springer Science+Business Media.
www.vs-verlag.de

Umschlaggestaltung: KünkelLopka Medienentwicklung, Heidelberg
Gedruckt auf säurefreiem und chlorfrei gebleichtem Papier
Printed in Germany

ISBN 978-3-531-16983-5

Vorwort

Der vorliegende Band aus der Reihe „Sozialstrukturanalyse" geht in Teilen auf
eine Sitzung der Sektion „Soziale Ungleichheit und Sozialstrukturanalyse" auf
dem 34. Kongress der Deutschen Gesellschaft für Soziologie in Jena im Jahre
2008 zurück. Die Veranstaltung hatte den Titel „„Jenseits von Stand und Klasse?' 25 Jahre Individualisierungsthese". Die zentrale Frage an die Referentinnen
und Referenten war, ob und in welcher Hinsicht von der Individualisierungsdiskussion ausgehende Herausforderungen in verschiedenen Teilbereichen der Soziologie, aber auch für die soziologische Theoriediskussion generell produktiv
waren und sind. Wir danken den Teilnehmerinnen und Teilnehmern dieser Veranstaltung und den Autorinnen und Autoren dieses Bandes für ihre Antworten –
und für ihre neuen Fragen.

Ausgangspunkt dieser Veranstaltung und Ausgangspunkt für diesen Band war
aber darüber hinaus auch die Beobachtung, dass es, zumindest gemessen an der
Zahl ihrer Widerlegungsversuche, in der Nachkriegsgeschichte der deutschen
Soziologie wohl kaum eine erfolgreichere These als die „Individualisierungsthese" gegeben hat.

Dafür sind wir *Ulrich Beck* und *Elisabeth Beck-Gernsheim*, denen dieser Band
gewidmet ist, dankbar – und vielleicht ja nicht nur wir…

Peter A. Berger   Ronald Hitzler

Inhalt

Individualisierungen: Jenseits von Stand, Klasse und Nation?

Individualisierungen:
Ambivalenzen in Lebensführung
und Partnerschaften

Individualisierungen:
Theoretische und methodologische
Herausforderungen

Alte und neue Wege der Individualisierung

Peter A. Berger

> „Individualisierung (meint) ein makroso-
> ziologisches Phänomen, das sich mögli-
> cherweise – aber eben vielleicht auch nicht
> – in Einstellungsveränderungen individuel-
> ler Personen niederschlägt. Das ist die
> *Krux der Kontingenz:* Es bleibt offen, wie
> Individuen damit umgehen. ... Der ent-
> scheidende Gedanke lautet: Individua-
> lisierung wird tatsächlich dem Individuum
> durch moderne Institutionen auferlegt."
>
> (Beck 2008a: 303)

I.

Vor mehr als einem Vierteljahrhundert konnte ein Sonderband der Sozialen Welt
Aufsehen erregen, weil er den damals irritierenden Titel „Soziale Ungleichhei-
ten" (Kreckel (Hrsg.) 1983) trug: Dieser Plural sollte signalisieren, dass Muster
sozialer Ungleichheiten in zeitgenössischen Gesellschaften sowohl mit Blick auf
Ursachen (Determinanten und Mechanismen) als auch auf Konsequenzen (Dimensionen und Erscheinungsformen)[1] vielfältiger und vielschichtiger sind als
dies die vorherrschenden erwerbsarbeitszentrierten Klassen- und Schichtenmo-
delle – seien diese nun „orthodox-marxistisch", „weber-marxistisch" oder „bür-
gerlich" angelegt – vorsahen. Damit erlangte dieser Band eine Art „Klassikersta-
tus", wozu neben anderen wichtigen Aufsätzen[2] in erste Linie der immer wieder
zitierte und oftmals auch heftig kritisierte Beitrag von Ulrich Beck mit dem offensichtlich bis heute provozierenden Titel *„Jenseits von Klasse und Stand? Soziale Ungleichheiten, gesellschaftliche Individualisierungsprozesse und die Entstehung neuer sozialer Formationen und Identitäten "* (Beck 1983) beitrug.

Schon kurze Zeit später hatten die durch weitere Veröffentlichungen[3], insbesondere aber durch Ulrich Beck in seiner fulminanten Gegenwarts- und Gesellschaftsdiagnose „Risikogesellschaft" (1986) selbst vorangetriebenen Diskus-

---

1 Zu diesen analytischen Unterscheidungen siehe Hradil (2008) und Solga/Berger/Powell (2009).
2 U.a. von Karl-Martin Bolte, Volker Bornschier, Pierre Bourdieu, Anthony Giddens, Rolf G. Hein-
   ze, Stefan Hradil, Jürgen Kocka, Beate Krais, Reinhard Kreckel, Burkart Lutz, Ilona Ostner,
   Frank Parkin oder Immanuel Wallerstein.
3 Als wichtige Veröffentlichungen aus der „Frühphase" der Individualisierungsdiskussion siehe u.a.
   Beck-Gernsheim 1983; Berger 1986; Fuchs 1983; Mooser 1983; Zapf 1983.

sionen um Individualisierung (und „neue" Ungleichheiten) so viele Wege und
Umwege eingeschlagen, dass ein weiterer Sonderband der Sozialen Welt versuchen konnte – und musste –, mit den Begriffen „Lebenslagen, Lebensläufe und
Lebensstile" einige Wegweiser aufzustellen (Berger/Hradil (Hrsg.) 1990). Trotz
der von Jürgen Habermas (1985) konstatierten „Neuen Unübersichtlichkeit" sollte damit die Diskussionslandschaft etwas weniger unübersichtlich gestaltet werden – das weitere Anschwellen theoretischer wie empirischen Arbeiter, die sich
mehr oder weniger explizit mit den schnell als „Individualisierungsthese" etikettierten Überlegungen Ulrich Becks auseinandersetzten, konnte allerdings damit
kaum noch gebremst werden.[4] Auch weitere „Bamberger" wie Gerhard Schulze
mit seiner „Erlebnisgesellschaft" (1992) und Peter Gross mit seiner „Multioptionsgesellschaft" (1994) hatten in diesem Kontext ihren Anteil daran, soziologische Gegenwartsdiagnosen (wieder) lehrbuch- und gesellschaftsfähig zu machen
(z.B. Kneer/Nassehi/Schroer (Hrsg.) 1997; Schimank/Volkmann (Hrsg.) 2000,
2002).

Vor dem Hintergrund von mehr als einem Vierteljahrhundert theoretischer
und empirischer Bestrebungen zur Präzisierung und Relativierung, von Anstrengungen zur Bestätigung und Widerlegung der Individualisierungsthese kann
und will der vorliegende Band, nun weder den Anspruch auf Vollständigkeit
noch gar auf (end-)gültige (Diskurs-)Ordnungen erheben. Gleichwohl kann auch
der Plural in seinem Titel, kann also „Individualisierungen" als Signal verstanden werden. Denn dies soll nicht nur darauf aufmerksam machen, dass sich die
Diskurse um Individualisierung und um die Individualisierungsthese – was ja
nicht dasselbe sein muss –, immer weiter aufgefächert haben. Sondern auch
darauf, dass trotz der Risiken des „Verschwindens" von Individualisierung in
feinsten Verästelungen theoretischer Begriffsakrobatik, in manchmal fast ab-
sichtsvollen Fehldeutungen, in unvermeidlichen Unschärfen empirischer Messungen oder in Unsensibilitäten statistischer Modellierungen nach wie vor the-
matische Schwerpunkte erkennbar sind, die in die Gliederung dieses Bandes einfließen konnten.

---

4 Als kleine, zweifellos unvollständige Auswahl einschlägiger deutschsprachiger Monographien,
   Sammelbände und Aufsätze seit den 1990er Jahren: Beck (2007, 2008a, b, c); Beck (Hrsg.)
   (1997); Beck/Beck-Gernsheim (Hrsg.) (1994); Beck/Beck-Gernsheim (1990, 2010); Beck/Sopp
   (Hrsg.) (1997): Berger (1996, 2004); Friedrichs (Hrsg.) (1998); Giddens (1996); Hitzler/Honer
   (1994); Hitzler/Pfadenhauer (2004); Hitzler/Honer/Pfadenhauer (Hrsg.) (2008); Hitzler/Gebhardt
   (Hrsg.) (2006); Junge (2002); Kippele (1998); Kohli (1994); Kron (Hrsg.) 2000; Kron/Horácek
   (2009); Luhmann (1994); Mayer/ Müller (1994); Nollmann/Strasser (Hrsg.) (2004); Reckwitz
   (2010); Scheller (2005); Schimank (2002); Schroer (2001, 2008); Sennet (1998); Wagner (2004).

II.

Da sind zunächst die unter der Zwischenüberschrift *„Jenseits von Stand, Klasse und Nation?"* versammelten Beiträge, die in ihrer zumeist kritischen Auseinandersetzung mit der Individualisierungsthese eine Makrobeobachterperspektive auf „Großgruppenphänomene" wie Stand und Klasse einnehmen.[5] Den Anfang macht *Michael Vesters* nachdrückliche Erinnerung an die „two roads from Marx" (Bell 1962): An die „offizielle", an Verelendungstheorie, an quantifizierbaren Ungleichheiten und an Klassen„größen" orientierte Denklinie, der man neben Teilen der Beckschen Argumentation im vorliegenden Sammelband auch die Beiträge von *Rolf Becker* und *Andreas Hadjar*, von *Gunnar Otte*, von *Anna Schröder* und von *Simone Scherger* zurechnen kann. Dem gegenüber will *Michael Vester* allerdings die Bedeutung der „praxistheoretischen" Tradition hervorheben (vgl. Vester 1998; Vester u.a. 2001), die sich empirisch stärker auf Alltagserfahrungen bzw. -deutungen stützen will und die in einigen Beiträgen im zweiten und dritten Block dieses Bandes (z.B. bei *Muhammad Zaman* und *Monika Wohlrab-Sahr*, bei *Nina Degele* oder bei *Angelika Poferl*) aufgegriffen wird.

Während nun *Rolf Becker* und *Andreas Hadjar* in ihrer als Untersuchung herkunftsbedingter Ungleichheiten von Bildungs- und Mobilitätschancen sowie von Korrelationen zwischen „objektiver" Klassenzugehörigkeit und „subjektiver" Klasseneinstufung angelegten empirischen Kritik der Individualisierungsthese darauf bestehen, dass „Ideen, Klasseninteressen und ständische Lebensführung im Sinne Max Webers .. weiterhin für Individuen und für Kollektive mit Stand und Klasse" korrespondieren, können quantifizierende Vorgehensweisen durchaus auch neue, weiterführende Einsichten produzieren. So z.B. wenn *Gunnar Otte* am Beispiel des Musikgeschmacks Jugendlicher in Deutschland von 1955 bis 2004 feststellt, dass die „gängigen Diagnosen sowohl das Ausmaß von ‚Klassenkultur' in der Nachkriegszeit als auch das Ausmaß von ‚Individualisierung' über die letzten fünfzig Jahre" zu überschätzen scheinen. Oder wenn *Anna Schröder* am Beispiel Großbritanniens – und unter Abgrenzung gegenüber dem die Mobilitätsforschung dominierenden, sog. „Nuffield-Paradigma" von John H. Goldthorpe (1987, 2002), das zweifellos den individualisierungsskeptischen Ansätzen zuzurechnen ist – darauf besteht, sich statt der Fixierung auf relative Mobilitätsraten, die eher die Stabilität ungleicher Chancenstrukturen betonen, eingehender mit dem absoluten Ausmaß sozialer Mobilität zu beschäftigen, das mehr über sich u.U. rapide wandelnde Erfahrungen von Menschen in und mit sozialen Strukturen „erzählen" kann als die nur aus einer Beobachterperspektive (re-)konstruierbaren relativen Chancenverhältnisse (vgl. Berger 1995, 1996, 2004). Mit

---

5   Eine „Neuentdeckung" dieser Diskussion scheint gerade in Großbritannien stattzufinden; siehe Atkinson (2007) und Beck (2007a).

solchen Perspektiven könnte dann vielleicht auch die von *Simone Scherger* aufgeworfene Frage nach dem Einfluss von Individualisierung als „kulturellem Modell" gegenüber den aus ihrer Perspektive nur schwach ausgeprägten Indizien für
„objektiv bestehende Individualisierungschancen" beantwortet werden – wozu
jedoch, wie z.b. in *Michael Vesters* praxistheoretischer Wendung schon ange-
deutet, ein anderes, weiteres Verständnis von „Objektivität" erforderlich wird,
das die Alltagserfahrungen und -deutungen als Selbstbeobachtungen „der Leute"
(vgl. Vobruba 2009) mindestens genauso ernst – wenn nicht gar ernster – nimmt
als die aus einer „objektivierenden" Beobachterperspektive vorgetragenen Zugehörigkeitskonstruktionen, Motivzuschreibungen oder an statistischen Modellen
abgelesenen Zusammenhangsvermutungen.

Auch die *Dariuš Zifonun* mit Blick auf Migrantenmilieus leitende Frage
„Was kommt ‚jenseits von Stand und Klasse' *in der Lebenswelt?*", die bei *Anna
Schröder* als Frage nach der „Strukturierung in Zeiten der Individualisierung"
auftaucht, kann mit einer methodologischen Einstellung, die mit „Neuem" nicht
nur im Sinne von Gewichtsverlagerungen zwischen Kategorien, sondern eben
auch im Sinne von Kategorienwandlungen bzw. des Auftauchens neuer Kategorien rechnet, leichter angegangen werden. Möglich wird dann nicht nur, Individualisierung als „relatives Konzept mit graduellen Ausprägungen" zu verstehen,
wie dies beispielsweise *Simone Scherger* anregt; möglich wird dann auch ein ge-
nauerer Blick darauf, dass, wie *Dariuš Zifonun* zeigen kann, Individualisierung
neben „Re-Traditionalisierungen" auch neuartige, gewissermaßen individualisie-
rungsbedingte Formen von Individualität, „Einzigartigkeit" und „Selbständigkeit" hervorbringen können. Was in diesem an Ungleichheiten, sozialer Mobilität
und Kollektiv„identitäten" interessierten Diskussionsstrang freilich (noch) fehlt,
sind Arbeiten, die die in jüngster Zeit immer öfter geforderte „Transnationalisierung" analytischer Konzepte und empirischer Forschungen (vgl. Berger/Weiß
(Hrsg.) 2008; Mau 2007; Pries 2007) über die vorhandenen Ansätze verglei-
chender Forschung hinaus konsequent auf Individualisierung(en) beziehen.

III.

Dies verweist auf den zweiten, in Teilen mehr aus einer Teilnehmer- oder Mikro-
perspektive argumentierenden Block unter dem Zwischentitel *„Ambivalenzen in
Lebensführung und Partnerschaften"*. Dort können *Muhammad Zaman* und
Monika Wohlrab-Sahr zunächst die in jüngster Zeit sowohl von Ulrich Beck wie
auch von Elisabeth Beck-Gernsheim immer energischer angemahnte „kosmopo-

litische Perspektive" auch auf Individualisierungen[6] wenigstens ein Stück weit öffnen: Unter Rückgriff auf konzeptuelle Vorschläge aus Margaret Archers Buch „Culture and Agency" (1996; vgl. dazu auch: Berger 2010), die ebenfalls gut zu *Michael Vesters* praxistheoretischen Vorschlägen passen, können sie u.a. zeigen, wie derzeit im ländlichen Pakistan auftretende Spannungen, die sich am Rollenbild von (jüngeren) Frauen und am Verständnis von Partnerschaften und „Liebe" festmachen, als „individualization conflicts" in und zwischen kulturellen und strukturellen „Systemen" aufgefasst werden können. Zumindest in theoretischer Hinsicht scheint dies auch kompatibel zu sein mit *Nina Degeles* Forderung nach einer konsequenten „Intersektionalisierung" von Individualisierung(en): Neben der Ergänzung der ungleichheitstheoretischen Triade von *class* („Klasse"), *race* („Ethnizität") und *gender* („Geschlecht") um die Kategorie „Körper" (Winker/Degele 2009; vgl. auch: Klinger/Knapp/Sauer (Hrsg.) 2007) wird dabei in Form einer Ebenendifferenzierung – und erneut mit deutlichen, diesmal freilich mehr von Pierre Bourdieu (1979, 1984) inspirierten praxistheoretischen Anklängen – vor allem eine klarere Unterscheidung zwischen Ungleichheit(en) mit Blick auf Ressourcenverteilungen und Machtpositionen einerseits, auf Identitäten und deren Repräsentationen andererseits verlangt und am Beispiel von (Frauen-)Fußball kurz demonstriert, wie dies empirisch einzulösen ist.

Quantitativ orientiert, mit ihrem Fokus auf „Beziehungskonzepte" jedoch gleichfalls an subjektiven Deutungsmustern interessiert, können *Andreas Hirseland* und *Kathrin Leuze* zeigen, dass „die Vorherrschaft des traditionellen Beziehungskonzepts mit seiner geschlechtsspezifischen Rollenteilung und durchgängig kollektivistischen Regulationsmechanismen ... ‚gebrochen' zu sein scheint". Da jedoch „die Verbreitung individualistischer Beziehungsorientierungen mit steigendem Bildungs- und in geringerem Maße Einkommensstatus der Befragten zunimmt" (wobei „vor allem die besser verdienenden Frauen, .. sowohl die traditionalistische Geschlechtsrollendifferenzierung .. und ... eine Verpflichtung auf die Beziehung um ‚jeden Preis' ablehnen"), unterliegt die Ausbreitung entsprechender Beziehungsmuster in Teilen nach wie vor hergebrachten Ungleichheitsmustern. In einem ähnlichen Rahmen bewegt sich der Beitrag von *Sebastian Böhm, Martin Diewald* und *Juliana Körnert,* der freilich nicht auf die „subjektive" Seite von Einstellungen und Beziehungskonzepten, sondern mehr auf die „objektive" Seite der Zusammenhänge zwischen Umfang und Stabilität von Erwerbstätigkeit einerseits, Risiken für Partnerschaften und Familien andererseits zielt (vgl. Szydlik (Hrsg.) 2008) und dabei Hinweise darauf findet, dass „Partnerschaften .. tatsächlich eher getrennt [werden], sobald traditionelle Ge-

---

6 Entschiedene Plädoyers für eine „kosmopolitische Perspektive" finden sich bei Beck (2008a, b, c) und bei Beck/Beck-Gernsheim (2010); „Anwendungen" auf China etwa bei Hansen/Svarverud (Hrsg.) (2010) und Yan (2009).

schlechterarrangements verlassen werden." Andererseits scheinen insbesondere beruflich erfolgreiche Männer sowie Frauen in Teilzeittätigkeit „diejenigen mit den stabilsten Partnerschaften" zu sein, sodass trotz erkennbarer Individualisie-rungserscheinungen insbesondere im Feld der Geschlechterverhältnisse die Fort-existenz einer „halbierten Moderne" kaum zu übersehen ist.

Auf Konsequenzen von im Zeichen von Globalisierung, wachsender ökono-mischer Konkurrenz und Wirtschaftskrisen sich erneut verschärfenden bzw. neu entstehenden (Arbeitsplatz-)Unsicherheiten und „Prekaritäten" (vgl. Castel/Dörre (Hrsg.) 2009) verweist auch der Beitrag von *Cornelia Koppetsch*. Im Anschluss an Robert Castel (2000) sieht sie in „unsicheren Zeiten" eine Ausbreitung von „Flugbahnen" einer „negativen Individualisierung", die mit der Gefahr von „De-Sozialisierung" bzw. mit hohen sozialen und psychischen Kosten verbunden sind und nun auch die lange Zeit davon verschonte „Mitte" der Gesellschaft zu erfas-sen oder wenigstens zu verunsichern scheinen.[7] Mit der Betonung der (psycho-sozialen) „Ambivalenzen der Individualisierung" trifft sich diese Diagnose schließlich mit der von *Heiner Keupp*, der vor dem Hintergrund spätmoderner Identitätskonstruktionen (vgl. Keupp u.a. 2006) auch auf die „dunklen" oder „tragischen" Seiten von Individualisierungen (vgl. Beck 2007b) aufmerksam machen will, auf der Individualisierungen nicht durchgängig dem „Auto-nomiebedürfnis" von Frauen und Männern entspringen müssen, sondern oftmals als „abverlangt, aufoktroyiert, abgefordert" erlebt werden. Deutlich wird damit, dass unter Bedingungen erhöhter Arbeitsplatzrisiken und gesteigerter Flexi-bilitätszumutungen Individualisierungen sowohl als Abwehr von Prekarisie-rungs- und Exklusionsgefahren[8] wie auch als Kampf um „Anerkennung" (vgl. Honneth 1994; Wagner 2004) und Zugehörigkeit(en) verstanden werden können.

IV.

Damit kann zum dritten Teil dieses Bandes übergeleitet werden, in dem *„Theo-retische und methodologische Herausforderungen"* durch Individualisierungen in den Vordergrund treten. Einen schon in den Beiträgen des zweiten Blocks er-kennbaren Faden greift hier zunächst *Matthias Junge* auf, wenn er Individualisie-rung(en) mit einer „Normenspannung" zwischen der „durch Arbeitsmarktindivi-dualisierung erzwungenen Orientierung an der Norm der Nutzenmaximierung einerseits, und der mit der lebensweltlichen Individualisierung einhergehenden Normenauffächerung und verstärkten Normproduktivität andererseits" verbindet.

---

7   Zur wieder lebhafteren Diskussion um „die Mitte" der Gesellschaft siehe u.a. Burzan/Berger (Hrsg.) (2010); Herbert-Quandt-Stiftung (Hrsg.) (2007); Hradil/Schmidt (2007); Vogel (2009).
8   Zur Diskussion um „Ausgrenzung", „Exklusion" und „Überflüssige" vgl. u.a. Bauman (2005); Bude (2008); Bude/Willisch (Hrsg.) (2006); Kronauer (2010).

Angelehnt an Émile Durkheim (1988) vertritt er dazu die These, dass die lebensweltliche Normenauffächerung und -produktivität nicht notwendig zu Abschwächung von Normen, sondern umgekehrt in vielen Bereichen zur „Entstehung und Vermehrung starker Soll-Normen" beiträgt (vgl. dazu auch die Beiträge in: Beck (Hrsg.) 1997). Empirisch könnte eine solche Entwicklung, die entgegen dem gesellschaftstheoretischen Entwurf Jürgen Habermas' (1981) eher auf eine Art „Kolonialisierung" des Systems durch die Lebenswelt und damit möglicherweise auch auf „Tendenzen der De-Individualisierung" (Beck 2008a: 304) hindeutet (und so ähnlich auch in den Beiträgen von *Nina Degele, André Kieserling* oder *Angelika Poferl* aufscheint), dann etwa anhand jugendlicher „Szenen" als einer Form posttraditionaler Gemeinschaften mit nach wie vor großer (oder sogar steigender) Bedeutung von Zugehörigkeiten und Freundschaften studiert werden (vgl. z.B. Hitzler/Bucher/Niederbacher (Hrsg.) 2005; Hitzler/Honer/Pfadenhauer (Hrsg.) 2008).

Nicht nur wegen gesteigerter Anforderungen an Flexibilität und biographisches „Basteln" (Hitzler/Honer 1994) erscheint für *Markus Schroer* Individualisierung als „Zumutung", sondern auch deshalb, weil unter Individualisierungsbedingungen – wozu er explizit auch funktionale Differenzierungen zählt – die „Notwendigkeit zur Selbstrepräsentation, Selbstdarstellung und Selbstinszenierung ... zugenommen hat". Aus dieser Perspektive wäre in der individualisierten, „zweiten Moderne" nicht so sehr die „Angst, überwacht zu werden, sondern die Angst, übersehen zu werden" prägend – und der Aufschwung der visuellen Kultur sowie entsprechender Internetplattformen (wie YouTube, MySpace, Facebook u.ä.m.) könnte als Ausdruck verschärfter öffentlicher Selbstinszenierungsnotwendigkeiten „jenseits von Stand und Klasse" gedeutet werden. Ebenfalls beobachtbare, gegenläufige Tendenzen der verstärkten Sorge um die eigene Privat- und Intimsphäre auch und gerade in der Öffentlichkeit elektronischer Netzwerke weisen freilich zugleich auf den „Eigensinn" der „Einzelnen" hin, den *Angelika Poferl* in den Mittelpunkt ihrer methodologischen Reflexionen stellt. Durchaus in der Linie von *Michael Vester* oder *Nina Degele*, aber auch im Sinne von *Ronald Hitzler* schlägt sie darin eine „wissenssoziologisch informierte historisch-rekonstruktive Praxisanalyse" vor, die „die Untersuchung von individuellen Situationsdefinitionen sozialer Akteure und darin eingehender Erfahrungen mit einer Analyse institutioneller wie diskursiver Voraussetzungen, auf die sie rekurrieren, und einer sorgfältigen Erfassung der materialen, sozialen und kulturellen Kontexte von Handlungspraxis verknüpft". Im Falle von Individualisierung(en) sei eben eine „Methodologie des Eigensinns" angebracht, die die „historisch-gesellschaftlich hervorgebrachte Deutungs- und Handlungsfigur des individualisierten ‚Einzelnen' und seiner ihm zugedachten ‚Eigen-Sinnigkeit' in erster Linie *heuristisch*, als ein operatives und sensibilisierendes Konzept" einsetzen will und damit „substantialisierende Annahmen darüber, was ‚der Einzelne', ‚das Individuum' oder ‚Subjekt' ist und sein soll", überflüssig macht.

Ähnlich *Angelika Poferl*, die die Fiktionalität von Einzigkeits- und Eigensinnigkeitsunterstellungen im Individualisierungsdiskurs methodologisch konsequent mitdenken will, betont auch *André Kieserling* die gesellschaftlich hervorgetriebene „Spannung zwischen dem Individuum und der Soziologie". Für ihn hat diese Spannung in der Nachkriegszeit allerdings nicht nur wie bei Ralf Dahrendorf (1958) zu Forderungen nach einer „methodologischen Selbstbeschränkung" geführt, sondern auch zum zeitweisen Aufschwung eines „anti-soziologischen" Denkens bei Helmut Schelsky (1975, 1981) oder bei Friedrich H. Tenbruck (1984) beigetragen. Da Ulrich Beck nun „zugleich soziologisch und individualistisch" denke, sei, so jedenfalls *André Kieserling*, auch die „Rolle des Anti-Soziologen" an ihn übergegangen. Zumindest intuitiv dürften manche Kritiker der Individualisierungsthese, darunter auch einige der im ersten Block dieses Bandes versammelten Autorinnen und Autoren, Ähnliches befürchten – was miterklären könnte, warum nicht nur viele Ungleichheitsforscher in der Diskussion um Individualisierungen oftmals „weit über das übliche Maß hinaus gereizt" reagieren (Nollmann/Strasser (2002: 1). Angesichts unübersehbarer Erfolge bei der Professionalisierung der Soziologie in Forschung und Lehre dürften freilich die solchen Reizbarkeiten zugrundeliegenden Bedenken, die von Ulrich Beck immer wieder vorgetragene Kritik an „Zombie-Kategorien" könne „dem Fach" schaden, doch überzogen sein – zumal es ja in den Sozialwissenschaften allgemein und insbesondere in den Politik- und den Wirtschaftswissenschaften zweifelsohne noch immer genügend „Begriffszombies" gibt, die einer gründlichen epistemologischen, gesellschaftstheoretischen und/oder ideologiekritischen Kritik zu unterziehen wären. Als einen Ertrag der von Ulrich Beck ausgelösten Diskussionen kann man freilich auch mit *André Kieserling* die Beobachtung festhalten, „dass wissenschaftliche und außerwissenschaftliche Zurechnungen konsistent divergieren. Das weitaus meiste von dem, was die empirische Forschung aus der Zugehörigkeit des Individuums zu spezifischen Gruppen oder sozialen Kategorien zu erklären versucht, wird von den Individuen selbst, aber auch von anderen Beobachtern ihres Verhaltens in ganz anderer Weise zugerechnet. In vielen sozialen Kontexten ist es das Individuum, das als letzter Zurechnungspunkt gilt – und zwar unter Abstraktion von den weitaus meisten Kategorien, für die der objektivierende Sozialforscher sich interessiert."

Vergleichbar argumentiert zunächst auch *Ronald Hitzler*, der ähnlich wie *Angelika Poferl* davon ausgeht, dass „das Subjekt", verstanden als sinnhaft handelndes Individuum im Sinne von Schütz/Luckmann (2003), unter Individualisierungsbedingungen „*in seinem Eigen-Sinn* schlechthin nicht mehr angemessen von etwelchen sozialen Lagen her begriffen werden kann...". Deshalb will er u.a.

prüfen, ob in einer in „‚mikroskopische' Partialinteressen zerfallenden Gesellschaft" das bislang in der Soziologie noch kaum verwendete Konzept der „*Mindsets"* (vgl. Fisher 1988; Dweck 2006) zur (empirischen) Erfassung von „Geisteshaltungen" wie z.b. „Senioralität" und „Juvenilität" tauglich sein könnte. Eine
notwendige wissenssoziologische Radikalisierung dieses Konzepts, das u.a. auch
im Bereich der (Medien-)Konsum- und Marktforschung angewendet wird (vgl.
Hamm 2003) und dort die mit „Mindsets" markierten „Weltsichten" oder „Weltauffassungen" weiterhin gerne mit sozialen Lagen verknüpft, besteht für Ronald
Hitzler schließlich darin, „unter Individualisierungsbedingungen anzusetzen bei
der – heuristisch – veranschlagten Kontingenz *subjektiver Geisteshaltungen*, aus
denen *heraus* definiert wird, was je als ‚objektiv gegeben' *gilt*."

V.

Lässt man die Beiträge dieses Bandes abschließend noch einmal kurz Revue pas-
sieren, fällt auf, dass es vor allem die im ersten Teil unter der Überschrift „*Jenseits von Stand, Klasse und Nation?*" versammelten Texte sind, die Individuali
sierung(en) teilweise nach wie vor – und teilweise auch ganz energisch – bezweifeln. Immer wieder scheint dabei die Lesart durch, „jenseits von Stand und Klasse" könne nur ein „Ende" von Stand und Klasse, die zudem meist „umfangslo-
gisch" konzipiert und gar nicht näher auf ihre praktische Wirklichkeit und Wirksamkeit befragt werden, bedeuten. Eine solche auf Verschiebungen innerhalb
oder zwischen bekannten und feststehenden Statuskategorien begrenzte Perspektive blendet allerdings fast schon zwangsläufig aus, dass sich „jenseits" von
Stand und Klasse neuartige Mechanismen der Reproduktion und kategorial neue
Muster von Ungleichheiten herausbilden, die auch und gerade unter leistungsge-
sellschaftlichen Vorzeichen manchmal ziemlich direkt am „Körper" ansetzen,
der ja zunehmend selbst als „gestaltbar" angesehen wird. Und aus einer solchen
Perspektive übersieht man auch leicht, dass sich trotz fortexistierender klassengesellschaftlicher Prozesse und Strukturen derzeit anscheinend vielfältige „Partialinteressen" insbesondere am Erwerb und Erhalt kleinteiliger Zugehörigkeiten,
einzigartiger „Identitäten" und „eigensinniger" Weltdeutungen weit in den Vordergrund schieben.

Nimmt man weitere empirische Beobachtungen, etwa zu den „*Ambivalenzen in Lebensführung und Partnerschaften*" im zweiten Teil, hinzu, wird schnell
deutlich, dass wir es hier nach wie vor mit einer „halbierten Moderne" insofern
zu tun haben, als eine „radikale" (Markt-)Individualisierung der Lebensführung
einerseits eher von hochqualifizierten Frauen und Männern als Lebensmodell
präferiert wird, diese „radikalisierte" Individualisierung aber vielfach als Zwang
empfunden oder als neuartiger (Leistungs-)Druck erlebt wird: „Lebe Dein Le-

ben" wäre dann keine Botschaft der Freiheit, sondern eine Drohung, zu deren Abwehr die Menschen freilich (auch) unter Individualisierungsbedingungen ungleich ausgestattet sind. Vielleicht haben wir es hier nicht nur mit einer in vielerlei Hinsicht immer noch ständisch halbierten Moderne, sondern mittlerweile zugleich mit „halbierten" Individualisierungen zu tun – wobei das „Halbierte" nicht primär traditionale Reste markiert, sondern auf post-traditionale Neubildungen im Sinne von Gemeinschaften und im Sinne „neo-ständischer" Ungleichheiten verweist. Nachzudenken wäre dann freilich nicht allein über ständige, sondern auch über so etwas wie „ständische" Individualisierungen!

Darauf deuten auch einige der Beiträge des dritten Blocks zu den *„theoretischen und methodologischen Herausforderungen"* durch Individualisierungen hin: Epistemologisch-heuristische bzw. wissenssoziologische „Radikalisierungen" der Individualisierungsdiskussion in Richtung des Eigensinns subjektiver Weltsichten, die ja für die gemeinten Subjekte durchaus „objektiv" sein können, scheinen hier in geradezu dialektischer Art und Weise dafür geeignet zu sein, die Aufmerksamkeit für gegenläufige Entwicklungen – seien diese als normative Neubildungen, als Selbstinszenierungen oder als kognitive Schemata gefasst – zu schärfen. In methodologischer Hinsicht bringt diese auch Bezüge auf praxistheoretische Traditionen, vor allem aber Forderungen nach für die Eigensinnigkeit der Alltagsdeutungen sensiblen Methoden mit sich. Und in metatheoretischer Einstellung wird deutlich, wie heilsam es gerade für eine Soziologie der Individualisierungen sein kann, von Zeit zu Zeit einmal an sich selbst mit einem „antisoziologischen" Blickwinkel zu experimentieren. Zumindest kann das auch Verengungen des soziologischen Blicks begrenzen!

Literatur

Archer, Margaret S. (1996 [1988]): Culture and Agency. Cambridge.

Atkinson, Will (2007): Beck, Individualization and the Death of Class. In: British Journal of Sociology 58(3): 349-366

Bauman, Zygmunt (2005): Verworfenes Leben. Die Ausgegrenzten der Moderne. Hamburger Edition.

Beck, Ulrich (1983): Jenseits von Klasse und Stand? Soziale Ungleichheiten, gesellschaftliche Individualisierungsprozesse und die Entstehung neuer sozialer Formationen und Identitäten. In: Kreckel (Hrsg.), S. 35-74.

Beck, Ulrich (1986): Risikogesellschaft. Auf dem Weg in eine andere Moderne, Frankfurt: Suhrkamp.

Beck, Ulrich (2001): Das Zeitalter des „eigenen Lebens". Individualisierung als „paradoxe Sozialstruktur" und andere offene Fragen, in: Aus Politik und Zeitgeschichte. Beilage zur Wochenzeitung das Parlament B 29/2001, S. 3-6.

Beck, Ulrich (2007a): Beyond class and nation. Reframing social inequalities in a globalizing world. In: The British Journal of Sociology 58(4): 680-705

Beck, Ulrich (2007b): Tragische Individualisierung. In: Blätter für deutsche und internationale Politik, Nr. 5, Bonn, S. 577-584.

Beck, Ulrich (2008a): Jenseits von Klasse und Nation: Individualisierung und die Transnationalisierung sozialer Ungleichheiten. In: Soziale Welt 59/4, S. 301-326.

Beck, Ulrich (2008b): Risikogesellschaft und die Transnationalisierung sozialer Ungleichheiten. In: Berger, Peter A./Weiß, Anja (Hrsg.) (2008): Transnationalisierung sozialer Ungleichheit, Wiesbaden: VS Verlag für Sozialwissenschaften, S. 19-40.

Beck, Ulrich (2008c): Die Neuvermessung der Ungleichheit unter den Menschen, Frankfurt: Suhrkamp.

Beck, Ulrich (Hrsg.) (1997): Kinder der Freiheit. Frankfurt: Suhrkamp.

Beck, Ulrich/Beck-Gernsheim, Elisabeth (1990): Das ganz normale Chaos der Liebe, Frankfurt: Suhrkamp.

Beck, Ulrich/Beck-Gernsheim, Elisabeth (2010): Chinesische Bastelbiographie? Variationen der Individualisierung in kosmopolitischer Perspektive. In: Honer, Anne/Meuser, Michael/Pfadenhauer, Michaela (Hrsg.): Fragile Sozialität. Inszenierungen, Sinnwelten, Existenzbastler, Wiesbaden: VS Verlag für Sozialwissenschaften, S. 199-206.

Beck, Ulrich/Beck-Gernsheim, Elisabeth (Hrsg.) (1994): Riskante Freiheiten. Frankfurt: Suhrkamp.

Beck, Ulrich/Sopp, Peter M. (Hrsg.) (1997): Individualisierung und Integration. Neue Konfliktlinien oder neuer Integrationsmodus? Opladen: Leske + Budrich.

Beck-Gernsheim, Elisabeth (1983): Vom „Dasein für andere" zum Anspruch auf „ein Stück eigenes Leben": Individualisierung im weiblichen Lebenszusammenhang. In: Soziale Welt, 34, S. 307-340.

Bell, Daniel (1961 [1960]): Two Roads from Marx: The Themes of Alienation and Exploitation and Workers' Control in Socialist Thought, in: Ders., The End of Ideology, New York, N.Y.: Collier, S. 355-392.

Berger, Peter A. (1986): Entstrukturierte Klassengesellschaft? Klassenbildung und Strukturen sozialer Ungleichheit im historischen Wandel, Opladen: Westdeutscher Verlag.

Berger, Peter A. (1996): Individualisierung. Statusunsicherheit und Erfahrungsvielfalt, Opladen: Westdeutscher Verlag.

Berger, Peter A. (2004): Individualisierung als Integration. In: Poferl/Sznaider (Hrsg.), S. 98-114.

Berger, Peter A. (2010): Kulturelle Identität als soziale Konstruktion, in: Honer, Anne/ Meuser, Michael/Pfadenhauer, Michaela (Hrsg.) (2010): Fragile Sozialität. Inszenierungen, Sinnwelten, Existenzbastler, Wiesbaden: VS Verlag, S. 207-224.

Berger, Peter A. (1995): Mobilität, Verlaufsvielfalt und Individualisierung. In: Berger, Peter A./Sopp, Peter (Hrsg.): Sozialstruktur und Lebenslauf, Opladen: Leske + Budrich 1995, S. 65-83.

Berger, Peter A./Burzan, Nicole (Hrsg.) (2010): Dynamiken (in) der gesellschaftlichen Mitte, Wiesbaden: VS Verlag für Sozialwissenschaften.

Berger, Peter A./Hradil, Stefan (Hrsg.) (1990): Lebenslagen, Lebensläufe, Lebensstile. Sonderband 7 der Sozialen Welt, Göttingen: Schwartz & Co.

Berger, Peter A./Weiß, Anja (Hrsg.) (2008): Transnationalisierung sozialer Ungleichheit, Wiesbaden: VS Verlag für Sozialwissenschaften.

Bourdieu, Pierre (1979) Entwurf einer Theorie der Praxis: auf der ethnologischen Grundlage der kabylischen Gesellschaft, Frankfurt: Suhrkamp.

Bourdieu, Pierre (1984): Die feinen Unterschiede. Kritik der gesellschaftlichen Urteilskraft, Frankfurt: Suhrkamp.

Bude, Heinz (2008): Die Ausgeschlossenen. Das Ende vom Traum einer gerechten Gesellschaft. München: Hanser.

Bude, Heinz/Willisch, Andreas (Hrsg.) (2006): Das Problem der Exklusion. Ausgegrenzte, Entbehrliche, Überflüssige. Hamburg: Hamburger Edition.

Castel, Robert (2000): Die Metamorphose der sozialen Frage. Eine Chronik der Lohnarbeit. Konstanz: UVK.

Castel, Robert/Dörre, Klaus (Hrsg.) (2009): Prekarität, Abstieg, Ausgrenzung. Die soziale Frage zu Beginn des 21. Jahrhunderts. Frankfurt a. M.: Campus

Dahrendorf, Ralf (1958): Homo Sociologicus. Ein Versuch zur Geschichte, Bedeutung und Kritik der Kategorie der sozialen Rolle. Opladen: Westdeutscher Verlag.

Durkheim, Emile (1988): Über soziale Arbeitsteilung. Studie über die Organisation höherer Gesellschaften. Frankfurt am Main: Suhrkamp. (Orig. 1893)

Dweck, Carol (2006): Mindset. The New Psychology of Success. New York: Random House.

Fisher, Glen (1988): Mindsets: the role of culture and perception in international relations. Yarmouth, ME: Intercultural Press.

Friedrichs, Jürgen (Hrsg.) (1998): Die Individualisierungs-These, Opladen: Westdeutscher Verlag.

Fuchs, Werner (1983): Jugendliche Statuspassage oder individualisierte Jugendbiographie. In: Soziale Welt, 34, S. 341-370.

Giddens, Anthony (1996): Leben in einer posttraditionalen Gesellschaft. In: Beck, Ulrich/Giddens, Anthony/Lash, Scott (Hrsg.): Reflexive Modernisierung. Eine Kontroverse, Frankfurt: Suhrkamp, S. 113-194.

Goldthorpe, John (1987): Social mobility and class structure in modern Britain. Oxford: Clarendon Press.

Goldthorpe, John (2002): Globalisation and Social Class. In: West European Politics. 25. 2002. 1-28.

Gross, Peter (1994): Die Multioptionsgesellschaft, Frankfurt: Suhrkamp.

Habermas, Jürgen (1981): Theorie des kommunikativen Handelns. 2 Bände, Frankfurt: Suhrkamp.

Habermas, Jürgen (1985): Die neue Unübersichtlichkeit, Frankfurt: Suhrkamp.

Hamm, Ingo (2003): Die MTV-Mindset-Studien. Stuttgart: Schaeffer-Poeschel.

Hansen, Mette Halskov/Svarverud, Rune (Hrsg.) (2010): IChina. The rise of the individual in modern Chinese society, Copenhagen: NIAS Press.

Herbert-Quandt-Stiftung (Hrsg.) (2007): Zwischen Erosion und Erneuerung. Die gesellschaftliche Lage in Deutschland. Frankfurt a. M.: Societäts-Verlag

Hitzler, Ronald/Bucher, Thomas/Niederbacher, Arne (Hrsg.) 2005: Leben in Szenen. Formen jugendlicher Vergemeinschaftung heute, Opladen: Leske + Budrich.

Hitzler, Ronald/Gebhardt, Winfried (Hrsg.) (2006): Nomaden, Flaneure, Vagabunden. Wissensformen und Denkstile der Gegenwart, Wiesbaden VS Verlag für Sozialwissenschaften.

Hitzler, Ronald/Honer, Anne (1994): Bastelexistenz. Über subjektive Konsequenzen der Individualisierung. In: Beck/Beck-Gernsheim (Hrsg.), S. 307-315.

Hitzler, Ronald/Honer, Anne/Pfadenhauer, Michaela (Hrsg.) (2008): Posttraditionale Gemeinschaften. Theoretische und ethnografische Bestimmungen, Wiesbaden: VS Verlag für Sozialwissenschaften.

Hitzler, Ronald/Pfadenhauer, Michaela (2004): Individualisierungsfolgen. Einige wissenssoziologische Anmerkungen zur Theorie reflexiver Mobilisierung. In: Poferl/Sznaider (Hrsg.), S. 115-128.

Honneth, Axel (1994): Kampf um Anerkennung: Zur moralischen Grammatik sozialer Konflikte, Frankfurt: Suhrkamp.

Hradil, Stefan (2008). Soziale Ungleichheit, soziale Schichtung und Mobilität. In: Korte, Hermann/Schäfers, Bernhard (Hrsg.): Einführung in die Hauptbegriffe der Soziologie, Opladen: Leske + Budrich, S. 211-234.

Hradil, Stefan/Schmidt, Holger (2007): Angst und Chancen. Zur Lage der gesellschaftlichen Mitte aus soziologischer Sicht. In: Herbert-Quandt-Stiftung (Hrsg.), S. 163-226.

Junge, Matthias (2002): Individualisierung, Frankfurt/New York: Campus.

Keupp, Heiner/Ahbe, Thomas/Gmür, Wolfgang/Höfer, Renate/Kraus, Wolfgang/Mitzscherlich, Beate/Straus, Florian (2006[3]): Identitätskonstruktionen. Das Patchwork der Identität in der Spätmoderne. Reinbek: Rowohlt.

Kippele, Flavia (1998): Was heißt Individualisierung? Die Antworten soziologischer Klassiker, Opladen: Westdeutscher Verlag.

Klinger, Cornelia/Knapp, Gudrun-Axeli/Sauer, Birgit (Hrsg.) (2007): Achsen der Ungleichheit: Zum Verhältnis von Klasse, Geschlecht und Ethnizität, Frankfurt/New
York: Campus.

Kneer, Georg/Nassehi, Armin/Schroer, Markus (Hrsg.) (1997): Soziologische Gesellschaftsbegriffe. Konzepte moderner Zeitdiagnosen, Stuttgart: UTB.

Kohli, Martin (1994): Instituionalisierung und Individualisierung der Erwerbsbiographie.
In: Beck/Beck-Gernsheim (Hrsg.), S. 219-244.

Kreckel, Reinhard (Hrsg.) (1983): Soziale Ungleichheiten. Sonderband 2 der Sozialen
Welt, Göttingen: Schwartz & Co..

Kron, Thomas (Hrsg.) (2000): Individualisierung und soziologische Theorie, Opladen:
Westdeutscher Verlag.

Kron, Thomas/Horácek, Martin (2009): Individualisierung, Bielefeld: transcript.

Kronauer, Martin (2010): Exklusion. Die Gefährdung des Sozialen im hoch entwickelten
Kapitalismus. Frankfurt: Campus (Neuauflage).

Luhmann, Niklas (1994): Copierte Existenz und Karriere. Zur Herstellung von Individualität. In: Beck/Beck-Gernsheim (Hrsg.), S. 191-200.

Mau, Steffen (2007): Transnationale Vergesellschaftung: Die Entgrenzung sozialer Lebenswelten, Frankfurt/New York 2007.

Mayer, Karl-Ulrich/Müller, Walter (1994): Individualisierung und Standardisierung im
Strukturwandel der Moderne. In: Beck/Beck-Gernsheim (Hrsg.), S. 265-295.

Mooser, Josef. (1983): Auflösung proletarischer Milieus. Klassenbildung und Individualisierung in der Arbeiterschaft vom Kaiserreich bis in die Bundesrepublik Deutschland. In: Soziale Welt, 34, S. 270-306.

Nollmann, Gerd/Strasser, Hermann (Hrsg.) (2004): Das individualisierte Ich in der modernen Gesellschaft, Frankfurt/New York: Campus.

Poferl, Angelika/Sznaider, Nathan (Hrsg.) /2004): Ulrich Becks kosmopolitisches Projekt.
Auf dem Weg in eine andere Soziologie, Baden-Baden: Nomos.

Pries, Ludger (2007): Die Transnationalisierung der sozialen Welt: Sozialräume jenseits
von Nationalgesellschaften, Frankfurt: Suhrkamp.

Reckwitz, Andreas (2010): Das hybride Subjekt. Eine Theorie der Subjektkulturen von
der bürgerlichen Moderne zur Postmoderne, Weilerswist: Velbrück.

Scheller, Gitta (2005): Die Wende als Individualisierungsschub. Umfang, Richtung und
Verlauf des Individualisierungsprozesses in Ostdeutschland, Wiesbaden: VS Verlag
für Sozialwissenschaften.

Schelsky, Helmut (1975): Die Arbeit tun die anderen. Klassenkampf und Priesterherrschaft der Intellektuellen. Opladen: Westdeutscher Verlag.

Schelsky, Helmut (1981): Rückblicke eines "Anti-Soziologen". Opladen: Westdeutscher
Verlag.

Schimank, Uwe (2002): Das zweispältige Individuum. Zum Person-Gesellschaft-Arrange-
ment der Moderne, Opladen: Leske + Budrich.

Schimank, Uwe/Volkmann, Ute (Hrsg.) (2000): Soziologische Gegenwartsdiagnosen 1:
Eine Bestandsaufnahme, Wiesbaden: VS Verlag für Sozialwissenschaften.

Schimank, Uwe/Volkmann, Ute (Hrsg.) (2002): Soziologische Gegenwartsdiagnosen 2:
Vergleichende Sekundäranalysen, Wiesbaden: VS Verlag für Sozialwissenschaften.

Schroer, Markus (2001): Das Individuum der Gesellschaft, Frankfurt: Suhrkamp.

Schroer, Markus (2008): Individualisierung. In: Baur, Nina/Korte, Hermann/Löw, Martina/Schroer, Markus (Hrsg.): Handbuch Soziologie. Wiesbaden: VS Verlag für Sozialwissenschaften, S. 139-161.

Schulze, Gerhard (1992): Die Erlebnisgesellschaft: Kultursoziologie der Gegenwart. Frankfurt/New York: Campus.

Schütz, Alfred/Luckmann, Thomas (2003): Strukturen der Lebenswelt. Konstanz: UVK.

Sennett, Richard (1998): Der flexible Mensch. Die Kultur des neuen Kapitalismus, Berlin: Aafbau.

Solga, Heike/Berger, Peter A./Powell, Justin (Hrsg.) (2009): Soziale Ungleichheit – Kein Schnee von gestern! Eine Einführung. In: Solga, Heike/Berger, Peter A./Powell, Justin (Hrsg.): Soziale Ungleichheit. Klassische Texte zur Sozialstrukturanalyse, Frankfurt/New York: Campus, S. 11-25.

Szydlik, Marc (Hrsg.) (2008): Flexibilisierung. Folgen für Arbeit und Familie. Wiesbaden: VS Verlag für Sozialwissenschaften.

Tenbruck, Friedrich H. (1984): Die unbewältigten Sozialwissenschaften oder Die Abschaffung des Menschen. Granz: Styria Verlag.

Vester, Michael (1998): Klassengesellschaft ohne Klassen. Auflösung oder Transformation der industriegesellschaftlichen Sozialstruktur. In: Berger, Peter A./Vester, Michael (Hrsg.): Alte Ungleichheiten – Neue Spaltungen. Opladen. Leske + Budrich, S. 109-148.

Vester, Michael/von Oertzen, Peter/Geiling, Heike/Hermann, Thomas/Müller, Dagmar (2001): Soziale Milieus im gesellschaftlichen Strukturwandel, Frankfurt: Suhrkamp.

Vobruba, Georg (2009): Die Gesellschaft der Leute: Kritik und Gestaltung der sozialen Verhältnisse, Wiesbaden: VS Verlag für Sozialwissenschaften.

Vogel, Berthold (2009): Wohlstandskonflikte. Soziale Fragen, die aus der Mitte kommen. Hamburg: Hamburger Edition.

Wagner, Gabriele (2004): Anerkennung und Individualisierung, Konstanz: UVK.

Winker, Gabriele/Nina Degele (2009): Intersektionalität. Zur Analyse sozialer Ungleichheiten. Bielefeld: Transcript. Bourdieu, Pierre (1984): Die feinen Unterschiede. Kritik der gesellschaftlichen Urteilskraft, Frankfurt: Suhrkamp.

Yan, Yunxiang (2009): The individualization of Chinese society, Oxford: Berg Publishers.

Zapf, Wolfgang (1983): Die Pluralisierung der Lebensstile: Neue Muster des Lebens und Familienzyklus, Alte und neue Linien der sozialen Schichtung. In: Zukunftsperspektiven gesellschaftlicher Entwicklungen, Bericht im Auftrag der Landesregierung von Baden-Württemberg, Stuttgart 1983, S. 56-73.

Individualisierungen:
Jenseits von Stand, Klasse und Nation?

Ulrich Beck und die zwei Marxismen
Ende oder Wandel der Klassengesellschaft?

Michael Vester

In ihrem „Gründungstext" von 1983, dem Aufsatz „Jenseits von Stand und Klasse?", wird die These der Individualisierung gegen Marx abgegrenzt und gleichzeitig mit Marx begründet (Beck 1983). Nach diesem Verständnis von Marx solidarisieren sich soziale Klassen vor allem durch die Erfahrung der Verelendung und Entfremdung. In der Wohlfahrtsgesellschaft gehören diese Erfahrungen zunehmend der Vergangenheit an, auch wenn vertikale Ungleichheiten weiter bestehen. Es kommt zu einem „Kontinuitätsbruch": Die subkulturellen Klassenmilieus lösen sich auf, und die Menschen können die Gestaltung ihres Lebens selber in die Hand nehmen.

Auch nach meiner Erkenntnis gehören die Phänomene dieses Kontinuitätsbruchs zu den wichtigsten neuen historischen Veränderungen, und in dem Hinweis darauf liegt das enorme Anregungspotential, das von Beck ausging. Nur verstehe ich diesen Kontinuitätsbruch nicht als Auflösung, sondern als Wandel oder Pluralisierung der Klassengesellschaft. Dies ist durchaus, wie E. P. Thompson sagt, ein Stück „Klassenlosigkeit". Aber was bedeutet das?

Um diese Frage zu klären, diskutiere ich das theoretische Erklärungsmuster, das Paradigma, mit dem Beck die Individualisierungsthese begründet. Ich folge dabei dem Motto eines berühmt gewordenen Essays von Daniel Bell aus dem Jahre 1960. Es gibt „two roads from Marx" (Bell 1961), den „offiziellen Marxismus" und daneben die von Beck nicht erwähnte, „andere" von Marx beeinflusste Tradition, die seit Langem mit dem „offiziellen Marxismus" gebrochen hat, um alternative Erklärungen der neuen gesellschaftlichen Widersprüche und Differenzierungen zu entwickeln.

Danach ist das, was Beck als Individualisierung versteht, Teil eines langwierigen gesamtgesellschaftlichen Prozesses, in dem die Menschen, unter widersprüchlichen Bedingungen, die Potentiale ihrer Selbsttätigkeit und demokratischen Gegenmacht und damit einer anderen Gesellschaft entwickeln, einer „Assoziation, worin die freie Entwicklung eines jeden die Bedingung für die freie Entwicklung aller ist" (Marx/Engels 1959 [1848]: 482). Dieser ‚andere Weg' ist, wie ich zeigen möchte, heute noch aktuell.

„... ein historisch spezifischer, widersprüchlicher Prozess ...“

In seinem Aufsatz von 1983 setzt Beck an einem zentralen „Paradox" oder „Widerspruch" an, der die Gesellschaftstheorie herausfordert und der nach seiner Ansicht von den herkömmlichen Theorien nicht hinreichend beachtet und erklärt wird. Er meint die Paradoxie, dass in der Entwicklung der Bundesrepublik der 1950er und 1960er Jahre „die *Lebensbedingungen der Menschen*" sich „ziemlich drastisch" geändert haben, während gleichzeitig „die *Verteilungsrelationen* sozialer Ungleichheit" konstant geblieben sind (1983: 36). Mit einer Fülle empirischer Referenzen belegt er das, was er später (1986: 124) den „Fahrstuhleffekt" nennt: Das Gesamtniveau der Lebensbedingungen und Lebensperspektiven, besonders von Bildung und Einkommen, hat sich nach oben verschoben, aber auf dem neuen Niveau haben sich die „Abstände in der Einkommens- und Bildungshierarchie" zwischen den verschiedenen Gruppen erneut eingestellt oder sogar verschärft (1983: 37).

Die Stärke der Beckschen Argumentation liegt darin, dass er die Veränderungen nicht auf die äußeren Merkmale und Indikatoren des Wohlstands reduziert, sondern auf die *Erfahrungen* und die *Praxis* der Menschen bezieht. Er nennt insgesamt zehn Bereiche solcher neuer, über die Lebenspraxis der Herkunftsmilieus hinausführender Erfahrungen (ebd.: 38-40). Es sind die Erfahrungen der Bildungsöffnungen, der durch Einkommenssteigerungen erweiterten Konsummöglichkeiten, der Mobilität von Arbeiterkindern in Dienstleistungs- und Angestelltenberufe, der Wanderung in urbane Wohnorte, neue Nachbarschaften und Zusammenlebensformen, der Beendigung proletarischer Unsicherheit durch sozialstaatliche Sicherungen, der Zunahme der Freizeit gegenüber der Erwerbsarbeitszeit, der stärkeren Konkurrenz um differenziertere Bildungswege und differenziertere betriebsinterne Statushierarchien.

Die Differenzierung bzw. Individualisierung ist für Beck ein „historisch spezifischer, widersprüchlicher Prozess der Vergesellschaftung" (ebd.: 42), dessen andere Seite er nicht unterschlägt. Er versäumt es nicht, darauf hinzuweisen, dass die große Mehrheit, die in den Genuss dieser neuen Möglichkeiten gekommen ist, aus Arbeitnehmern besteht, deren Bevölkerungsanteil von 1950 bis 1976, parallel zum Schwund der Selbständigen, von 71,6% auf 86,3% angestiegen ist (ebd.: 39). Er betont (ebd.: 38): „Es wird mir hoffentlich niemand vorwerfen, dass ich die Bedeutung fortbestehender Ungleichheiten verkennen oder verklären will." Und fährt fort mit einem „Aber": dass nämlich die Bedeutsamkeit der sozialen Entwicklungen für die Menschen „nicht allein und automatisch" an ungleichen statistischen Verteilungsrelationen abgelesen werden kann, sondern auch an ihrer Geschichte, d. h. an ihrem „Bezugshorizont" und ihrer „soziale(n) und biographische(n) Ausgangssituation. ... In diesem Sinne ist eine Erstberührung mit Bildung (aufgrund der damit verbundenen Herauslösung aus traditionalen Denk- und Sprachformen, Weckung von Aufstiegsorientierungen usw.) für eine Gruppe sehr viel bedeutsamer und konsequenzenreicher als eine relational gleiche Anhebung und Erweiterung bestehender Ausbildungschancen..."

Beck resümiert eine Fülle von Einzelforschungen, die diese Dimensionen des Wandels beschrieben haben, und versucht, unter der Oberfläche der Einzelerscheinungen eine gemeinsame Entwicklungslogik aufzudecken. Damit schwimmt er gegen den Strom der wissenschaftlichen Produktion, die sich, nach den Gründerjahren der expandierenden Sozialwissenschaften nach 1970, wieder in viele Einzelunternehmen und unverbundene Einzelthemen aufgefächert hatte. Auf der Suche nach der inneren Logik der verschiedenartigen neuen Entwicklungen fasst Beck diese nicht nur negativ, als „Enttraditionalisierung", sondern auch als Schaffung von etwas Neuem auf.

Bis zu diesem Punkt kann ich Beck zustimmen. Es geht tatsächlich um den Widerspruch zwischen den hartnäckig weiterwirkenden vertikalen Ungleichheiten unserer institutionellen Ordnung und den neuen Dynamiken der Erfahrung und Praxis der Menschen in ihrem Lebensalltag. Meine Bedenken betreffen nicht die Erscheinungsformen des Wandels, die Beck heranzieht, sondern diejenigen, die er auslässt. Unerwähnt bleiben nicht zuletzt zwei Phänomene, die gerade für eine akteursorientierte Sicht auf den gesellschaftlichen Wandel wesentlich sind:

- die durch die internationale Konkurrenz beschleunigte Zunahme der Fachqualifikation und Spezialisierung in der Erwerbsarbeit, die sog. *Kompetenzrevolution*, und
- die internationale von der jungen Generation ausgehende Veränderung der Alltagskultur durch Werte der persönlichen Emanzipation und durch Bewegungen für von der Basis der Gesellschaft ausgehende Mit- und Selbstbestimmung, die sog. *partizipatorische Revolution*.

Diese beiden Veränderungen, die damals viel diskutiert wurden, waren nicht individuell, sondern *gesellschaftlich* produziert. Sie waren das Ergebnis des umfassenden, koordinierten Zusammenwirkens der Menschen auf den zwei schon für die klassische Soziologie zentralen Handlungsfeldern, auf dem Feld der *beruflichen Arbeitsteilung* (die Spezialisierung, technologische Innovationen und produzierten Reichtum erhöht) und dem Feld der sozialen und politischen *Vergemeinschaftungen* (die soziale Kohäsion und Abgrenzung regeln). Beide Felddynamiken könnten viel zur Erklärung der inneren Logik der in Becks Katalog beschriebenen Phänomene beitragen.

„... ein sozialer und kultureller Erosions- und Evolutionsprozess ...“

Beck sieht zwar die gesellschaftlich-politischen Bedingungszusammenhänge (die wohlfahrtsstaatlich organisierte relative Prosperität und soziale Sicherheit), aber nicht als Bestandteil, sondern nur als Voraussetzung, als erstes Glied einer längeren, sich verselbständigenden Kausalkette der „Individualisierung und Diversifizierung“. Der Kreis der Akteure dieser Dynamik ist eingeengt auf die Strebungen der Individuen und Haushalte, in denen der „Bezug zum Privaten“ immer „treibend“ bleibt und „subkulturelle Klassenidentitäten zunehmend weggeschmolzen“ werden.

Beck sagt sehr direkt, dass durch die erwähnten „Niveauverschiebungen“ (Wirtschaftsaufschwung, Bildungsexpansion usw.) subkulturelle Klassenidentitäten zunehmend weggeschmolzen, ‚ständisch‘ eingefärbte Klassenlagen enttraditionalisiert und Prozesse einer *Diversifizierung* und *Individualisierung* von Lebenslagen und Lebenswegen ausgelöst wurden, die das Hierarchiemodell sozialer Klassen und Schichten unterlaufen und in seinem Realitätsgehalt zunehmend in Frage stellen“ (1983: 36). Und zwar führen die „ Individualisierungsschübe ... unter den Bedingungen relativer Prosperität und sozialer Sicherheit ... der Tendenz nach zur *Auflösung ungleichheitsrelevanter ‚ständisch‘ gefärbter, ‚klassenkultureller‘ lebensweltlicher Gemeinsamkeiten*“ (1983: 41). Dabei werden durchaus beide Seiten des Widerspruchs gesehen: „Im Zuge einer sich entfaltenden Individualisierungsdynamik entsteht eine eigentümlich ambivalente Situation. Für den statistisch sehenden, indikatorgeleiteten Blick des Schichtungsforschers (ebenso wie übrigens für den marxistischen Klassentheoretiker), hat sich möglicherweise nichts Wesentliches verändert, denn die Abstände auf der Einkommenshierarchie, Arbeitsteilungsstrukturen etc. einerseits und fundamentale Bestimmungen der Lohnarbeit andererseits sind, allgemein betrachtet, gleich geblieben. Auf der anderen Seite tritt für das Handeln der Menschen, für ihre Lebensführung die Bindung an eine soziale Klasse eigentümlich in den Hintergrund. Es entstehen der Tendenz nach individualisierte Existenzformen und Existenzlagen, die nun ihrerseits – um des eigenen materiellen Überlebens willen – sich selbst immer nachdrücklicher und ausschließlich zum Zentrum ihrer eigenen Lebensplanung und Lebensführung machen müssen.“ (ebd.: 41f)

Beck bezieht jedoch die beiden Seiten des Widerspruchs nicht als durcheinander bedingte Momente aufeinander, sondern im Sinne eines Entweder-Oder.

Er bleibt ambivalent. Formulierungen, in denen er den Prozess als widerspruchs- und konfliktförmig darstellt, stehen solchen gegenüber, in denen die Entwicklung als naturgesetzlicher Evolutionsprozess dargestellt wird. So sieht Beck durchaus, dass die „Erwartungen auf persönliche Entfaltung, auf die Verfügung über ein ‚Stück eigenen Lebens' (materiell, räumlich, zeitlich und entlang der Gestaltung sozialer Beziehungen gedacht) *systematisch geweckt werden,* die andererseits ... auf gesellschaftliche und politische Schranken, Widerstände und ‚Übergriffe' treffen ..." (ebd.: 42). Gleichwohl erscheint es ihm „nicht übertrieben, zu sagen, dass im Zuge dieses noch andauernden Individualisierungsprozesses *ein sozialer und kultureller Erosions- und Evolutionsprozess* von beträchtlicher Reichweite ausgelöst wurde und wird, ... dessen schließliche Konsequenzen wir ... nicht absehen können, dessen historisches Novum und Spezifikum jedoch wohl darin liegt, dass ... der Bezug zum Privaten, zum eigenen Leben und Erleben immer treibend und bindend bleibt" (ebd.: 42f).

„... genau spiegelbildlich zur *Marx*schen Argumentation"

Angesichts dieser Ambivalenz ist es sinnvoll, genauer hinzusehen, welchem Paradigma Beck seine Diagnose selbst zuordnet. Beck bezieht sich ausdrücklich auf Marx. Marx kann, so Beck „ohne große Gewaltanwendung als einer der entschiedensten ‚Individualisierungstheoretiker' angesehen werden, der ... immer wieder betont, dass mit der Ausbreitung des modernen Industriekapitalismus in Ausmaß und Reichweite ein historisch bisher unbekannter *Freisetzungsprozess* in Gang kommt. Nicht nur ist die Befreiung aus feudalen Bindungen und Abhängigkeitsverhältnissen Voraussetzung für die Durchsetzung kapitalistischer Abhängigkeitsverhältnisse, auch *im* Kapitalismus werden die Menschen in immer neuen Wellen aus traditionalen, familialen, nachbarschaftlichen, beruflichen und kulturellen Bindungen herausgelöst und in ihren Lebenswegen durcheinandergewirbelt." (ebd.: 47)

Für Marx wird, fährt Beck fort, „dieser permanente Vereinzelungs- und Freisetzungsprozess im System des Kapitalismus immer schon aufgefangen und konterkariert ... durch die *Kollektiverfahrung der Verelendung* und durch die dadurch ausgelöste und sie immer weiter aufschaukelnde *Klassenkampfdynamik*. ... Gerade weil der Freisetzungsprozess sich *massenhaft* vollzieht, und weil er verbunden ist mit einer sukzessiven *Verschlechterung* der Lebenslage der Arbeiter im Kapitalismus, führt er nicht zur Zersplitterung, sondern zur *Solidarisierung* und zum organisierten Zusammenschluss der Arbeiterklasse, formiert sich also durch die Kollektiverfahrung der Vereinzelung hindurch die ‚Klasse an sich' als ‚Klasse für sich'. ... dies scheint im Kern auch noch die Position vieler Klassentheoretiker der Gegenwart zu sein.

Die Individualisierungsthese ... lässt sich nun genau spiegelbildlich zur *Marx*schen Argumentation näher bestimmen. Individualisierungsprozesse in dem hier gemeinten Sinn greifen erst dann und genau in dem Maße, in dem die Bedingungen der Klassenformierung durch materielle Verelendung, wie sie *Marx* vorhergesagt hat *überwunden werden*. Das Hervortreten von Individualisierungstendenzen ist damit ... an komplexe, *gesamtgesellschaftliche Rahmenbedingungen* gebunden ... Hierzu gehören u. a.: allgemeine wirtschaftliche Prosperität und damit verbundene Vollbeschäftigung, Ausbau des Sozialstaates, Institutionalisierung gewerkschaftlicher Interessenvertretungen, Bildungsexpansion, Erweiterung des Dienstleistungssektors und so eröffnete Mobilitätschancen, Reduzierung der Arbeitszeit usw." (ebd.: 47f)

Der „offizielle Marxismus": Ein subjektloser geschichtlicher Automatismus

Mit seinem Hinweis auf die Verelendungstheorie (ebd.: 47f) wie auch darauf, dass „die marxistische Staatstheorie und Kritik einen autonomen Begriff des Politischen nicht kennt", sondern den politischen und kulturellen „Überbau" nur als Widerspiegelung des ökonomischen „Unterbaus" begreifen kann (1986: 308f), folgt Beck der Doktrin des „offiziellen Marxismus", die auf den ‚Chefideologen' der frühen Sozialdemokratie, Karl Kautsky, zurückgeht. Der „offizielle Marxismus" Kautskys ging von einem subjektlosen geschichtlichen Automatismus aus, in dem die Menschen nur als „Träger" eines ökonomischen Antagonismus erscheinen, in dem sie verelendet und ausgebeutet und schließlich zur revolutionären Empörung und zur Eroberung der Staatsmacht getrieben werden.

Dieser Umformung des Marxschen Denkens zu einer „Doktrin" (Engels), die auch in den leninistischen Parteimarxismus eingegangen ist, haben sowohl Marx und Engels als auch viele undogmatische Marxisten, von Luxemburg, Korsch und Gramsci bis zu Geiger, Myrdal, Thompson und von Oertzen, entschieden kritisiert. Insbesondere Thompson hat betont, dass das im „offiziellen Marxismus" dominant gewordene Klassenkonzept sich nur auf einen historischen „Sonderfall", die spezifische historische Situation der 1840er Jahre, bezieht: „Klasse als ein Produkt der kapitalistischen Industriegesellschaft des 19. Jahrhunderts, das dann das heuristische Verständnis von Klasse geprägt hat, hat in der Tat keinen Anspruch auf Universalität, sondern ist in diesem Sinn nicht mehr als ein Unterfall [special case] der historischen Formationen, die aus Klassenkämpfen entstehen." (Thompson 1980 [1978]: 268)

Diese Einschätzung ist keineswegs der Auffassung von Marx entgegengesetzt. Vielmehr sind Marx und Engels selber während des halben Jahrhunderts ihrer Erfahrungen zur gleichen Einschätzung gelangt. Als sie im Dezember 1848 das antagonistische Klassenkonzept in das „Kommunistische Manifest" schrieben, standen sie noch unter dem Eindruck der sozialen Zuspitzungen der 1840er Jahre in England, die darauf beruhten, dass die Bourgeoisie das Arbeiterwahlrecht und Sozialreformen noch rigoros ablehnte. Hierzu hatte 1845 der 25-jährige Engels sein fulminantes Buch über die Lage der arbeitenden Klasse in England veröffentlicht. Darin entwarf er das ins Manifest eingegangene Szenario einer zunehmenden Polarisierung der Gesellschaft in immer weniger mächtige Kapitalmagnaten und ein immer größeres eigentumsloses Proletariat, in das auch die bisherigen kleinen Mittelstände und akademischen Berufsgruppen absinken. Durch berufliche Entqualifizierung, Lohndrückung, Fabrikdisziplin, Armut, Elend und die Auflösung aller sozialen Bande würden sich die Lebenslagen und Interessen immer mehr vereinheitlichen und verschlechtern. Infolgedessen werde, beschleunigt durch schwere Wirtschaftskrisen, die Mehrheit des Proletariats „auf immer überflüssig" und habe „keine andere Wahl als zu verhungern – oder zu revolutionieren" (Engels 1970 [1845]: 503f).

Wenn diese und ähnliche Textstellen zum Kern des „offiziellen Marxismus" erklärt werden, dann wird übersehen, dass Engels dieses Szenario ausdrücklich als einen von zwei möglichen „Fällen" bezeichnet und als anderen möglichen Fall das Szenario einer friedlichen Aushandlung sozialpolitischer und wahlrechtlicher Kompromisse zwischen Unternehmern und Arbeitern skizziert. Diese zweite Perspektive, die Verbesserung der sozialen Lage und der politischen Gegenmacht der abhängig Arbeitenden *innerhalb* des Kapitalismus, wurde nach 1850 von Marx und Engels zunehmend als die wahrscheinlichere historische Möglichkeit angesehen, und zwar auch in zentralen, allgemein bekannten Veröffentlichungen.

Aufgrund der historischen Erfahrungen nach 1850 hat Engels seine früheren katastrophischen Prophezeiungen später ausdrücklich widerrufen. Im Vorwort von 1892 zur englischen Neuauflage der „Lage der arbeitenden Klasse in England" (Engels 1963 [1892]: 265-281) beschreibt er eine inzwischen viel komplexere historische Realität und revidiert dabei sowohl die katastrophische Krisentheorie als auch die antagonistische Klassen- und Verelendungstheorie. Er betont, dass sein Buch von 1845 eine größtenteils vergangene „embryonale" Entwicklung repräsentiere (ebd.: 269). Damals „existierte der moderne internationale Sozialismus noch nicht. ..." Auch einige der „Prophezeiungen" wie die „einer bevorstehenden sozialen Revolution in England", wie es ihm seine damalige „jugendliche Hitze" nahegelegt habe, seien fehlgegangen (ebd.: 270). Damals stand England in einer schweren Wirtschaftskrise, zu der die irische Hungersnot kam und „die zu lösen allem Anschein nach nur die Gewalt berufen war" (ebd.: 271) . Demgegenüber habe es von 1850 bis 1870 eine neue industrielle Epoche mit einem unerhörten Aufschwung der Produktion gegeben, in der die Lage der Arbeiter durch Parlamentsreformen und ökonomische Verbesserungen besonders in den großen Industriezweigen angehoben worden sei. Andererseits sei die Lage in den anderen Industriezweigen ungeschützter und prekärer. Die Wirtschaftskrisen hätten nicht mehr die Gestalt eines katastrophischen „Zusammenbruchs". Aber auf die lange Phase der Expansion sei nach 1870 eine langjährige „drückende Stagnation" gefolgt, da England sein Industriemonopol aufgrund des Aufstiegs neuer Industrienationen verloren habe. Dies sei der Grund für den Aufschwung neuer Bewegungen der prekarisierten Arbeiter.

Mit dieser Beobachtung der *langfristigen Wellen* des Aufschwungs und der Stagnation hat Engels bereits das Muster der nachfolgenden historischen Entwicklung, das später von Kondratieff, Schumpeter, Mandel und anderen theoretisch ausgearbeitet wurde, umrissen. Es ist in der Tat verblüffend zu sehen, wie das Muster sich auch in dem halben Jahrhundert seit den 1950er Jahren wiederholt hat.

Es zeigen sich auch andere Parallelen. In seinem historischen Rückblick macht Engels weder einen ‚revolutionären' noch einen ‚reformistischen' Weg zum Dogma. Er hält eine Pluralität von Entwicklungswegen für sinnvoll, die je nach den Phasen der Entwicklung und je nach Land verschieden sein können. Auch das Konzept der materiellen Verelendung wird aufgegeben. Zum Erfurter Programm schreibt Engels (1963 [1891]: 231), die Organisation und der Widerstand der Arbeiter werde „dem *Wachstum des Elends* möglicherweise einen gewissen Damm entgegensetzen. Was aber sicher wächst, ist die *Unsicherheit der Existenz*", eine Lage, für die Engels auch den Terminus „Prekarität" benutzte (Engels 1961 [1842]: 464). Die Überwindung des Kapitalismus bleibe für Engels auf der Tagesordnung.

Das „marxsche Denken": Die Logik der Praxis und der Gegenmachtbildung

Wenn Gramsci von der „Theorie der Praxis" spricht, so ist dies nicht nur eine seiner Lage im Gefängnis geschuldete Verschlüsselung des Terminus „Marxismus", sondern auch ein Hinweis darauf, dass Marx ein Gegenkonzept zur sog. „materialistischen Geschichtsauffassung", in der alle Entwicklungen aus der Ökonomie abgeleitet werden können, entwickelt hat. Zwar haben weder Marx noch Engels ein ausgearbeitetes Klassenkonzept vorgelegt, in dem sie die Logiken der Klassenkonstitution so theoretisch konsistent und umfassend ausgearbeitet haben wie die Logiken der Ökonomie im „Kapital". Gleichwohl haben sie zu ihrer Zeit genügend Einzelanalysen und theoretische Reflexionen über soziale Entwicklungen und Kämpfe vorgelegt (vgl. Vester 2008). Das originäre „Marxsche Denken" (W.F. Haug) stellt eine Alternative zum offiziellen, kauskyanischen Marxismus dar, auf die sich auch die unorthodoxe Theorie der Praxis mit Recht beruft.

Theoretisch postuliert wurde dieser ‚alternative Marxismus' von dem 27-jährigen Marx in den Thesen über Feuerbach. Die Thesen werden oft als innerphilosophische Polemik verstanden, die eine „materialistische" Theorie begründen sollte. Bei genauem Lesen zeigt sich aber, dass Marx auf ein Paradigma aus ist, das *quer* zu der Alternative von Idealismus und „anschauendem Materialismus" liegt, indem es von der „sinnlich-menschlichen Tätigkeit, Praxis" ausgeht (Marx 1981 [1845]: 533). Die Thesen hatten auch einen historisch-praktischen Hintergrund. Sie entstanden 1845, als Marx bereits eng mit Engels zusammenarbeitete, dessen Buch über die englische Arbeiterklasse im selben Jahr erschien. 1847, in seiner bekannten Schrift gegen Proudhon, konnte Marx dann die historische Konkretisierung eines alternativen, praxistheoretischen Konzepts der Klassenentstehung vorlegen. In dem Kapitel über die entstehende englische Arbeiterbewegung baut Marx in der empirischen Deskription weitgehend auf Engels auf, aber er geht auch entscheidend darüber hinaus, indem er in der abschließenden Quintessenz des Kapitels die innere Logik der Klassenentstehung herausarbeitet (Marx 1959 [1847]: 175-182).

Es ist eine *Logik der Praxis*: Die „Aufrechterhaltung des Lohnes, dieses gemeinsame Interesse gegenüber ihrem Meister, vereinigt die Arbeiter in einem gemeinsamen Gedanken des Widerstandes – *Koalition*. ...Wenn der erste Zweck des Widerstands nur die Aufrechterhaltung der Löhne war, so formieren sich die anfangs isolierten Koalitionen in dem Maß, wie die Kapitalisten ihrerseits sich behufs der Repression vereinigen zu Gruppen, und gegenüber dem stets vereinigten Kapital wird die Aufrechterhaltung der Assoziationen notwendiger für sie als die des Lohnes." (ebd.: 180) Zunächst sind die Lohnarbeiter nur „eine Klasse gegenüber dem Kapital, aber noch nicht für sich selbst. In dem Kampf den wir nun in einigen Phasen gekennzeichnet haben, findet sich diese Masse zusammen, konstituiert sich als Klasse für sich selbst." (ebd.: 181)

Dieses Zitat und sein Kontext werden im „offiziellen Marxismus" ganz anders kolportiert, nämlich so, wie es Beck übernommen und zitiert hat: Durch die „Kollektiverfahrung der Verelendung" hindurch formiere sich „die ‚Klasse an sich' als ‚Klasse für sich'" (Beck 1983: 47f). Tatsächlich kommt die Formulierung „Klasse an sich" im gesamten Werk von Marx und Engels nirgends vor. An ihrer Stelle steht bei Marx die zitierte relationale Formulierung „Klasse gegenüber dem Kapital". Es geht ihm eindeutig darum, dass die soziale Klasse (als organisierter Zusammenschluss) erst durch die *Praxis und Erfahrung sozialer Konflikte* hindurch konstituiert wird, dass also, wie Thompson (1980 [1978]: 267) es ausdrückt, der Klassenkampf der Klasse *vorausgeht*. Diese Vorstellung einer Priorität der Praxis muss dem konventionellen, aristotelischen Denken, das von der Priorität der Substanzen ausgeht, als völlig widersinnig erscheinen. Allein der schlichte Titel des zitierten Kapitels von Marx – „Strikes und Arbeiterkoalitionen" – drückt den Bruch mit diesem Denken deutlich aus: Die Klasse ist nicht von vornherein da, sie erzeugt sich erst durch die aktive Praxis des sozialen Kampfes in ihrer organisatorisch bzw. institutionell verfestigten Form, als „Assoziation".

Marx analysiert hier (1859 [1847]: 175-182), wie übrigens auch in den historischen Kapiteln des „Kapital" (1962 [1867]), die Institutionen (bzw. die rechtlichen und sozialen Spielregeln der Gesellschaft) als ein Kapital, das geschichtlich durch die Arbeit sozialer Kämpfe geschaffen worden ist. Er benutzt hier also die gleiche theoretische Figur wie in seiner Kritik der politischen Ökonomie, in der er das ökonomische Kapital als akkumulierte Arbeit analysiert (ebd.). Bourdieu befindet sich durchaus in der Tradition des Marxschen Denkens, wenn er, in heuristischer Absicht, dieses Erklärungsmuster (die Konzepte des Kapitals und der Kapitalakkumulation durch Arbeit/Praxis) nicht nur auf das ökonomische Feld, sondern auch auf die relativ autonomen anderen gesellschaftlichen Felder anwendet (Bourdieu 1983: 183-185; Bourdieu 1987: 97-99).

Marx und Engels gaben 1847 nicht vor zu wissen, wie die in den sozialen Kämpfen zu schaffenden Assoziationsformen im Einzelnen aussehen sollten. Im „Kommunistischen Manifest" werden sie nur ganz unspezifisch beschrieben, als „eine Assoziation, worin die freie Entwicklung eines jeden die Bedingung für die freie Entwicklung aller ist" (Marx/Engels 1959 [1848]: 482). An anderen Stellen betonen die Autoren, dass die politischen Entwicklungen nicht als „Überbau" aus dem ökonomischen „Unterbau" „abzuleiten" seien, sondern, angesichts der

„relativen Selbstständigkeit" und „Eigenbewegung" des politischen Kräftefeldes, an der realen historischen Entwicklung „im einzelnen untersucht" werden sollten (Engels 1967 [1890] a/b/c: 436f, 463, 490). Die Entwicklungen seien „nach den existierenden empirischen Daten" an der „wirklichen Bewegung" zu untersuchen (Marx/Engels 1958 [1845/46]: 29, 35). Dazu sei es notwendig, „den Stoff sich im Detail anzueignen, seine verschiedenen Entwicklungsformen zu analysieren und deren inneres Band aufzuspüren" (Marx 1962 [1867]: 27).

Dies wurde auch tatsächlich in den großen zeitgeschichtlichen Analysen versucht, insbesondere in den Schriften zu den Machtkämpfen um Louis Bonaparte (Marx 1960 [1852]) und um die Pariser Kommune (Marx 1962 [1871]) sowie in der Inauguraladresse der Internationalen Arbeiterassoziation (Marx 1962 [1864]) und der Kritik des Gothaer Programms (Marx 1972 [1875]). Dabei ging es gerade nicht, wie im „offiziellen Marxismus", darum, wie die Arbeiterbewegung den Staat erobern und die Gesellschaft durch eine Staatsbürokratie von oben umgestalten könnte. Es ging um die Frage, welche alternativen Institutionen die Arbeiter- und Volksbewegungen gegenüber Staat und Kapital *selbstständig* und *von unten* entwickeln könnten. Marx orientierte sich dabei am Beispiel der viele Jahrhunderte dauernden Entwicklung der bürgerlichen Klasse, die ebenfalls kein rein ökonomischer, sondern auch ein aktiver politischer Prozess gewesen war und in der mühsam einerseits die neuen Produktivkräfte entwickelt und andererseits das institutionelle „Gegengewicht" von „sich selbst verwaltenden Assoziationen", „Stadtgemeinden" und schließlich des „modernen Repräsentativstaats" erkämpft werden mussten (Marx 1959 [1847]: 181; Marx/Engels 1959 [1848]: 464).

Ähnlich könnten sich nach Marx auch die Elemente einer neuen Gesellschaftsordnung schon im Schoße der kapitalistischen Gesellschaft entwickeln. Der Widerspruch zwischen zunehmend vergesellschafteter Arbeit (den Produktivkräften) und bleibend privater kapitalistischer Aneignung (den institutionellen Produktionsverhältnissen) werde in einer sehr langen und mit großen Anstrengungen verbundenen Entwicklung über den Kapitalismus hinaustreiben, wenn die „bereits erworbenen Produktivkräfte und die geltenden gesellschaftlichen Einrichtungen nicht mehr nebeneinander bestehen können" (Marx 1959 [1847]: 181). Nicht die Verelendungstheorie, sondern diese Argumentationsfigur – dass im Schoße der Gesellschaft Produktivkräfte entstehen, denen die institutionellen Formen irgendwann nicht mehr genügen – wird von der unorthodoxen Richtung als das zentrale Theorem des Marxschen Denkens angesehen, allerdings als heuristische Leitfrage der Analyse und nicht als dogmatische Prophezeiung. Dabei ist das Theorem noch nicht einmal für das Marxsche Denken spezifisch. Auch für Smith und Ricardo war die Frage zentral ob die politischen Institutionen der ökonomischen Dynamik hinderlich oder förderlich waren.

Das Gegenmachtkonzept wurde hauptsächlich erst nach 1850 spezifiziert, als die Arbeiterbewegung vor allem in England starke Gewerkschaften, erfolgreiche selbstverwaltete Genossenschaften, die Arbeitszeitverkürzung und Erweiterungen des Wahlrechts erkämpfte und in der Pariser Kommune von 1871 die Selbstverwaltung der Betriebe und Gemeinden und ihre nationale Föderation zum Programm erhob. Das Prinzip der Selbstverwaltung sollte zwei Gefahren entgegenwirken, die beide Autoren vernichtend kritisiert hatten: der zentralisierten Staatsgewalt und der Gefahr einer neuen Herrschaft der eigenen Funktionäre. Selbst Schulen sollten nicht von Staat oder Kirche verwaltet werden (Marx 1972 [1875]). „Verwaltung durch das Volk, das wäre doch etwas!", schrieb Engels, offensichtlich von englischen Selbstverwaltungstraditionen angeregt, 1875 an Bebel (Engels 1966 [1875]: 128). Es handelt sich insgesamt um Konzepte der Selbstverwaltung, die später von den Räte- und Mitbestimmungsbewegungen – und bemerkenswerter Weise auch von Durkheim (1988 [1893/1902]) im Vorwort seines Buches zur Arbeitsteilung – aufgegriffen wurden und die in die Tradition des demokratischen Sozialismus eingegangen sind.

Der Weg zu einer akteursbezogenen Handlungstheorie

Auf diesem heterodoxen „andere Weg von Marx" entstand, in Abgrenzung vom „offiziellen Marxismus", nach und nach eine akteursbezogene Theorie der sozialen Klassen. Sie war geschichtlich besonders von Gramsci und von Geiger beeinflusst; in den 1960er und 1970er Jahren brachte sie eine Fülle neuer Forschungen hervor, in denen auch die von Beck thematisierten neuen Differenzierungen der Gesellschaft untersucht wurden. Es ist bemerkenswert, dass Beck gleichwohl auf diese neuen Ansätze nicht eingeht, sondern das Handlungsmodell des „offiziellen Marxismus" heranzieht und dann „spiegelbildlich" verwendet. Diese Konstellation möchte ich kurz erläutern.

Die Handlungstheorie des „offiziellen Marxismus" besteht im Kern aus einer Kausalkette, in der das Politische aus dem Ökonomischen folgt, aus einer mechanischen Abfolge von Krise, Verelendung, Empörung, Eroberung der Staatsmacht und Umgestaltung der Gesellschaft von oben. Gegen dieses mechanistische Modell musste eine *Praxistheorie* entwickelt werden, die die Menschen nicht als eigenschaftslose „Träger" von ökonomischen Strukturtrends, sondern als Akteure mit eigenständigen Identitäten und biographischen Handlungsstrategien auffasste. Die Entwicklung dieser Theorie, die in den 1960er Jahren neu einsetzte, ging von der empirischen Tatsache aus, dass die historischen Arbeiterbewegungen, Rätebewegungen usw. nie den verelendeten, gering qualifizierten, entfremdeten Arbeitermilieus ausgegangen waren. Insbesondere Peter von Oertzen (1963, 1965) stellte dar, dass diese Bewegungen so gut wie immer von qualifizierten Facharbeitern und Fachhandwerkern und einer Art „Arbeiterintelligenz" getragen wurden, die eine eigenständige Kultur entwickelt hatten und denen es um ihre historischen Rechte und Ansprüche auf Selbstbestimmung, Mitbestimmung und soziale Gerechtigkeit ging. Diese Auffassung konnte sich auf Marx und Engels berufen, die ebenfalls auf die Facharbeiter setzten und die Auffassung vertraten, dass sich die gesellschaftspolitischen Grundeinstellungen nicht als Widerspiegelung der aktuellen sozialen Lage, sondern aus geschichtlich erworbenen und verfestigten Erfahrungen bilden (Marx/Engels 1959 [1848]: 465, 471-73; Marx 1962 [1864]).

Auf Anregungen von Marx und von Engels griff auch die Hinwendung der neuen Klassentheorie zu ethnologischen Methoden zurück (insbes. Thompson 1987 [1963], 1980 [1971]). Marx und Engels hatten die ökonomischen Klassenanalysen bereits selber durch einen „cultural turn" ergänzt, indem sie begierig neue historische und ethnologische Forschungen rezipierten, um die Vorläufer demokratischer Selbstverwaltung und (entgegen ihrer früheren These, dass der Kapitalismus alle sozialen Bindungen auflöse) die Möglichkeit ihrer Wiederkehr zu studieren (Marx ([1881]: 107-112, 384-387; Marx 1941 [1857/58]: 380-386). Eine explizite Theorie des kollektiven Verhaltens, der Kultur und der Mentalitäten haben sie jedoch nicht entwickelt. Anders als in ihren ökonomischen Studien konnten sie nicht auf einen wissenschaftlichen Diskurs zu dieser Thematik zurückgreifen. Die Entwicklung einer systematischen Soziologie und Psychologie des kollektiven Verhaltes begann erst später, als die Arbeiterbewegungen, dann die faschistischen Bewegungen, darauf der moderne Wohlfahrtsstaat und schließlich die „alternativen" Bewegungen systematischere Erklärungen des Massenverhaltens notwendig machten.

In der Soziologie begann diese Entwicklung bereits mit Weber, Durkheim und Veblen, die an religions- und sozialgeschichtlichem Material nachwiesen, wie bestimmte Berufs- oder Klassenmilieus spezifische Alltagsethiken und Mentalitäten entwickelten, ohne dass diese einheitlich ökonomisch determiniert waren. Mit einer systematisierten Empirie und Theorie wurden diese Ansätze von Geiger (1932, 1949) und später von Bourdieu (1982 [1979]) zu Gesamtbildern der Berufs- und Mentalitätsstrukturen weiterentwickelt. Diese Ansätze konnten jedoch lange keine

Traditionslinien bilden. Erst nach 1980, mit Bourdieu, konnten sie sich dauerhafter an Universitäten verankern.

Diese Lücke wurde aber, eher in den Kultur- und Geschichtswissenschaften, in den 1960er und 1970er Jahren durch den großen Forschungs- und Theorieimpuls gefüllt, der von der „Neuen Linken" ausging. Sie entwickelte ihre Alternativen aus der Auseinandersetzung mit der vulgärmarxistischen Verelendungsthese und mit der konservativen Nivellierungsthese. Ihre erkenntnisleitende Frage war nicht, ob und wie Klassenherrschaft sich reproduziert, sondern die Frage, wie unter den Bedingungen steigender Wohlstands- und Bildungsstandards die Arbeiterbewegungen und die anderen Emanzipationsbewegungen neu belebt werden könnten. Diskutiert wurde dies an den Veränderungen in zwei Feldern:

1. am Strukturwandel der *Arbeit* durch steigende Lebensstandards und die Zunahme der qualifizierten Facharbeit, der technischen Intelligenz und der Angestellten;
2. am Strukturwandel der *Alltagskultur* durch Herausdifferenzierung selbstbestimmter neuer Lebensstile, Subkulturen und Mentalitäten vor allem in den jüngeren Generationen.

Zu 1.) Eine neue *Industrie- und Arbeitssoziologie* entstand aus der Auseinandersetzung mit der These, dass in der Wohlstandsgesellschaft die Klassenunterschiede nivelliert und die Arbeiter „verbürgerlicht" würden. Sie berief sich auf die Analysen von Geiger (1949) und von Dahrendorf (1957), nach denen der Kassenkonflikt nicht verschwunden, sondern nur institutionalisiert war, und auf große Umfragestudien, nach denen diesem Klassengegensatz nach wie vor ein empirisches Arbeitnehmerbewusstsein entsprach, das nur rationaler, reformistischer war (vgl. Popitz, Bahrdt u. a. 1956; Goldthorpe, Lockwood u. a. 1970/71 [1968]). Eine Aktivierung der abhängig Arbeitenden wurde nicht von der Zuspitzung von Verelendung, Repression und Entfremdung erwartet, sondern von neuen Interessenkonstellationen (Kern/Schumann 1970). Serge Mallet regte seit 1963 mit seiner Untersuchung über die technische Intelligenz als „neue Arbeiterklasse" (Mallet 1972 [1963]) in West und auch Ost neue Forschungen und Debatten über die neue technisch-industrielle Revolution an. Diese verbanden sich mit den Forschungen und Diskussionen über Arbeiterselbstverwaltung, Mitbestimmung am Arbeitsplatz und eine zunehmende Klassenorientierung bei den Angestellten (u. a. von Oertzen 1963, 1965; Kern/Schumann 1982, 1984). Besondere Aktualität erhielten diese Diskussionen durch das Wiederaufleben von spontanen, basisorientierten Streikbewegungen in vielen Ländern, die bis in die siebziger Jahre die jungen Protestbewegungen begleiteten. Das Bundesforschungsministerium Hans Matthöfers reagierte darauf mit einem eigenen For-

schungsprogramm zur „Humanisierung der Arbeit", das mit der partizipations-
orientierten Arbeitssoziologie von Schumann, Kern, Pöhler und anderen verknüpft war.

Zu 2.) Gleichzeitig entstand aus der Auseinandersetzung mit dem offiziellen
Marxismus und mit der These der Klassennivellierung eine internationale Diskussion und Forschung über die *Alltagserfahrung* und die *Subkulturen* sozialer
Klassen. Bahnbrechend waren neue historische, kulturwissenschaftliche und philosophische Untersuchungen wie die von Raymond Williams (1972 [1958], Edward Thompson (1987 [1963]), Maurice Merleau-Ponty (1965 [1945]) und Henri Lefebvre (1974/1975 [1947]). Sie verbanden sich mit anderen Diskursen und
Forschungen, die herausarbeiteten, dass die historischen sozialen Bewegungen
nicht durch nackte materielle Verelendung, sondern durch Fragen der *sozialen
Gerechtigkeit* motiviert und daher auch immer mit anderen Bewegungen für
Mündigkeit und Emanzipation verbunden waren (Thompson 1987 [1963], 1980
[1971]); Moore 1969, 1982; Vester 1970, 1970/71). Einflussreich wurde die
These von Merleau-Ponty (ebd.: 506), dass „durchaus nicht das tiefste Elend",
sondern „häufig ... die Abnahme des Drucks auf das Leben eine Umstrukturierung des sozialen Raums ermöglicht: die Horizonte sind nicht mehr eingeengt
auf die unmittelbaren Bedürfnisse, es entsteht ein Spielraum, Raum für einen
neuen Lebensentwurf."

Breite Wirkung erhielten diese Ansätze, als sie auf die neuen Protestbewegungen angewandt wurden. Deren Aufbruch erklärten wir damals in dem programmatischen Band „Die hedonistische Linke" (Kerbs 1971), in Beiträgen von Sozial-
und Kulturwissenschaftlern, mit Theorien der jugendlichen Subkulturen. Deren
zentrale Erfahrung war nicht die ökonomische Verelendung, sondern der Widerspruch, dass Wohlstands- und Freiheitsspielräume objektiv zunahmen, aber
praktisch nicht voll zugestanden wurden. Ein „*cultural lag*" trennte die Generationen: „Während heute die älteren Generationen die Verzichtgewohnheiten der
Mangelgesellschaft noch tief verinnerlicht haben, werden den jüngeren der
Reichtum der Gesellschaft und die Erfüllbarkeit ihrer Wünsche eher erkennbar."
(Vester 1971: 154) Nach Ansicht der Jüngeren entstand mit dem wachsenden
gesellschaftlichen Reichtum auch die objektive Möglichkeit für erweiterte und
autonomere Lebensperspektiven, die Elterngeneration hielt dagegen an den ein-
schränkenden und autoritären Lebensstilen und Politikformen fest, die sie in der
Gesellschaft des Mangels, der Repression und der sozialen Unsicherheit erworben hatte. Der neue *sozio-kulturelle* und *politische* Generationen- und Klassenkonflikt war, als weltweite Bewegung, zuerst in dem Aufbruch der Rockmusik zu spü-

ren (vgl. Siegfried 2006). Seit der Öffnung des sozialen Raums in der Kennedy-Ära erhielt er zunehmend politische Potenz.

Unsere These war damals, dass sich die sozialen Klassenmilieus mit diesem Generationenkonflikt – im Gegensatz zu der späteren Individualisierungsthese von Beck – nicht auflösen, aber doch durch neue Entwicklungen „*innerhalb* jeder sozialen Klasse" umformen würden (Vester 1971: 149). Diese aus historischen Vergleichen gewonnene These wurde wenig später durch die Jugenduntersuchungen der Birminghamer Cultural Studies bestätigt. Insbesondere Clarke (Clarke/Hall 1979 [1977]) wies nach, dass sich in den Jugendmilieus die Kulturmuster der verschiedenen sozialen Klassen in der Wohlstandsgesellschaft nicht auflösten, sondern durch mehr Elemente von Selbstbestimmung modernisierten und differenzierten.

Die empirische Überprüfung der Individualisierungsthese

Diese breit angelegten Forschungen, die nicht die Auflösung, sondern den *Gestaltwandel* und die *Differenzierung der Klassenverhältnisse* feststellten, bildeten eine Alternative zu Becks Erklärungsmodell. Sie wurden jedoch von Beck nicht einbezogen und sind auch in dem Sammelband (Kreckel 1983), in dem sein Beitrag erschien, nicht vertreten. Der offizielle Marxismus ist in diesem Band, der als Gründungdokument einer neuen Ungleichheitsforschung gelten kann, aber durchaus vertreten. Es wäre zu einfach, diese Auswahl damit zu erklären, dass der offizielle Marxismus sich durch seine unterkomplexe Ableitungslogik gut als Traumgegner eignet, gegen den die neue, differenzierende Ungleichheitsforschung sich wirksam abgrenzen konnte. Die Nichtwahrnehmung der Diskurse ist in den Sozialwissenschaften seit langem wechselseitig und in der Trennung der Fächer und Fachgebiete institutionell und habituell verfestigt. – Beck hat auf ganz andere Weise wesentlich dazu beigetragen, diese Teufelskreise gegenseitiger Abschottung zu durchbrechen. Der provokative Effekt und der reiche empirische Bezug der Individualisierungsthese haben produktive Kontroversen zwischen den verfestigten Richtungen und weitreichende neue Forschungen ausgelöst.

Eine solche Bedeutung gewann Beck auch für uns. Beck hatte die Frage gestellt, ob die „subkulturelle Klassenidentitäten zunehmend weggeschmolzen" werden (Beck 1983: 36) oder nur einen „Bedeutungs- und Gestaltwandel" erleben (ebd.: 43). Für eine empirische Überprüfung war dies alles andere als eine leichte Frage. Seit Geiger (1932) hatte es keine makrosoziologische Studie gegeben, die die gesamtgesellschaftlichen Größenordnungen des differenzierten Gesamtgefüges der Klassenmilieus in Deutschland untersuchte. Aus unserer Gruppe hatten bis dahin Peter von Oertzen (1963), Heiko Geiling (1985) und ich selbst (Vester 1970, 1970/71) schon größere empirische Arbeiten vorgelegt, aber nur zu historischen Themen der sozialen Bewegungen.

Für unser Projekt, das 1988 bis 1991 mit Unterstützung der Volkswagen-Stiftung durchgeführt und bis heute durch Nachfolgeprojekte ergänzt wurde, musste ein Analyseansatz gefunden werden, mit dem die soziale Gesamtstruktur analysiert werden konnte. Von den drei vorliegenden Analyseansätzen waren zwei – die von Goldthorpe und von Wright – dafür ungeeignet, weil sie nur die Berufsgliederung und nicht die Mentalitätsgliederung untersuchen konnten. Der dritte Ansatz, das Konzept des mehrdimensionalen sozialen Raums von Bourdieu (1982 [1979]), war theoretisch differenziert genug. Denn er behandelte die Ebene der Lebensstile unabhängig von der Ebene der Berufsgruppen und er erlaubte es, die Verteilung beider nicht nur in vertikaler, sondern auch in horizontaler Differenzierung abzubilden. So konnte die ganze Gesellschaft als räumliches Kräftefeld dargestellt werden, an dem dann nachgeprüft werden konnte, welche Bewegungen es von den alten „subkulturellen Klassenidentitäten" (Beck) zu gewandelten oder ganz ungebundenen Identitäten gab.

Es gab aber ungelöste Probleme bei der Durchführung. Zum einen hatte Bourdieu die Operationalisierungen und Methoden, mit denen er sein großes Panorama der französischen Gesellschaft erarbeitet hatte, nicht explizit ausformuliert. Sie mussten neu entwickelt werden. Zum anderen hatte er, wie er selbst einräumt, für seine Forschungsfrage, die *Reproduktion* der Klassenverhältnisse, nur die Träger dieser Reproduktion, Bürgertum und Kleinbürgertum, differenzierter untersucht, und zwar mit Umfragen in den 1960er Jahren (Bourdieu 1982 [1979]: 629, 784-787). Die große Mehrheit der Volksklassen und die nach 1970 beschleunigten *Differenzierungen* der ganzen Gesellschaft waren also noch zu untersuchen. Auf die Methodenentwicklungen, mit denen wir die Lösung dieser Probleme unternahmen, gehe ich ausführlicher in unserer Studie ein, die in einem *Mehrebenenansatz* Daten- und Berufsfeldanalysen mit typologischen Habitusanalysen und örtlichen Milieuanalysen verbunden hat (Vester u. a. 2001; Vögele u. a. 2002; zusammenfassend: Vester 2009 [1993]).

Für einen Vergleich der Forschungsergebnisse verweise ich auf die anderen empirischen Studien, die von dem Spannungsfeld zwischen Becks Individualisierungsthese und Bourdieus Untersuchung der Klassenreproduktion angeregt worden sind (insbes. Savage u. a. 1992, Lamont 1992, Rupp 1995, Karrer 1998, Rosenlund 2000, Savage u. a. 1992, Vester u. a. 2007). Sie haben in verschiedenen

Ländern jeweils einzelne der drei Analyseebenen untersucht und sind alle zu dem Ergebnis gekommen, dass die Klassenverhältnisse sich nicht aufgelöst, sondern, im Zusammenhang mit der Zunahme des kulturellen Kapitals, durch Differenzierung der Berufsfelder und der Milieukulturen weiter aufgefächert haben.

Hier sollen nur in thesenhafter Kürze unsere eigenen Ergebnisse (die der Tendenz nach von einer neuen, 2009 mit unserem Milieuansatz durchgeführten repräsentativen Untersuchung der Bevölkerung von Luxemburg bestätigt werden) mit Blick auf Beck zusammengefasst werden.

Die festgestellten Erscheinungen individualisierter und differenzierter Lebensweise stimmen, wie erwähnt, weitgehend mit den Beschreibungen Becks überein. Deren Expansion und Dynamik werden allerdings nicht vom *privaten* Distinktionsstreben allein, sondern gleichzeitig in der *Interaktion* der sozialen Gruppen, der Milieus und der Berufsgruppen hervorgebracht, die in nach wie vor bestehende Klassenverhältnisse eingebettet sind.

1. Für die sozialen *Milieus*, die Beziehungszusammenhänge des Alltags, haben die subkulturellen Identitäten nach wie vor eine hohe praktische Relevanz (vgl. dazu auch den Beitrag von Nina Degele, in diesem Band). Die Unterschiede nach Varianten des Habitus, des Geschmacks und der Alltagskultur sind nicht nur Unterscheidungssignale, sondern auch Ausdruck unterschiedlicher Lebensführungen, Bildungs- und Berufsstrategien, die schon den Kindern vermittelt werden und auf angestrebte gesellschaftliche Stellungen abgestimmt sind. Allerdings haben sich die großen Traditionslinien der oberen, der mittleren und der unteren Milieus *in sich* nach Generationen erheblich ausdifferenziert, und zwar hauptsächlich nach älteren Generationen mit konventionellerem Habitus und weniger kulturellem Kapital und jüngeren Generationen mit eher selbstbestimmtem Habitus und zunehmendem kulturellen Kapital. Diese jüngeren Milieus, die sich selbst im umgangssprachlichen Sinne als „individualisiert" verstehen, umfassten bereits in den 1990er Jahren fast drei Zehntel der Bevölkerung und sind weiter angewachsen (vgl. Vester 2009: 161).

2. Die Berufsgliederung hat sich, parallel zu dieser Auffächerung der Milieus, durch die großen Differenzierungen verändert, die mit der Zunahme der höheren Berufsqualifikationen, der Dienstleistungsberufe und der Erwerbstätigkeit von Frauen verbunden sind. Es handelt sich dabei aber kaum um Bewegungen des Aufstiegs in höhere Klassen, sondern um horizontale Strukturverschiebungen in Berufsgruppen, die mehr kulturelles Kapital erfordern. Die vertikale Stufung der sozialen Klassen in zwei obere Traditionslinien (ca. 20%), zwei Traditionslinien der „respektablen Volksklassen"

(ca. 70%) und eine Traditionslinie der Unterprivilegierten (ca. 10%) ist weitgehend erhalten geblieben. Die wachsenden Kompetenzen sind mit wachsenden Ansprüchen der Selbst- und Mitbestimmung verbunden und geraten daher vermehrt in Widerspruch zu den fortbestehenden oder verstärkten Autoritätshierarchien in der Arbeitswelt.

3. Im Feld der Politik bestehen nach wie vor die klassischen Lager, mit ihren konservativen, liberalen, sozialdemokratischen, postmaterialistischen und rechtspopulistischen Konzepten der sozialen Ordnung. Jedes Lager überschneidet sich räumlich mit verschiedenen Milieus. Die politischen Trennlinien können also nicht direkt aus den vertikalen Milieu- oder Klassenteilungen abgeleitet werden. Dies beruht aber nicht auf einer neueren Auflösung oder «Erosion» der alten Klassenidentitäten, sondern auf den Eigentümlichkeiten des politischen Feldes. Die politischen Lager haben nie direkt den Klassenteilungen entsprochen, sie sind als milieuübergreifende Allianzen aus Konflikten und Traditionen im Feld der Politik und der Weltanschauungen entstanden. Die Stimmenverluste der Volksparteien sind überwiegend eine Folge zunehmender Unzufriedenheit mit ihrer Ordnungspolitik, die sich in Wahlenthaltung oder der Wahl einer der jeweiligen Volkspartei nahe stehenden kleinen Partei äußert.

Es ist also viel dran an der These, dass in der alten Gesellschaft zunehmend Elemente der Klassenlosigkeit entstehen. Aber gerade diese höheren Ansprüche tragen zur steigenden Unzufriedenheit mit den wieder steiler gewordenen Verteilungs- und Autoritätshierarchien unserer Gesellschaft bei – und damit zu der Erfahrung, dass sie doch noch eine Klassengesellschaft ist.

Literatur

Beck, Ulrich (1983): Jenseits von Klasse und Stand? Soziale Ungleichheit, gesellschaftliche Individualisierungsprozesse und die Entstehung neuer sozialer Formationen und Identitäten, in: Kreckel (Hrsg.), S. 35-74.
Beck, Ulrich (1986): Risikogesellschaft, Frankfurt am Main: Suhrkamp.
Bell, Daniel (1961 [1960]): Two Roads from Marx: The Themes of Alienation and Exploitation and Workers' Control in Socialist Thought, in: Ders., The End of Ideology, New York, N.Y.: Collier, S. 355-392.
Bourdieu, Pierre (1982 [1979]): Die feinen Unterschiede, Frankfurt a. M.: Suhrkamp.
Bourdieu, Pierre 1983: Ökonomisches Kapital, Kulturelles Kapital, Soziales Kapital, in Kreckel (Hrsg.), S. 183-198.
Bourdieu, Pierre (1987 [1980]: Sozialer Sinn, Frankfurt a. M.: Suhrkamp.

Clarke, John/Hall, Stuart/Jefferson, Tony et al. (1979 [1977]): Jugendkultur als Widerstand, Frankfurt a. M.: Syndikat.

Dahrendorf, Ralf (1957): Soziale Klassen und Klassenkonflikt in der industriellen Gesellschaft, Stuttgart: Enke.

Durkheim, Émile (1988 [1893/1902]): Über soziale Arbeitsteilung. Studie über die Organisation höherer Gesellschaften, Frankfurt a. M.: Suhrkamp.

Engels, Friedrich (1961 [1842]): Lage der arbeitenden Klasse in England, in: Marx-Engels-
Werke, Bd. 1, S. 464f.

Engels, Friedrich (1970 [1845]): Die Lage der arbeitenden Klasse in England, in: Marx-
Engels-Werke, Bd 2, S. 227-506.

Engels, Friedrich (1966 [1875]: Brief an A. Bebel v. 18./28.3.1875, in: Marx-Engels-Werke,
Bd. 34.

Engels, Friedrich (1967 [1890] a/b/c): Brief an C. Schmidt v. 5.8.1890/Brief an J. Bloch v.
21.9.1890/Brief an C. Schmidt v. 27.10.1890, in: Marx-Engels-Werke, Bd. 37.

Engels, Friedrich (1963 [1891]): Zur Kritik des sozialdemokratischen Programmentwurfes
1891, in: Marx-Engels-Werke, Bd. 22, S. 225-240.

Engels, Friedrich (1963 [1892]): Vorwort zur englischen Neuauflage „Die Lage der arbeitenden Klasse in England", in: Marx-Engels-Werke, Bd. 22, S. 265-278.

Geiger, Theodor (1932): Die soziale Schichtung des deutschen Volkes, Stuttgart: Enke.

Geiger, Theodor (1949): Die Klassengesellschaft im Schmelztiegel, Köln und Hagen: Kie-
penheuer.

Geiling, Heiko (1985): Die moralische Ökonomie des frühen Proletariats, Frankfurt a. M.:
Materialis.

Goldthorpe, John H./Lockwood, David/Bechhofer, Frank/Platt, Jennifer (1970/71 [1968]): Der
"wohlhabende" Arbeiter in England, 3 Bde., München: Goldmann [engl.: The Affluent
Worker in the Class Structure. Cambridge 1968].

Hradil, Stefan (1987): Sozialstrukturanalyse in einer fortgeschrittenen Gesellschaft. Von Klassen und Schichten zu Lagen und Milieus, Opladen: Leske + Budrich.

Karrer, Dieter (1998): Die Last des Unterschieds. Biographie, Lebensführung und Habitus von
Arbeitern und Angestellten im Vergleich, Opladen/Wiesbaden: Westdeutscher Verlag.

Kern, Horst/Schumann, Michael (1970): Industriearbeit und Arbeiterbewusstsein, Frankfurt a. M.: EVA.

Kern, Horst/Schumann, Michael (1982): „Arbeit und Sozialcharakter: Alte und neue Kon-
turen". Vortrag auf dem 21. Deutschen Soziologentag, SOFI-Mitteilungen, Nr. 7.

Kern, Horst/Schumann, Michael (1984): Das Ende der Arbeitsteilung, München: Beck.

Kerbs, Diethart (Hrsg.) (1971): Die hedonistische Linke. Beiträge zur Subkultur-Debatte,
Neuwied/Berlin: Luchterhand.

Kreckel, Reinhard (Hrsg.) (1983): Soziale Ungleichheiten (Soziale Welt Sonderband),
Göttingen: Schwartz.

Lefebvre, Henri (1974/1975 [1947]): Kritik des Alltagslebens. Grundrisse einer Soziologie der Alltäglichkeit, 2 Bde., München-Wien.

Lamont, Michèle (1992): Money, Morals and Manners: The Culture of French and American Upper Class, Chicago: Chicago University Press.

Mallet, Serge (1972 [1963]): Die neue Arbeiterklasse, Neuwied/Berlin: Luchterhand.

Marx, Karl (1981 [1845]): Thesen über Feuerbach, in: Marx-Engels Werke, Bd. 3, S. 533-535.

Marx, Karl (1959 [1847]): Das Elend der Philosophie. Antwort auf Proudhons „Philosophie des Elends", in: Marx-Engels-Werke, Bd. 4, S. 63-182.

Marx, Karl (1960 [1852]): Der 18. Brumaire des Louis Bonaparte, in: Marx-Engels-Werke, Bd. 8, S. 111-207.

Marx, Karl (1941 [1857/58]): Grundrisse der Kritik der politischen Ökonomie, Moskau.

Marx, Karl (1962 [1864]): Inauguraladresse der Internationalen Arbeiterassoziation, in: Marx-Engels-Werke, Bd. 16, S. 5-13.

Marx, Karl (1962 [1867]): Das Kapital, Bd. 1, Marx-Engels-Werke, Bd. 23.

Marx, Karl (1962 [1871]): Der Bürgerkrieg in Frankreich, in: Marx-Engels-Werke, Bd. 17, S. 313-365.

Marx, Karl (1972 [1875]): Kritik des Gothaer Programms, in: Marx-Engels-Werke, Bd. 19, S. 11-32.

Marx, Karl [1881]): Briefe an V. I. Sassulitsch, in: Marx-Engels-Werke, Bd. 19, S. 107-112, 384-387.

Marx, Karl/Engels, Friedrich (1959 [1845/46]]: Die deutsche Ideologie, Marx-Engels-Werke, Bd. 3.

Marx, Karl/Engels, Friedrich (1959 [1848]): Manifest der Kommunistischen Partei, in: Marx-Engels-Werke, Bd.4, S. 457-493.

Merleau-Ponty, Maurice (1965 [1945]): Phänomenologie der Wahrnehmung, Berlin: de Gruyter.

Moore, Barrington (1969): Soziale Ursprünge von Diktatur und Demokratie, Frankfurt a. M.: Suhrkamp.

Moore, Barrington (1982): Ungerechtigkeit. Die sozialen Ursachen von Unterordnung und Widerstand, Frankfurt a. M.: Suhrkamp.

von Oertzen, Peter (1963): Betriebsräte in der Novemberrevolution, Düsseldorf: Droste.

von Oertzen, Peter (1965): Analyse der Mitbestimmung – ein Diskussionsbeitrag, hrsg. v. ‚Arbeit und Leben' Niedersachsen. Hannover: Arbeit und Leben.

von Oertzen, Peter (2004b [1985]): Zum Verhältnis von „Neuen Sozialen Bewegungen" und Arbeiterbewegung. Zur Sozialstruktur des grünen Wählerpotentials, in: ders., Demokratie und Sozialismus zwischen Politik und Wissenschaft, Hannover: Offizin, S. 354-374.

Popitz, Heinrich/Bahrdt, Hans-Paul/Jüres, Ernst August/Kesting, Hanno (1957): Das Gesellschaftsbild des Arbeiters, Tübingen: Mohr.

Rosenlund, Lennart (2000): Social Structures and Cultural Changes: Applying Pierre Bourdieu's Approach and Analytical Framework, Doctoral Dissertation, Stavanger: University College.

Rupp, Jan C. C. (1995): Les classes populaires dans un espace social à deux dimensions, in: Actes de Recherche en Sciences Sociales, no. 109, Oct. 1995, S. 93-98.

Savage, Mike/Barlow, James/Dickens, Peter/Fielding, Tony (1992): Property, Bureaucracy and Culture: Middle-Class Formation in Contemporary Britain, London/New York: Routledge.

Siegfried, Detlef (2006): Time Is on My Side. Konsum und Politik in der westdeutschen Jugendkultur der 60er Jahre, Göttingen: Wallstein.

Thompson, Edward Palmer (1987 [1963]): Die Entstehung der englischen Arbeiterklasse, 2 Bde., Frankfurt a. M.: Suhrkamp.

Thompson, Edward Palmer (1980 [1971]): Die englische Gesellschaft im 18. Jahrhundert: Klassenkampf ohne Klasse?, in: ders., Plebeische Kultur und moralische Ökonomie, hrsg. v. Dieter Groh, Berlin: Ullstein, S. 247-289.

Vester, Michael (1970): Die Entstehung des Proletariats als Lernprozess, Frankfurt a.M: EVA.

Vester, Michael (1971): Solidarisierung als historischer Lernprozess. Zukunftsperspektiven systemverändernder Praxis im neueren Kapitalismus, in: Kerbs, Diethart (1971), S. 143-198.

Vester, Michael (Hrsg.) (1970/1971): Die Frühsozialisten 1789-1848, Bd.1/2, Reinbek: Rowohlt.

Vester, Michael (2003): Autoritarismus und Klassenzugehörigkeit, in: Alex Demirovic (Hrsg.), Modelle kritischer Gesellschaftheorie. Traditionen und Perspektiven der kritischen Theorie, Stuttgart: Metzler, S. 195-224.

Vester, Michael (2008): Klasse an sich / für sich, in: Historisch-kritisches Wörterbuch des Marxismus, Bd. 7/I, hrsg. v. Wolfgang Fritz Haug, Frigga Haug und Peter Jehle, Berlin: Argument 2008, Sp. 736-775.

Vester, Michael 2009: Ende oder Wandel der Klassengesellschaft? Peter von Oertzen und die Forschungen zum Wandel der Sozialstruktur und zur Entstehung neuer gesellschaftlich-politischer Milieus, in: Loccumer Initiative (Hrsg.), Zur Funktion des linken Intellektuellen – heute. In memoriam Peter von Oertzen, Hannover: Offizin, S. 127-179.

Vester, Michael/ Hofmann, Michael/Zierke, Irene (Hrsg.) (1995): Soziale Milieus in Ostdeutschland, Köln: Bund.

Vester, Michael/von Oertzen, Peter/Geiling, Heiko u. a. (2001): Soziale Milieus im gesellschaftlichen Strukturwandel, Frankfurt a. M.: Suhrkamp [Vollst. überarbeitete Fassung der 1993 im Bund-Verlag erschienenen 1. Ausgabe].

Vester, Michael/Teiwes-Kügler, Christel/Lange-Vester, Andrea (2007): Die neuen Arbeitnehmer. Zunehmende Kompetenzen – wachsende Unsicherheit, Hamburg: VSA.

Vögele, Wolfgang/Bremer, Helmut/Vester, Michael (2002): Soziale Milieus und Kirche, Würzburg: Ergon.

Weber, Max (1972 [1921]): Wirtschaft und Gesellschaft. Grundriss der verstehenden Soziologie, Tübingen: Mohr.

Williams, Raymond (1972 [1958]): Gesellschaftstheorie als Begriffsgeschichte. Studien zur historischen Semantik von «Kultur», München: Rogner & Bernhard.

Das Ende von Stand und Klasse?
25 Jahre theoretische Überlegungen und empirische Betrachtungen aus der Perspektive von Lebensverläufen unterschiedlicher Kohorten

Rolf Becker und Andreas Hadjar[1]

1 Jenseits oder diesseits von Stand und Klasse?

Vor mehr als 25 Jahren löste Ulrich Beck (1983) mit seinem Aufsatz „Jenseits von Stand und Klasse?" in der Sozialstrukturanalyse und in der soziologischen Ungleichheitsforschung eine kontroverse Debatte aus. Ihr Ausgangspunkt war seine Behauptung, dass infolge von wirtschaftlicher Prosperität, Bildungsexpansion und der damit einhergehenden Niveauverschiebungen „subkulturelle Klassenidentitäten zunehmend weggeschmolzen, ‚ständisch' eingefärbte Klassenlagen enttraditionalisiert und Prozesse einer Diversifizierung und Individualisierung von Lebenslagen und Lebenswegen ausgelöst wurden, die das Hierarchiemodell sozialer Klassen und Schichten unterlaufen und in seinem Realitätsgehalt in Frage stellen" (Beck 1983: 36). Durch soziale Mobilität werden nach Beck (1983: 38) die Lebenswege der Menschen aus dem Herkunftsmilieu herausgelöst und individualisiert. Somit beschreibe Individualisierung als ein historisch spezifischer, widersprüchlicher Prozess der Vergesellschaftung die fortschreitende Freisetzung der Gesellschaftsmitglieder aus dem Kontext der Familie oder den klassenspezifischen Milieus (Beck 1983: 42). Die vorgängige Einbindung der Menschen in alltags- und lebensweltlich identifizierbare Klassenstrukturen verliere daher an sozialer Evidenz und Bedeutung (Beck 1983: 40) und „(…) mit zunehmender Individualisierung schwinden die Voraussetzungen, das Hierarchiemodell sozialer Ungleichheit lebensweltlich zu interpretieren" (Beck 1983: 53). Wenn der „Motor der Individualisierung" (Beck 1986: 157) auf vollen Touren laufe und eine individualisierte Gesellschaft produziere (Beck 1986: 215), dann würden Klassenidentitäten bedeutungslos und die Bedeutung individualisierter Existenzformen und Existenzlagen immer augenfälliger. Nunmehr müsse von selbstreflexiven Biographien ausgegangen werden, da infolge der Individualisierung die Menschen aus den ihren Sozialcharakter prägenden gesellschaftlichen Kontexten wie Klasse und Schicht herausgelöst würden (Beck 1983: 58).

---

1 Für hilfreiche Kommentare danken wir Karl Ulrich Mayer und Walter Müller.

Vor allem die mit dem „Fahrstuhleffekt" umschriebene kollektive Mobilität in der deutschen Nachkriegszeit hat – so Beck (1986) – neben der Veränderung der Klassenstruktur dazu geführt, dass die sozialstrukturelle Prägekraft vertikaler Ungleichheiten auf den individuellen Sozialcharakter verblasse. Somit gehe der Prozess der Individualisierung und Pluralisierung mit dem Auflösen subkultureller Klassenidentitäten und -bindungen einher (Beck 1986: 122). Das Individuum sei damit zur „lebensweltlichen Reproduktionseinheit des Sozialen" geworden (Beck 1986: 119). Mit ihrer Individualisierung werde daher sowohl für Gesellschaften als auch für die Sozialwissenschaften der Wirklichkeitsgehalt von Klassenstruktur und sozialer Schichtung in Frage gestellt (Beck 1986: 122): „Wir leben trotz fortbestehender und neu entstehender Ungleichheiten heute in der Bundesrepublik in Verhältnissen JENSEITS der Klassengesellschaft, in denen das Bild der Klassengesellschaft nur noch mangels einer besseren Alternative am Leben erhalten wird." (Beck 1986: 121)

Diese zeitdiagnostischen Behauptungen blieben nach ihrer Publikation nicht unerwidert, sondern wurden gleichermaßen flächendeckend adaptiert (Hitzler/ Honer 1994; Zapf 1994; Berger 1996; Schnell/Kohler 1995) wie auch heftig kritisiert (Mayer/Blossfeld 1990; Burkart 1993; Friedrichs 1998; Müller 1998). Kritiker wie Mayer und Blossfeld (1990: 312) bescheinigen, dass Beck (1983) zwar einen anregenden Beitrag geliefert habe, an dem sich die soziologische Ungleichheitsforschung reiben könne, und dass ihm der Verdienst zukomme, die Diskussion über soziale Ungleichheiten neu angefacht zu haben. Jedoch vertreten etwa diese beiden Autoren die Ansicht, „(...) dass diese Thesen wegen ihrer mangelnden empirischen Evidenz und ihres theoretischen Status allenfalls der Beginn, nicht aber als das Ergebnis der Debatte akzeptiert werden können" (Mayer/Blossfeld 1990: 312). Auch Friedrichs (1998: 33) zufolge ist die Individualisierungsthese weder hinreichend expliziert noch ausreichend empirisch untersucht. So lasse sich nur ein Teil der These so explizieren, dass sie der empirischen Überprüfung zugeführt werden kann und die Daten entsprechend interpretiert werden können. Anknüpfend an diese Kritik unternehmen wir einen weiteren Versuch, aus den dargestellten Überlegungen von Beck (1983, 1986) soziologisch relevante Fragestellungen abzuleiten und sie mit aktuellen Daten einer empirischen Überprüfung zu unterziehen. Hierbei konzentrieren wir uns ganz bewusst auf den Aufsatz: „Jenseits von Stand und Klasse?" von Beck aus dem Jahre 1983, weil er für unsere Problemstellung in Bezug auf die Klassenstruktur und soziale Ungleichheit der bedeutsamste Beitrag ist.

2   Deduktion von empirisch überprüfbaren Fragestellungen

Beck (1986: 206) spricht von einer dreifachen Individualisierung: „Herauslösung aus historisch vorgegebenen Sozialformen und -bindungen im Sinne traditionaler Herrschafts- und Versorgungszusammenhänge (‚Freisetzungsdimension'), Verlust von traditionalen Sicherheiten im Hinblick auf Handlungswissen, Glauben und leitende Normen (‚Entzauberungsdimension') und – womit die Bedeutung des Begriffes gleichsam in ihr Gegenteil verkehrt wird – eine neue Art der sozialen Einbindung (‚Kontroll- bzw. Reintegrationsdimension')." Aus wissenschaftstheoretischen und methodischen Gründen sollen hier nur die ersten beiden Dimensionen berücksichtigt werden. Angelehnt an die von Max Weber (1980) vorgelegte Definition von Stand und Klasse unterscheiden wir bei der Untersuchung von Fortbestand oder Auflösung der Klassenstruktur in Deutschland zwei Ebenen:

1. Auf der *Strukturebene* ist die an eine marktmäßige Wirtschaftsordnung gebundene objektive Klassenlage als „die typische Chance, 1. der Güterversorgung, 2. der äußeren Lebensstellung, 3. des inneren Lebensschicksals .., welche aus Maß und Art der Verfügungsgewalt (oder des Fehlens solcher) über Güter oder Leistungsqualifikationen und aus der gegebenen Art ihrer Verwertung für die Erzielung von Einkommen oder Einkünften innerhalb einer gegebenen Wirtschaftsordnung folgt" (Weber 1980: 659), zu untersuchen.

2. Auf der *Bewusstseins- und Handlungsebene* ist die subjektive Orientierung und Verortung von Sozialcharakteren in der Gesellschaft bedeutsam. Diese Differenzierung korrespondiert mit der Unterscheidung zwischen „Klasse an sich" und „Klasse für sich" nach Marx und Engels (1891). Von besonderem Interesse sind in der Individualisierungsdebatte – neben den Besitz- und Erwerbsklassen, deren Klassenlage sich aus der Verfügbarkeit von Besitz und/oder Bildung und die daran geknüpfte Chancen der Marktverwertung herleitet – die sozialen Klassen, die sich aus der Struktur von Mobilitätschancen ergeben – seien es Mobilitätschancen zwischen Generationen oder im Verlaufe individueller Lebensgeschichten (inter- und intragenerationale Mobilität). Beck (1983) zufolge schwindet die Prägekraft der sozialen Herkunft für die Erziehung, Sozialisation und Bildung, und die Klassenlage ist nicht mehr mit Marktlage gleichzusetzen. Hieraus ergeben sich die ersten beiden Fragen nach der Reproduktion der Klassenstruktur: Schwindet im Zuge der wirtschaftlichen Prosperität und Bildungsexpansion die Bedeutung der Klassenlage des Elternhauses für die Bildungschancen nachwachsender Generationen? Wird die inter- und intragenerationale Mobilität immer weniger durch die soziale Herkunft strukturiert?

Nun bleibt bei Beck (1983) unklar, welche Beziehungen zwischen der „objektiven" Sicht der Individualisierung und der subjektiven Wahrnehmung durch die Individuen bestehen und wie sich die Abfolge von De-Institutionalisierung und Re-Institutionalisierung von „alten" und „neuen" Abhängigkeiten gestaltet (Friedrichs 1998: 34). Beck (1986) selbst unterstellt, dass seine Diagnose einer individualisierten Gesellschaft auch von den Individuen geteilt wird: „Individualisierung läuft in diesem Sinne auf die Aufhebung der lebensweltlichen Grundlage eines Denkens in traditionalen Kategorien von Großgruppengesellschaften hinaus – also soziale Klassen, Stände oder Schichten" (Beck 1986: 117). Mit der Auflösung der Klassenstruktur und der sozialen Mobilität auf den Arbeitsmärkten müsste das soziale Bewusstsein von Schichtung („Die da oben, wir da unten") schwinden. Folglich müsste mit dem Bedeutungsverlust der Hierarchie sozialer Ungleichheiten für die gesellschaftliche Orientierung von Menschen das Denken, Fühlen und Handeln nicht mehr klassen- bzw. schichtspezifisch sein. Bei einer Differenzierung zwischen „Klasse an sich" und „Klasse für sich" können die Diskrepanzen zwischen objektiver und subjektiver Dimension empirisch festgestellt werden. Daraus ergeben sich weitere Fragestellungen: Lösen sich die Kongruenzen von objektiver Klassenlage und subjektivem Klassenbewusstsein tatsächlich auf? Gibt es Auflösungserscheinungen im Klassenbewusstsein, so dass auch die ursprünglichen Korrelate des Klassenbewusstseins wie etwa klassenspezifische Orientierungen und Werthaltungen unbedeutend werden?

3 Empirische Befunde

Um Individualisierung zu erfassen und ihre Folgen für die Klassenstruktur bzw. für soziale Schichtung abschätzen zu können, ziehen wir zum einen echte Längsschnittdaten der Deutschen Lebensverlaufsstudie (Mayer 2008) und kumulative Trenddaten des ALLBUS (Koch/Wassmer 2004) heran.[2] Zum anderen wird ein

---

2   Von 1983 bis 2005 war die von Karl Ulrich Mayer geleitete *Lebensverlaufsstudie* („Lebensverläufe und gesellschaftliche Entwicklung") am Berliner Max-Planck-Institut für Bildungsforschung angesiedelt. Seit 2005 wird diese Lebensverlaufsstudie im Center for Research on Inequalities and the Life Course (CIQLE) an der Yale University (New Haven, USA) fortgeführt. Ein herausragendes Charakteristikum der Lebensverlaufsstudie war die Befragung von Frauen und Männern aus unterschiedlichen Geburtsjahrgängen. Die folgenden Analysen beschränken sich auf die Daten der westdeutschen Lebensverlaufsstudie, die Informationen über deutsche Personen aus den Geburtskohorten 1919-21, 1929-31, 1939-41, 1949-51, 1959-61 und 1971 enthält. Die zwischen 1986 und 1988 erhobene Kohorte 1919-21 umfasst 1.412 Männer und Frauen, und die Kohorten der um 1930, 1940 und 1950 Geborenen bestehen aus 2.171 Befragten. Die Erhebung ihrer Lebensverläufe erfolgte im Zeitraum von 1981 bis 1983. Schließlich wurden im Jahre 1989 Lebensverlaufsdaten von 1.001 Frauen und Männern in der 1959-61 erhoben. Die jüngste und aus

Kohortendesign für die Rekonstruktion von Bildungsverläufen und Mobilitätsprozessen verwendet (Berger 1996: 62).

Die Abgrenzung einzelner Geburtskohorten erfolgte zum einen im Sinne
einer systematischen Analyse von Alters-, Kohorten- und Periodeneffekten im
Hinblick auf die Emergenz und Reproduktion der Sozialstruktur von Lebensverläufen (Mayer/Huinink 1990) und für die Verweildauer in Zuständen (Klassenlage) bis zum Eintreten von Lebensereignissen wie soziale Mobilität (Becker
1994) oder für die Stabilität von Werthaltungen (Hadjar 2008). Zum anderen
wurden die Kohortenkategorisierung nach den herausragenden politischen Ereignissen sowie der Sozialisation dieser Kohorten durch bestimmte politische Regime oder Zäsuren des gesellschaftlichen Wandels vorgenommen (Mayer 2008).
So gesehen, stellen diese Kohorten nicht etwa beliebige statistische Jahrgangs-
gruppen, sondern „Akteure" des sozialen Wandels wie etwa der Bildungsexpansion, der sozialen Mobilität oder möglicherweise der Individualisierung im Sinne
von Beck (1983) dar. Für Deutschland ist der Kohortenvergleich deswegen besonders spannend, weil es eine Eigentümlichkeit der Bildungsexpansion und der
Mobilitätsprozesse in der Bundesrepublik ist, dass sie ohne einschneidende institutionelle Veränderung des Bildungssystems und der Arbeitsmärkte erfolgten
(Müller 2002: 50; Mayer/Solga 1994; Blossfeld/Mayer 1988).

Für die Abgrenzung der sozialen Klassen – sowohl als Indikator für die
Klassenlage des Elternhauses (soziale Herkunft) als auch für die Platzierung
durch soziale Mobilität – verwenden wir eine modifizierte Version des *German
Employment Class Schema*, das von Mayer und Aisenbrey (2007) vorgeschlagen
wurde. In Anlehnung an Goldthorpe (1983) und Stocké (2007) wird bei der Messung der sozialen Herkunft die berufliche Stellung des Vaters bzw. Stiefvaters
herangezogen, und fehlende Werte werden mit den Angaben der Mutter bzw.
Stiefmutter ergänzt. Für die Klassenlage im Lebenslauf wird die berufliche Stellung der Befragten berücksichtigt. Unterschieden wird zwischen Arbeiterklasse,
Mittelklasse und oberer Dienstklasse.[3]

1435 Frauen und Männern bestehende Kohorte der 1971 Geborenen wurde zwischen 1998 und
1999 interviewt.
Die *Allgemeine Bevölkerungsumfrage der Sozialwissenschaften* (ALLBUS) ist eine Querschnitts-
erhebung der erwachsenen Wohnbevölkerung (ab dem Alter von 18 Jahren) in Privathaushalten.
Die Erhebungen werden seit 1980 in zweijährigem Abstand durchgeführt. Die Replikation von
Fragekomplexen ermöglicht die Analyse von Entwicklungsprozessen wie Individualisierung oder
Persistenz von Klassenstrukturen. Für die Fragestellung beschränken wir uns auf zwischen 1919
und 1965 geborene Westdeutsche.
3   Die Arbeiterklasse umfasst un- und angelernte Arbeiter, Facharbeiter, Vorarbeiter und Meister so-
wie Angestellte mit einfacher Tätigkeit (z.B. Verkaufsberufe) und Beamte im einfachen und mittleren Dienst. Die Mittelklassen (inkl. untere Dienstklasse) umfassen Angestellte mit qualifizierter
Tätigkeit (z.B. Sachbearbeiter), Beamte im gehobenen Dienst sowie Selbständige. Die obere
Dienstklasse schließt Angestellte mit hochqualifizierter Tätigkeit oder Leitungsfunktion (z.B.

1.1 Persistente Bildungsungleichheiten diesseits von Stand und Klasse

Dass die Bildungsexpansion zu Niveaueffekten bei der Bildungsbeteiligung und dem Bildungsniveau in der Bevölkerung führte, aber nicht zu Struktureffekten bei der Auflösung von sozialen Ungleichheiten von Bildung, gilt mittlerweile als unbestritten (Geißler 1999).[4] So konnten fast ein Drittel der 1971 Geborenen und ihre Geschwister – im Unterschied zu lediglich 7 bis 10 Prozent der Vorkriegsjahrgänge – das Abitur erwerben (*Tabelle 1*). Die soziale Exklusivität des Erwerbs einer Hochschulreife ist vor allem in der Nachkriegszeit deutlich zurückgegangen, aber die immer noch beträchtliche soziale Ungleichheit beim Zugang zur höheren Bildung lässt sich bis in die jüngste Vergangenheit nach sozialer Herkunft aus unterschiedlichen Ständen und Klassen beschreiben (vgl. Müller/ Haun 1994; Schimpl-Neimanns 2000). So hatten die um 1971 Geborenen und ihre Geschwister aus der oberen Dienstklasse gegen Ende der 1980er und Anfang der 1990er Jahre immer noch rund 15-mal bessere Chancen, das Abitur zu erwerben, als die altersgleichen Kohortenmitglieder aus der Arbeiter- oder Mittelklasse.

Bei frühen Bildungsübergängen und darauf aufbauendem Bildungserwerb haben sich zwar im Zuge der Bildungsexpansion die traditionellen Bildungsungleichheiten nach sozialer Herkunft moderat reduziert, aber der Bildungszugang ist wie der spätere Bildungserfolg weiterhin von beträchtlicher Chancenungleichheit geprägt. Wenn man die Kohortendifferenzierung zwischen der Vor- und Nachkriegszeit kontrastiert (vorletzte Spalte in *Tabelle 1*), so wird sichtlich, dass die Bildungsexpansion für die jüngeren Kohorten zu erheblichen Niveaueffekten beim Bildungserwerb geführt hat. Aber auch dann sind soziale Ungleichheiten beim Bildungserwerb feststellbar, die sich entgegen der Individualisierungsthese mit sozialer Herkunft nach Klassenlage des Elternhauses beschreiben lassen.

Prokurist), Angestellte mit Führungsaufgaben (z.B. Geschäftsführer), Beamte im höheren Dienst (z. B. Richter) und akademische bzw. freie Berufe (z.B. Arzt mit eigener Praxis, Rechtsanwalt) ein.

4   Für die Beschreibung des Wandels von herkunftsbedingten Bildungsungleichheiten berücksichtigen wir im Unterschied zu Mayer und Blossfeld (1990) sowohl die Befragten als auch ihre Geschwister. Zum einen ist bei der intergenerationalen Transmission von Bildungschancen zu berücksichtigen, dass die Klassenlage ein Haushaltsmerkmal ist, das *alle* Kinder – sprich: Befragte und ihre Geschwister – betrifft. Zum anderen konnte Sørensen (1986) in einem richtungweisenden, aber offensichtlich zu wenig beachteten Beitrag zeigen, dass Mobilitätsstudien, die so tun, als hätten die Eltern nur ein einziges Kind, Struktur, Ausmaß und Richtung der intergenerationalen Mobilität sowie damit verbundene soziale Ungleichheiten in verzerrter Weise wiedergeben. Bei relativ kleinen Stichproben wird das Ausmaß von Bildungsungleichheiten überschätzt und bei großen Stichproben unterschätzt, wenn die intergenerationale Transmission von Bildungschancen nur für Befragte, aber auch nicht noch für deren Geschwister analysiert wird (vgl. Becker 2007).

Tabelle 1: Entwicklung der Bildungschancen in der Generationenabfolge in Westdeutschland (odds ratios, geschätzt mit multinomialer Logit-Regression)

Kohorten	1919-21		1929-31		1939-41		1949-51		1959-61		1971		Insgesamt		1949-71	
	MR	ABI	MR	ABI	MR	ABI	MR	ABI	MR	ABI	MR	ABI	MR	ABI	MR	ABI
Geschlecht																
Weiblich	—	—	—	—	—	—	—	—	—	—	—	—	—	—	—	—
Männlich	0,58*	1,78*	0,88	1,87*	0,98	1,46*	0,91	1,60*	0,60*	1,02	0,86*	0,88*	0,81*	1,18*	0,81*	1,01
Soziale Herkunft																
Arbeiterklasse	—	—	—	—	—	—	—	—	—	—	—	—	—	—	—	—
Mittelklasse	2,24*	2,20*	2,55*	7,84*	3,05*	6,06*	1,84*	2,04*	1,94*	2,32*	1,69*	3,02*	1,97*	2,87*	1,61*	2,62*
Obere Dienstklasse	12,7*	27,2*	17,2*	132*	23,5*	86,6*	9,00*	16,5*	3,69*	15,9*	3,07*	14,5*	6,55*	23,6*	3,64*	15,6*
Kohorten																
1919-41													—	—		
1949-51													1,09	1,33*	—	—
1959-61													2,84*	3,84*	2,65*	2,84*
1971													5,08*	5,71*	4,63*	4,12*
Pseudo-R²	0,119		0,155		0,143		0,086		0,076		0,055		0,148		0,103	
N	2429		2352		2040		1944		3425		4524		16714		9893	
Erfolgsquoten	(19%/10%)		(10%/7%)		(13%/8%)		(16%/13%)		(25%/26%)		(36%/30%)		(23%/18%)		(30%/26%)	

* mindestens p ≤ 0,05; MR = Mittlere Reife, ABI = Abitur (Referenzkategorie: Volks- bzw. Hauptschulabschluss)
Datenbasis: Deutsche Lebensverlaufsstudie (Max-Planck-Institut für Bildungsforschung, Berlin, und CIQLE, Yale University) – eigene Berechnungen (Becker 2009a)

Selbst wenn nur die Entwicklung für die Nachkriegsjahrgänge betrachtet wird (siehe letzte Spalte in *Tabelle 1*), so schwinden bei Kontrolle von Geschlecht und historischer Lagerung der Kohorten die Herkunftseffekte für den Bildungserfolg nicht. Zudem zeigen die Kohortenanalysen, dass die Bildungsexpansion *nicht* mit einer linearen Veränderung der Bildungsungleichheiten einherging, sondern eher der Logik der deutschen Geschichte mit all ihren Strukturbrüchen folgte (Mayer et al. 2009; Müller/Pollak 2007).

In der Zwischenzeit liegt eine Vielzahl von Studien vor, die erklären, warum es trotz Bildungsexpansion und sozialer Öffnung des Bildungssystems dauerhafte Bildungsungleichheiten nach Klassenlage des Elternhauses bzw. nach der Schichtzugehörigkeit der Kohortenmitglieder gibt (Boudon 1974; Breen/Goldthorpe 1997; Becker 2006, 2007; Stocké 2007). An die Klassenlage gebundene Ressourcen des Elternhauses, die für die Bildung und Ausbildung der Kinder investiert werden können, sowie die Motivation, den bislang erreichten Sozialstatus in der Generationenabfolge erhalten zu wollen, sind wichtige Mechanismen für diese soziale Tatsache (Becker 2003). Für Schweden konnte Erikson (1996) einerseits zeigen, dass die verringerte sozioökonomische Ungleichheit durch sozial- und arbeitsmarktpolitische Maßnahmen wesentlich zur verringerten Bildungsungleichheit beitragen konnte; aber sie hat immer noch – kongruent zur sozialen Schichtung – Bestand. Andererseits zeigen Breen (2005: 61) und Becker (2009a), dass bei weiterhin bestehenden Klassen- und Schichtungsstrukturen – trotz der Bildungsexpansion und der darauffolgenden überproportionalen Steigerung von Bildungsanstrengungen der Arbeiterklasse gegenüber den Mittel- und den oberen Dienstklassen – Bildungsungleichheiten konstant bleiben oder zunehmen können und erst dann abnehmen, wenn die Bildungsnachfrage der sozial privilegierten Sozialschichten weitgehend gesättigt ist. Wandel von sozialer Ungleichheit ist somit auch eine ohne Auflösung von Klassenstruktur und sozialer Schichtung möglich.

Empirische Evidenz hierfür liefert eine Betrachtung der Bildungsexpansion in der westdeutschen Nachkriegsgeschichte anhand von intergenerationalen Bildungsaufstiegen – also der Chancen, dass Kinder einen höheren Schulabschluss erwerben konnten als der Elternteil mit dem höchsten Schulabschluss (*Tabelle 2*). Die in der Nachkriegszeit Geborenen konnten in der Kohortenabfolge vermehrt höhere Schulbildungen absolvieren als ihre Eltern. Während die um 1950 Geborenen und ihre Geschwister zu 19 Prozent einen höheren Schulabschluss als ihre Eltern aufweisen, konnten 44 Prozent der um 1971 Geborenen intergenerationale Bildungsaufstiege realisieren. Vor allem die Kinder von Eltern mit einer geringen oder mittleren Schulbildung profitierten von der Bildungsexpansion.

Tabelle 2: Entwicklung der intergenerationalen Bildungsaufstiege in Westdeutschland (odds ratios, geschätzt mit binärer logistischer Regression)

Kohorten	1919-21	1929-31	1939-41	1945-51	1959-61	1971	Insgesamt
Geschlecht							
Weiblich	1	1	1	1	1	1	1
Männlich	1,02	1,20	1,09	1,22	0,82*	0,89*	0,99
Soziale Herkunft							
Arbeiterklasse	1	1	1	1	1	1	1
Mittelklasse	2,06*	2,90*	2,74*	1,5⁻*	1,83*	1,67*	1,97*
Obere Dienstklasse	7,23*	6,15*	5,00*	1,6⁻*	2,71*	1,84*	2,93*
Abitur	1	1	1	1	1	1	1
Geringe/mittlere Schulbildung	3,74*	2,25*	1,46	1,5⁻*	4,80*	5,30*	4,36*
Kohorten							
1919-41							1
1949-51							1,14*
1959-61							3,17*
1971							4,38*
Pseudo-R² (McFadden)	0,053	0,035	0,030	0,009	0,053	0,021	0,103
N	2429	2352	2040	1994	3425	4524	16714
Aufstiegsquoten	21%	11%	13%	19%	37%	44%	28%

* mindestens p ≤ 0,05

Datenbasis: Deutsche Lebensverlaufsstudie (Max-Planck-Institut für Bildungsforschung, Berlin, und CIQLE, Yale University) – eigene Berechnungen (Becker 2009a)

Nichtsdestotrotz lassen sich die sozial ungleichen Chancen von Bildungsaufstiegen durch die Klassenlage bzw. Schichtzugehörigkeit des Elternhauses beschreiben. Die in der westdeutschen Nachkriegszeit Geborenen haben rund 2- bis 3-
mal bessere Chancen als ihre Eltern, eine höhere Schulausbildung zu erwerben,
wenn sie aus den mittleren und höheren Klassen stammen, als die altersgleichen
Jahrgänge aus der Arbeiterklasse. Selbst wenn Geschlecht, Kohortenlage und
Bildungsniveau der Eltern kontrolliert werden, bleiben Herkunftseffekte für die
Bildungsaufstiege in der Generationenabfolge signifikant.

Gleiche Strukturmuster können aufgezeigt werden, wenn die intergenerationale Transmission von Bildungschancen – gemessen am Bildungserwerb der En-
kelkinder, der wiederum über die Bildungschancen der Elterngeneration (den Befragten der Deutschen Lebensverlaufsstudie) vermittelt wird – über drei Generationen hinweg in Abhängigkeit von sozialer Herkunft betrachtet wird (Becker
2006, 2009b). Zwar hat die Bildungsexpansion zu nachhaltigen Entwicklungen
in den Bildungschancen geführt, aber die an die soziale Herkunft gebundenen
Restriktionen, die von der Klassenlage und Positionierung des Elternhauses in
der sozialen Schichtung herrühren, bestimmen immer noch die Differenzen der
Bildungschancen zwischen Stand und Klasse. Auch hier gilt, dass die vorgängige
Einbindung der Menschen in alltags- und lebensweltlich identifizierbare Klassenstrukturen immer noch sozial evident und bedeutsam ist, wenn es um die
Weitergabe von Bildungschancen an die nachfolgende Generation geht.[5]

Festzuhalten bleibt mit den Worten von Max Weber (1922: 247-248): „Unterschiede der *Bildung* sind heute, gegenüber dem *klassen*bildenden Element der
Besitz- und ökonomischen Funktionsgliederung, zweifellos der wichtigste
eigentlich *stände*bildende Unterschied. (...) Unterschiede der ‚Bildung' sind –
man mag das noch so sehr bedauern – eine der allerstärksten rein innerlich wirkenden sozialen Schranken. Vor allem in Deutschland, wo fast die sämtlichen
privilegierten Stellungen innerhalb und außerhalb des Staatsdienstes nicht nur an
eine Qualifikation von *Fach*wissen, sondern außerdem von ‚allgemeiner *Bildung*' geknüpft [sind] und das ganze Schul- und Hochschulsystem in deren
Dienst gestellt ist. Alle unsere Examensdiplome verbriefen auch und vor allem
diesen *ständisch* wichtigen Besitz".

---

5 Weitere Details hierzu können aus der Debatte zwischen Becker (2007) und Fuchs und Sixt
   (2007) entnommen werden.

1.2 Persistente Ungleichheiten von Mobilitätschancen

Im Zuge der fortschreitenden Individualisierung dürften nach Beck (1983) die Muster intra- und intergenerationaler Mobilität immer weniger durch die soziale Herkunft strukturiert werden. Wenn Individualisierung ausschließlich Marktabhängigkeit von Lebenslagen, Lebenschancen und Lebensführung bedeutet (Beck 1986: 212), dann sollten nur noch individuelle Leistungsqualifikationen (ausgewiesen durch erworbene Bildungszertifikate) ausschlaggebend für den Erwerb sozioökonomischer Güter sein. Bei einer Individualisierung unter sozialstaatlichen Vorgaben sollten die Handlungsoptionen und auch die Fähigkeiten gestiegen sein, diese neu eröffneten Chancen zu nutzen. Die Gegenthese wäre, dass – unabhängig davon, dass Klassenlage auch Marktlage ist – Individuen, sich am Marktgeschehen unter den gegebenen Möglichkeiten orientieren, die wiederum – wie bei der Bildungstransmission gesehen – von der sozialen Herkunft abhängen. Eltern müssen sich – nicht zuletzt durch rechts- und sozialstaatliche Vorgaben gezwungen – schon Gedanken machen über die Bildung und Ausbildung ihrer Kinder und planen diese auch so, dass ihr Nachwuchs unter den Bedingungen einer marktwirtschaftlichen Ordnung in möglichst optimaler Weise den Sozialstatus erhalten kann (Mayer/Müller 1994; Stockè 2007). Dagegen hatte Beck (1983, 1986) behauptet, dass sich mit der Bildungsexpansion der Konnex von Bildung und Berufsposition auflöse (vgl. dagegen Müller 1998, 2002; Mayer/Blossfeld 1990).

In Bezug auf die soziale Mobilität hat die gestiegene Dynamik des sozialstaatlich abgesicherten Arbeitsmarktes nicht vermocht, die sozialen Klassen im Kapitalismus „auszudünnen" oder gar aufzulösen (vgl. Beck 1986: 117). Im Zuge der wirtschaftlichen Prosperität in der westdeutschen Nachkriegszeit konnten – nicht zuletzt wegen des qualifikatorischen „Upgrading" und vor allem wegen der Expansion des Staatsdienstes im Bildungs- und Gesundheitssektor – in der Kohortenabfolge immer mehr Personen in die obere Dienstklasse aufsteigen (vgl. *Tabelle 3*).[6] Davon profitierten die um 1950 Geborenen (Becker 1994), sicherlich auch die um 1960 Geborenen und die 1971er Kohorte, deren soziale Mobilität in unseren Analysen wegen der längeren Ausbildung zum Befragungszeitpunkt unterschätzt wird.

Die Klassenschranken sind in der Nachkriegszeit deutlich niedriger geworden, haben sich aber nicht aufgelöst, was nicht zuletzt mit der Herkunftsabhängigkeit von Bildungschancen und indirekt mit der Bildungsabhängigkeit für den Bildungseinstieg in die expandierenden Beschäftigungsbereiche im privatwirt-

---

6 Weil in der Deutschen Lebensverlaufsstudie die berufliche Karriere der Geschwister von Befragten nicht erhoben wurde, beschränken sich die folgenden Analysen auf die Berufsverläufe und Mobilitätschancen der Befragten selbst.

schaftlichen und staatlichen Dienstleistungsbereich zusammenhängt (Becker 1994; Blossfeld/Mayer 1991). Zwar konnten Gewinne in der Bildungsexpansion für den sozialen Aufstieg genutzt werden, aber bei der Realisierung des Statuserhalts, beim intergenerationalen Aufstieg bei Eintritt in den Arbeitsmarkt und bei den beruflichen Gewinnen während des Berufsverlaufs sind die Herkunftseffekte weiterhin evident (vgl. Becker 1994; Mayer/Blossfeld 1990).

Tabelle 3: Entwicklung der inter- und intragenerationalen Mobilität in der Generationenabfolge in der westdeutschen Nachkriegszeit – Allokation in der oberen Dienstklasse bis zum Alter von 30 Jahren (odds ratios, discret-time proportional hazard regression model)

Kohorten	*1929-31*	*1939-41*	*1949-51*	*1959-61*	*1971*
Geschlecht (weiblich)	1	1	1	1	1
Männlich	1,49	1,82*	1,37	1,00	1,00
Bildungsniveau					
Hauptschule	1	1	1	1	1
Mittlere Reife	3,07*	3,16*	4,79*	2,72*	1,59*
Abitur	14,1*	22,9*	25,9*	3,62*	4,49*
Soziale Herkunft					
Arbeiterklasse	1	1	1	1	1
Mittelklasse	4,13*	2,02*	1,50	1,00	1,29
Obere Dienstklasse	4,16*	3,85*	2,07*	1,46*	2,29*
Pseudo-R² Episoden Obere Dienstklasse in %	0,173 1641 6 %	0,182 1763 9 %	0,227 1749 13 %	0,058 1915 21 %	0,086 3372 16 %

* mindestens p ≤ 0.05
Datenbasis: Deutsche Lebensverlaufsstudie (Max-Planck-Institut für Bildungsforschung, Berlin, und CIQLE, Yale University) – eigene Berechnungen

In der Nachkriegszeit geborene Kinder aus der oberen Dienstklasse haben rund 2-mal bessere Chance, in berufliche Positionen, Einkommenskategorien und Lebenswelten zu gelangen, die für höhere Klassenlagen typisch sind. Die Herkunftsabhängigkeit der Bildungschancen setzt sich auch in den von der Klassenlage des Elternhauses abhängigen Mobilitätschancen fort. Die Klassenabhängigkeit der Lebenschancen ist nicht durch die Marktabhängigkeit in allen Dimensionen der Lebensführung abgelöst worden. „Alte" Abhängigkeiten werden immer noch nicht vollständig durch „neue" marktbedingte Abhängigkeiten ersetzt. Die Persistenz von Klassenstruktur, die Abhängigkeit der Bildungs- und Mobilitätschancen von sozialer Herkunft sowie die durch die soziale Herkunft erzeugte Kontingenz des individuellen Lebensverlaufs belegen trotz gestiegener Optionen für individuelle Entscheidungen und restriktiver institutioneller Handlungsvorgaben eher, dass der lange Schatten der sozialen Herkunft auch die Mobilität möglicher Individualisierungsschübe im Sinne von Beck (1983, 1986) unterläuft.[7]

1.3 Auflösung von Klassenstrukturen im sozialen Bewusstsein

Stimmen objektive Klassenlage und subjektives Bewusstsein von Klassen- und Schichtzugehörigkeit überhaupt noch überein oder haben sich die Zusammenhänge im „Flugsand der Individualisierung" (Beck/Beck-Gernsheim 1994: 39) verflüchtigt? Gibt es die Klassenidentität – also den Erfahrungshorizont der Menschen, der wiederum durch ihre existentielle Verankerung in Gruppen mit einer besonderen historischen Lagerung entscheidend geprägt ist – nicht mehr? Orientieren sich Soziologen in der Sozialstrukturanalyse und bei der Untersuchung des sozialen Wandels immer noch an überkommenen Klassenstrukturen, während sich die Bevölkerung selbst aus der sozialen Schichtung des modernen Wohlfahrtsstaates entlassen hat?

Betrachten wir anhand der Daten des ALLBUS mit ihren großen Fallzahlen und der gleichen Definition von sozialer Herkunft und erreichter Klassenlage wie bei den vorherigen Analysen die Stärke der Assoziationen für die objektive, von Sozialforschern vorgenommene Messung der Klassenlage, und die subjektive Klasseneinstufung westdeutscher, zwischen 1919 und 1965 geborener Befragter, dann sind die Übereinstimmungen dieser Konstrukte für den Zeitraum zwischen 1980 und 2006 konstant hoch. Auch die Beziehung zwischen der subjektiven

---

7 Außen vor bleiben muss in unserem Beitrag die Frage der Stabilität beruflicher Karrieren, die vor allem für die jüngeren Geburtskohorten von Instabilitäten in den frühen Phasen des Erwerbsverlaufs gekennzeichnet sind. Aber auch diese Entwicklungen mit all ihren Risiken wie etwa Arbeitslosigkeit sind klassenspezifisch (Müller 2002).

Klassenlage der Befragten und der objektiven Einstufung ihrer sozialen Herkunft ist stabil (*Abbildung 1*).

Abbildung 1:   Wandel der Assoziation zwischen objektiver Klassenzugehörigkeit und subjektiver Klasseneinstufung (Kendall's Tau)

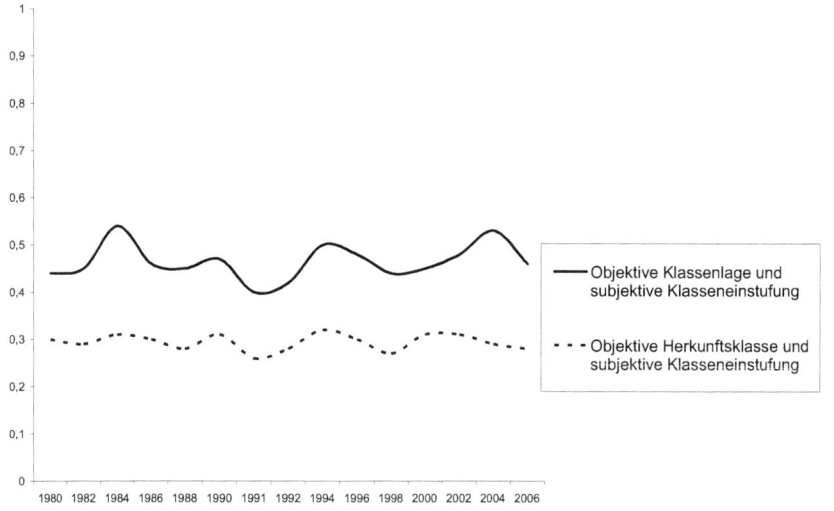

Datenbasis: ALLBUS 1980-2006 (Westdeutsche, Kohorten 1919-1965)

Entgegen der Individualisierungsthese vertreten die Befragten sowohl für die soziale Herkunft als auch für die jeweils aktuelle Klassenlage eine ähnliche Sichtweise der sozialen Ungleichheit wie die Sozialwissenschaftler. So beträgt der Anteil derjenigen Befragten, die keine Angaben zur subjektiven Selbsteinstufung gemacht haben, maximal 5 Prozent (und im Durchschnitt 2 Prozent). Der Anteil von Befragten, die sich keiner sozialen Klasse zugehörig fühlen und in diesem Sinne als „Individualisierte" bezeichnet werden könnten, beträgt im Durchschnitt weniger als 1 Prozent.

Betrachtet man den Einfluss von Klassenlage und sozialer Herkunft (Klassenlage des Elternhauses) auf die subjektive Überzeugung, dass Gegensätze im Hinblick auf Stand und Klasse weiterhin bestehen, dann gilt – wie hier auch in *Abbildung 2* dargestellt –, dass Individuen weiterhin einen Gegensatz zwischen Besitzenden und Arbeitenden wahrnehmen. Dieser hat sich in der Kohortenabfolge, im Gegensatz zur Erwartung unter Annahme einer fortschreitenden Individualisierung, eben nicht aufgelöst. Auch die Entwicklung in der historischen Zeit folgt nicht einem linearen Trend, wenn in der Zeit von 1984 bis 1994 zunächst eine Abnahme, aber bis 2004 wieder eine Zunahme dieser individuellen Sicht von sozialer Ungleichheit zu verzeichnen ist.

Aus naheliegenden Gründen des Selbstwertes, des Statuserhalts und der Legitimation durch meritokratische Prinzipen ist anzunehmen, dass sozial privilegierte Personen diesen Klassengegensatz in geringerem Ausmaße als negativ privilegierte Großgruppen wahrnehmen (Hadjar 2008). Würde die Individualisierungsthese zutreffen, müsste sich die Klassendifferenzierung dieser Einstellung über die Zeit hinweg abschwächen. Stattdessen stellen wir mit den ALLBUS-Daten in der historischen Periode und Kohortenabfolge stabile Einflüsse der Klassen- und Herkunftseffekte auf diese Sichtweise fest: So sind Angehörige der Mittelklasse und oberen Dienstklasse in einem geringeren Maße davon überzeugt, dass signifikante Klassenunterschiede bestehen. Im Hinblick auf die soziale Herkunft scheinen sich Klassenunterschiede sogar zu verstärken; dies ist – wider die Individualisierungsthese – vor allem bei den jüngeren Kohorten der Fall.

Insgesamt belegen unsere Analysen für die objektive und subjektive Dimensionen der Klassenstruktur und sozialen Ungleichheit, dass „der in der Vertikalität zum Ausdruck kommende Vorrang das natürliche Symbol der sozialen Ungleichheit darstellt. Eine in der Bevölkerung vorherrschende Übereinstimmung der Rangordnung beispielsweise von Berufen ist danach kein Artefakt der Methoden, die zur Übersetzung von individuellen Einschätzungen in Rangpositionen herangezogen werden, sondern die Folge gemeinsamer Verständniskategorien der Gesellschaftsmitglieder" (Strasser 1987: 52).

Auch mit anderen Korrelaten des Klassenbewusstseins und der ständischen Gesinnung lassen sich keine Individualisierungstendenzen ausmachen. Die politischen „cleavages" und das darauf aufbauende Wahlverhalten sind weiterhin mit sozialer Herkunft und Schichtzugehörigkeit verbunden (Becker und Mays 2003; Müller 1997). Liebe, Partnerschaft und Heirat folgen jenseits von chaotischen Zuständen (Beck/Beck-Gernsheim 1990) weiterhin den objektiv und subjektiv ordnenden Trennlinien von Stand und Klasse (Wirth 2000). Von einer in der Individualisierungsthese postulierten Schwächung familiärer Bindungen (Szydlik 1997) und einer Pluralisierung von Lebensformen (Huinink/Wagner 1998) kann ebenfalls kaum die Rede sein. Auch der Postmaterialismus im Sinne von Inglehart (1977), der oftmals mit Individualisierung und reflexiver Modernisierung in Verbindung gebracht wird, weist eine stabile Klassendifferenzierung auf (Hadjar 2006).

Abbildung 2: Kohortendifferenzierung und Wandel in der subjektiven Überzeugung für den Fortbestand von Klassengegensätzen nach
sozialer Herkunft bzw. Klassenlage (Standardisierte OLS-
Regressionskoeffizienten)

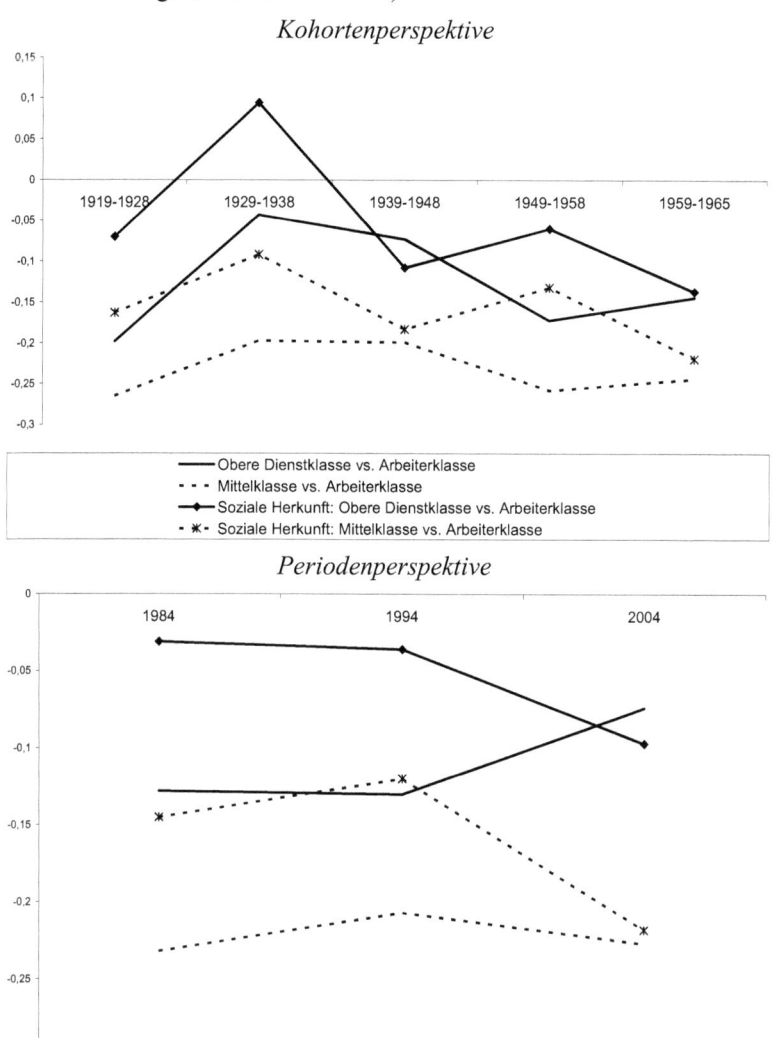

Datenbasis: ALLBUS 1980-2006 (Westdeutsche, Kohorten 1919-1965)

In hier aus Platzgründen nicht aufgezeigten Analysen mit dem ALLBUS erweist sich gerade das postmaterialistische Wertesystem, das oft als Typik einer modernisierten und individualisierten Gesellschaft thematisiert wird, als ausgesprochen klassenspezifisch. Aus der Periodenperspektive sind äußerst stabile Effekte der Klassenlage zu verzeichnen: Die mittleren und höheren Klassen sind weitaus eher postmaterialistisch als die Arbeiterklasse. Im Hinblick auf die soziale Herkunft ist die obere Dienstklasse zu allen Messzeitpunkten eher postmaterialistisch als die Individuen aus anderen Klassenlagen. Werthaltungen und ihr Wandel lassen sich immer noch größtenteils durch Stand und Klasse erklären.

4   Doch noch diesseits von Stand und Klasse? Eine kritische Würdigung

Vom Ende von Stand und Klasse und einer Gesellschaft jenseits sozialer Schichtung und Klassenstrukturen kann angesichts der hier vorgelegten empirischen Befunde auch nach 25 Jahren Individualisierungsthese keine Rede sein: „Es ist mehr als fraglich, ob gestiegener Wohlstand, mehr Bildung und Mobilität gemäß der ‚Individualisierungsthese' (Beck 1983) die Binnendifferenzierung von Klassenlagen einebnen, wenn man bedenkt, dass gleichzeitig die Ungleichheitsrelationen konstant geblieben sind" (Strasser 1987: 52). Die sozialstrukturellen Wandlungsprozesse in der deutschen Nachkriegszeit, die allzu gerne als Fortsetzung linearer historischer Trends verlängert werden, werden vorschnell und oftmals ohne empirische Evidenz als „Individualisierung" bezeichnet (kritisch dazu: Müller 1998; Mayer/Blossfeld 1990; Mayer 1987). Es gibt alternative Interpretationen des sozialen Wandels, der eher durch eine Trägheit fluider Klassen als durch die Dynamik von Flugsand gekennzeichnet ist. Die Fahrstuhl-Metapher für die Entwicklung von Bildungschancen und sozialer Mobilität in der Nachkriegsgeschichte ist eher irreführend als dass sie die zwischen Kohorten differierenden Lebenschancen und Lebenslagen einfängt. Zwar ist die gegenwärtige Klassenstruktur kein „cleavage" im früheren Sinne von integrierten, soziokulturell homogenen Großgruppen mit Klassenkampfideologie und politischen Organisationen, aber die subjektive Wahrnehmung und Selbstidentifikation der Bevölkerung folgt immer noch dem Bild einer Klassenstruktur im Sinne vertikaler Ungleichheit. Die empirisch arbeitenden Sozialwissenschaftler, die der Individualisierungsthese skeptisch gegenüber stehen, sind keine Opfer ihrer eigenen Messfehler oder Fehlwahrnehmungen.

Ohne in das kollektive „*Beck bashing*" (Hitzler 2005: 271) einfallen zu wollen, glauben wir nachgewiesen zu haben, dass auch von einem „Wirklichkeitsverlust der Soziologie" keine Rede sein kann. Auch wenn sich die Soziologie im Sinne des kritischen Rationalismus in der „Kunst des Zweifels" üben sollte, erscheint eine vollkommene „Neuvermessung der sozialen Ungleichheit" (Beck

2008), damit „(...) in kulturell bedeutsamen und öffentlich inszenierten Bildern und Symbolen (...) der kulturell erblindete Alltag ‚sehend' werden" kann (Beck 1991: 11), nicht notwendig. Eine Neukategorisierung von sozialer Ungleichheit wird nicht neue, bislang übersehene Phänomene sichtbar machen. Was die Soziologie stattdessen braucht, sind differenzierte Längsschnittanalysen sozialer Entwicklungen, die auch zugrunde liegende soziale Mechanismen – wie die Bildungsexpansion, den Wandel der Berufsstrukturen oder die Effekte wohlfahrtsstaatlicher Anreize und Institutionen – detailliert zu erfassen suchen.

Die theoretischen Ausgangsüberlegungen und empirischen Befunde widersprechen derzeit immer noch der Vorstellung, soziale Klassen seien nur eine der überkommenen „historischen Formen von Ungleichheit" (Beck 1986: 20). Von einem „class dealignment" kann auch heute noch nicht ausgegangen werden, auch wenn ein augenfälliger Wandel in der Klassenstruktur Deutschlands nicht unterschlagen werden sollte. Es gibt jedoch bei abnehmender sozialer Ungleichheit von Bildungschancen und zunehmenden Mobilitätschancen (insb. Aufstiege in die obere Dienstklasse) immer noch keinen Ersatz der Klassenunterschiede durch ausschließlich ökonomische Ungleichheiten (nach Besitz vs. Nichtbesitz) und der Ablösung von Schichtunterschieden durch ausschließlich kulturelle Unterschiede. Vielmehr entspricht eine Sichtweise jenseits von Stand und Klasse immer noch eher soziologischen Wunschvorstellungen und dem Zeitgeist in den 1980er und 1990er Jahren (vgl. Friedrichs 1998). Mit Hilfe „hergebrachter Klassen- und Schichtmodelle, in denen regelmäßig die Vorstellung von Kollektivbewusstsein oder sozial integrierten Großgruppen mitschwingt", lassen sich immer noch Entstehung, Reproduktion und Wandel von sozialen Ungleichheiten beschreiben und theoretisch einordnen. Im Zuge der Entwicklung des modernen Wohlfahrtsstaates sind Verelendung und Entfremdung im Sinne von Marx (1921) überwunden, aber von einer Gesellschaft jenseits von Stand und Klasse fehlen immer noch intersubjektiv nachvollzieh- und überprüfbare Hinweise. Vielmehr ist auch bei verringerten Bildungsungleichheiten und erhöhten Mobilitätschancen von einer Persistenz der Klassenstruktur auszugehen: Es gibt Tendenzen der sozialen Schließung der oberen Dienstklasse. Der Zugang zu knappen Gütern (Bildung) und Position (Klassenlage) hängt weiterhin zu einem großen Teil von der sozialen Herkunft nach Klassenlage des Elternhauses ab und es gibt folglich – bei einer relativen Öffnung in der Klassenstruktur – eine Persistenz der intergenerationalen Transmission von Lebenschancen nach Klassenlage des Elternhauses. Ideen, Klasseninteressen und ständische Lebensführung im Sinne Max Webers korrespondieren weiterhin für Individuen und für Kollektive mit Stand und Klasse. Die Lebenschancen einer Person werden immer noch im Wesentlichen durch ihre Klassenlage geprägt.

Literatur

Beck, Ulrich und Elisabeth Beck-Gernsheim (1990): Das ganz normale Chaos der Liebe. Frankfurt am Main: Suhrkamp.

Beck, Ulrich und Elisabeth Beck-Gernsheim (1994): Individualisierung in modernen Gesellschaften - Perspektiven und Kontroversen einer subjektorientierten Soziologie. S. 10-39 in: Ulrich Beck und Elisabeth Beck-Gernsheim (Hrsg.), Riskante Freiheiten. Frankfurt am Main: Suhrkamp.

Beck, Ulrich (1983): Jenseits von Klasse und Stand? Soziale Ungleichheiten, gesellschaftliche Individualisierungsprozesse und die Entstehung neuer sozialer Formationen und Identitäten. S. 35-74 in: Reinhard Kreckel (Hrsg.), Soziale Ungleichheiten. Göttingen: Schwartz & Co.

Beck, Ulrich (1986): Risikogesellschaft. Frankfurt am Main: Suhrkamp.

Beck, Ulrich (1991): Auf dem Weg in die industrielle Risikogesellschaft. S. 27-41 in: Christian W. Thomsen (Hrsg.), Aufbruch in die Neunziger. Ideen, Entwicklungen, Perspektiven der achtziger Jahre. Köln: DuMont.

Beck, Ulrich (2008): Die Neuvermessung der Ungleichheit unter den Menschen: Soziologische Aufklärung im 21. Jahrhundert. Frankfurt am Main: Suhrkamp.

Becker, Rolf und Anja Mays (2003): Soziale Herkunft, politische Sozialisation und Wählen im Lebensverlauf. Politische Vierteljahresschrift 44: 19-40.

Becker, Rolf (1994): Intergenerationale Mobilität im Lebensverlauf oder: Ist der öffentliche Dienst ein Mobilitätskanal zwischen Generationen? Kölner Zeitschrift für Soziologie und Sozialpsychologie 46: 596-617.

Becker, Rolf (2003): Educational Expansion and Persistent Inequalities of Education: Utilising the Subjective Expected Utility Theory to Explain the Increasing Participation Rates in Upper Secondary School in the Federal Republic of Germany. European Sociological Review 19: 1-24.

Becker, Rolf (2006): Dauerhafte Bildungsungleichheiten als unerwartete Folge der Bildungsexpansion? S. 27-62 in: Andreas Hadjar und Rolf Becker (Hrsg.), Bildungsexpansion – Erwartete und unerwartete Folgen. Wiesbaden: VS Verlag für Sozialwissenschaften.

Becker, Rolf (2007): Wie nachhaltig sind die Bildungsaufstiege wirklich? Eine Reanalyse der Studie von Fuchs und Sixt (2007) über die soziale Vererbung von Bildungserfolgen in der Generationenabfolge. Kölner Zeitschrift für Soziologie und Sozialpsychologie 58: 512-523.

Becker, Rolf (2009a): Entstehung und Reproduktion dauerhafter Bildungsungleichheiten. S. 85-130 in: Rolf Becker (Hrsg.), Lehrbuch Bildungssoziologie. Wiesbaden: VS Verlag für Sozialwissenschaften.

Becker, Rolf (2009b): The transmission of educational opportunities across three generations – prospects and limits of the SOEP data. Erscheint in: Schmoller's Jahrbuch 129 (2).

Berger, Peter A. (1996): Individualisierung: Statusunsicherheit und Erfahrungsvielfalt. Wiesbaden: Westdeutscher Verlag.

Blossfeld, Hans-Peter und Karl Ulrich Mayer (1988): Arbeitsmarktsegmentation in der Bundesrepublik Deutschland. Eine empirische Überprüfung von Segmentationstheorien aus der Perspektive des Lebenslaufs. Kölner Zeitschrift für Soziologie und Sozialpsychologie 40: 262-283.

Blossfeld, Hans-Peter und Karl Ulrich Mayer (1991): Berufsstruktureller Wandel und soziale Ungleichheit. Entsteht in der Bundesrepublik Deutschland ein neues Dienstleistungsproletariat? Kölner Zeitschrift für Soziologie und Sozialpsychologie 43: 671-696.

Boudon, Raymond (1974): Education, Opportunity, and Social Inequality. New York: Wiley.

Breen, Richard (2005): Why Did Class Inequalities in Educational Attainment Remain Unchanged over Much of the Twentieth Century? S. 55-72 in: Anthony F. Heath, John Ermisch und Duncan Gallie (Hrsg.), Understanding Social Change: Proceedings of the British Academy. Oxford: Oxford University Press.

Breen, Richard, und John H. Goldthorpe (1997): Explaining Educational Differentials. Towards A Formal Rational Action Theory. Rationality and Society 9: 275-305.

Burkart, Günter (1993): Eine Gesellschaft von nicht-autonomen biographischen Bastlerinnen und Bastlern? Antwort auf Beck und Beck-Gernsheim. Zeitschrift für Soziologie 22: 188-191.

Friedrichs, Jürgen (1998): Die Individualisierungs-These. Eine Explikation im Rahmen der Rational-Choice-Theorie. S. 33-47 in: Jürgen Friedrichs (Hrsg.), Die Individualisierungs-These. Opladen: Leske+Budrich.

Fuchs, Marek, und Michaela Sixt (2007): Zur Nachhaltigkeit von Bildungsaufstiegen. Soziale Vererbung von Bildungserfolgen über mehrere Generationen. Kölner Zeitschrift für Soziologie und Sozialpsychologie 59: 1-29.

Geißler, Rainer (1999): Mehr Bildungschancen, aber weniger Bildungsgerechtigkeit – ein Paradox der Bildungsexpansion. S. 19-31 in: Marek Neumann-Schönwetter, Alexander Renner und Ralph C. Wildner (Hrsg.), Anpassen und Untergehen. Marburg: BdWi-Verlag.

Hadjar, Andreas (2006): Bildungsexpansion und Wandel von sozialen Werten. S. 205-230 in: Andreas Hadjar und Rolf Becker (Hrsg.), Die Bildungsexpansion. Erwartete und unerwartete Folgen. Wiesbaden: VS Verlag für Sozialwissenschaften.

Hadjar, Andreas (2008): Meritokratie als Legitimationsprinzip – Die Entwicklung der Akzeptanz sozialer Ungleichheit in Westdeutschland im Zuge der Bildungsexpansion. Wiesbaden: VS Verlag für Sozialwissenschaften.

Hitzler, Ronald und Anne Honer (1994): Bastelexistenz. Über sujektive Konsequenzen der Individualisierung. S. 307-315 in: Ulrich Beck und Elisabeth Beck-Gernsheim (Hrsg.), Riskante Freiheiten. Individualisierung in modernen Gesellschaften. Frankfurt am Main: Suhrkamp Verlag.

Hitzler, Ronald (2005): Ulrich Beck. S. 267-285 in: Dirk Kaesler (Hrsg.): Aktuelle Theorien der Soziologie. Von Shmuel N. Eisenstadt bis zur Postmoderne. München: C.H. Beck.

Huinink, Johannes und Michael Wagner (1998): Individualisierung und Pluralisierung von Lebensformen. S. 85-107 in: Jürgen Friedrichs (Hrsg.), Die Individualisierungsthese. Opladen: Leske+Budrich.

Inglehart, Ronald (1977): The Silent Revolution. Princeton: Princeton University Press.

Koch, Achim und Martina Wasmer (2004): Der ALLBUS als Instrument zur Untersuchung sozialen Wandels: Eine Zwischenbilanz nach 20 Jahren. S. 13-42 in: Rüdiger Schmitt-Beck, Achim Koch und Martina Wasmer (Hrsg.), Sozialer und politischer Wandel in Deutschland. Opladen: VS Verlag für Sozialwissenschaften.

Marx, Karl und Friedrich Engels (1891): Das kommunistische Manifest. Berlin: Verlag der Expedition des „Vorwärts" (Berliner Volksblatt).

Marx, Karl (1921): Das Kapital. Kritik der politischen Ökonomie. Stuttgart: Dietz.

Mayer, Karl Ulrich und Hans-Peter Blossfeld (1990): Die gesellschaftliche Konstruktion sozialer Ungleichheit im Lebensverlauf. S. 297-318 in: Peter A. Berger und Stefan Hradil (Hrsg.), Lebenslagen – Lebensläufe – Lebensstile. Göttingen: Schwartz & Co.

Mayer, Karl Ulrich und Heike Solga (1994): Mobilität und Legitimität. Zum Vergleich der Chancenstrukturen in der alten DDR und der alten BRD oder: Haben Mobilitätschancen zu Stabilität und Zusammenbruch der DDR beigetragen? Kölner Zeitschrift für Soziologie und Sozialpsychologie 46: 193-208.

Mayer, Karl Ulrich und Johannes Huinink (1990): Alters-, Perioden- und Kohorteneffekte in der Analyse von Lebensverläufen oder: Lexis ade? S. 442-460 in: Karl Ulrich Mayer (Hrsg.), Lebensverläufe und sozialer Wandel. Opladen: Westdeutscher Verlag.

Mayer, Karl Ulrich und Silke Aisenbrey (2007): Variations on a theme: trends in social mobility in (West) Germany for cohorts born between 1919 and 1971. S. 125-154 in: Stefani Scherer, Reinhard Pollak, Gunnar Otte und Markus Gangl (Hrsg.), From Origin to Destination. Frankfurt am Main: Campus.

Mayer, Karl Ulrich und Walter Müller (1994): Individualisierung und Standardisierung im Strukturwandel der Moderne. Lebensverläufe im Wohlfahrtsstaat. S. 265-296 in: Ulrich Beck und Elisabeth Beck-Gernsheim (Hrsg.), Riskante Freiheiten. Frankfurt am Main: Suhrkamp.

Mayer, Karl Ulrich (1987): Zum Verhältnis von Theorie und empirischer Forschung zur sozialen Ungleichheit. S. 370-392 in: Bernhard Giesen und Hans Haferkamp (Hrsg.), Soziologie der sozialen Ungleichheit. Opladen: Westdeutscher Verlag.

Mayer, Karl Ulrich (2008): Retrospective Longitudinal Research: The German Life History Study. S. 85-106 in: Scott Menard (Hrsg.), Handbook of Longitudinal Research: Design, Measurement and Analysis. San Diego: Elsevier.

Mayer, Karl Ulrich, Sebastian Schnettler und Silke Aisenbrey (2008): The Process and Impacts of Educational Expansion: Findings from the German Life History Study. Erscheint in: Andreas Hadjar und Rolf Becker (Hrsg.), Expected and Unexpected Consequences of the Educational Expansion in Europe and the US. Bern: Haupt.

Müller, Walter und Dietmar Haun (1994): Bildungsungleichheit im sozialen Wandel, Kölner Zeitschrift für Soziologie und Sozialpsychologie 46: 1-43.

Müller, Walter und Reinhard Pollak (2007): Weshalb gibt es so wenige Arbeiterkinder in Deutschlands Universitäten? S. 303-342 in: Rolf Becker und Wolfgang Lauterbach (Hrsg.): Bildung als Privileg. Wiesbaden: VS Verlag für Sozialwissenschaften (zweite aktualisierte Auflage).

Müller, Walter (1997): Sozialstruktur und Wahlverhalten. Eine Widerrede gegen die Individualisierungsthese. Kölner Zeitschrift für Soziologie und Sozialpsychologie 49: 747-761.

Müller, Walter (1998): Erwartete und unerwartete Folgen der Bildungsexpansion. S. 83-112 in: Jürgen Friedrichs, Rainer M. Lepsius und Karl Ulrich Mayer (Hrsg.), Die Diagnosefähigkeit der Soziologie. Opladen: Westdeutscher Verlag.

Müller, Walter (2002): Zur Zukunft der Berufsbildung: Das deutsche Modell im europäischen Vergleich. S. 49-68 in: Wolfgang Glatzer, Roland Habich und Karl Ulrich Mayer (Hrsg.), Sozialer Wandel und gesellschaftliche Dauerbeobachtung. Festschrift für Wolfgang Zapf. Opladen: Leske + Budrich.

Schimpl-Neimanns, Bernhard (2000): Soziale Herkunft und Bildungsbeteiligung. Empirische Analysen zu herkunftsspezifischen Bildungsungleichheiten zwischen 1950 und 1989. Kölner Zeitschrift für Soziologie und Sozialpsychologie 52: 636-669.

Schnell, Reiner und Ulrich Kohler (1995): Empirische Untersuchung einer Individualisierungshypothese am Beispiel der Parteipräferenz von 1953-1992. Kölner Zeitschrift für Soziologie und Sozialpsychologie 47: 635-657.

Sørensen, Aage B. (1986): Theory and methodology in social stratification. S. 69-95 in: Ulf Himmelstrand (Hrsg.), The Sociology of Structure and Action. London: Sage.

Stocké, Volker (2007): Explaining Educational Decision and Effects of Families' Social Class Position: An Empirical Test of the Breen-Goldthorpe Model of Educational Attainment. European Sociological Review 23: 505-519.

Strasser (1987): Diesseits von Stand und Klasse: Prinzipien einer Theorie der sozialen Ungleichheit. S 50-92 in: Bernhard Gießen und Hans Haferkamp (Hrsg.), Soziologie der sozialen Ungleichheit. Opladen: Westdeutscher Verlag.

Szydlik, Marc (1997): Zur Qualität von Filiationsbeziehungen – Ein Vergleich von Ostdeutschen und Westdeutschen. S. 177-198 in: Rolf Becker (Hrsg.), Generationen und sozialer Wandel. Generationsdynamik, Generationenbeziehungen und Differenzierung von Generationen. Opladen: Leske+Budrich.

Weber, Max (1980): Wirtschaft und Gesellschaft. Tübingen: Siebeck (Mohr).

Wirth, Heike (2000): Bildung, Klassenlage und Partnerwahl. Eine empirische Analyse zum Wandel der bildungs- und klassenspezifischen Heiratsbeziehungen. Opladen: Leske+Budrich.

Zapf, Wolfgang (1994): Staat, Sicherheit und Individualisierung. S. 296-304 in: Ulrich Beck und Elisabeth Beck-Gernsheim (Hrsg.), Riskante Freiheiten. Individualisierung in modernen Gesellschaften. Frankfurt am Main: Suhrkamp Verlag.

„Klassenkultur" und „Individualisierung" als soziologische Mythen?
Ein Zeitvergleich des Musikgeschmacks Jugendlicher in Deutschland, 1955-2004

Gunnar Otte[1]

1 Einleitung

In der Jugendforschung gibt es eine weit verbreitete Gewissheit: Jugendkulturen unterliegen einem seit mehreren Dekaden andauernden Trend der Individualisierung. Während sie früher sozialstrukturellen Bindungen nach Herkunftsklasse, räumlichem Milieu und traditioneller Geschlechterordnung gefolgt seien, könnten Jugendliche ihre Szenezugehörigkeiten heute im „Supermarkt der Stile" (Polhemus 1997) frei wählen und ausgestalten. Als Vergleichshorizont fungieren üblicherweise die in den 1970er Jahren entstandenen Arbeiten des Centre for Contemporary Cultural Studies (CCCS) der University of Birmingham, in denen Jugendkulturen der Nachkriegszeit als klassenspezifische Sub- und Gegenkulturen porträtiert wurden.

Rezipiert man die jugendsoziologische Literatur genauer, fällt das Fehlen systematischer Nachweise des postulierten Wandels von klassenkulturell gebundenen zu individualisierten Jugendkulturen auf. Hitzler et al. (2001: 9) zufolge herrscht zwar „weitgehend Konsens darüber", dass es den beschriebenen Entstrukturierungsprozess gibt. Verfolgt man aber die in einschlägigen Schriften gegebenen Literaturverweise, werden dafür kaum historisch-empirische Studien, sondern vorwiegend zeitdiagnostische Deutungen angeführt. Solange man die Soziologie als Wissenschaft betrachtet, die nicht nach dem Mehrheitsprinzip abstimmt, sondern „nach Evidenz strebt" (Weber 1972: 2), ist ein solcher Umgang mit Trendthesen unbefriedigend. Da „Individualisierung" eine Prozessbehauptung impliziert, ist das in Frage stehende Phänomen über einen möglichst langen Zeitraum systematischen Beobachtungen zu unterwerfen. Zur Präzisierung des zu einem Zeitpunkt gegebenen Ausmaßes an „Individualisiertheit" sind quantifizierende Messungen erstrebenswert. Im Rahmen einer solchen Analysestrategie

1 Für Unterstützung bei der Datenrecherche danke ich Ulrike Zschache, für die Bereitstellung von Datensätzen Klaus-Ernst Behne sowie dem Datenarchiv für Sozialwissenschaften der GESIS. Christian Deindl, Andreas Gebesmair, Jörg Rössel und Mike S. Schäfer danke ich für ihre hilfreichen Kommentare zu einer früheren Fassung dieses Beitrages.

kann die gängige Sichtweise der Jugendforschung nur dann als realitätsgerecht gelten, wenn sich Jugendkulturen in den Nachkriegsjahrzehnten als stark klassenstrukturiert erweisen (Klassenkulturthese) und der Einfluss der Klassenlage seitdem deutlich abgenommen hat (Individualisierungsthese).[2]

Ich untersuche diese Doppelthese mit Sekundäranalysen standardisierter Umfragedaten zum *Musikgeschmack Jugendlicher* über einen Zeitraum von annähernd fünfzig Jahren. Zwar sind Präferenzen für Musikstile nicht identisch mit Zugehörigkeiten zu Jugendkulturen. Da Musik aber für Jugendliche besonders identitätsrelevant ist und den zeitübergreifend wohl wichtigsten Fokus für die Konstituierung von Jugendkulturen bildet, bieten Musikpräferenzen einen geeigneten Zugriff. Bevor ich die verwendeten Daten und Variablen beschreibe (Abschnitt 4) und die Ergebnisse präsentiere (Abschnitt 5), unterziehe ich die Paradigmen der „Klassenkultur" und „Individualisierung" einer kritischen Diskussion (Abschnitte 2 und 3).

2 Jugendkulturen als klassenspezifische Sub- und Gegenkulturen

Die These klassenspezifischer Jugendkulturen entstand vor dem Hintergrund der historischen Herausbildung der Jugendzeit als eigenständiger, zwischen Kindheit und Erwachsenenalter gelagerter, von familiärer und beruflicher Verantwortung entbundener, durch das Bildungssystem geprägter Lebensphase. Die Soziologie nahm diesen Strukturwandel seit den 1930er Jahren wahr. Besonders einflussreich für die Vorstellung einer altershomogenen – wiewohl geschlechterdifferenzierten – „Jugendkultur" der „Teenager" waren Arbeiten amerikanischer Soziologen, vor allem von Parsons (1942) und Coleman (1961). Im *Ergebnis* ähnelte die in der Folge dieser Arbeiten verbreitete Diagnose einer „standardisierten" Jugendkultur der „Massengesellschaft" der heute populären Vorstellung „pluralisierter" Jugendszenen der „individualisierten" Gesellschaft: Kulturelle Zuordnungen Jugendlicher schienen *losgelöst* von vertikalen Ungleichheitsstrukturen (Denisoff/Levine 1972). Wie Murdock und McCron (1976a) monieren, war diese Vorstellung so verbreitet, dass Klassendifferenzen in jugendsoziologischen Schlüsselwerken der Nachkriegszeit selbst dann marginalisiert wurden, wenn sie sich empirisch abzeichneten.

Erst durch das CCCS geriet die Klassenbasis von Jugendkulturen nachhaltig in den Blickpunkt. In der zentralen Theoriearbeit der Forschergruppe argumentieren Clarke et al. (1976), dass Jugendliche im Zuge ihrer Sozialisation die kulturelle Grundorientierung ihrer Eltern übernähmen und je nach Klassenhinter-

---

2 Der Individualisierungsthese zufolge sollte auch die Erklärungskraft *anderer* Sozialstrukturmerkmale zurückgegangen sein. Dieser Behauptung gehe ich hier nicht nach.

grund *unterschiedliche* expressive Stile ausformten. Im Normalfall verlaufe dieser Prozess bruchlos, d. h. es komme zu einer Reproduktion der elterlichen Lebensführung. Nur Minderheiten schlössen sich den „spektakulären" Jugendsubkulturen an, die die CCCS-Mitarbeiter primär interessierten. Unter welchen Bedingungen geschieht das? Mit Cohen (1997) werden subkulturelle Ausdrucksformen als symbolische Lösungen von „Widersprüchen" innerhalb der Herkunftsklassen begriffen. Dazu gehörten Verwerfungen auf dem Arbeits- und Wohnungsmarkt und Spannungen zwischen den Imperativen der Arbeitsethik und des Massenkonsums. Obwohl anklingt, dass besonders sozial (auf- oder abwärts) mobile Jugendliche für subkulturelle Angebote prädestiniert seien, vermögen weder Cohen noch Clarke et al. präzise zu erklären (geschweige denn zu belegen), unter welchen Bedingungen Jugendliche vom „normalen" Sozialisationspfad abweichen und welcher der „auffälligen" Jugendsubkulturen sie sich anschließen (Murdock/McCron 1976b: 205). Immerhin wird mit Klassenlage *ein* Erklärungsfaktor benannt: Arbeiterjugendliche bildeten, so die Theorie, „Subkulturen" aus, deren Devianz sich meist auf Stilprotest beschränke; bürgerliche Jugendliche suchten „Gegenkulturen" auf, die die herrschende Gesellschaftsordnung auch ideologisch in Frage stellten.

Die wichtigste empirische Arbeit des CCCS stellt die von Willis (1981) im Jahr 1969 in England durchgeführte ethnographische Untersuchung einer Rocker- und einer Hippie-Clique dar. Die Rocker werden als Subkultur von Arbeiterjugendlichen, die Hippies als Gegenkultur bürgerlicher Jugendlicher porträtiert. Willis arbeitet heraus, dass die Werte und Praktiken der Jugendlichen Züge ihrer Herkunftsklasse tragen: So wiesen die aggressive, maskuline Körperlichkeit der Rocker beim Tanzen zu Rock'n'Roll-Hits „Homologien" mit der Arbeiterkultur auf; die Reflexivität der Hippies bei der Rezeption von Konzeptalben des Progressive- und Acid-Rock entspreche Modi bürgerlicher Kultur.

Die Arbeiten des CCCS lassen sich theoretisch, vor allem aber methodisch kritisieren, zumal methodische Erwägungen nicht offengelegt werden bzw. kaum erfolgten (Butters 1976: 253). Folgende Probleme scheinen mir besonders gravierend: 1. Die Perspektive wird auf die Minderheit „auffälliger" Jugendlicher verengt. Die Extremgruppenauswahl lässt die kulturellen Ausdrucksformen anderer Heranwachsender im Dunkeln. 2. Von Fallstudien einzelner Cliquen wird auf Jugendsubkulturen insgesamt generalisiert. Abweichende Fälle werden ausgeblendet, obwohl im CCCS bekannt war, dass Subkulturen Klassengrenzen überschritten (Murdock/McCron 1976b: 205). 3. In den Fallstudien werden die Herkunftsbezüge der Jugendlichen gar nicht untersucht, sondern im Sinne des theoretischen Modells unterstellt. Symbolische Ausdrucksformen werden unhinterfragt als „Klassenkulturen" reifiziert (Muggleton 2000: 19ff.; vgl. auch Fine/ Kleinman 1979).

Die Einwände gemahnen zur Vorsicht gegenüber einer unkritischen Akzeptanz der CCCS-Behauptungen. Sie implizieren nicht, dass die These klassenspezifischer Jugendkulturen falsch ist; in kumulativer Forschung kann sie sich durchaus bewähren. Dabei stellt sich die Frage nach der Übertragbarkeit auf den (west-)deutschen Kontext (vgl. zur CCCS-Rezeption Zinnecker 1981). Dass sub- und gegenkulturelle Cliquen mit einem sozialen Hintergrund der „Hand-" bzw. „Kopfarbeit" auch hier identifizierbar waren, zeigt die qualitative Studie von Becker et al. (1984).[3] Ähnlich wie bei den CCCS-Studien sind die unklare Sampling-Prozedur und die schemenhafte Analyse der Klassenlage der Jugendlichen zu bemängeln. Daneben wurde der CCCS-Ansatz in der Shell-Studie 1981 als „Selbstzurechnung zu medienöffentlichen Gruppenstilen" quantitativ umgesetzt (Zinnecker 1982: 476ff.). Im Einklang mit den Postulaten des CCCS erwiesen sich subkulturelle Stile wie die der Punker, Rocker und Popper als Minderheitenphänomene, denen jeweils nur 1% bis 2% der Jugendlichen anhingen. Auch bestätigte sich, dass expressive, musikbezogene Gruppenstile und Fankulturen unter niedrig gebildeten Jugendlichen höhere Zustimmung fanden, während politisch motivierte Gegenkulturen im Umfeld der neuen sozialen Bewegungen und Hausbesetzer unter höher Gebildeten mehr Anhänger hatten. Allerdings sind die Zusammenhänge zwischen Bildung und Gruppenstilzurechnung schwach: Cramérs V variiert zwischen .06 und .15 (eigene Auswertungen). Sobald man sich also von extremtypisch ausgewählten Einzelcliquen auf eine breite Stichprobenbasis begibt, erweist sich die Erklärungskraft vertikaler Ungleichheitslagen als sehr beschränkt.

3   Jugendkulturen als individualisierte Szenen

Heute dominiert die Sichtweise, dass Jugendkulturen „von ihren sozialen Herkunftsmilieus weitgehend abgekoppelt" sind (Vollbrecht 1995: 32) und sich „in nahezu jeder Hinsicht" entstrukturieren (Hitzler et al. 2001: 9; vgl. auch: Hitzler, in diesem Band). Zwar klingen mitunter Zweifel an, ob denn Jugendkulturen in früheren Jahrzehnten mit sozialstrukturellen Konzepten tatsächlich realitätsgerecht abgebildet wurden (Farin 2001: 20ff.; Baacke/Ferchhoff 1993: 430). Doch letztlich ist man sich einig, dass sich die Jugend „ganz objektiv" in „nicht mehr überschaubare Parzellen aufgelöst" habe (Farin 2001: 22) und Jugendliche ihre Szenezugehörigkeiten beliebig wählen und ihre Lebensstile „patchworkartig" zusammenstellen können (Ferchhoff 1999: 251). Diese Entwicklung wird oft mit

---

3   Dort sperrt sich der Fall der Eisdielen- und Disco-Clique jedoch gegen eine Einordnung in das dichotome Klassenschema – sie entspringe stattdessen einer „Angestelltenkultur" –, und die Punk-Clique ist klassenübergreifend zusammengesetzt.

der von Ulrich Beck formulierten Individualisierungsthese begründet. Beck (1986: 116) zufolge würden „[s]tändisch geprägte Sozialmilieus und klassenkulturelle Lebensformen verblassen." An ihrer Stelle entstünden „individualisierte Existenzformen und Existenzlagen, die die Menschen dazu zwingen, sich selbst [...] zum Zentrum ihrer eigenen Lebensplanungen und Lebensführung zu machen." Neue „soziale Formationen und Identitäten", zu denen auch „Alternativ- und Jugendkulturen" zählten (Beck 1983: 42), seien kaum an sozialen Großgruppen festzumachen, sondern resultierten aus „institutionenabhängigen Individuallagen" (Beck 1986: 210) – was immer dies im konkreten Fall heiße.

Die Individualisierungsthese, die Beck nicht eigens für die Jugendsoziologie ausbuchstabiert hat, wurde dort von Fuchs (1983) eingeführt und mit Diagnosen des „Strukturwandels der Jugend" (Ferchhoff/Olk 1988) und der „Selbstsozialisation" in Jugendszenen (R. Müller 1994) verbunden. Die vermutete Loslösung von *Klassenbezügen* wird – wenn überhaupt – mit Prozessen sozialer Mobilität begründet. In deren Folge sei die „Lebenswelt in [..] höheren Bildungseinrichtungen [..] vielfältiger zusammengesetzt" und beinhalte „Individualisierungsaufforderungen" gegenüber der „hergebrachten Lebenswelt" (Fuchs 1983: 347). Das Argument übersieht, dass Bildungsinstitutionen *selbst* hierarchisch organisierte Kontexte der Ausformung *klassenkonstituierender* Arten jugendlicher Lebensführung sein können.[4] Obwohl sie sich selten mit diesem Einwand auseinandersetzen, berufen sich Individualisierungsvertreter gern auf ihre Generalthese: Jugendstile würden von Massenmedien und Konsumgüterindustrie heute derart schnell verbreitet, dass sie klassenübergreifend verfügbar seien (Fuchs 1983: 351f., 358ff.; Ferchhoff/Olk 1988: 12, 22f.).

Gegen Individualisierungspositionen lassen sich mehrere Kritikpunkte vorbringen. Noch weniger als das CCCS arbeiten sie mit einem theoretischen Mikromodell: Die *Verfügbarkeit* zusätzlicher Optionen impliziert nicht, dass Akteure von ihnen – strukturentkoppelt – *Gebrauch* machen, zumal die Medienrezeption sozialstrukturell erheblich variiert (Feierabend/Klingler 2003). Methodisch ist zu bemängeln, dass der Makrotrend der Individualisierung genauso wie das Resultat der Individualisiertheit zwar häufig unterstellt, aber nicht nachgewiesen werden. Auch historische Arbeiten bieten dazu entweder kaum Erkenntnisse (Mitterauer 1986; Jaide 1988), sind trotz breiter Datengrundlagen wenig auf diese Frage ausgerichtet (Zinnecker 1987) oder verweisen auf Kontinuitäten von Jugendkulturen der Arbeiterschaft (Bandenwesen, öffentliche Unterhaltungsangebote) und der Mittelklasse (Bohème, studentischer Radikalismus), ohne das sich wandelnde Ausmaß der Klassendifferenz zu präzisieren (Gillis 1980).

---

4   Beck (1983: 50) thematisiert Bildungsinstitutionen und dadurch ausgelöste „neue soziale Binnenhierarchien" zwar, zieht aber daraus keine zentralen Konsequenzen für seine Konzeption einer „neuen" Ungleichheitsforschung.

Das dominierende Paradigma der gegenwärtigen Jugendkulturforschung sind ethnographische Fallstudien, die die Bedeutungskonstitution symbolischer Umgangsformen in Cliquen und Szenen rekonstruieren. Sofern Klassenlagen darin überhaupt erwähnt werden, wird ihre Irrelevanz typischerweise mit zwei Beobachtungen begründet: einerseits mit der schieren Pluralität von Jugendkulturen (vgl. das Zitat Farins), andererseits mit dem Befund, dass Jugendliche sich selbst und einander kaum nach vertikalen Ungleichheitskategorien klassifizierten. So resümiert Muggleton (2000: 5f.) seine qualitativen Interviews mit Szenegängern wie folgt: „Their mixed class base and ‚anti-structure' sentiments suggest that the distinction between collectivist working-class subcultures and individualistic middle-class countercultures is overemphasized." Obgleich die Einschätzung zutreffend sein mag, ist sie auf der Grundlage seiner Publikation nicht zulässig, da er die Klassenlagen seiner Probanden gar nicht aufdeckt. Dass Jugendliche Klassenbezüge verkennen und sich vornehmlich an Stilmerkmalen orientieren, hat bereits Willis (1981: 220ff.) bemerkt. Ein Nachweis von Individualisiertheit im Sinne der Entkopplung objektiver Struktureinbettungen und subjektiver Ausdrucksformen verlangt eine *korrelative* Untersuchung von Struktur und Subjektivität. Diesem Anliegen wende ich mich nun zu.

4   Methodische Anlage des Zeitvergleichs

Für Zeitvergleiche der Anhängerschaft von Jugendkulturen können verschiedene Datentypen herangezogen werden, die je spezifische Probleme aufweisen. Ich greife auf Daten standardisierter Umfragen zurück, in denen sozialstrukturelle und kulturelle Variablen erhoben wurden. Diese Daten haben den Vorteil, ganze Altersjahrgänge zu repräsentieren und die selektive Fallauswahl der zitierten ethnographischen Studien zu vermeiden. Außerdem ermöglichen sie eine Quantifizierung der Zusammenhangsstärke von Klassenlage und kulturellen Präferenzen und gestatten somit Trendaussagen. Begünstigt wird das Vorgehen dadurch, dass umfragebasierte Jugendstudien in der Bundesrepublik Deutschland seit Ende des Zweiten Weltkrieges in ungewöhnlich großer Zahl und inhaltlicher Breite durchgeführt wurden (Allerbeck/Rosenmayr 1976: 2ff.; Zinnecker 2001). Rigorose Zeitvergleiche setzen strukturgleiche Stichproben und Messinstrumente voraus – und derartige Replikationsstudien sind rar (vgl. Allerbeck/Hoag 1984; Zinnecker 2001). Ein Grundsatzproblem besteht darin, dass symbolische Ausdrucksformen sich permanent verändern und kaum replikativ erhoben werden können: Eine Psychedelic-Szene ist heute kaum noch auffindbar, eine Hip Hop-Szene existierte 1970 nicht. Trotzdem ist, wie ich zeigen möchte, eine gehaltvolle Untersuchung einer Zeitreihe des „schwer Vergleichbaren" möglich.

Um die Klassenbasis von Jugendkulturen zu analysieren, betrachte ich *Musikgenrepräferenzen* Jugendlicher nach *Schulformen und -abschlüssen*. Diese Operationalisierung hat zunächst pragmatische Gründe: In den verfügbaren Umfragedaten wurden Zugehörigkeiten zu Jugendbewegungen, Subkulturen und Szenen – mit Ausnahme der „medienöffentlichen Gruppenstile" – selten direkt erfragt; Bildungsvariablen liegen häufiger vor als Angaben zu sozialer Herkunft und Beruf. Die Operationalisierung ist aber auch inhaltlich begründbar. Klassenansätze haben wegen ihrer Erwerbszentrierung Schwierigkeiten, Jugendliche einzelnen Klassen zuzuweisen, denn diese befinden sich in einer Phase der Ablösung vom Elternhaus, haben aber oft noch keine eigene feste Erwerbsposition. In dieser Übergangsphase ist die Schulbildung eine richtungsweisende Ressource. Sie ist die zentrale Determinante der später erreichten Klassenposition und hängt zugleich von der elterlichen Klasse ab: Die Hierarchieeffekte intergenerationaler Mobilität sind bildungsvermittelt (Müller/Pollak 2004). Bildung ist auch deshalb ein sinnvollerer Indikator als die soziale Herkunft, weil Präferenzen für *populäre* Musik *theoretisch* stärker durch die Peer Group im Bildungssystem als durch die Eltern beeinflusst werden sollten (Otte 2008).

Musik nimmt im Spektrum der Foki jugendlicher Vergemeinschaftung eine herausgehobene Position ein: Für zahlreiche Jugendkulturen der Nachkriegsära war sie konstitutiv oder zentrales Begleitsymbol (Zinnecker 1987: 186ff.). Die Vorliebe für spezifische *Genres* ist zudem der wichtigste Prädiktor für den Besuch von Szenetreffpunkten (Otte 2009). Musikgenres sind „systems of orientations, expectations, and conventions that bind together an industry, performers, critics, and fans in making what they identify as a distinctive sort of music" (Lena/Peterson 2008: 698). Sie sind abstrakte Klassifikationssysteme, deren Bezugseinheiten raum-zeitlichen Variationen in Folge von Neuaushandlungen ihrer Bedeutungen durch die beteiligten Akteure unterliegen. Die Kontextabhängigkeit der genretragenden Künstler, Werke und Publika erschwert vergleichende Analysen nachhaltig. Fragen der Bedeutungsäquivalenz der erhobenen Kategorien sind daher die zentrale Herausforderung der Studie, der nur durch historische Kontextualisierungen der Genres zu begegnen ist. So kann die heutige „Pop-Musik" als bedeutungsähnlich mit dem „Schlager" der 1950er und dem „Beat" der 1960er gelten.[5]

Die von mir reanalysierten Umfragen sind in *Tabelle 1* dargestellt. Berücksichtigt wurden Studien, die (a) ein differenziertes Spektrum populärer Musik-

---

5 Da neuartige Genres auf früheren aufbauen, lassen sich Einzelgenres zu übergeordneten Stilrichtungen oder breiten „Strömungen" zusammenfassen (Ennis 1992). In den Umfragen beziehen sich Musikpräferenzen teils auf Stilrichtungen („Jazz", „Rock"), teils auf Genres („Dixieland", „Psychedelic"). Ich behandle sie in den empirischen Analysen gleich.

genres umfassen, (b) Jugendliche in großer Fallzahl enthalten und (c) separate Analysen nach Bildungsgruppen zulassen.

Tabelle 1:   Übersicht der zum Zeitvergleich verwendeten Studien

Jahr	Studie	Stichprobe	Alter	Fall-zahl	Musikpräferenz-kontrast	Bildungs-kontrast
1955 bzw. 1958	Friedrich Klausmeier (1963)	Schulregisterauswahl von höheren Schülern (Kl. 9-13) und Berufsschülern in Köln	ca. 14-21	2932	ja vs. nein (im Radio)	Höhere vs. Berufsschüler
1965	„Jugend, Bildung + Freizeit" (Shell-Studie)	Quotenauswahl BRD (ohne Berlin); nur Befragte mit Musikinteresse	14-21	1241	ja vs. nein	Oberschule vs. Volksschule
1972/ 1973	Dörte Hartwich-Wiechell (1974)	Schüler an 11 Schulen in Hamburg und Berlin; nur Befragte mit Beat-/Pop-Gefallen; Subsample von 5 Gymnasien/Berufsschulen	11-20	2350	ja vs. nein	Gymnasium vs. Berufsschule
1980	„Jugend, Bildung + Freizeit" (Emnid)	Quotenauswahl BRD (inkl. Berlin); nur Befragte mit Musikinteresse	14-21	561	ja vs. nein	Oberschule vs. Hauptschule
1984	Klaus-Ernst Behne (1986)	Schüler (Kl. 7-13) mehrerer Schulen in Hannover; nur Hauptschulen/Gymnasien	12-20	602	gut / noch gern vs. weniger / unbekannt	Gymnasium vs. Hauptschule
1984	Heinz Bonfadel-li et al. (1986)	Zufallsauswahl BRD	12-29	4011	sehr gern / gern vs. weniger gern / gar nicht gern	Abitur / Univer-sität vs. Haupt-schule
1991	„Jugend 92" (Shell-Studie)	Quotenauswahl BRD; nur westdeutsche Befragte	14-21	1307	sehr gern / gern vs. weniger gern / üb. nicht gern	Abitur vs. Hauptschule
1997	„Outfit 4" (Spiegel-Verlag 1997)	Zufallsauswahl BRD; nur westdeutsche Befragte	14-21	584	sehr gern / noch gern vs. weniger / überhaupt nicht	Abitur vs. Hauptschule
2004	Gunnar Otte (2009)	Aggreg. Zufallsauswahl innerhalb 13 Club-/Diskothekenpublika in Leipzig	16-29	720 bis 768	sehr / ziemlich vs. mittelmäßig / wenig / gar nicht	mindestens / Abitur vs. max. Realschule

Anmerkung: Die Studie von 1980 ist in Teilen als Replikation derjenigen von 1965 angelegt.

Sechs der neun Studien sind für Sekundäranalysen elektronisch verfügbar; diejenigen von Klausmeier (1963: 234, 249f., 287), Hartwich-Wiechell (1974: 385) und Bonfadelli et al. (1986: 230) lassen sich nur anhand publizierter Ergebnistabellen reanalysieren (vgl. dazu die Seitenangaben). Der Zeitvergleich ist durch Variationen der räumlichen Grundgesamtheiten, Auswahlverfahren, Altersspannen, Bildungskategorien, Genrebezeichnungen und Präferenzskalen beeinträchtigt. Diese Probleme lassen sich keineswegs vollständig, aber zum Teil kontrollieren. Mit Ausnahme einer Studie (Otte 2009) handelt es sich um lokale Jahrgangsumfragen unter Schülern oder um bundesweite Jugend- bzw. Bevölkerungsstichproben, die alle einen *Querschnitt* durch die Jugend gewährleisten. Der

Altersschwerpunkt der 14- bis 21-Jährigen ist bei den meisten Studien vergleichbar. Klar in die Postadoleszenz reichen jedoch die Stichproben von Bonfadelli et al. (1986) und Otte (2009), die insofern eher ergänzend hinzugezogen werden.[6] Den uneinheitlichen Kategorien der abhängigen und unabhängigen Variablen versuche ich durch Kontrastbildungen zu begegnen: Die Präferenzintensitäten lassen sich relativ eindeutig als Zustimmung vs. Ablehnung dichotomisieren.[7] Bei der Bildung stelle ich hohe und niedrige Schulformen bzw. -abschlüsse gegenüber.[8]

Für Zeitreihen univariater Verteilungen wären die Vergleichsprobleme äußerst problematisch. Bei der Untersuchung *bivariater* Zusammenhänge zwischen Bildung und Musikpräferenz wiegen sie weniger schwer. Gleichwohl ist ein Zusammenhangsmaß zu wählen, das gegenüber Randverteilungsschwankungen möglichst unempfindlich ist. Ein solches Maß ist das Chancenverhältnis (Odds Ratio) der hohen relativ zur niedrigen Bildungsgruppe, ein Musikgenre zu mögen versus nicht zu mögen. Die Individualisierungsthese postuliert dazu: „Objektive Merkmale (Einkommen, Stellung in der Hierarchie) und subjektive Merkmale (Bewusstsein, Lebensstil, Freizeitgestaltung, politische Einstellung) *brechen auseinander"* (Beck 2008: 307; Betonung i. O.). Der statistische Zusammenhang von Bildung und Musikgeschmack sollte sich im Zeitraum der letzten fünfzig Jahre abschwächen. Trifft die verbreitete Ansicht zu, dass die Geschmacksbildung Jugendlicher bis in die 1970er Jahre hinein klassenstrukturiert war, sollte die Zusammenhangsstärke erst danach markant abnehmen.

---

6 Mir ist es nicht gelungen, neuere Daten zu erhalten als die „Outfit"-Studie 1997. Wenn solche Daten verfügbar werden, sollten sie anstelle der Club- und Diskothekenstudie (Otte 2009) zur Fortschreibung der Zeitreihe genutzt werden.

7 Man kann sich fragen, ob die Jugendlichen die vorgegebenen Genres überhaupt kennen. In einigen Studien war eine „unbekannt"-Kategorie vorgegeben. Soweit möglich, habe ich Personen mit dieser Angabe nicht in die Analysen einbezogen. In den Studien von 1965, 1972/73 und 1980 wurden Jugendliche ohne Musikinteresse durch eine Filterfrage ausgeschlossen. In den übrigen Fällen ist plausibel davon auszugehen, dass Befragte, die ein Genre *mögen*, um dessen Bezeichnung wissen, und dass Befragte, die eine ihnen nicht geläufige Genrebezeichnung vorfinden, ein Nichtgefallen damit verbinden.

8 Meist arbeite ich mit Subsamples, d. h. unter Ausschluss mittlerer Bildungsgruppen wie Real- und Gesamtschülern. In der Club- und Diskothekenstudie müssen Realschulabsolventen mit der kleinen Zahl von Hauptschulabsolventen zusammengefasst werden.

5   Empirische Ergebnisse

Im ersten Schritt untersuche ich Präferenzen für Musik, die den Aufbau zumindest grober Zeitreihen erlaubt, aber keine genuin jugendkulturellen Wurzeln hat. Dabei stütze ich mich auf die Studien, die übereinstimmend die Altersgruppe von 14 bis 21 Jahren in den Blick nehmen. Die folgenden Abbildungen sind so aufgebaut, dass oberhalb der mit „1" beschrifteten Referenzlinie Odds Ratios zugunsten der Hochgebildeten und unterhalb der Linie solche zugunsten der Niedriggebildeten verzeichnet sind. Die Referenzlinie impliziert ein ausgeglichenes Chancenverhältnis von 1:1.

In der oberen Teilgrafik von *Abbildung 1* sind Gattungen der Kunstmusik dargestellt, die zur europäischen Hochkultur zählen oder über den Kontext des Musiktheaters daran angelehnt sind (Operette, Musical). Alle erzielen im Zeitraum von 1955 bis 1997 klare Präferenzvorsprünge unter Schülern bzw. Absolventen höherer Bildungsgänge. Für die hochkulturelle Leitkategorie, klassische Musik, artikulieren höher Gebildete – mit Ausnahme des Jahres 1991 – sieben bis elf Mal so starke Vorlieben wie niedrig Gebildete. In abgeschwächter Form, d. h. mit Odds Ratios zwischen meist 3 und 5, gilt Ähnliches für Oper, Kammer-, Chor- und geistliche Musik, Operette und Musical. Am ehesten nähern sich die unter „Neuer Musik" rubrizierten Kategorien einem paritätischen Chancenverhältnis.[9] Einzelne studienspezifische Schwankungen (wie die Ausreißer 1984 und die geringe Bildungsvariation 1991) haben mutmaßlich methodische, kaum rekonstruierbare Ursachen und gehen nicht unbedingt auf historische Ereignisse zurück. Sieht man von ihnen ab, sind die durchgängig positiven Bildungseffekte überwiegend konstanter Größenordnung als entscheidendes Ergebnis festzuhalten. Die starke Bildungsabhängigkeit des Interesses Jugendlicher für Kunstmusik und „legitime" Kunst im Allgemeinen ist aus anderen Studien bekannt (z. B. Keuchel 2006). Sie setzt sich im Erwachsenenalter fort und kommt in der seit Jahrzehnten stabilen Bildungsselektivität des Hochkulturpublikums zum Ausdruck (Rössel et al. 2005).

In der unteren Teilgrafik sind Stilrichtungen des Jazz, der Volksmusik und der volkstümlichen Schlager- und Unterhaltungsmusik verzeichnet. Hier überschreitet kaum ein Chancenverhältnis den Wert 5, d. h. die Gruppenunterschiede sind weniger extrem als bei den Kunstmusikgattungen. Gleichwohl finden sich erkennbare Systematiken. Jazz – als Musik der schwarzen Bevölkerung in den USA entstanden und in der Bebop-Ära zu einer Kunstform aufgestiegen (Lopes 2002) – erweist sich als Domäne höherer Bildungsgruppen. Zwar sind die Odds Ratios einiger der abgefragten Unterkategorien (vor allem des Modern Jazz)

---

9   Dahinter verbergen sich die Fragebogen-Items „Moderne Musik (z. B. 12-Ton)" (1965 und 1980), „schwierige Klassik" (1991) und „neuere klassische Musik (seit 1900)" (1997).

manchmal nur geringfügig größer als 1, doch hören Jugendliche auf Abiturniveau Jazz typischerweise zwei bis vier Mal lieber als die auf Hauptschulniveau. Der Bildungsunterschied scheint sich im Zeitverlauf zu vergrößern.

Abbildung 1: Bildungsspezifische Musikpräferenzen im Zeitvergleich (Odds Ratios): Kunstmusik, Jazz und Volkstraditionen

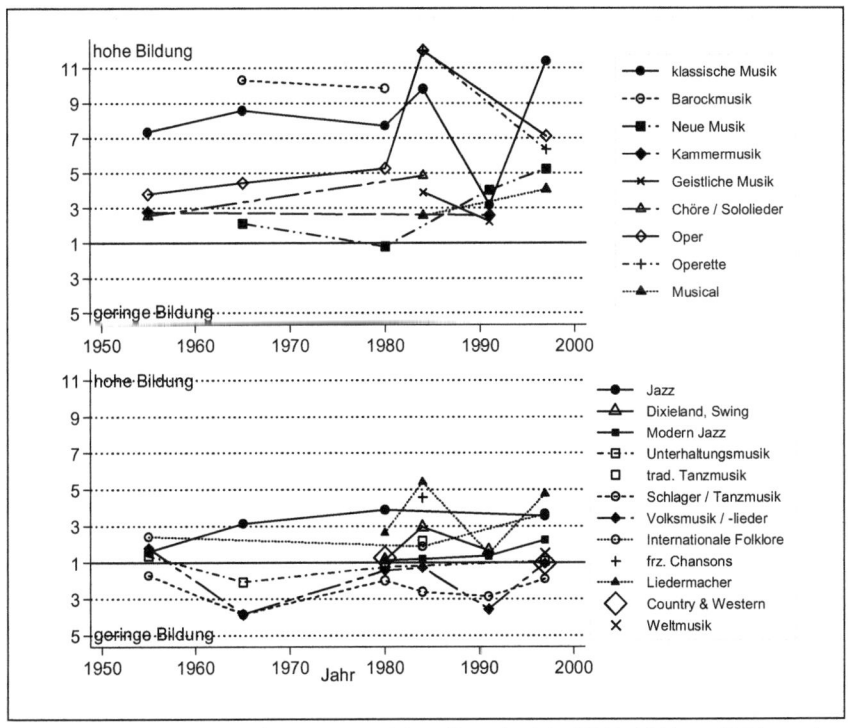

Anmerkung: Die Odds Ratios für Operette und Oper liegen im Jahr 1984 bei 74 bzw. 28 (sie werden von fast allen Hauptschülern abgelehnt) und sind aus Darstellungsgründen auf 11 fixiert.

Musikrichtungen, die heute als Kern des „Trivialschemas" gelten (Schulze 1992), nämlich deutsche Schlager und Volksmusik werden von wenig gebildeten Jugendlichen stärker präferiert – die einzige Ausnahme bildet Klausmeiers Studie 1955/58, in der Volksmusik unter höheren Schülern beliebter war. Um eine symmetrische Darstellung zu erzielen, sind die Odds Ratios in der Grafik nun aus Sicht der niedrigen Bildungsgruppen zu lesen: Relativ zu den Hochgebildeten mögen sie Schlager und in mehreren Studien auch deutsche Volksmusik zwei bis vier Mal so gern. Weniger starke Gruppendifferenzen erzeugt die Kategorie

„Unterhaltungsmusik". Für Musik, die Volkstraditionen *anderer* Länder entstammt, ist die Begeisterung bildungsprivilegierter Jugendlicher tendenziell größer: Internationale Folklore, Weltmusik und Chansons werden von ihnen 1,5 bis 4,5 Mal häufiger genannt. Als handgemachte, lyrisch gehaltvolle, politisch engagierte Musik in der Singer-Songwriter-Tradition von Bob Dylan, Franz-Josef Degenhardt und Wolf Biermann sticht das Liedermacher-Genre als Domäne hoher Bildungsgruppen hervor. Keinen Unterschied der Chancenverhältnisse gibt es für Country & Western-Musik. Zusammenfassend wird erkennbar, dass höher gebildete Jugendliche stilistische Traditionen bevorzugen, die besondere Instrumentenbeherrschung, lyrische Qualitäten oder Wurzeln in fremden Kulturen aufweisen, während weniger gebildete zur Leichtigkeit der Stimmungsmusik deutscher Provenienz tendieren.

Abbildung 2:   Bildungsspezifische Musikpräferenzen im Zeitvergleich
(Odds Ratios): Jugendkulturen und Popkultur

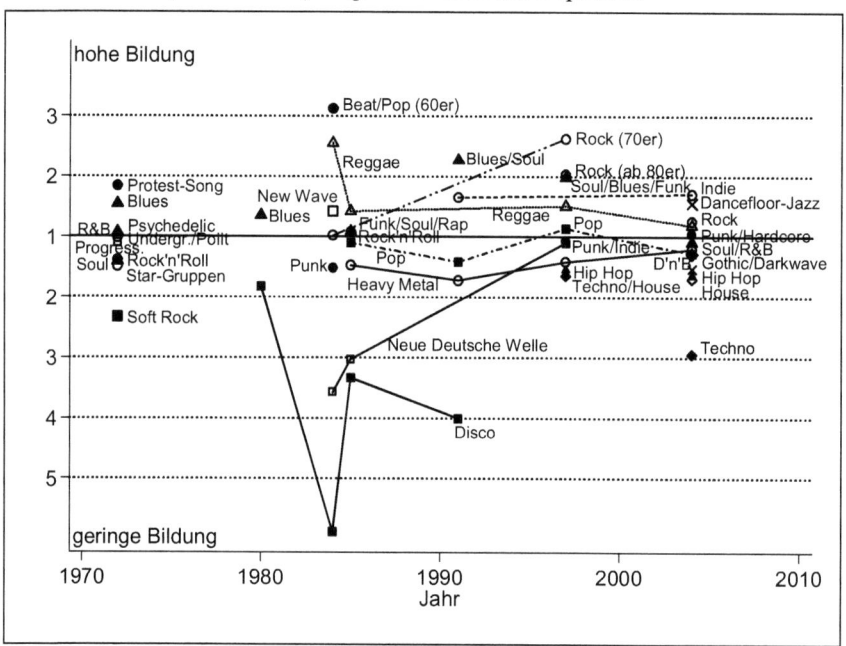

Abbildung 2 enthält populäre Musik, die die Hitparaden dominiert, sowie Genres, deren Ursprünge oder Rezeptionskontexte primär Jugendszenen sind. Die Zeitpunkte der 1950/60er Jahre fehlen, weil außer den bereits diskutierten keine

weiteren Items erhoben wurden; die Umfrage 1980 enthält mit „Blues" und „Disco/Pop/New Wave" nur zwei zusätzliche Kategorien. Der Zeitvergleich beginnt 1972/73 mit der nach Rock- und R&B-Genres sehr differenzierten Studie Hartwich-Wiechells. Zur Vervollständigung habe ich Bonfadellis und meine eigene Studie einbezogen, die Jugendliche bis 29 umfassen. Wegen Diskontinuitäten der abgefragten Items und wegen des Wandels der Jugendmoden selbst sind die Genres direkt verzeichnet und meist unverbunden dargestellt. Zu beachten ist die stärkere Streckung der y-Achse.

Die Odds Ratios haben nun in der Regel Ausprägungen zwischen 1 und 2; nur vereinzelt ragen stärkere Effekte heraus. Jugendliche der beiden Bildungsniveaus divergieren in ihrem Geschmack gegenüber jugend- und popkulturellen Genres demnach weniger stark als mit Blick auf hoch- und volkskulturelle Stile. Trifft die *Individualisierungsthese* zu, sollten die Bildungseffekte im Zeitverlauf schrumpfen und sich dem Chancenverhältnis von 1 nähern. Bei Geltung der *Klassenkulturthese* sollte dieser Prozess erst in den 1980ern einsetzen. *Weder das eine noch das andere ist der Fall.* Bei dieser Einschätzung ist anzumerken, dass die 1984 erhobenen Daten Behnes in allen drei Grafiken durch außergewöhnlich starke Bildungseffekte auffallen; naheliegende methodische Erklärungen gibt es nicht.[10] Die im gleichen Jahr bundesweit durchgeführte Studie Bonfadellis (in der Grafik auf 1985 datiert) misst für die Genres Disco, Reggae und Neue Deutsche Welle – sowie Liedermacher, Oper und Operette, nicht aber Schlager und Volksmusik – zum Teil deutlich geringere Bildungsgruppendifferenzen. Dadurch werden die abweichenden Ergebnisse der Behne-Studie relativiert. Für die Umfragen, die das jugend- und popkulturelle Genrespektrum recht umfassend abbilden, ergibt sich ein *gleichbleibender Range* der Bildungseffekte: Er liegt 1972/73 bei 4,17 (vgl. die Distanz zwischen „Protest-Song" und „Soft Rock"), 1984 bei 4,75 (Bonfadelli-Daten), 1997 bei 4,27 und 2004 bei 4,65. Das gemäß der Individualisierungsthese erwartete Abschmelzen der Bildungsdifferenzen ist nicht beobachtbar.

Nun ist es denkbar, dass der Individualisierungsprozess in den 70er Jahren schon so weit vorangeschritten war, dass die Bildungsgruppenunterschiede sich auf niedrigem Niveau stabilisiert hatten. Diese Mutmaßung widerspricht jedoch der Klassenkulturthese, die in der gängigen Sichtweise der Jugendsoziologie den zentralen Vergleichshorizont markiert: Sie postuliert für diese Dekade starke Bildungseffekte. Anders als die Individualisierungsthese lässt sie sich nicht nur im Zeitvergleich, sondern auch auf der Genreebene im Querschnitt prüfen. Die von Willis (1981: 58ff., 139ff.) untersuchten Hippies hörten im Jahr 1969 Progressi-

---

10 Behne (1986) hat Musikpräferenzen sowohl über die verbale Vorgabe von Genrekategorien als auch über genretypische Soundbeispiele erhoben. Da zuerst die verbale Abfrage erfolgte, sind Verzerrungen durch Reihenfolgeeffekte auszuschließen.

ve-, Underground- und Acid-Rock (z. B. Jimi Hendrix, John Mayall, Led Zeppe-
lin, Frank Zappa, Grateful Dead, The Doors, Pink Floyd), die Rocker den
Rock'n'Roll der „goldenen 50er" (z. B. Buddy Holly, Elvis Presley, Chuck Ber-
ry, Gene Vincent, Eddie Cochran). In ihrer drei Jahre später durchgeführten Erhebung hat Hartwich-Wiechell (1974) vergleichbare Genres vorgegeben und mit
genretypischen Musikern illustriert (vgl. zum Fragebogen Wiechell 1977:
185ff.). Überträgt man Willis' Befunde auf Hartwich-Wiechells Kategorien, sollten Gymnasiasten „Underground/Polit-Rock" und „progressiven Pop", aber auch
„Psychedelic" und „klassischen/progressiven Blues" bevorzugen, Berufsschüler
„frühen Beat/Rock'n'Roll". Während sich für erstere drei Genres keine Bil-
dungsdifferenz ergibt, liegen Blues und Rock'n'Roll in der erwarteten Richtung.
Auch die von Willis für die Hippies herausgearbeitete Ablehnung „kommerziel-
ler" Musik spiegelt sich in den Vorbehalten der hohen Bildungsgruppe gegenüber „Star-Gruppen" und „Soft Rock" (z. B. Les Humphries Singers) wider.[11]
Allerdings erweist sich der Bildungseffekt keineswegs als so stark, dass man von
einer Strukturdominanz vertikaler Ungleichheiten ausgehen könnte, wie sie die
Klassenkulturthese nahelegt.[12]
    Welche Bildungssystematiken zeigen sich in den Genrepräferenzen über die
Zeit hinweg? Die Affinität höher Gebildeter zu volksmusikalischen Traditionen
fremder Kulturen bzw. ethnischer Minderheiten im Ausland bestätigt sich durch-
gängig für Reggae und Blues. Weniger systematisch findet sie sich für Soul. Das
Genre wurde allerdings oft in Verbindung mit anderen Black Music-Stilen wie

---

11 Bei den zeitgleich von Dollase et al. (1974: 38) befragten Besuchern von Rockkonzerten zeigt
   sich eine „überwiegende Rekrutierung aus der Mittelschicht". Dieser Befund deckt sich insofern
   mit Willis' Beobachtungen, als die Bands – Deep Purple, Santana, Frank K., Nektar und Eksepti-
   on – zwischen den Genres Hard-, Latin-, Progressive-, Symphonic-Rock und Blues changieren
   und ausgedehnte (Gitarren-)Soli vortragen. Leider wurden keine „Vergleichskonzerte" untersucht,
   in denen man mit hohen Anteilen niedriger Bildungsgruppen hätte rechnen können, so dass unklar
   bleibt, welche Grundgesamtheit die Befragten repräsentieren.
12 Man kann einwenden, dass die Studien in ihren Zeit- und Raumkontexten nicht vergleichbar sind.
   Zum einen könnten die von Willis' Hippie-Clique geschätzten Künstler und Genres zwischen
   1969 und 1972/73 kommerziell vereinnahmt worden und für hohe Bildungsgruppen unattraktiv
   geworden sein (Hartwich-Wiechell ordnet Jimi Hendrix und Cream den „Star-Gruppen" zu). Die
   Hippies der Willis-Studie artikulieren jedoch eine so starke Verehrung für die Begründer ihrer favorisierten Musik und konnotieren Labels wie „Underground" und „progressiv" so positiv, dass
   eine Umwälzung klassenspezifischer Präferenzordnungen in so kurzer Zeit nicht plausibel erscheint. Zum anderen ist es möglich, dass Klassendifferenzen in England generell ausgeprägter
   waren als in Deutschland. Darauf deutet Murdocks (1973: 288ff.) Befragung 14- bis 15-jähriger
   englischer Schüler hin: Jugendliche aus der Mittelklasse haben im Vergleich mit Arbeiterjugendlichen eine 8,5 Mal so große Chance, „Underground"- gegenüber „Mainstream"-Musik zu bevorzugen (eigene Berechnung). Unter diesen Umständen müsste die Übertragung der Klassenkulturthese auf deutsche Verhältnisse als problematisch gelten – und zwar früher genauso wie in individualisierungstheoretischer Retrospektion.

Funk, Blues, R&B und Rap abgefragt, hat musikalisch einen enormen Gestaltwandel durchlaufen und steht seit längerem in der Nähe zum populären
„Mainstream". Hip Hop als heute dominierende Spielart des „schwarzen Ameri-
ka" erweist sich seit 1997 als Genre, das unter weniger gebildeten Jugendlichen
stärkeren Rückhalt genießt. Ähnliches gilt für elektronische Tanzmusik, vor
allem Techno und House, weniger Drum'n'Bass. In der Leipziger Club- und
Diskothekenumfrage 2004 kristallisiert sich Techno als negative Abgrenzungsfo-
lie bildungsprivilegierter Jugendlicher heraus und wird von ihnen drei Mal weniger goutiert als von unteren Bildungskategorien. Das Genre nimmt eine vergleichbare Rolle ein wie Disco-Musik am Ende ihres Booms in den 1980er Jahren. Gitarrenbasierte Musik scheint sich mehr und mehr zur Domäne hoher Bildungsgruppen zu entwickeln (vgl. Savage 2006; Tanner et al. 2008; Gleva-
rec/Pinet 2009; Otte 2008). Den Daten zufolge kennzeichnet Rock-Musik spätestens seit den 1990er Jahren das Geschmacksrepertoire höher gebildeter Jugendlicher stärker als das niedrig gebildeter, besonders wenn sie künstlerische Autonomie als „Independent"- oder „Alternative"-Rock reklamiert. Punk und Metal,
die Mitte der 1980er und Anfang der 1990er Jahre negativen Bildungseffekten
unterlagen, haben einen Status bildungsunabhängiger Wertschätzung erreicht.

Bei allen Messproblemen zeichnet sich ab, dass populäre Musik, die durch
die Musikkritik als künstlerisch innovativ, ästhetisch komplex, authentisch ver-
wurzelt oder sozial kritisch konsekriert wird (Regev 1994), bildungshöhere Rezipienten mit höherem Kulturkapital anspricht, während weniger Gebildete zu
Musik tendieren, die breitenwirksamen Moden folgt und „reine Unterhaltung"
symbolisiert. Zum Teil stehen dahinter Distinktionsprozesse, die in anderen
Feldern ähnlich zu finden sind: So unterliegt der Diskurs in Gourmetzeitschriften
einem Framing nach „Authentizität" und „Exotik" (Johnston/Baumann 2007).
Da solche Differenzierungslinien oft *innerhalb* von Genres verlaufen und selten
ganze Genres voneinander trennen, können genreinterne Geschmacksanalysen
größere Bildungseffekte zum Vorschein bringen (Otte 2009).

Nach der Analyse relativer Chancenverhältnisse wende ich mich abschließend dem *absoluten Ausmaß* zu, in dem einzelne Genres das Geschmacksprofil
Jugendlicher durchdringen.[13] Der Individualisierungsthese zufolge sollte man in
der unmittelbaren Nachkriegszeit noch erwarten können, dass die kleine Minderheit höherer Schüler – nur etwa fünf Prozent eines Altersjahrgangs besuchten
Mitte der 1950er Jahre diesen Schultyp (Mitterauer 1986: 85) – den snobisti-
schen Habitus des Bildungsbürgertums pflegte und die klassischen Künste gegenüber der Populärkultur vorzog. Nach Klausmeiers (1963: 234) Daten gelten
jedoch bereits 1955 Tanzmusik/Schlager (54%) und Unterhaltungsmusik (48%)

---

13 Die Vermutung, dass große Anhängerschaften eines Genres mit ausgeglichenen Chancenverhält-
nissen einhergehen, erweist sich als nicht zutreffend.

als die größten Vorlieben höherer Schüler; es folgen Operette (43%), Oper (42%), „Negerjazz" (37%), Spirituals/Blues (35%) und Sinfoniekonzerte (32%). Die höheren Schüler sind für *fast alle* Musikstile aufgeschlossener – abgesehen von Tanzmusik/Schlager, die bei Berufsschülern noch beliebter sind (67%).[14] Der Trend zu einem breiten, inklusiven Geschmack („Omnivorizität"), den Peterson (2005) als neue Distinktionsstrategie höherer Klassen am Ende des 20. Jahrhunderts ausmacht, könnte historisch also wesentlich weiter zurückreichen. Auch in den Folgestudien haben populäre Genres in den hohen Bildungsgruppen stets mehr Anhänger als kunstmusikalische Gattungen. Kulturpessimistischen Niedergangsszenarien zum Trotz bleibt der Anteil von Abiturienten mit Interesse an klassischer Musik mit etwa 30% im Gesamtzeitraum stabil.

6 Schlussfolgerungen

Mein Ausgangspunkt war die in der Jugendforschung verbreitete These, dass Jugendkulturen bis in die 1970er Jahre hinein klassenstrukturiert waren, sich seit dem Zweiten Weltkrieg aber zunehmend von vertikalen Ungleichheitslagen entkoppelt haben. Zwar habe ich Subkultur- und Szenezugehörigkeiten nicht direkt untersuchen können, wohl aber Präferenzen für Musikgenres als vermutlich wichtigste Foki von Jugendkulturen. Trotz aller Vergleichsprobleme, mit denen die Daten behaftet sind, lässt die Systematik der Befunde klare Schlüsse zu. Das Hauptergebnis ist: Die gängigen Diagnosen überschätzen *sowohl* das Ausmaß von „Klassenkultur" in der Nachkriegszeit *als auch* das Ausmaß von „Individualisierung" über die letzten fünfzig Jahre.

Konkret ist festzuhalten, dass Genres, die mit Schulze (1992) den Kern des „Hochkultur"- (klassische Musik, Oper) und „Trivialschemas" (deutsche Schlager, Volksmusik) bilden, zeitstabilen, konträren Bildungseinflüssen unterliegen. Während im gesamten Zeitraum die Rezeptionshaltung eines Drittels der Hochgebildeten von europäischer Kunstmusik geprägt wird, gilt das für nur 5% bis 10% der Niedriggebildeten. Demgegenüber sinkt die Prävalenz von Schlager- und Volksmusikvorlieben generell rapide, kennzeichnet aber Jugendliche unterer

---

14 Die frühe Durchsetzung populärer Musik in oberen Klassen bestätigt die Studie von Rosenmayr et al. (1966: 198ff.) bei höheren Schülern 1959/61 in Wien und Niederösterreich. Auf die offene Frage nach ihrer Lieblingsplatte nennen 72% „Schlager" (inkl. Rock'n'Roll), 17% klassische Musik, 8% Jazz und 3% Volksmusik. Berufsschüler geben fast ausschließlich Schlager an – darunter Rock'n'Roll-Interpreten 1,5 Mal häufiger als höhere Schüler –, doch lässt sich keineswegs von scharf abgegrenzten Klassenkulturen sprechen. Die Studie Fröhners (1956: 364) zeigt mit Blick auf Konzertbesuche, dass sich Jugendliche mit gehobener Bildung von Volksschulabsolventen im Wesentlichen durch *mehr* Besuchserfahrungen auszeichnen, die ausschließlich auf Sinfoniekonzerte und Opern zurückgehen.

Bildungsgänge nach wie vor stärker. Diese Muster sind erwähnenswert, weil hochkulturell gebundene Jugendliche mutmaßlich für *andere* jugend- und popkulturelle Ausdrucksformen empfänglich sind als volkstümlich interessierte. Mehrere Befunde lassen sich in diesen Erklärungsrahmen einordnen: auf Seiten bildungsprivilegierter Jugendlicher die Aufgeschlossenheit für komplexes Instrumentalspiel (Jazz), internationale Traditionen (Folklore, Chansons, Blues, Reggae) und handgemachte, lyrisch anspruchsvolle Musik mit antikommerziellem Gestus (Liedermacher, Indie-Rock); auf Seiten niedrig gebildeter Jugendlicher die Neigung zu eingängig rhythmisierter Musik mit wenig „verkopften" Texten (Soft Rock, Disco, NDW, House, Techno). Die zugespitzte Kontrastierung sieht freilich über die komplexen Institutionalisierungsprozesse von Musikkulturen hinweg und wäre mit geeigneten Individualdaten zu untermauern. Nicht zufällig korrespondiert sie aber mit der vom CCCS herausgearbeiteten Divergenz der Rezeptionslogiken von Gegen- und Subkulturen. Und auch der bildungsbasierten Gegenüberstellung von Selbstverwirklichungs- und Unterhaltungsmilieu bei Schulze (1992) können offenbar klassenkulturelle Züge zugeschrieben werden.

Nicht nur das Hochkultur- und Trivialschema zeichnen sich durch stabile Lagerungen aus, auch im Bereich der Musikgenres, die die Foki von Jugendszenen bilden, findet man keine langfristige Abnahme der Bildungseffekte.[15] Die Chancenverhältnisse, ein spezifisches Genre zu mögen oder abzulehnen, variieren im Kontrast der Bildungsgruppen meist zwischen 1:1 und 3:1. Einstellungen zu *einigen* Genres lassen sich durch die Bildungsvariable – und vermutlich auch andere Maße vertikaler Ungleichheit – statistisch *nicht* erklären. Sobald aber eine Personengruppe ein Genre anderthalb oder zwei Mal mehr schätzt als eine andere, halte ich dies für einen bedeutsamen Gruppenunterschied. Insofern haben auch aktuelle Musikgenres wie Indie-Rock und Techno Klassenaffinitäten. Erst recht werden Klassenbezüge sichtbar, wenn man die Genreebene verlässt und sich Subszenen und Cliquen zuwendet: In der Manier von Willis (1981) und Becker et al. (1984) ist es noch immer möglich, Cliquen oder Publika aufzuspüren, deren ästhetische Ausdrucksformen in klassenspezifischen Traditionslinien der 1960er und 1970er Jahre stehen (Otte 2009). So lässt sich resümieren: Seit sich 1955 mit dem Rock'n'Roll die kulturindustrielle Ära der Jugendkulturen vollends durchsetzte, folgen popkulturelle Genrepräferenzen im Querschnitt *aller* Jugendlichen Klasseneinflüsse in geringem bis moderatem Maß – die Rede von

---

15 Wohlgemerkt zeigt sich die Stabilität trotz der im Beobachtungszeitraum erfolgten Bildungsexpansion, die mit einer starken Zunahme und Heterogenisierung der Gymnasiasten einherging. Der Stabilitätsbefund deutet an, dass der Schulbesuch gegenüber der sozialen Herkunft eigenständige Wirkungen zeitigt, denn die Bildungsexpansion sollte in Richtung einer Einebnung der Bildungseffekte arbeiten. Zu den relativen Effekten von Elternhaus und Schule auf die Präferenzgenese besteht Forschungsbedarf (North/Hargreaves 2008; Otte 2008).

gruppenübergreifenden Interessen Jugendlicher ist durchaus berechtigt (Parsons 1942; Coleman 1961).[16] Wählt man wie die CCCS-Mitarbeiter *Extremfälle* aus, sind klassenästhetische Kontinuitäten bis heute beobachtbar.

Deutlich wird damit auch, dass der Faktor „Klasse" im *gesamten* Beobachtungszeitraum nicht ausreicht, um jugendliche Musikpräferenzen und Szenebindungen angemessen zu erklären. Während die Klassenkulturthese immerhin *einen* Einflussfaktor benennt und sozialisationstheoretisch begründet, steht der Wert der Individualisierungsthese stärker in Frage, da ihr handlungstheoretischer Informationsgehalt gegen Null strebt. Wie Beck (2008: 303) betont, beschreibt Individualisierung ein „makrosoziologisches Phänomen", doch „[e]s bleibt offen, wie die Individuen damit umgehen." Dem seit Jahrzehnten ungelösten Rätsel, warum sich Jugendliche in unterschiedlichem Maß Jugendkulturen anschließen, welchen sie sich verpflichtet fühlen, warum sie anderen gegenüber oft heftige Aversionen entwickeln und welche sozialen Konsequenzen aus jugendkulturellen Bindungen resultieren, kommt man so nicht auf die Spur. Aus diesem Grund wurde die im Fahrwasser der Individualisierungsthese praktizierte, oft wenig erhellende Jugendforschung vereinzelt als „strukturloser Subjektzentrismus" (Bauer 2002: 130) oder „Desinformation" (Eckert 2003) gebrandmarkt. Zu leugnen ist keineswegs, dass neuere ethnographische Studien auch aufschlussreiche Erkenntnisse enthalten, etwa zur inneren Organisation von Jugendszenen (Hitzler et al. 2001) oder zur Funktion „subkulturellen Kapitals" (Thornton 1996). Doch bedarf es dazu keiner Individualisierungsannahmen – und waren nicht Szenen früher nach einer ähnlichen Logik organisiert (vgl. am Beispiel Jazz Becker 1951)? Wie schon Allerbeck und Rosenmayr (1976) eingefordert haben, stellt sich der Jugendforschung die Aufgabe, kumulativ Antworten auf Grundfragen zu finden; dazu eignen sich Zeitdiagnosen kaum (vgl. weiterführend Otte 2009).

Mein Beitrag impliziert keine Aussagen zur Bewährung der Individualisierungsthese in anderen soziologischen Forschungsgebieten. Er stellt lediglich die gängige Diagnose eines Wandels von klassenkulturell gebundenen zu entstrukturierten Jugendkulturen in Frage – und auch in dieser Hinsicht sind die Befunde durch weitere Evidenz zu erhärten. Der Beitrag wirft aber exemplarisch ein Licht auf ein allgemeines Problem der in vielen Teilsoziologien anzutreffenden Allianz

---

16 Möglicherweise fand eine Annäherung der Klassen bereits in den 1920er Jahren statt, die als Epoche verstärkter Grenzüberschreitungen zwischen Kunst und Unterhaltung gelten können (Gendron 2002). Aufschlussreich ist dafür eine der ältesten Umfragen zum Kulturkonsum, die Fromm (1980) in mehreren deutschen Regionen 1929 durchgeführt hat. Die Odds Ratios für die bevorzugten Buchgenres und Theaterstücke liegen im Kontrast von Angestellten und Arbeitern meist zwischen 1,0 und 3,0 (berechnet nach Fromm 1980: 153, 163). Für Film- und Jazzpräferenzen weist Fromm keine Aufgliederung nach Berufen aus – ein Hinweis darauf, dass die Klassendifferenzen dort gering gewesen sein müssen. Bereits diese Studie deutet auf graduelle anstatt fundamentale Klassenunterschiede hin.

aus zeitdiagnostischer Trendbehauptung und qualitativer Fallstudie: Die Komplexität von Einzelfällen verleitet zu der Annahme, früher sei die soziale Welt klar strukturiert gewesen; die Individualisierungsthese liefert die vermeintliche Erklärung für die mitunter bloß mangelnde Ordnungsleistung der Sozialforscher bei ihrer Datenauswertung. Dringend angeraten sind einerseits die materialgestützte Historisierung qualitativer Befunde, andererseits die quantitative Bestimmung des Ausmaßes der Strukturiertheit sozialer Tatsachen.

Literatur

Allerbeck, Klaus R. und Wendy J. Hoag (1984): „Umfragereplikation als Messung sozialen Wandels. Jugend 1962-1983." Kölner Zeitschrift für Soziologie und Sozialpsychologie 36: 755-772.

Allerbeck, Klaus R. und Leopold Rosenmayr (1976): Einführung in die Jugendsoziologie. Theorien, Methoden und empirische Materialien. Heidelberg: Quelle & Meyer.

Baacke, Dieter und Wilfried Ferchhoff (1993): „Jugend und Kultur." S. 403-445 in: Heinz-Hermann Krüger (Hg.): Handbuch der Jugendforschung. 2., erweiterte und aktualisierte Auflage. Opladen: Leske + Budrich.

Bauer, Ullrich (2002): „Selbst- und/oder Fremdsozialisation: Zur Theoriedebatte in der Sozialisationsforschung. Eine Entgegnung auf Jürgen Zinnecker." Zeitschrift für Soziologie der Erziehung und Sozialisation 22: 118-142.

Beck, Ulrich (1983): „Jenseits von Stand und Klasse? Soziale Ungleichheiten, gesellschaftliche Individualisierungsprozesse und die Entstehung neuer sozialer Formationen und Identitäten." S. 35-74 in: Reinhard Kreckel (Hg.): Soziale Ungleichheiten. Göttingen: Schwartz.

Beck, Ulrich (1986): Risikogesellschaft. Auf dem Weg in eine andere Moderne. Frankfurt a. M.: Suhrkamp.

Beck, Ulrich (2008): „Jenseits von Klasse und Nation: Individualisierung und Transnationalisierung sozialer Ungleichheiten." Soziale Welt 59: 301-325.

Becker, Helmut, Jörg Eigenbrodt und Michael May (1984): Pfadfinderheim, Teestube, Straßenleben. Jugendliche Cliquen und ihre Sozialräume. Frankfurt a. M.: Extrabuch.

Becker, Howard S. (1951): „The Professional Dance Musician and his Audience." American Journal of Sociology 57: 136-144.

Behne, Klaus-Ernst (1986): Hörertypologien. Zur Psychologie des jugendlichen Musikgeschmacks. Regensburg: Bosse.

Bonfadelli, Heinz, Michael Darkow, Josef Eckardt, Bodo Franzmann, Rainer Kabel, Werner Meier, Hans-Dieter Weger und Joachim Wiedemann (1986): Jugend und Medien. Eine Studie der ARD/ZDF-Medienkommission und der Bertelsmann-Stiftung. Frankfurt a. M.: Metzner.

Butters, Steve (1976): „The Logic of Enquiry of Participant Observation: A Critical Review." S. 253-273 in: Stuart Hall und Tony Jefferson (Hg.): Resistance through Rituals. Youth Subcultures in Post-war Britain. London: Routledge.

Clarke, John, Stuart Hall, Tony Jefferson und Brian Roberts (1976): „Subcultures, Cultures and Class: A Theoretical Overview." S. 9-74 in: Stuart Hall und Tony Jefferson (Hg.): Resistance through Rituals. Youth Subcultures in Post-war Britain. London: Routledge.

Cohen, Phil (1997 [1972]): „Subcultural Conflict and Working-Class Community." S. 90-99 in: Ken Gelder und Sarah Thornton (Hg.): The Subcultures Reader. London/New York: Routledge.

Coleman, James S. (1961): The Adolescent Society. The Social Life of the Teenager and its Impact on Education. New York: Free Press.

Denisoff, R. Serge und Mark H. Levine (1972): „Youth and Popular Music. A Test of the Taste Culture Hypothesis." Youth and Society 4: 237-255.

Dollase, Rainer, Michael Rüsenberg und Hans J. Stollenwerk (1974): Rock People oder Die befragte Szene. Frankfurt a.M.: Fischer.

Eckert, Roland (2003): „Orientierung oder Desinformation? Eine Kritik jugendsoziologischer Erklärungsroutinen." S. 41-48 in: Jürgen Mansel, Hartmut M. Griese und Albert Scherr (Hg.): Theoriedefizite der Jugendforschung. Standortbestimmung und Perspektiven. Weinheim/München: Juventa.

Ennis, Philip H. (1992): The Seventh Stream. The Emergence of Rock'n'Roll in American Popular Music. Hanover: Wesleyan University Press.

Farin, Klaus (2001): Generation-kick.de. Jugendsubkulturen heute. München: Beck.

Feierabend, Sabine und Walter Klingler (2003): „Medienverhalten Jugendlicher in Deutschland." Media Perspektiven 10/2003: 450-462.

Ferchhoff, Wilfried (1999): Jugend an der Wende vom 20. zum 21. Jahrhundert. Lebensformen und Lebensstile. 2., überarbeitete und aktualisierte Auflage. Opladen: Leske + Budrich.

Ferchhoff, Wilfried und Thomas Olk (1988): „Strukturwandel der Jugend in internationaler Perspektive." S. 9-30 in: dies. (Hg.): Jugend im internationalen Vergleich. Sozialhistorische und sozialkulturelle Perspektiven. Weinheim/München: Juventa.

Fine, Gary Alan und Sherryl Kleinman (1979): „Rethinking Subculture: An Interactionist Analysis." American Journal of Sociology 85: 1-20.

Fröhner, Rolf, unter Mitarbeit von Wolfgang Eser und Karl-Friedrich Flockenhaus (1956): Wie stark sind die Halbstarken? Beruf und Berufsnot, politische, kulturelle und seelische Probleme der deutschen Jugend im Bundesgebiet und Westberlin. Bielefeld: von Stackelberg.

Fromm, Erich (1980 [1937]): Arbeiter und Angestellte am Vorabend des Dritten Reiches. Eine sozialpsychologische Untersuchung. Stuttgart: Deutsche Verlags-Anstalt.

Fuchs, Werner (1983): „Jugendliche Statuspassage oder individualisierte Jugendbiographie?" Soziale Welt 34: 341-371.

Gendron, Bernard (2002): Between Montmatre and the Mudd Club. Popular Music and the Avant-Garde. Chicago: Chicago University Press.

Gillis, John R. (1980 [engl. 1974]): Geschichte der Jugend. Tradition und Wandel im Verhältnis der Altersgruppen und Generationen in Europa von der zweiten Hälfte des 18. Jahrhunderts bis zur Gegenwart. Weinheim: Beltz.

Glevarec, Hervé und Michel Pinet (2009): „La ,Tablature' des Goûts Musicaux: Un Modèle de Structuration des Préférences et des Jugements." Revue Française de Sociologie 50: 599-640.

Hartwich-Wiechell, Dörte (1974): Pop-Musik. Analysen und Interpretationen. Köln: Arno Volk.

Hitzler, Ronald, Thomas Bucher und Arne Niederbacher (2001): Leben in Szenen. Formen jugendlicher Vergemeinschaftung heute. Opladen: Leske + Budrich.

Jaide, Walter (1988): Generationen eines Jahrhunderts. Wechsel der Jugendgenerationen im Jahrhunderttrend. Zur Sozialgeschichte der Jugend in Deutschland 1871 bis 1985. Opladen: Leske + Budrich.

Johnstone, Josée und Shyon Baumann (2007): „Democracy versus Distinction: A Study of Omnivorousness in Gourmet Food Writing." American Journal of Sociology 113: 165-204.

Keuchel, Susanne (2006): „Das 1. Jugend-KulturBarometer – Zwischen Eminem und Picasso." S. 19-168 in: Susanne Keuchel und Andreas Johannes Wiesand / Zentrum für Kulturforschung (Hg.): Das 1. Jugend-KulturBarometer. ,Zwischen Eminem und Picasso...' Bonn: ARCult Media.

Klausmeier, Friedrich (1963): Jugend und Musik im technischen Zeitalter. Eine repräsentative Befragung in einer westdeutschen Großstadt. Bonn: Bouvier.

Lena, Jennifer C. und Richard A. Peterson (2008): „Classification as Culture: Types and Trajectories of Music Genres." American Sociological Review 73: 697-718.

Lopes, Paul (2002): The Rise of a Jazz Art World. Cambridge: Cambridge University Press.

Mitterauer, Michael (1986): Sozialgeschichte der Jugend. Frankfurt a.M.: Suhrkamp.

Muggleton, David (2000): Inside Subculture. The Postmodern Meaning of Style. Oxford: Berg.

Müller, Renate (1994): „Selbstsozialisation. Eine Theorie lebenslangen musikalischen Lernens." Musikpsychologie 11: 63-75. (Jahrbuch der Deutschen Gesellschaft für Musikpsychologie, herausgegeben von Klaus-Ernst Behne, Günter Kleinen und Helga de la Motte-Haber)

Müller, Walter und Reinhard Pollak (2004): „Social Mobility in West Germany: The Long Arms of History Discovered?" S. 77-113 in: Richard Breen (Hg.): Social Mobility in Europe. Oxford: Oxford University Press.

Murdock, Graham (1973): „Struktur, Kultur und Protestpotential. Eine Analyse des Jugendlichen-Publikums der Popmusik." S. 275-294 in: Dieter Prokop (Hg.): Massenkommunikationsforschung. 2: Konsumtion. Frankfurt a.M.: Fischer.

Murdock, Graham und Robin McCron (1976a): „Youth and Class: The Career of a Confusion." S. 10-26 in: Geoff Mungham und Geoff Pearson (Hg.): Working Class Youth Culture. London: Routledge.

Murdock, Graham und Robin McCron (1976b): „Consciousness of Class and Consciousness of Generation." S. 192-207 in: Stuart Hall und Tony Jefferson (Hg.): Resistance through Rituals. Youth Subcultures in Post-war Britain. London: Routledge.

North, Adrian C. und David J. Hargreaves (2008): The Social and Applied Psychology of Music. Oxford: Oxford University Press.

Otte, Gunnar (2008): „Lebensstil und Musikgeschmack." S. 25-56 in: Gerhard Gensch, Eva Maria Stöckler und Peter Tschmuck (Hg.): Musikrezeption, Musikdistribution und Musikproduktion. Der Wandel des Wertschöpfungsnetzwerks in der Musikwirtschaft. Wiesbaden: Gabler.

Otte, Gunnar (2009): Children of the Night. Soziale Hierarchien und symbolische Grenzziehungen in Clubs und Diskotheken. Berlin: Freie Universität Berlin (Habilitationsschrift).

Parsons, Talcott (1942): „Age and Sex in the Social Structure of the United States." American Sociological Review 7: 604-616.

Peterson, Richard A. (2005): „Problems in Comparative Research: The Example of Omnivorousness." Poetics 33: 257-282.

Polhemus, Ted (1997): „In the Supermarket of Style." S. 130-133 in: Steve Redhead, Derek Wynne und Justin O'Connor (Hg.): The Clubcultures Reader. Readings in Popular Cultural Studies. Oxford: Blackwell.

Regev, Motti (1994): „Producing Artistic Value: The Case of Rock Music." Sociological Quarterly 35: 85-102.

Rosenmayr, Leopold, Eva Köckeis und Henrik Kreutz (1966): Kulturelle Interessen von Jugendlichen. Eine soziologische Untersuchung an jungen Arbeitern und höheren Schülern. Wien: Hollinek.

Rössel, Jörg, Rolf Hackenbroch und Angela Göllnitz (2005): „Soziale Differenzierung und Strukturwandel des Hochkulturpublikums." S. 225-234 in: Institut für Kulturpolitik der Kulturpolitischen Gesellschaft (Hg.): Jahrbuch für Kulturpolitik 2005. Essen: Klartext.

Savage, Mike (2006): „The Musical Field." Cultural Trends 15: 159-174.

Schulze, Gerhard (1992): Die Erlebnisgesellschaft. Kultursoziologie der Gegenwart. Frankfurt a.m./New York: Campus.

Spiegel-Verlag (Hg.) (1997): Outfit 4. Kleidung, Accessoires, Duftwässer. Codeplan. Hamburg: Spiegel-Verlag.

Tanner, Julian, Mark Asbridge und Scot Wortley (2008): „Our Favourite Melodies: Musical Consumption and Teenage Lifestyles." British Journal of Sociology 59: 117-144.

Thornton, Sarah (1996): Club Cultures. Music, Media and Subcultural Capital. Hanover/London: Wesleyan University Press.

Vollbrecht, Ralf (1995): „Die Bedeutung von Stil. Jugendkulturen und Jugendszenen im Licht der neueren Lebensstildiskussion." S. 23-37 in: Wilfried Ferchhoff, Uwe Sander und Ralf Vollbrecht (Hg.): Jugendkulturen – Faszination und Ambivalenz. Einblicke in jugendliche Lebenswelten. Festschrift für Dieter Baacke zum 60. Geburtstag. Weinheim: Juventa.

Weber, Max (1972 [1922]): Wirtschaft und Gesellschaft. Grundriß der verstehenden Soziologie. 5. revidierte Auflage. Tübingen: Mohr.

Wiechell, Dörte (1977): Musikalisches Verhalten Jugendlicher. Ergebnisse einer empirischen Studie – alters-, geschlechts- und schichtspezifisch interpretiert. Frankfurt a. M.: Diesterweg.

Willis, Paul (1981 [engl. 1978]): Profane Culture. Rocker, Hippies: Subversive Stile der Jugendkultur. Frankfurt a. M.: Syndikat.

Zinnecker, Jürgen (1981): „Jugendliche Subkulturen. Ansichten einer künftigen Jugendforschung." Zeitschrift für Pädagogik 27: 421-440.

Zinnecker, Jürgen (1982): „Die Gesellschaft der Altersgleichen." S. 422-673 in: Jugendwerk der Deutschen Shell (Hg.): Jugend '81. Lebensentwürfe, Alltagskulturen, Zukunftsbilder. Band 1. Opladen: Leske + Budrich.

Zinnecker, Jürgen (1987): Jugendkultur 1940-1985. Opladen: Leske + Budrich.

Zinnecker, Jürgen (2001): „Fünf Jahrzehnte öffentliche Jugend-Befragung in Deutschland. Die Shell-Jugendstudien." S. 243-274 in: Hans Merkens und Jürgen Zinnecker (Hg.): Jahrbuch Jugendforschung 2000/2001. Opladen: Leske + Budrich.

Großbritannien – jenseits von Stand und Klasse?
Zwischen Klassengesellschaft und Individualisierung

Anna Schröder

1 Einführung

25 Jahre nach Entstehung der Individualisierungsthese stellt sich nach wie vor die Frage nach dem inhaltlichen und räumlichen Analysepotenzial des Konzepts: Eignet sich die Individualisierungsthese hauptsächlich zur theoretischen Zeitdiagnose im deutschen Kontext, oder darüber hinaus auch für empirische Anwendungen außerhalb Deutschlands? Während in Deutschland zahlreiche Studien zur Pluralisierung von Lebenswegen und Entstandardisierung von Lebensläufen auf reges Interesse stießen, ist dies in Großbritannien nicht der Fall. Dies mag einerseits dem moderateren Verständnis bzw. der fortbestehenden Alltagsgebräuchlichkeit des Klassenbegriffs, andererseits der Dominanz der Klassenanalyse in der britischen Soziologie geschuldet sein – insbesondere die intergenerationelle Mobilitätsforschung stellt nach wie vor einen ihrer Kernbereiche dar.[1] Unterdessen wird Großbritannien im internationalen Kontext oftmals als Beispiel rigider Sozialstrukturen angeführt; gleichzeitig gilt der britische Arbeitsmarkt als Vorreiter der Deregulierung und Flexibilisierung. Daher ist es umso überraschender, dass es in Großbritannien kaum quantitative Studien gibt, die sich mit der Individualisierung von Lebens-, Erwerbs- und Mobilitätsverläufen befassen.[2]

Der folgende Beitrag schließt diese Lücke und widmet sich der Frage, inwiefern sich die Individualisierungsthese mit Ansprüchen der Sozialstrukturanalyse (hier insbesondere der Mobilitätsforschung) verbinden lässt. Anhand einer Analyse von Mobilitätsverläufen in Großbritannien wird untersucht, inwiefern die Individualisierungsthese auch 25 Jahre nach ihrem Entstehen Möglichkeiten

---

1 Siehe in diesem Zusammenhang auch Kreckel (1998) zum Gebrauch des Klassenbegriffs in Deutschland und Großbritannien: „Sobald nämlich in deutschem Kontext von Klassen die Rede ist, schwingen unweigerlich politische Überzeugungen und emphatische Definitionskämpfe mit (…). Ein Blick in die angelsächsische Fachliteratur kann deshalb hilfreich sein. Dort ist der Gebrauch des Klassenbegriffes sehr viel weniger vorbelastet. Wenn deshalb von ‚class‛ oder ‚class structure‛ die Rede ist, wird (…) zunächst einmal (…) schlicht auf ökonomische Ungleichheiten in einer Gesellschaft Bezug genommen.“

2 Es ist anzumerken, dass zwar zahlreiche Arbeitsmarktstudien entstanden sind, die sich mit der Flexibilisierung von Erwerbsverläufen beschäftigen, diese aber hauptsächlich von deutschen Autoren verfasst wurden, siehe beispielsweise Hillmert (2000) oder Scherer (2004); als britische Ausnahmen seien Halpin/Chan (1998) sowie Li (2002) genannt, die sich jedoch nicht explizit mit Individualisierung beschäftigen.

bietet, das oftmals paradoxe Zusammenspiel von Entstrukturierung und sozialer Ungleichheit empirisch zu erfassen. Dabei wird beleuchtet, inwiefern Veränderungen in Mobilitätsprozessen einer Individualisierung von Lebens- und Erwerbsverläufen entsprechen und ob ebensolche Veränderungen zur Erosion der lebensweltlichen Evidenz von sozialen Klassen geführt haben. Mit Hilfe sequenzanalytischer Methoden werden Mobilitätsverläufe untersucht und anschließend in Regressionsmodellen mit subjektiver Klassenzugehörigkeit in Zusammenhang gesetzt. Die Analyse dient dabei einerseits als Beispiel für das analytische und empirische Potential der Individualisierungsthese, andererseits geht es darum, Missverständnisse, Einschränkungen sowie Verbindungen zu anderen Konzepten aufzuzeigen. Das Hauptargument besteht in der Annahme, dass die Individualisierungsthese wichtige Trends in Zeiten erhöhter Fokussierung auf das Individuum (subjektiv-ideologisch ebenso wie objektiv-strukturell) aufzeigt, aber herkömmliche Konzepte wie Schichten oder Klassen in der empirischen Forschung nicht ersetzen kann. Während das Individuum also nicht als „social structure of second modernity itself" (Beck/Beck-Gernsheim 2001) angesehen werden kann, gibt die Individualisierungsthese in Kombination mit traditionellen Konzepten nach wie vor wichtige Impulse dazu, eben jene strukturellen Ungleichheiten aufzudecken, die in Zeiten der Individualisierung zunehmend aus dem Blickfeld verschwinden. Die Individualisierungsthese bietet also in ihrer ursprünglichen Ausformulierung die Möglichkeit einer differenzierten Refokussierung auf strukturelle Ungleichheiten.

2   Individualisierung, Sozialstruktur und Mobilität

Im Kontext der Individualisierungsdebatte galt Großbritannien in den 1980er Jahren im Gegensatz zu Deutschland als eine der letzten Bastionen der Klassengesellschaft (Beck 1983); auch heute noch konstituieren Mobilitätsforschung und Klassenanalyse einen wichtigen Bereich der britischen Soziologie. Insbesondere Forschungsergebnisse über mangelnde soziale Mobilität finden im politischen Kontext sowie in der breiten Öffentlichkeit Gehör und führen bisweilen zu erregten Debatten.[3] Insgesamt scheint Großbritannien nach wie vor stärker von Klas-

---

3   Siehe beispielsweise ein kürzlich erschienener Report des Cabinet Office zur Chancengleichheit im Zugang zu Berufen (‚Unleashing Aspiration', ein Bericht des ‚Panel on Fair Access to the Professions', Cabinet Office 2009); die Ergebnisse des Reports stellen den nach wie vor hohen Stabilitätsgrad von Klassenunterschieden heraus und wurden von Tageszeitungen, etwa ‚The Guardian' (dessen Online-Angebot auch ein Themenportal zu sozialer Mobilität umfasst) und ‚The Telegraph' aufgegriffen, auch populäre Reality-Formate im Fernsehen thematisieren Klassenungleichheiten (z. B. „How the other half live", in der wohlhabende Haushalte Familien unterhalb der Armutsgrenze finanziell unterstützen und persönliche Begegnungen inszenieren werden).

senunterschieden bzw. der Interpretation von sozialer Ungleichheit in diesem Kontext geprägt zu sein. Während die 1990er Jahre von der so genannten ‚death of class'-Debatte (Crompton 1993; Pakulski/Waters 1996) geprägt waren, haben in den vergangenen Jahren zahlreiche Studien Klassenunterschiede und wachsende soziale Ungleichheit thematisiert (z. B. Blanden/Machin 2007). Welche analytische Kraft kann die Individualisierungsthese also in einem Kontext entfalten, in dem soziale Klassen zwar oftmals totgesagt, aber soziale Ungleichheiten nach wie vor im Sinne einer Klassengesellschaft interpretiert werden?

Aufgrund der tiefen Verankerung der Klassenanalyse in der britischen Soziologie (Savage 2005) ist es nicht überraschend, dass die Individualisierungsthese Becks (1983, 2001) im Kontext der Sozialstrukturanalyse und Mobilitätsforschung Diskussionen zur ‚death of class'-Hypothese beflügelte (Savage 2000; Goldthorpe 2002; Atkinson 2007a, 2007b). Dabei wurde die Individualisierungsthese jedoch oftmals auf Hypothesen zum Ende der Klassengesellschaft reduziert (Goldthorpe 2002; Atkinson 2007): „For Beck, social inequality becomes in its nature increasingly 'classless'; modern world capitalism is 'a capitalism without classes.'" (Goldthorpe 2002. 9) Becks Argumente zur Individualisierung sozialer Ungleichheit sind insbesondere bei Vertretern des die Mobilitätsforschung dominierenden Nuffield-Paradigmas auf harsche Ablehnung gestoßen: "(…) claims of the kind made by Beck to the effect that the inequalities of global capitalism are becoming classless (…) are scarcely to be taken seriously, and indeed well merit Krugman's label of 'globaloney'" (Goldthorpe 2002: 11)[4] Neben dieser grundsätzlichen Ablehnung sind aber auch neue Dialoge entstanden (Atkinson 2007a, 2007b).

In diesen Beiträgen besteht ein übergeordnetes Problem darin, dass Becks Thesen und Argumente oftmals nur verkürzt und karikiert dargestellt werden, wobei Nuancen und weniger plakative Zwischenüberlegungen in den Hintergrund treten. So wird die Individualisierungsthese nach wie vor oftmals als eine umfassende Auflösung von Strukturen und Vergesellschaftungsmechanismen aufgefasst. Jedoch betont Beck (1983, 2001) ausdrücklich, dass er seine These nicht als eine Negierung von strukturellen Verteilungsungleichheiten oder als das Verschwinden jeglicher Form von Vergesellschaftung verstanden wissen will. Laut Beck (1986) handelt es sich um eine „Nachklassengesellschaft" und nicht um eine klassenlose Gesellschaft: „on the one hand, the structure of social inequality

---

4 Impulsive Reaktionen auf die Individualisierungsthese sind durchaus ein ‚paneuropäisches' Phänomen: wie Nollmann/Strasser (2002: 1) bemerken, „scheint es die Individualisierungsthese geschafft zu haben, ohne große begriffliche und empirische Anstrengungen die Finger in klaffende Wunden zu legen. Ungleichheitsforscher sind in diesem Konflikt weit über das übliche Maß hinaus gereizt." So verunsicherte die Individualisierungsthese Sozialstrukturanalyse und Mobilitätsforschung sowohl in Deutschland als auch in Großbritannien.

in the developed countries displays a surprising stability (...) on the other hand, questions concerning inequality are no longer perceived (...) as class questions." (Beck/Beck-Gernsheim 2001: 30) Becks (1983) ursprüngliches Argument bezieht sich also auf die Erosion der ‚lebensweltlichen Evidenz' von sozialen Klassen und Klassenunterschieden: Soziale Ungleichheiten werden aufgrund hoher sozialer Mobilität nicht mehr als Klassenunterschiede wahrgenommen. In diesem Prozess kommt es allerdings nicht zum Wegfall aller gesellschaftlichen Strukturen, sondern zur Vergesellschaftung durch *sekundäre Institutionen*. Individualisierung bedeutet also auch Reintegration: die Vergesellschaftung durch sekundäre Institutionen wie Wohlfahrtsstaat und Arbeitsmarkt. Dieser Aspekt scheint in der Rezeption der Individualisierungsthese in Großbritannien oftmals unterzugehen. Der Rolle sekundärer Institutionen wird jedoch in Becks Schriften (1983, 1986, 2001) hohe Bedeutung beigemessen. In diesem Zusammenhang wird insbesondere dem Arbeitsmarkt eine wichtige Rolle zugeschrieben: „Der Arbeitsmarkt erweist sich hier (...) durch die durch ihn in Gang gesetzte Mobilität in all ihren Erscheinungsformen als ein Motor der Individualisierung von Lebensläufen." (Beck 1983, 46)[5]

Die Individualisierung von Lebensläufen im Allgemeinen und intragenerationellen Mobilitätsprozessen im Besonderen stellen Kernelemente der Individualisierungsthese dar. Diese Aspekte werden jedoch in der britischen Mobilitätsforschung kaum betrachtet; so liegt das Hauptaugenmerk Goldthorpes (1987, 2004) auf *relativer* Chancenungleichheit in intergenerationellen Mobilitätsprozessen. Veränderungen *absoluter* Mobilität wird wenig Beachtung geschenkt. Die Unterscheidung zwischen absoluter und relativer Mobilität gehört zu den Kernannahmen des Nuffield-Paradigmas: Während absolute Mobilitätsraten durch Entwicklungen im Arbeitsmarkt im Zuge der Deindustrialisierung weitgreifenden Veränderungen unterliegen, zeichnen sich relative Unterschiede zwischen Klassen und Schichten oftmals durch eine hohe zeitliche Stabilität aus. Goldthorpe (1987, 2004) bezieht sich in seinen Argumenten also auf jene *relativen* Ungleichheiten, während Beck (2001) sich mit *absoluten* Veränderungen beschäftigt. Letztere gelten allerdings durch ihre Unmittelbarkeit auch im Nuffield-Paradigma als einflussreiche Faktoren für subjektive Interpretation sozialer Un-

---

5 Während Beck 2001 noch gesteigerten Wert auf die Rolle der sekundären Vergesellschaftung durch weitgehend nationale Institutionen (Arbeitsmarkt, Wohlfahrtsstaat) legt, so scheint sich in neueren Texten (Beck, 2007) eine Abkehr vom nationalen Deutungsrahmen zu vollziehen. In den vergangenen Jahren hat Beck (2007) in Reaktion auf Atkinsons (2007) Kritik seine Thesen zur Individualisierung erneut verfeinert und die Herauslösung sozialer Ungleichheit aus dem nationalen Kontext in den Mittelpunkt gerückt. Doch sind es ja gerade vornehmlich national geprägte Institutionen (Wohlfahrtsstaat, Arbeitsmarkt), die zuvor als Motor der Individualisierung angesehen wurden. Daher drängt sich die Frage auf, inwiefern nationale und transnationale Strukturen sozialer Ungleichheit in Theorie und Praxis miteinander vernetzt sind.

gleichheit und Klassenzugehörigkeit (Goldthorpe 1987). Es wird ebenso anerkannt, dass absolute, intragenerationelle Mobilitätsraten höher sind als aus Vergleichen von zwei Zeitpunkten, wie in der intergenerationellen Mobilitätsforschung üblich, ersichtlich ist. Doch wird Mobilität, die in Zusammenhang mit
Deindustrialisierung und in Form eines ‚Fahrstuhleffekts' stattfindet, als strukturell bedingt und damit nicht als eine reale Verbesserung von Mobilitätschancen
angesehen (Goldthorpe 1987).

Lebensläufe und Erfahrungswelten stehen daher in der britischen Mobilitätsforschung lediglich im Hintergrund. Becks (1983) Argumente beziehen sich
hingegen auf genau diese Ebene, wobei es ihm nicht nur um subjektive Wahrnehmung, sondern auch um objektive Veränderungen des Lebenslaufs geht.
Während Beck (1983: 36) in den 1980er Jahren noch davon ausgeht, dass die
subjektive Klassenzugehörigkeit in Großbritannien stärker ausgeprägt ist als in
Deutschland, so sieht er zur Jahrtausendwende (2000: 56) die britische Arbeitswelt als Pionier der Individualisierung und Flexibilisierung. Beck (1983) argumentiert, dass „durch Niveauverschiebungen (Wirtschaftsaufschwung, Bildungsexpansion etc..) subkulturelle Klassenidentitäten zunehmend wegschmelzen,
‚ständisch' eingefärbte Klassenlagen enttraditionalisiert und Prozesse einer Diversifizierung und Individualisierung von (…) Lebenswegen ausgelöst wurden,
die das Hierarchiemodell sozialer Klassen und Schichten unterlaufen und in seinem Realitätsgehalt zunehmend in Frage stellen." (Beck 1983, 36)[6] Gleichzeitig
weist Beck (2001) explizit darauf hin, dass es sich hierbei nicht um ein ausschließlich auf der subjektiven Wahrnehmungsebene zu verortendes Phänomen
handelt: „Individualisierung ist allerdings kein bloß subjektiver Sachverhalt,
demgegenüber eine objektive ‚Sozialstruktur' der ‚Klassen' und ‚Schichten' fort-
besteht, die für das Denken der Individuen verschlossen ist. Zentrale Institutionen (…) sind an das Individuum adressiert (…). Das Bildungssystem, die Arbeitsmarktdynamik, Karrieremuster, ja Mobilität und Märkte ganz allgemein haben individualisierende Konsequenzen." (Beck 2001: 3)

Die Individualisierungsthese wirft also die Frage nach der Veränderung von
Mobilitäts- und Karrieremustern und dem simultanen Fortbestand sozialer Ungleichheiten auf. Die britische Mobilitätsforschung (Goldthorpe 1987, 2004)
widmet sich nicht den individuellen Mobilitätsverläufen, sondern relativen Chan-
cenungleichheiten, die die Individualisierungsthese im Grunde nur peripher be-
rühren. Jedoch kann die zeitliche Stabilität relativer Ungleichheiten durchaus mit
fortschreitender Individualisierung von intragenerationellen Mobilitätsprozessen
und dem Wandel subjektiver Interpretationsmuster einhergehen. So können
„manchmal paradox erscheinende Mischungsverhältnisse aus Stabilität und Ver-

---

6 Dies wäre im britischen Kontext mit Argumenten über den ‚affluent worker' bzw. der Embour-
geoisement-Hypothese zu vergleichen (vgl. Goldthorpe et al. 1969).

laufsheterogenität (...)" (Berger 1996: 161) entstehen. Zudem ist zu betonen,
dass diese individuellen Erfahrungen intragenerationeller Mobilität für die ‚lebensweltliche Evidenz' vermutlich ausschlaggebender sind als relative Raten intergenerationeller Mobilität. Stabilität intergenerationeller Mobilitätsmuster und
relativer Ungleichheiten können durchaus mit veränderten intragenerationellen
Mobilitätserfahrungen einher gehen (vgl. Berger 1995); ob und wie sich eine solche Veränderung auf die subjektive Wahrnehmung auswirkt, ist eine offene empirische Frage. Die folgende Analyse widmet sich eben dieser Frage anhand der
Zusammenführung von Individualisierungsthese und klassischer Mobilitätsforschung durch die Betrachtung intragenerationeller Mobilitätsprozesse und subjektiver Klassenzugehörigkeit.

3 Individualisierung von Mobilitätsverläufen und subjektive
Klassenzugehörigkeit

Im Zuge der Analyse werden zunächst Veränderungen von Mobilitätsverläufen
verschiedener Kohorten durch deskriptive Methoden der Sequenzanalyse (Abbott 1990, Brüderl und Scherer 2004, Brzinsky-Fay et al. 2006) beschrieben. In
einem zweiten Schritt werden Mobilitätstypen nach Kohorte und Geschlecht ta-
bellarisch zusammengefasst. Diese werden in einem dritten Schritt in Beziehung
zu sozialer Herkunft und Bildung gesetzt, und in ihren Auswirkungen auf subjektive Klassenzugehörigkeit untersucht. Auf diese Weise wird der Frage nachgegangen, in welchem Sinne Mobilitätsprozesse zu einer Verzeitlichung sozialer
Lagen und Individualisierung sozialer Ungleichheit geführt haben, oder inwiefern das klassische Gefüge von sozialer Herkunft, Bildung, Mobilitätsverlauf und
lebensweltlicher Evidenz von Klassenunterschieden nach wie vor Bestand hat.
Gleichzeitig wird anhand dieser Analyse beispielhaft die Frage nach der Gleichzeitigkeit von Stabilität und Mobilität, struktureller Ungleichheit und Individualisierung behandelt. Individualisierung wird hierbei als Differenzierung (vgl.
Berger 1996; Brückner/Mayer 2005) von Mobilitätsverläufen definiert: somit
gelten wachsende Heterogenität der Verläufe (Differenzierung im Nebeneinander, Berger 1996), aber auch eine steigende Anzahl von Positionswechseln im
einzelnen Mobilitätsverlauf (Differenzierung im Nacheinander, Berger 1996) als
Anzeichen von Individualisierungsprozessen.

3.1 Daten, Hypothesen und Analyse

Die Analyse wird anhand von Erwerbsverlaufsdaten aus dem britischen Haushaltspanel (British Household Panel Survey, BHPS, vgl. Taylor et al. 2009) durchgeführt. Der Mobilitätsverlauf wird dabei nach dem Klassenschema Goldthorpes (1987) (siehe *Tabelle 1*) operationalisiert und besteht somit aus einer Sequenz jährlicher Beobachtungen der Klassenzugehörigkeit im Zeitraum zwischen 1991 und 2005.

Tabelle 1:   Klassenschema nach Goldthorpe (1987)

Service Class	I	Upper service class
	II	Lower service class
Intermediate Class	IIIa	Routine non-manual
	IIIb	Personal service workers
	IVa	Small proprietors with employees
	IVb	Small proprietors without employees
	IVc	Farmers, smallholders
	V	Foreman, technicians
Working Class	VI	Skilled manual workers
	VIIa	Semi- and unskilled manual workers
	VIIb	Agricultural workers

Zur Operationalisierung werden elf Klassenkategorien verwendet; diese werden um eine weitere Kategorie ergänzt, die verschiedene Formen der Nichterwerbstätigkeit zusammenfasst.[7] Der Forschungsgegenstand bzw. die Analyseeinheit besteht also aus Sequenzen jährlicher Beobachtungen der sozialen Klassenlage über einen Zeitraum von jeweils 10 Jahren (siehe *Tabelle 2*). Die Analyse widmet sich folgenden Hypothesen, die aus der Definition von Individualisierungsprozessen als Entstandardisierung und Differenzierung von Mobilitätsverläufen (Berger 1996: 62) abgeleitet sind.[8]

---

7 Siehe Erikson und Goldthorpe (1993: 124) sowie Goldthorpe (2000, 2007) für eine ausführliche Diskussion des Klassenschemas sowie Definitionen vertikaler und horizontaler Mobilität. Im Folgenden werden die englischen Bezeichnungen der Klassenkategorien verwendet, da eine Übersetzung der Definitionen die ursprüngliche Bedeutung verfälscht. Die Verwendung einer zusätzlichen Kategorie zur Erfassung von Tätigkeiten außerhalb des Arbeitsmarktes ist im ursprünglichen Klassenschema nicht vorgesehen. Diese wird jedoch durch den Einbezug von Frauen notwendig, die häufiger zwischen Nichterwerbstätigkeit und Erwerbstätigkeit wechseln.

8 Zu einer umfassenden Diskussion von Destandardisierung, Differenzierung sowie Pluralisierung und der Operationalisierung dieser Konzepte siehe auch Brückner/Mayer 2005.

1. Die Anzahl der stabilen Mobilitätsverläufe kennzeichnet zunehmend kleinere Bevölkerungsgruppen. Dies drückt sich in einem Anstieg der Vielfalt von Mobilitätsverläufen aus, also einer Differenzierung im Nebeneinander (Berger 1996).

2. Eine Differenzierung der Erfahrungswelt erfolgt ebenso durch steigende Mobilität zwischen sozialen Klassen: die Anzahl der Positionswechsel innerhalb von Mobilitätsverläufen nimmt zu. Es handelt sich hierbei um eine Differenzierung im Nacheinander (Berger 1996).

3. Die Erosion lebensweltlicher Evidenz sozialer Klassen findet im schwindenden Zusammenhang zwischen Mobilitätsverlauf und subjektiver Wahrnehmung von Klassenunterschieden Ausdruck: es erfolgt eine Entkoppelung von Klassenzugehörigkeit und subjektiver Wahrnehmung.[9]

Zunächst werden Hypothesen 1 und 2 anhand deskriptiver Kohortenvergleiche überprüft. Zu diesem Zweck werden vier Kohorten ausgewählt, für die jeweils 10-jährige Sequenzen zwischen 1991 und 2000 bzw. 1996 und 2005 (siehe *Tabelle 2*) verglichen werden.[10] Die Analyse wird für Männer und Frauen separat durchgeführt.[11] Während Hypothese 1 und 2 also anhand eines Kohortenvergleichs behandelt werden, so wird Hypothese 3 aufgrund geringer Fallzahlen anhand von zu verschiedenen Altersgruppen zusammengefassten Kohorten behandelt (siehe *Tabelle 2*).

Mit Hilfe der Sequenzanalyse (dem Optimal Matching Verfahren nach Brzinsky-Fay et al. 2006) und Clusteranalyse (Everitt 1980) werden jeweils zehn Mobilitätsverlaufstypen für Frauen und Männer in Altersgruppe 1 und 2 generiert; das Ergebnis sind also vier Typologien (zwei pro Altersgruppe) mit jeweils zehn Verlaufstypen.[12]

---

9 Es sei angemerkt, dass sich diese Hypothese quantitativ nur bedingt überprüfen lässt. Für eine Exploration subjektiver Wahrnehmung von Ungleichheit ist eine qualitative Herangehensweise geeigneter, um die Mehrdimensionalität und insbesondere die Emergenz neuer Dimensionen und Interpretationsmuster zu beleuchten, die in Befragungen mit oftmals vorstrukturierten Antwortmöglichkeiten keinen Raum finden.

10 Ein direkter Vergleich kann lediglich zwischen Kohorte 1 und 2, sowie 3 und 4, nicht aber zwischen 1 und 4 oder 2 und 3 erfolgen – aufgrund der Datengrundlage (siehe *Tabelle 2*) würde ein solcher Vergleich zu einer starken Vermischung von Alters- und Kohorteneffekten führen.

11 Da die Geschlechter unterschiedlich häufig zwischen Erwerbstätigkeit und Nichterwerbstätigkeit wechseln und aufgrund beruflicher Segregation nach Geschlecht, können die Mobilitätsverläufe von Männern und Frauen nur mittels separater Analysen angemessen widergespiegelt werden.

12 Die Sequenzanalyse wurde in Stata durchgeführt (siehe Brzinsky-Fay et al. 2006), mit Substitutionskosten von 2 und Indel-Kosten von 1. Als Cluster-Algorithmus wurde Ward's Linkage gewählt. Die Anzahl der Cluster wurde mit Hilfe sog. „Cluster Stopping"-Regeln (Calinski/Harabasz pseudo-F index und Duda/Hart Je(2)/Je(1) index) und mit Hinblick auf die Interpretierbarkeit und Vergleichbarkeit der Clusterlösungen bestimmt.

Tabelle 2: Kohortenvergleich von Mobilitätsverläufen aus dem British
Household Panel Survey (BHPS)

	Kohorten	Geburtsjahr	Zeitraum: 1991 - 2000	Zeitraum: 1996 - 2005
Altersgruppe 1	Kohorte 1 Männer n= 233; Frauen n=296	1940 – 1945	Alter: 46 - 60	
	Kohorte 2 Männer n= 282; Frauen n=361	1946 – 1951		Alter: 45 - 59
Altersgruppe 2	Kohorte 3 Männer n= 287; Frauen n=412	1960 – 1965	Alter: 26 - 40	
	Kohorte 4 Männer n= 194; Frauen n=281	1966 – 1971		Alter: 25 - 39

3.2 Differenzierung und Entstandardisierung

Großbritannien wird aufgrund vergleichsweise früher neo-liberaler Tendenzen in
der Wirtschaftspolitik der Thatcher-Regierung und der damit einhergehenden gesellschaftlichen Veränderungen (McRae 1997) häufig als Beispiel für einen besonders flexiblen und deregulierten Arbeitsmarkt herangezogen (Beck 2000;
Hillmert 2001), der Individualisierungstendenzen begünstigt. Es ist demnach davon auszugehen, dass sich diese Entwicklungen auch in den hier untersuchten
Mobilitätsverläufen niederschlagen. Die Ergebnisse zeigen jedoch, dass kein
eindeutiger Trend zu Entstandardisierung oder Differenzierung verzeichnet werden kann (siehe *Abbildung 1 und 2*). Vielmehr sind je nach Alter und Geschlecht
gegenläufige Trends zu bemerken. *Abbildung 1* zeigt das Konzentrationsmaß und
beschreibt die Differenzierung im Nebeneinander.[13] Hingegen zeigt *Abbildung 2*
die Differenzierung im Nacheinander auf: hier wird die Erfahrungsvielfalt, d. h.
der Anteil der Befragten nach Anzahl der durchlaufenen Klassenlagen, dargestellt.

---

13 Das Konzentrationsmaß (Brzinski-Fay et al. 2006) beschreibt die Erfahrungsvielfalt im Sample,
   wobei die Interpretation der Maßzahl nicht sonderlich eingängig ist: eEn hohes Konzentrationsmaß drückt geringe Konzentration und damit hohe Vielfalt aus. Die Anzahl der tatsächlich vorhandenen *unterschiedlichen* Sequenzen wird durch die Gesamtanzahl der vorhandenen Sequenzen, also Personen geteilt; das Konzentrationsmaß variiert zwischen 1 (oder 100 Prozent), wenn
   alle Sequenzen verschieden bzw. einzigartig sind und konvergiert gegen 0, wenn alle Sequenzen
   gleich sind.

Abbildung 1:   Differenzierung im Nebeneinander

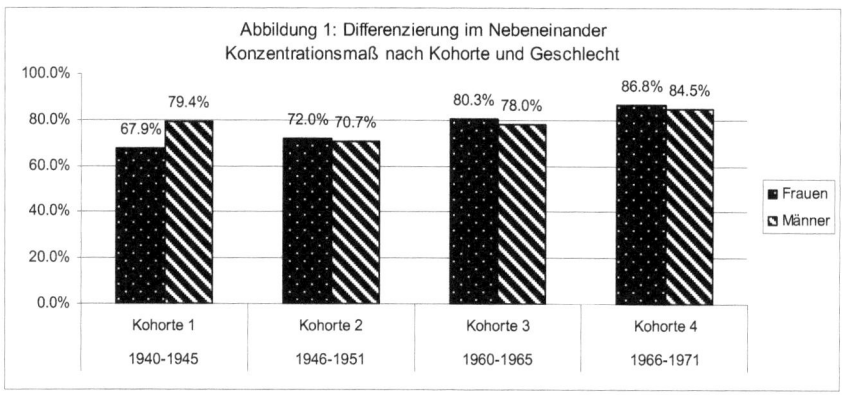

Abbildung 2:   Differenzierung im Nacheinander

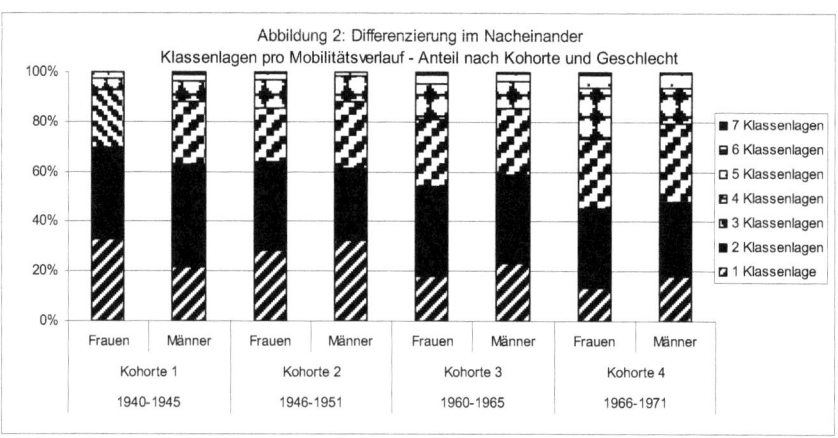

Abbildung 1 verdeutlicht demnach, dass das Konzentrationsmaß für alle Gruppen, mit Ausnahme älterer Männer, ansteigt. Insgesamt *wächst* also die Erfahrungsvielfalt, d. h. die Differenzierung im Nebeneinander, im Untersuchungszeitraum bei fast allen Gruppen. Bei Männern in Kohorte 1 und 2 hingegen fällt das
Konzentrationsmaß; hier findet folglich keine Differenzierung statt. Unter jüngeren Männern, von Kohorte 3 zu Kohorte 4, zeichnet sich hingegen eine zunehmende Erfahrungsvielfalt ab. Für Frauen zeigen sich in beiden Altersgruppen
ähnliche Trends: so steigt das Konzentrationsmaß von Kohorte 1 zu Kohorte 2,

ebenso wie von Kohorte 3 zu Kohorte 4. Die *Vielfalt von Mobilitätsverläufen* nimmt also insgesamt zu. Mit Ausnahme der ältesten Kohorte ist das Konzentrationsmaß für Frauen höher als das der männlichen Befragten. Diese Entwicklung ist vermutlich auf die wachsende Einbindung von Frauen in den Arbeitsmarkt und die damit verbundenen Wechsel zwischen Erwerbs- und Nichterwerbstätigkeit zurückzuführen (Hakim 2004). Im Folgenden werden diese Überlegungen durch eine Betrachtung der Positionswechsel, also der Differenzierung im Nacheinander, weiter ausgeführt.

Entwicklungen in der Differenzierung im Nacheinander ähneln den Trends in der Erfahrungsvielfalt im Nebeneinander. Insgesamt kommt es auch hier zu einem *Anstieg* der Differenzierung. Allerdings bilden Männer in Kohorte 1 und 2 wie schon beim Konzentrationsmaß eine Ausnahme: auch eine Differenzierung im Nacheinander ist bei Männern in Kohorte 1 und 2 nicht zu verzeichnen. Vielmehr steigt der Anteil der stabilen Mobilitätsverläufe, also derer, die in dem zehnjährigen Untersuchungszeitraum nur eine Klassenlage durchlaufen. Von Kohorte 3 zu Kohorte 4 hingegen nimmt die Anzahl der Positionswechsel pro Sequenz zu. Vor allem in der jüngsten Kohorte zeichnet sich ein hohes Maß an Differenzierung ab; hier durchläuft mehr als die Hälfte aller Befragten 3 oder mehr Klassenlagen bzw. zwei Klassenlagen und Formen der Nichterwerbstätigkeit. Insbesondere die jüngste Kohorte der Frauen zeichnet sich durch hohe Erfahrungsvielfalt aus: ca. 25 % der Frauen in Kohorte 4 durchlaufen mehr als 4 Klassenlagen. Wie bereits im vorherigen Abschnitt angemerkt ist dies vor Allem in der zunehmenden Erwerbstätigkeit jüngerer Frauen begründet; auch befinden sich Frauen in Kohorte 3 und 4 in der Phase der Familiengründung. Andere Studien (Heath 1999) haben gezeigt, dass sich gerade im Bereich der Familie eine Destandardisierung vollzieht, die eventuell auch die hier gefunden ähnlichen Tendenzen im Mobilitätsverlauf betrifft. Allgemein ist anzumerken, dass Kohorte 3 und 4, aufgrund des Zeitfensters der Untersuchung und der betrachteten Lebensphase höhere Differenzierungsgrade als Kohorte 1 und 2 aufweisen. Die Befragten in Kohorte 3 und Kohorte 4 stehen am Anfang ihres Erwerbsverlaufs und befinden sich somit in einer Phase, in der Jobwechsel häufiger stattfinden als in späteren Berufsjahren (Berger et al. 1992). Es ist außerdem anzunehmen, dass insbesondere jüngere Befragte stärker von einer Rezession, die Großbritannien Anfang der 1990er Jahre erfasste, betroffen waren und diese zu einer Zunahme von Positionswechseln beigetragen hat. Zusammenfassend lassen sich also folgende Tendenzen beschreiben: Kohorte 3 und 4 zeichnen sich durch hohe Erfahrungsvielfalt aus, sowohl im Neben- wie auch im Nacheinander, dies gilt insbesondere für Frauen. Der geringste Grad der Differenzierung ist bei Männern in Kohorte 2 zu finden; dies könnten ‚Langzeitfolgen' einer Standardisierung und Stabilität von Erwerbsverläufen im sogenannten ‚goldenen Zeitalter' des Nachkriegskapitalismus widerspiegeln, in dem sich Kohorte 2 im Übergang in das Erwerbsleben befand.

Insgesamt ist festzustellen, dass in allen Kohorten eine relativ hohe intragenerationelle Mobilität vorherrscht: Mehr als die Hälfte aller Befragten in allen Kohorten haben innerhalb der 10 Jahre, die hier untersucht wurden, zwei oder mehr Klassenlagen bzw. eine Klassenlage und eine Episode der Nichterwerbstätigkeit durchlaufen. Insbesondere die jüngste Kohorte (4) zeichnet sich durch hohe Turbulenz aus; sowohl das Konzentrationsmaß, als auch die Anzahl der Positionswechsel steigen an und deuten auf Individualisierungstendenzen im Sinne der Differenzierung sowohl im Neben- als auch im Nacheinander hin.

3.3 Mobilitätsverlaufstypen

Die relativ hohe intragenerationelle Mobilität spiegelt sich auch in den Mobilitätsverlaufstypen (siehe *Tabelle 3*) wider.[14] Während stabile Mobilitätsverlaufstypen zwar den größten Anteil der Befragten auf sich vereinen, zeigt sich doch eine ausgeprägte *Vielfalt* von Verläufen, die in starkem Kontrast steht zum starren Bild in der klassischen intergenerationellen Mobilitätsforschung, die in der Regel auf zwei Zeitpunkten beruht.

Gleichzeitig ist anzumerken, dass mit einer Ausnahme (Frauen in Kohorte 1 und 2) kein Zusammenhang zwischen Mobilitätsverlaufstyp und Kohorte festgestellt werden konnte. An dieser Stelle wird aus Platzgründen auf eine ausführliche Beschreibung der verschiedenen Mobilitätsverlaufstypen, die in *Tabelle 3* dargestellt werden, verzichtet.

---

14 Soweit in *Tabelle 3* nicht anders beschrieben, handelt es sich um relativ stabile Verlaufsmuster, d. h. die Mehrheit der Verläufe in diesem Typus zeichnet sich durch lange Verweildauer in derselben Klassenlage aus.

Tabelle 3: Mobilitätsverlaufstypen nach Altersgruppe und Geschlecht

Verlaufs-typ	Altersgruppe 1: Kohorte 1 und 2				Altersgruppe 2: Kohorte 3 und 4			
	Männer n= 472	**n** **%**	**Frauen** n= 657	**n** **%**	**Männer** n= 481	**n** **%**	**Frauen** n= 693	**n** **%**
Cluster 1	I	115 24.4	I und II	66 10.1	I	65 13.5	Mobilität von II nach I	86 12.4
Cluster 2	I und II, gefolgt von Nicht-erwerbs-tätigkeit	26 5.5	II	90 13.7	Mobilität von II nach I	37 7.6	II	75 10.8
Cluster 3	Nicht im Arbeits-markt	64 36.6	III	113 17.2	II	105 21.8	Wechsel zwischen II und IIIa	40 5.7
Cluster 4	II	58 12.3	IV a und b, sehr turbulent	23 3.5	IV c und VIIc	11 2.2	IIIa	87 12 5
Cluster 5	III a	12 2.5	VI	14 2.1	IV a und b	39 8.1	II und III gefolgt von Nicht-erwerbs-tätigkeit	43 6.2
Cluster 6	IV b	40 8.5	V	22 3.4	Nicht im Arbeits-markt	35 7.2	Eintritt in den Ar-beits-markt, in IIIa, IIIb und IVa	79 11.4
Cluster 7	IV a	17 3.6	10. IIIa und VII a, gefolgt von Nicht-erwerbs-tätigkeit	57 8.7	IIIa	26 5.4	Nicht im Arbeits-markt	102 14.7
Cluster 8	V	29 6.1	III b	74 11.3	V	42 8.7	IIIb	69 9.9
Cluster 9	V und VI	34 7.2	Nicht im Arbeits-markt	126 19.2	VI	56 11.6	V und VI	29 4.1
Cluster 10	VII a	77 16.3	VII a	72 11.0	VII a Kurze Episoden in V und VI	65 13.5	VII a	83 11.9

3.4 Subjektive Klassenzugehörigkeit

Im Folgenden werden vier Modelle dargestellt (vgl. *Tabelle 4*), in denen die mit Hilfe der Sequenzanalyse generierten Mobilitätsverlaufstypen sowie soziale Herkunft und Bildung in Zusammenhang mit subjektiver Klassenzugehörigkeit gesetzt wer- den.[15] Subjektive Klassenzugehörigkeit dient als Proxy der lebensweltlichen Evidenz sozialer Klassen.[16] Sie wird in Form von Wahrscheinlichkeiten, sich der Mittelklasse („middle class", sowie „upper" und „lower middle class") zuzuordnen, operationalisiert.[17]

Sowohl soziale Herkunft als auch einige der Mobilitätsverlaufstypen stehen in Zusammenhang mit subjektiver Klassenzugehörigkeit. Dies gilt teilweise auch für Bildung, hauptsächlich für Befragte in Altersgruppe 1: Hier ist für Männer und Frauen ein starker Zusammenhang zwischen Universitätsabschluss und subjektiver Zugehörigkeit zur Mittelklasse zu verzeichnen. Insgesamt besteht in allen Altersgruppen und Kohorten ein Zusammenhang zwischen sozialer Herkunft aus der ‚service class' (also aus einer der zwei privilegiertesten Klassenlagen) und subjektiver Zugehörigkeit zur Mittelklasse.[18]

---

15 Die Variablen wurden auf Multikollinearität getestet; die VIF Werte (‚variance inflation factors') waren im Allgemeinen unbedenklich (nicht höher als 2, keiner größer als 10), wobei es hier keine klaren Richtwerte gibt, vgl. O'Brien 2007), teilweise für Bildungsabschlüsse bei Frauen in Altersgruppe 2 jedoch leicht erhöht, was bei der Interpretation der Ergebnisse berücksichtigt werden sollte.

16 Die Auswahl dieser Variable birgt gewisse Probleme, die hier lediglich angemerkt, aber nicht gelöst werden können: so hat die gewählte Variable natürlich nur eine begrenzte Aussagekraft hinsichtlich der Lebenswirklichkeit der Befragten. Weitere Informationen (z. B. hinsichtlich der Interpretation der einzelnen Klassenkategorien durch die Befragten) wären wünschenswert; diese sind allerdings im BHPS nicht vorhanden. Dennoch ist davon auszugehen, dass die subjektive Klassenzugehörigkeit in Zusammenhang mit anderen Fragen zu Klassenunterschieden, die im Folgenden ebenfalls berücksichtigt werden, zumindest einen Teileinblick in die Materie bietet.

17 Subjektive Klassenzugehörigkeit wurde im Jahre 2005 mit folgender Fragestellung ermittelt: „(If you had to choose) Which social class would you say you belong to?" (siehe BHPS User Documentation, Taylor et al. 2009) Ca. 38 Prozent der Befragten gaben an, der ‚middle class' anzugehören, während sich ca. 44 Prozent der ‚working class' zuordneten. Lediglich 0,2 Prozent der Befragten sagten aus, der „upper class" anzugehören. 3,8 Prozent gaben an, keiner bestimmten Klasse anzugehören, 1,9 Prozent wählten die Antwortmöglichkeit „don't believe in class", während 3,7 Prozent der Befragten angaben, einer anderen Klasse als den vorformulierten Klassenlagen (lower working class, workig class, upper working class, lower middle class, middle class, upper middle class, upper class) anzugehören. 4,9 Prozent wählten die Antwortmöglichkeit „don't know". Diese Befragten wurden ebenso wie jene mit fehlenden Angaben nicht in die Analyse miteinbezogen. Es werden also lediglich jene betrachtet, die sich einer Klasse zugeordnet haben. Es gab keine systematischen Unterschiede zwischen den Kohorten in Bezug auf das Antwortverhalten bzw. die Nichtzuordnung zu Klassenkategorien.

18 Kohorteneffekte konnten in keinem der Modelle festgestellt werden: Dummyvariablen für Kohortenzugehörigkeit ergaben keine signifikanten Verbesserungen des Modells und wurden daher in die hier gezeigten Modelle nicht einbezogen.

Tabelle 4:   Subjektive Klassenzugehörigkeit nach Altersgruppe und
Geschlecht – Logistische Regression

	Männer Kohorte 1 und 2 n = 345	Frauen Kohorte 1 und 2 n= 478	Männer Kohorte 3 und 4 n=320	Frauen Kohorte 3 und 4 n=524
	Odds ratio (exp. B)			
Soziale Herkunft: Intermediate Class	2.46*	1.46	1.51	1.89
Soziale Herkunft: Service Class	2.93**	3.59***	2.68**	2.71*
Cluster 1	4.30**	3.37*	13.50***	3.01***
Cluster 2	4.13*	1.41	6.72***	2.59*
Cluster 3	2.35	1.97	5.01**	1.28*
Cluster 4	5.82**	2.19	5.91	1.02
Cluster 5	10.48**	3.03	4.07*	1.26
Cluster 6	1.53	0.79	1.66	1.51
Cluster 7	4.15	1.74	4.76*	1.14
Cluster 8	3.20	1.27	2.78	0.71
Cluster 9	1.95	2.09	1.54	0.50
Universitätsabschluss	5.48**	4.14**	1.47	1.76
Higher National Diploma/Certificate	0.96	2.82*	1.06	2.45
A-Level	1.35	1.34	0.39	1.28
O-Level	1.41	1.24	0.45	0.47
CSE[19]		1.41	0.51	0.80
Nagelkerke R²	0.29	0.19	0.36	0.27

Referenzkategorien: soziale Herkunft: „working class" (working class, upper und lower working class); Mobilitätsverlaufstypen: stabiler Verlauf in VIIa (working class); Qualifikation: kein weiterführender Abschluss
* p < 0.05; ** p< 0.01; *** p<0.001

Dies gilt ebenfalls für den Zusammenhang zwischen stabilem Mobilitätsverlauf in der ‚service class' und Zugehörigkeit zur Mittelklasse. In allen Altersgruppen besteht demnach ein Zusammenhang zwischen sozialer Herkunft aus und Mobilitätsverlauf innerhalb der ‚service class' auf der einen Seite und stark erhöhten Wahrscheinlichkeiten, sich selbst der Mittelklasse zuzuordnen, auf der anderen Seite. Dies widerspricht zunächst einmal der Annahme einer Erosion der lebensweltlichen Evidenz von Klassen und Schichten.

Werden jedoch weitere Aussagen der Befragten über Klassenunterschiede und -zugehörigkeit hinzugezogen, so ergeben diese ein vielschichtiges und teil-

---

19 Lediglich ein Befragter unter Männern in Kohorte 1 und 2 verfügte über den niedrigsten Schulabschluss; dieser wurde daher dem nächsthöheren Bildungsniveau, ‚O-level' zugeschlagen.

weise paradoxes Bild. Nur knapp die Hälfte der Befragten trifft spontan die Aussage, sich einer Klasse zugehörig zu fühlen. Gleichzeitig können sich aber mehr
als 80% der Befragten problemlos einer Klasse zuordnen und mehr als 60% der
Befragten denken, dass Klassenunterschiede starke Auswirkungen auf Lebenschancen haben. Lediglich 5% der Befragten geben an, Klassenunterschiede hätten gar keinen Einfluss. Die Deutung struktureller Ungleichheiten im Sinne von
Klassenunterschieden bzw. einer ‚class ridden society' wird scheinbar als ‚natür-
licher' empfunden, während eine Benennung der eigenen Position in diesem System komplexere Reaktionen auslöst. Dies verdeutlicht, dass soziale Ungleichheit
in England zumindest zu einem beachtlichen Teil im Rahmen von Klassenzugehörigkeit und/oder Klassenunterschieden interpretiert bzw. wahrgenommen
wird.[20] Gleichzeitig greifen jedoch jene Individuen, die besonders hohe soziale
Mobilität und Turbulenz erfahren haben, weniger häufig auf den Klassenbegriff
als Deutungsmuster sozialer Ungleichheiten zurück.

Wie *Tabelle 4* verdeutlicht, stehen lediglich stabile Mobilitätsverläufe mit
einer erhöhten Wahrscheinlichkeit, sich der Mittelschicht zuzuordnen, in Zusammenhang. Dies kann bedeuten, dass Individualisierung in Form von Differenzierung bzw. Verzeitlichung im Sinne häufiger Positionswechsel zu einer Erosion
der lebensweltlichen Evidenz von Klassenzugehörigkeit führt. Gleichzeitig befinden sich Definition und Bedeutung von Klassenzugehörigkeit ebenfalls im
Wandel: Während Klassenunterschiede und deren Auswirkungen auf Lebenschancen durchaus wahrgenommen werden, so ist damit kein kollektives Klassenbewusstsein und -handeln verbunden: „class is a widely understood term, and
people do use the term to make sense of some aspects of British society. However, Britain is not a deeply class conscious society, where class is seen embody-
ing membership of collective groups." (Savage 2000: 40).

4   Diskussion und Schlussfolgerungen

Die hier vorgestellten Ergebnisse deuten auf ein komplexes Gefüge lebensweltlicher Evidenz von Klassenunterschieden und der Entwicklung von Mobilitätsverläufen hin: Klassenzugehörigkeit bzw. Klassenunterschiede und soziale Ungleichheit werden durchaus wahrgenommen, doch muss dies nicht mit Klassen-

---

20 Allerdings sei hier auf andere Forschungsergebnisse verwiesen, die insbesondere in Bezug auf
   Wahlverhalten komplexe Zusammenhänge zwischen Klassenzugehörigkeit und Wertvorstellun-
   gen herausstellen (Anderson and Heath 2002).

solidarität- oder Klassenbewusstsein einhergehen.[21] Es ist generell zu bezweifeln, ob eine Form von Klassenbewusstsein im Sinne kollektiver Akteure in früheren Jahren überhaupt Bestand hatte oder ob es sich hierbei vielmehr um eine retrospektive Idealisierung handelt. So kommt beispielsweise Rössel (2005) zu dem Schluss, dass die „(...) Behauptung der abnehmenden Relevanz der Klassenzugehörigkeit für soziales Handeln (...) von einer empirisch nicht haltbaren Überschätzung der Bedeutung von sozialen Klassen in der Vergangenheit [ausgeht]" (Rössel 2005: 336). Die Individualisierungsthese ist also zwar auf reale Trends in Großbritannien im Sinne einer Differenzierung von Mobilitätsverläufen anwendbar, als universales Muster trifft sie allerdings nicht zu. Zudem geht sie von Zerrbildern vergangener Strukturierung aus, die in dieser Form niemals Bestand hatten, weder in Deutschland noch in Großbritannien.

So ist es dann auch überraschend, dass Beck (2007) den Blick auf die Entgrenzung sozialer Ungleichheit lenkt und für eine Abkehr vom nationalstaatlichen Rahmen sozialwissenschaftlicher Ungleichheitsforschung plädiert. Aus seinem Argument, das Leistungsprinzip legitimiere nationale Ungleichheit (und das Nationalstaatsprinzip globale Ungleichheit), ergibt sich nicht zwingend eine vollkommene Abkehr von nationalen Strukturen sozialer Ungleichheiten. Vielmehr kann eben dieses Argument als eine Begründung der Notwendigkeit gesehen werden, strukturelle Ungleichheit *sowohl* auf nationaler *als auch* internationaler Ebene zu untersuchen (und gegebenenfalls unplausible Legitimationsmechanismen anzuprangern).

Den nationalen Rahmen zu verlassen scheint hier ebenso vorschnell, wie nützliche Klassifikationen aufgrund ihrer klassentheoretischen Konnotationen zu meiden. Wenn es darum geht, ungleiche Lebens- und Erwerbsverläufe und insbesondere die ‚klassischen' Ungleichheiten in Bildung, Einkommen und Beruf (Rössel 2005) zu betrachten, die ja immer noch vornehmlich im nationalen Rahmen zu verorten sind, so stellen Schichtmodelle und soziale Klassenlagen nach wie vor wertvolle Arbeitsmittel dar. Jedoch können diese Konzepte vielschichtigere Individualisierungsprozesse nur bedingt erfassen. Vielmehr sollten diese herkömmlichen Konzepte im Sinne der Intersektionalität (vgl. Degele, in diesem Band) mit anderen Dimensionen sozialer Ungleichheit (hier seien insbesondere Geschlecht und Ethnizität genannt) kombiniert werden.[22] Um die Komplexität

---

21 Gleichzeitig sei darauf verwiesen, dass Klassenunterschiede sich nicht nur in Bildung und Beruf niederschlagen, sondern auch in sozialen Netzwerken und Partnerwahl (Bottero 2007) sowie Lebensstil und Konsumverhalten (Benett et al. 2009) zum Ausdruck kommen.

22 Die Kombination verschiedener Faktoren ist natürlich nur dann sinnvoll, wenn diese sich nicht auf Klassen oder Schichten reduzieren lassen. Je nach Untersuchungsanlage und Ziel scheint ein zusammenfassender Indikator wie Schicht oder Klasse durchaus wünschenswert – auch wenn von Individualisierungstendenzen ausgegangen wird. Zu einer Diskussion verschiedener Dimensionen sozialer Ungleichheit und deren theoretischer Verortung siehe auch Kreckel 1998.

sozialer Ungleichheit zu erfassen, sind nicht nur eine differenzierte konzeptionelle Herangehensweise erforderlich, sondern auch Methoden- und Datenvielfalt. Es muss dabei vornehmlich darum gehen, auch in Zeiten der Individualisierung und wachsender Komplexität den Blick für strukturelle soziale Ungleichheiten nicht zu verlieren. Beck beschreibt die Widersprüchlichkeit der Individualisierung, in der nicht mehr zwischen strukturell-objektiver Ebene (dem Unterbau, der objektiven Lage) und individuell-subjektiver Ebene (dem Überbau, der Ideologie) unterschieden werden kann: „Individualisierung ist sozusagen der Überunterbau, eben die paradoxe „Sozialstruktur" der modernen Gesellschaft. Was heißt: Die Lebensbedingungen der Individuen werden ihnen selbst zugerechnet; und dies in einer Welt, die sich fast vollständig dem Zugriff der Individuen verschließt." (Beck 2001: 3)

Hier liegt jedoch eine, oder vielleicht sogar die Stärke der Individualisierungsthese: Sie verweist auf Strukturierung in Zeiten der Individualisierung. Die objektive Ebene lässt sich dabei durch Klassen-, Schichtungs- und Milieubegriffe untersuchen, während die subjektive Ebene andere Konzepte und Methoden verlangt. Ein Grund für die schwache analytische Kraft der Individualisierungsthese ist ihre oftmals polemische und radikale Ausgestaltung. Dennoch beinhaltet die These gerade in ihrer ursprünglichen Ausformulierung großes Potential. Die hier präsentierten Ergebnisse zeigen, dass sich hohe Mobilität, Differenzierung, Entstandardisierung und Stabilität sozialer Ungleichheit nicht ausschließen und dass mit Hilfe der Individualisierungsthese genau diese paradoxe Entwicklung analysiert werden kann. Ziel sollte dabei sein, Vorteile einer nationalen und klassentheoretischen bzw. objektiv-strukturellen Perspektive zu bewahren und diese in Beziehung zu anderen inhaltlichen und räumlichen (Stichwort: Transnationalisierung) Dimensionen der sozialen Ungleichheit zu setzen. Die Individualisierungsthese birgt auf diese Weise das Potential, althergebrachte Methoden der Klassenanalyse herauszufordern, eine Refokussierung auf Lebensläufe und intragenerationelle Mobilität zu bewirken und dabei strukturelle Ungleichheit auch in einer „individualisierten Klassengesellschaft" wie Großbritannien aufzuzeigen.

Literatur

Abbott, Andrew (1990): A Primer on Sequence Methods. In: *Organization Science*. 1. 375-392.

Anderson, Robert/Heath, Anthony (2002): Class Matters. The Persisting Effects of Contextual Social Class on Individual Voting in Britain 1964-97. In: European Sociological Review. 18. 125-138.

Atkinson, Will (2007a): Beck, Individualization and the Death of Class. In: British Journal of Sociology. 58. 349-366.

Atkinson, Will (2007b). Beyond false oppositions: a reply to Beck. In: British Journal of Sociology. 58. 707-715.

Beck, Ulrich (1983): Jenseits von Klasse und Stand? In: Kreckel, R. (Hrsg.). 1983. 35-74.

Beck, Ulrich (1986): Risikogesellschaft. Auf dem Weg in eine andere Moderne. Frankfurt: Suhrkamp.

Beck, Ulrich (2000): The Brave New World of Work. Oxford. Blackwell.

Beck, Ulrich (2001): Das Zeitalter des „eigenen Lebens". Individualisierung als „paradoxe Sozialstruktur" und andere offene Fragen. In: Aus Politik und Zeitgeschichte. Beilage zur Wochenzeitung das Parlament B 29/2001.

Beck, Ulrich (2007): Beyond class and nation: reframing social inequalities in a globalizing world. British Journal of Sociology. 58. 679-705.

Beck, Ulrich/Beck-Gernsheim, Elisabeth (2001): Individualization. London: Sage.

Beck, Ulrich/Sopp, Peter (1997): Individualisierung und Integration: neue Konfliktlinien und neuer Integrationsmodus? Wiesbaden: VS Verlag.

Benett, Tony/Savage, Mike/Silva, Elizabeth/Warde, Alan/Gayo-Cal, Modesto/Wright, David (2009): Culture, class, distinction. London: Routledge.

Berger, Peter A. (1996): Individualisierung. Statusunsicherheit und Erfahrungsvielfalt. Opladen: Westdeutscher Verlag.

Berger, Peter A. (1997): Individualisierung und sozialstrukturelle Dynamik. In: Beck und Sopp (Hrsg.). 1997. 81-98.

Berger, Peter A./ Konietzka, Dirk (2001): Die Erwerbsgesellschaft: neue Ungleichheiten und Unsicherheiten. Opladen: Leske und Budrich.

Berger, Peter A./Sopp, P. (Hrsg.) (1995): Sozialstruktur und Lebenslauf. Opladen: Leske und Budrich.

Berger, Peter A./Steinmüller, Peter/Sopp, Peter (1993): Differentiation of Life-Courses? Changing Patterns of Labour-Market Sequences in West Germany. In: European Sociological Review. 9. 43-65.

Berger, Peter A./Vester, M. (Hrsg.) (1998): Alte Ungleichheiten – Neue Spaltungen? Opladen: Leske und Budrich.

Blanden, Jo/Machin, Stephen (2005): Recent Changes in Intergenerational Mobility in Britain. Report for the Sutton Trust.

Bottero, Wendy (2007): Social Inequality and Interaction. In: Sociology Compass. 1. 814-831.

Breen, Richard (Hrsg.) (2004): Social Mobility in Europe. Oxford: Oxford University Press.

Brüderl, Josef/Scherer, Stefani (2006): Methoden zur Analyse von Sequenzdaten. In: Andreas Diekmann (Hrsg.). 2006. 330-347.

Brückner, Hannah/Mayer, Karl Ulrich (2004): The destandardization of the life course: What it might mean? And if it means anything, whether it actually took place. In: Macmillan, R. (Hrsg.). 2005.

Brzinsky-Fay, Christian/Kohler, Ulrich/Luniak, Magdalena (2006): Sequence Analysis with Stata In: The Stata Journal, 6. 435-460.

Calhoun, Craig/Rojek, Chris/Turner, Brian, (Hrsg.) (2005): The Sage Handbook of Sociology, London: Sage.

Crompton, Rosemary (1993): Class and Stratification. Oxford. Blackwell.

Cabinet Office (2009): Unleashing Apsiration, ein Bericht des ‚Panel on Fair Access to the Professions'. Cabinet Office 2009.

Diekmann, Andreas (Hrsg.): Methoden der Sozialforschung. Wiesbaden: VS Verlag.

Elliott, Anthony (2002): Beck's Sociology of Risk: A Critical Assessment. In: Sociology, 36. 293-315.

Erikson, Robert/ Goldthorpe, John (1993): The Constant Flux. Oxford: Clarendon Press.

Everitt, Brian (1986): Cluster Analysis. Aldershot: Gower.

Goldthorpe, John (1987): Social mobility and class structure in modern Britain. Oxford: Clarendon Press.

Goldthorpe, John (2002): Globalisation and Social Class. In: West European Politics. 25. 2002. 1-28.

Goldthorpe, John (2004): Trends in Intergenerational Class Mobility in Britain in the Late Twentieth Century. In: Breen (Hrsg.). 2004.

Goldthorpe, John (2000): On sociology: numbers, narratives, and the integration of research and theory. Oxford: Oxford University Press.

Goldthorpe, John (2007): On Sociology (2nd Edition). Stanford: Stanford University Press.

Goldthorpe, John/ Lockwood, David/ Bechhofer, Frank/ Platt, Jennifer (1969): The Affluent Worker in the Class Structure. Cambridge: Cambridge University Press.

Hakim, Catherine (2004): Key issues in women's work: female heterogeneity and the polarisation of women's employment. 2nd Edition. London: Routledge.

Halpin, Brendan/Chan, Tak-Wing (1998): Class Careers as Sequences: An Optimal Matching Analysis of Work-Life Histories. In: European Sociological Review, 14. 111-130.

Heath, Sue (1999): Young Adults and Household Formation in the 1990s. In: British Journal of Sociology of Education, 4. 545-561.

Hillmert, Steffen (2001): Deregulierung des Arbeitsmarktes und relative Beschäftigungschancen: Das Beispiel Großbritannien. In: Berger und Konietzka (Hrsg.). 2001. 185-212.

Kreckel, Reinhard (1998): Klassentheorie am Ende der Klassengesellschaft. In: Berger/ Vester (Hrsg.). 1998. 31-47.

Kreckel, Reinhard (Hrsg.) (1983): Soziale Ungleichheiten, Sonderband 2 der Sozialen Welt, Göttingen: Schwartz.

Li, Yaojun (2002): Falling off the Ladder? Professional and Managerial Career Trajectories and Unemployment Experience. In: European Sociological Review. 18. 253-270.

MacMillan, Ross (Hrsg.) (2005): The structure of the life course: standardized? individualized? differentiated? Amsterdam: Elsevier.

McRae, Susan (1997): Household and Labour Market Change: Implications for the Growth of Inequality in Britain. In: British Journal of Sociology. 48. 384-405.

Nollmann, Gerd/ Strasser, Hermann (2002): Individualisierung als Deutungsmuster sozialer Ungleichheit. In: Österreichische Zeitschrift für Soziologie. 27. 3-36.

O'Brien, Robert (2007): A Caution Regarding Rules of Thumb for Variance Inflation Factors. In: Quality & Quantity. 41. 673–690.

Pakulski, Jan/ Waters, Malcom (1996): The death of class. London: Sage.

Rössel, Jörg (2005): Plurale Sozialstrukturanalyse: eine handlungstheoretische Rekonstruktion der Grundbegriffe der Sozialstrukturanalyse. Wiesbaden: VS Verlag.

Savage, Mike (2000): Class Analysis and Social Transformation. Milton Keynes: Open University Press.

Savage, Mike (2005): Class and Stratification: current problems and revival prospects'. In: Calhounet et al. (Hrsg.). 2005. 236-253.

Scherer, Stefani: Stepping-Stones or Traps? The Consequences of Labour Market Entry Positions on Future Careers in West Germany, Great Britain and Italy. In: Work, Employment & Society. 18. 2004. 369-394.

Taylor, Marcia Freed (Hrsg.) mit Brice, John/ Buck, Nick/ Prentice-Lane, Elaine (2009): British Household Panel Survey User Manual Volume A: Introduction, Technical Report and Appendices. Colchester: University of Essex.

Den Pudding an die Wand nageln…
Individualisierungsprozesse im Spiegel empirischer Studien – Probleme und Präzisierungen

Simone Scherger

1 Einführung

Die von Ulrich Beck Anfang der achtziger Jahre aufgestellte Individualisierungsthese wurde häufig widerlegt und ist trotzdem immer wieder Gegenstand lebhafter Diskussionen, empirischer Untersuchungen und theoretischer Betrachtungen. Unter Anerkennung der vielstimmigen Kritik an „Individualisierung" sollen in diesem Beitrag[1] die Grenzen und Probleme des Individualisierungskonzepts und seiner empirischen Anwendung aufgezeigt werden. Ziel ist hier weder eine endgültige Entkräftung der Individualisierungsthese noch ihre Bestätigung, und es geht auch nicht um ihre Überprüfung in Bezug auf eine klar abgegrenzte empirische Fragestellung. Vielmehr wird ein Überblick darüber gegeben, welche Probleme und Widersprüche gelöst, welche Leerstellen gefüllt und welche Präzisierungen vorgenommen werden müssen, wenn der Individualisierungsbegriff und die Individualisierungsthese Becks zur Weiterentwicklung empirisch orientierter sozialwissenschaftlicher Forschung beitragen sollen – dies ist mit Burkart (1998: 128) gesprochen ein ähnlich schwieriges Unterfangen wie der Versuch, einen Pudding an die Wand zu nageln. Im Mittelpunkt steht also eine empirisch fundierte Kritik der Individualisierungsthese, die vor allem Anregungen für zukünftige empirische Forschung an Individualisierungsprozessen liefern soll.

Im folgenden zweiten Abschnitt werden zunächst die Bedeutung des Individualisierungsbegriffs und seine Implikationen umrissen. Im anschließenden dritten Abschnitt wird erläutert, auf welchen Ebenen sozialwissenschaftlicher Betrachtung sich Individualisierungsprozesse verorten lassen und in welcher Beziehung diese Ebenen zueinander stehen. Viertens werden die problematischen zeitlichen und räumlichen Bezüge der Individualisierungsthese diskutiert. Im fünften Punkt geht es um Becks individualisierungstheoretische Aussagen zu sozialer Ungleichheit und damit um in der bisherigen Individualisierungsdebatte elementare Streitfragen. Im sechsten und letzten Abschnitt schließe ich aus den vorange-

---

1 Einige der hier dargelegten Überlegungen sind aus der Dissertationsschrift der Verfasserin hervorgegangen und finden sich dort in ausführlicherer Form (Scherger 2007). Ich danke Anna Schröder für anregende Diskussionen und Literaturhinweise und Ruth, Willi, Barbara und Kathrin für ihre wertvolle Hilfe bei der Beschaffung der älteren deutschen Literatur.

henden Ausführungen, dass ein *relativer* und für Differenzierungen offener Individualisierungsbegriff, die Rückbindung an Fragen der sozialen Ungleichheit und die empirische Untermauerung von Handlungsmodellen mittels einer Kombination von quantitativen und qualitativen Methoden die Anforderungen darstellen, an denen sich zukünftige empirische Forschung zur Individualisierungsthese messen lassen muss.

2   Becks Individualisierungsthese

Ganz allgemein gesprochen kann „Individualisierung" verstanden werden als Veränderung der Art, in der Individuen in Gesellschaften eingebunden sind. Dieser veränderte Modus individueller Vergesellschaftung ist in stärkerem Maß als früher auf eigenständige individuelle soziale Akteure zugeschnitten, so dass traditionelle Instanzen der direkten gesellschaftlichen Integration an Bedeutung verlieren. Die neuere Diskussion um Individualisierung entzündet sich insbesondere an der konkreteren These Becks, dass die Menschen „auf dem Hintergrund eines vergleichsweise hohen materiellen Lebensstandards und weit vorangetriebener sozialer Sicherheiten […] in einem historischen Kontinuitätsbruch aus traditionalen Klassenbindungen und Versorgungsbezügen der Familie herausgelöst und verstärkt auf sich selbst und ihr individuelles (Arbeitsmarkt-)Schicksal mit allen Risiken, Chancen und Widersprüchen verwiesen [wurden]" (Beck 1983/1994: 44). Während sich frühere Individualisierungsprozesse vor allem auf das Bürgertum bezogen, werden nun *alle* Schichten von Individualisierung erfasst. Fortbestehende Ungleichheitslagen seien nicht mehr strukturbildend in dem Sinne, dass mit ihnen bestimmte Lebenslagen, soziokulturelle Erfahrungsformen und Potentiale der Bildung kollektiver Akteure verbunden wären. Es geht Beck also nicht um die Auflösung von Ungleichheiten, sondern „ständisch gefärbter, klassenkultureller Lebenswelten" (Beck 1983/1994: 44) und um die Freisetzung aus traditionalen Bindungen (vgl. auch Berger 1996: 58ff).

Neben Freisetzung macht Beck zwei weitere Dimensionen von Individualisierung aus: Zum Zweiten sind mit den traditionalen Bindungen auch traditionale Formen der Handlungssicherheit verloren gegangen, die auf eindeutigen und unreflektierten sozialen Normen und Wissensbeständen beruhten („Stabilitätsverlust", „Entzauberungsdimension"). Und zum Dritten sind neue Formen der gesellschaftlichen Einbindung entstanden, die die alten ersetzen („Reintegrations"- oder „Kontrollfunktion") (Beck 1986: 206f).[2]

---

2   Für einen Überblick über die durch die Individualisierungsthese aufgeworfene Diskussion um gesellschaftliche Integration vgl. Beck/Sopp (1997).

Becks Theorem baut auf der Spannung zwischen der ersten und der dritten Dimension von Individualisierung sowie auf der Spannung zwischen objektiven und subjektiv wahrgenommenen Einbindungen auf. Der individuelle Akteur muss zum „Planungsbüro" (Beck 1986: 217) seines eigenen Lebens werden, da aufgrund der Freisetzung aus Standes- und Klassenbindungen Entscheidungen kaum mehr vorgegeben sind und stets Wahlmöglichkeiten bestehen. Beck fasst den Individualisierungsprozess von Vornherein als ambivalenten, in sich widersprüchlichen Prozess. Der Einzelne hat zwar mehr Freiheiten als seine Vorfahren. Jedoch besteht gleichzeitig ein Zwang zur Wahl und zur Entscheidung, dem niemand ausweichen kann – denn auch Nicht-Entscheidungen zeitigen entsprechende Folgen. An die Stelle der alten, primären Institutionen wie Stände treten „*sekundäre* Vergesellschaftungsinstanzen und Institutionen, die den Lebenslauf des Einzelnen prägen und ihn gegenläufig zu der individuellen Verfügung, die sich als Bewusstseinsform durchsetzt, zum Spielball von Moden, Verhältnissen, Konjunkturen und Märkten macht" (Beck 1986: 211, Hervorh. i. O.). Im Mittelpunkt dieser sekundären Vergesellschaftungsinstanzen steht der Arbeitsmarkt als ein „Motor" des jüngsten Individualisierungsschubs (Beck 1983/1994: 46f). Weitere Ursachen sind der Ausbau des Wohlfahrtsstaats, die Bildungsexpansion und mit ihr verbundene Prozesse intergenerationaler Aufstiegsmobilität sowie die Erhöhung des Wohlstands und damit der Konsumchancen weiter Teile der Bevölkerung. Individualisierungsprozesse sind schließlich – um die allgemeinere gesellschaftstheoretische Einbettung zumindest zu erwähnen – Teil der „reflexiven Modernisierung" von Industriegesellschaften (Beck 1986: 251ff) und gehen einher mit einer neuen „Logik" der Risikoverteilung (Beck 1986: 25ff), die nicht mehr den althergebrachten Prinzipien der Wohlstandsverteilung folgt.[3]

Becks Beschreibung von Individualisierungsprozessen und ihren Folgen ist in vielen Punkten unpräzise und manchmal widersprüchlich (für konkrete Beispiele vgl. Atkinson 2007a). Es fällt schwer, dem Theorem in dieser Version den Status einer geschlossenen Theorie zuzusprechen oder eindeutige Hypothesen aus ihm abzuleiten. So wundert es nicht, dass die zahlreichen theoretischen und empirischen Studien zu Individualisierung das Konzept unterschiedlich auslegen, bestimmte Aspekte betonen oder andere weglassen. Im Folgenden werden einige dieser Unklarheiten thematisiert.

---

3 Der Zusammenhang von Individualisierungsprozessen, reflexiver Modernisierung und der Verteilung von Risiko wirft Probleme auf, denen hier nicht nachgegangen werden kann (vgl. zum Beispiel Mythen 2005).

3 Individualisierung als Mehrebenenprozess

Ein zentrales Problem ist die Bezugsebene der Individualisierungsthese. Beck selbst unterscheidet objektive Lebenslagen und subjektives Erleben bzw. subjektive Identität und konzediert, dass sich seine Ausführungen auf die objektive Seite konzentrierten (Beck 1986: 206).[4] An vielen Stellen zieht er gleichwohl empirisch unüberprüfte Schlüsse, die sich auf die „subjektive" oder die „kulturelle" Seite von Individualisierung beziehen – etwa dass „immer mehr Menschen in das Labyrinth der Selbstverunsicherung, Selbstbefragung und Selbstvergewisserung hineingeraten" (Beck 1983/1994: 55). Dass Beck die Bezugsebenen seiner Argumentation nicht deutlich genug getrennt hat, zeigt sich auch in dem Vorwurf, er reduziere strukturelle Prozesse auf kulturelle und lebensweltliche Vorgänge (Gellert 1996: 579). Die entsprechenden Aussagen, etwa die zum individuellen Akteur als Planungsbüro seiner selbst, sind aber gar keine Tatsachenaussagen (obwohl sie sehr oft wie solche klingen). Beck beschreibt vielmehr, welche *Anforderungen* an den individuellen Akteur aus den institutionellen Veränderungen auf der objektiven Seite folgen, was eben nicht impliziert, dass alle Akteure diesen Anforderungen gerecht werden (können). Wie Zinn (2002: 29) indes richtig anmerkt, liegt dem ein impliziter unidirektionaler Rückschluss von Strukturen auf die Handlungsebene zugrunde, der ohne empirischen Nachweis nicht überzeugend geführt werden kann.

Einige Autoren haben hier hilfreiche Differenzierungen vorgelegt. So charakterisiert Monika Wohlrab-Sahr (1997) Individualisierung auf der strukturellen Ebene als Differenzierung und Pluralisierung und auf der kulturellen Ebene als Veränderung des gesellschaftlichen Zurechnungsmodus hin zu individualisierten Zuschreibungsmustern. Während sich also die Zahl individueller Handlungsoptionen aufgrund der Ausdifferenzierung gesellschaftlicher Subsysteme und entsprechender Änderungen des Zuschnitts von Institutionen vervielfältigt (vgl. auch Schnell/Kohler 1995: 635), erfolgt auf der kulturellen Ebene „eine qualitative Veränderung des Verhältnisses von Individuum und Gesellschaft" und damit einhergehend die Durchsetzung eines „Deutungsmuster[s], das Selbstkontrolle, Selbstverantwortung und Selbst-Steuerung akzentuiert" (Wohlrab-Sahr 1997: 28). Dementsprechend werden Ereignisse im Leben individueller Akteure eher ihren Entscheidungen und Aktivitäten zugerechnet als gesellschaftlichen Strukturen oder übergeordneten Mächten (vgl. auch Beck 1983/1994: 58). Individualisierung als Zurechnungsmodus ist sowohl in subjektiver Erfahrung und Zurech-

---

4 Bei Beck (2007) wird die institutionelle Ebene dann zur *einzigen* Ebene, auf der Individualisierungsprozesse empirisch nachweisbar sind. Dies widerspricht seinen eigenen Ausführungen, die sich ausführlich mit geändertem individuellen Verhalten und dem Auseinanderdriften von Strukturen und individuellem Verhalten beschäftigen (vgl. auch Atkinson 2007a und b).

nung als auch in Institutionen verankert, die „diesen Prozeß der Verinnerlichung und individualisierten Zurechnung" fördern (Wohlrab-Sahr 1997: 31) – Beispiele dafür sind so verschiedene Einrichtungen wie Beichte und Psychotherapie, neue biographische Phasen wie die Postadoleszenz, in denen Selbstreflexion erwünscht und gefordert wird, die moderne Ehe oder der moderne Rechts- und Sozialstaat. Sekundäre Institutionen wie diese geben keine direkten Handlungsvorgaben, sondern schaffen nur Handlungsvoraussetzungen und erhöhen damit sowohl Handlungsfreiheit als auch -zwang. Der Grad der Handlungskontrolle von außen nimmt also nicht ab, es ändert sich nur die Struktur dieser Kontrolle (Leisering 1998: 66). Entscheidend ist die Frage nach dem Verhältnis dieser Ebenen von Individualisierung zueinander. Wohlrab-Sahr sieht kein Bestimmungsverhältnis in die eine die andere Richtung, sondern zwar nicht beliebige, aber ebensowenig von Vornherein festgeschriebene Kombinationsmöglichkeiten (vgl. auch Honneth 2004). So ist Voraussetzung für das kulturelle Zuschreibungsmuster von Individualisierung, dass aufgrund vorangegangener Pluralisierungs- und Differenzierungsprozesse strukturell gewisse Wahlmöglichkeiten bestehen; diese wiederum werden wiederum von kulturellem Wandel und Enttraditionalisierung befördert. Solche Zusammenhänge gelten jedoch allein im Sinne von Wahrscheinlichkeiten. Ein Auseinanderfallen von kultureller Zurechnung und strukturell geprägten Realisierungschancen bringt Probleme der gesellschaftlichen Integration mit sich (Wohlrab-Sahr 1997, ähnlich Diewald 2004: 114; Corsten/Hillmert 2003: 55).

Unabhängig davon, wie man die Ebenen[5], auf denen sich Individualisierungsprozesse vollziehen, im Einzelnen definiert und voneinander abtrennt: Es ist wenig sinnvoll, Individualisierung auf ihre institutionell-strukturellen oder ihre kulturellen Aspekte zu reduzieren. Pollack und Pickel (1999: 467) kritisieren die Einführung der kulturellen Ebene durch Wohlrab-Sahr und begründen dies damit, dass kulturelle Zurechnungsmuster individueller Verantwortlichkeit ohne objektives strukturelles Korrelat und damit Ideologie sein können – diese Möglichkeit wird aber von Wohlrab-Sahr (und vielen anderen) mitbedacht. Ohne die kulturelle Ebene, d. h. ohne sich aufs Individuum beziehende Deutungsmuster, wird der Individualisierungsbegriff jedoch seines Sinnes beraubt und wäre mit Differenzierung oder Pluralisierung gleichsetzbar: Es ist gerade der auf der Deutungsebene erfolgende Bezug auf den individuellen, als autonom gedachten Akteur, der Differenzierungs- und Pluralisierungsprozesse zu Individualisierungsprozessen machen kann.

Eine mit den verschiedenen Ebenen von Individualisierung verbundene Streitfrage ist diejenige nach Handlungsautonomie, freier Handlungswahl oder

---

5 Für weitere, detailliertere Einteilungen vgl. zum Beispiel Junge (1996), Friedrichs (1998), Burkart 1998 (128ff) und Zinn (2002: 26-41).

„biographischer Kontrolle" (Burkart 1998). Oft wird Individualisierung mit einer in jedem Fall gegebenen Steigerung von Wahlmöglichkeiten gleichgesetzt; umgekehrt wird dann jeder Nachweis der (fortgesetzten) Wirkung von Strukturen als Widerlegung von Handlungsautonomie verstanden. Nicht nur ist es zu kurz gegriffen, Handlungsautonomie mit der Abwesenheit von strukturellen Wirkungen gleichzusetzen[6] – ohnehin zielt ja der Individualisierungsbegriff nicht auf eine unter allen Umständen erfolgte Zunahme von Handlungsautonomie ab. In individuellen Handlungsentscheidungen kommen institutionelle und strukturelle Kontextbedingungen zum Tragen, welche die freie Wahl indirekt begrenzen oder unter Umständen unmöglich machen. Die aus diesen Kontextbedingungen resultierenden Handlungsergebnisse können im Aggregat denen ähneln, die durch direkte Handlungsvorgaben und -normen zustande kommen.

Bei der Individualisierungsthese handelt es sich also um ein ganzes Bündel von Annahmen, die auf verschiedene Ebenen der empirischen Analyse bezogen sind. Die im Individualisierungskonzept angelegte Widersprüchlichkeit[7] – institutionelle Steuerung, die individuelles Handeln ermöglicht und verlangt, es aber gleichzeitig begrenzt und dies durch kulturelle Zuschreibungsmuster individueller Verantwortlichkeit tendenziell verschleiert – macht die empirische Erforschung von Individualisierung zu einer anspruchsvollen Aufgabe. Die Widersprüchlichkeit der Individualisierungsannahmen ist allerdings nicht mit Beliebigkeit gleichzusetzen – Individualisierungschancen und -risiken sind ungleich verteilt. Bevor darauf genauer eingegangen wird, werden zunächst die räumliche und historische Abgrenzung der Individualisierungsthese erörtert.

4   Zeitliche und räumliche Bezüge

Die zeitlichen und räumlichen Bezugspunkte der Individualisierungsthese sind nicht eindeutig. „Individualisierung" im Allgemeinen bezieht sich auf historisch länger zurückreichende Prozesse, mit denen sich Soziologen schon lange vor Beck beschäftigt haben.[8] Deswegen spricht dieser nur von einem (zweiten) Individualisierungs*schub*, von dem ab Ende der sechziger, Anfang der siebziger Jah-

---

6 Vgl. Wohlrab-Sahr und Krüggeler (2000: 242): „Es ist ausgesprochen fraglich, ob man sich *praktizierter* Autonomie über Umfrageforschung überhaupt nähern kann. Man müsste wohl komplexe Entscheidungsprozesse rekonstruieren, um beurteilen zu können, ob Entscheidungen ‚autonom' getroffen werden oder nicht."

7 Zur Ambivalenz des Individualisierungsbegriffs vgl. auch den begriffshistorischen Überblick von Schroer (2000).

8 So setzen sich etwa Durkheim, Marx, Weber, Simmel, Elias oder Adorno mit Individualisierungsprozessen auseinander (vgl. z. B. Ebers 1995; Kron 2000).

re alle Schichten und beide Geschlechter erfasst werden.[9] Die Beschreibung früherer Individualisierungsprozesse, im Vergleich zu denen die Besonderheiten des neuerlichen Individualisierungsschubs erst sichtbar werden, bleibt trotz Becks Marx- und Weber-Rezeption blass (Beck 1983/1994: 48ff, 1986: 206ff). Eine genauere historische Einteilung in Individualisierungsschübe und ihre inhaltliche Spezifizierung wäre notwendig, wie sie etwa Junge (1996, 2002) mit dem Ergebnis von drei oder vier Individualisierungsschüben vornimmt. Die historischen Wurzeln individueller *Zuschreibungsmuster* und die ihnen zugrundeliegenden Vorstellungen personaler Identität und Individualität werden vielfach historisch zurückverfolgt (z. B. Dülmen 1997; Buchmann/Eisner 1997; Kohli 1988). Die Frage jedoch, in welcher Weise sich diese Zuschreibungsmuster über eng begrenzte Bevölkerungsschichten hinaus verbreitet haben, bleibt offen.

Doch selbst die Interpretation der von Beck angeführten empirischen Befunde, mit denen strukturelle Individualisierungsprozesse belegt werden sollen, ist mehrdeutig. Sie beziehen sich überwiegend auf die Zeit nach dem Zweiten Weltkrieg, also auf einen relativ kurzen historischen Zeithorizont: Im Vergleich zu den fünfziger und den sechziger Jahren werden im familialen Bereich etwa sinkende Eheschließungsraten, steigendes Erstheiratsalter, steigende Scheidungsraten und verminderte Kinderzahlen, im Bereich der Erwerbstätigkeit längere Ausbildungs- und Studienzeiten, häufiger auftretende Jobwechsel, Arbeitslosigkeitsepisoden und atypische Beschäftigungsverhältnisse konstatiert (Beck 1983/ 1994, 1986). Möglicherweise sind die von Beck als Anzeichen für einen neuerlichen Individualisierungsschub gewerteten Befunde aber nur eine Rückkehr zu den destandardisierteren Erwerbs- und Familienmustern, wie sie vor der durch Wohlstand und Wirtschaftsaufschwung geprägten Nachkriegszeit herrschten (vgl. Scherger 2007: 116, 277f; Berger/Sopp 1992: 179). Die fünfziger und sechziger Jahre wären damit die „standardisierte" Ausnahme, die willkürlich als Normalfall gesetzt wird (vgl. Burkart 1998: 125).

Historische Kontextinformationen machen es gleichwohl nicht unplausibel, dass sich hinter strukturellen Ähnlichkeiten zwischen der ersten Hälfte des 20. Jahrhunderts und der Zeit etwa ab den siebziger Jahren unterschiedliche „Tiefenstrukturen" verbergen (vgl. Kohli 1986: 202), sich ähnelnde (Lebenslauf-)Strukturen also aufgrund verschiedener institutioneller Bedingungen und in Verbindung mit unterschiedlichen Deutungsmustern zustande gekommen sind. In den jüngeren Lebenslauf-Entstrukturierungen spielen individuelle Entscheidungsprozesse eine größere und primäre, direkt kontrollierende Institutionen eine geringere Rolle als vor dem Zweiten Weltkrieg. Becks und Beck-Gernsheims (1994:

---

9   Die Bezeichnung „zweiter" oder „sekundärer" Individualisierungsschub ist bei Beck nicht explizit zu finden; die Nummerierung ergibt sich indirekt aus seiner Darstellung und wird in der Rezeption Becks benutzt.

20ff) Bezüge auf die Sozialgeschichte der Ehe mit den Zitaten aus Familien-
stammbüchern sind hier ein überzeugendes Beispiel dafür, wie historisches Kon-
textwissen zur Interpretation struktureller Befunde beitragen kann. Strukturelle
Daten in Kombination mit tendenziell anekdotischem historischen Kontextwis-
sen allein erlauben allerdings keine endgültige Aussage über Individualisierungsprozesse. Und in Anbetracht der schlechten Datenlage sind weitere Deutungen denkbar: Nicht nur die sehr standardisierten Lebensläufe der Nachkriegszeit stellen vielleicht eine Ausnahme dar; ebenso könnten Individualisierungsan-
zeichen der vergangenen Jahrzehnte ein Übergangsphänomen sein (vgl. Gellert
1996: 583; Plum 1990: 492; Kohli 1985: 23), das in einer Phase schneller gesellschaftlicher Veränderung auftritt und auf das eine Rückkehr zu alten Mustern der
Vergesellschaftung folgt.

Eng verknüpft mit der nicht hinreichend beantworteten Frage des zeitlichen
Bezugs ist diejenige, für welchen geographischen Raum die Individualisierungsthese gilt. Beck nennt die drei von ihm beschriebenen Dimensionen der Indiv-
dualisierung (Herauslösung, Stabilitätsverlust, Wiedereinbindung) ein „ahistori-
sches Modell" (1986: 206), das mit gesellschaftlichen Modernisierungsprozessen
verknüpft und damit auf alle westlichen Gesellschaften anwendbar ist. Andererseits weist er explizit darauf hin, dass seine Aussagen zur Auflösung von Klassen
nicht auf Großbritannien[10] und Frankreich übertragbar sind (Beck 1983/1994:
44) und beschränkt sich auf die „Besonderheiten des Individualisierungsschubs
in der Bundesrepublik" (1986: 208). In neueren Texten wird die Auseinandersetzung international geführt, unter anderem deswegen, weil die individualisierungstheoretische Kritik an althergebrachten Ungleichheitsbegriffen um Aspekte
ergänzt wird, die mit Globalisierungs- und Transnationalisierungsprozessen zusammenhängen (Beck/Beck-Gernsheim 2001: 22f, 202-213; Beck 2007; vgl.
auch Zaman/Wohlrab-Sahr, in diesem Band). Trotz der generellen Plausibilität
des Bezugs auf westliche Gesellschaften sind leicht Anhaltspunkte für nationale
Varianten von Individualisierungsprozessen zu finden, vergleichbar mit Varianten des Kapitalismus oder Typen des Wohlfahrtsstaates. Denn westliche Gesellschaften sind in ihrer kapitalistischen und wohlfahrtsstaatlichen Verfasstheit und
in ihren Kulturen individualistischer Zuschreibungsmuster nicht identisch (vgl.
Burkart 1998: 109 zum Vergleich mit den USA, Gellert 1996: 581f zu Großbritannien). Deswegen erscheint die Individualisierungsdebatte zumindest in Teilen
als spezifisch deutsch (Wohlrab-Sahr 1997: 24).

---

10 Zu Großbritannien siehe den Beitrag von Schröder, in diesem Band.

5 Individualisierung und soziale Ungleichheit

Unzählige empirische Untersuchungen kritisieren die Schlussfolgerungen, die Beck für Konzepte sozialer Ungleichheit wie Klasse und Schicht zieht (vgl. auch Becker/Hadjar, in diesem Band). Er behauptet nicht die Auflösung von Strukturen sozialer Ungleichheit per se und liefert selbst zahlreiche Beispiele, die dem widersprechen; zumindest stellenweise konstatiert er gar eine Verschärfung sozialer Ungleichheit (z. B. Beck/Beck-Gernsheim 2001: 46). Beck geht es vielmehr um die Verbindung zwischen objektiven Strukturen, also der ungleichen Verteilung von Ressourcen, und soziokulturellen Erfahrungsformen. Diese Verbindung löse sich auf, womit die Begriffe von Klasse und Schicht (einschließlich ihres „methodologischen Nationalismus" und ihrer Fixierung auf Haushalte) obsolet werden (Beck 2007). Insbesondere in der britischen, auf Klassenanalyse fokussierten Soziologie wird kritisiert, dass Beck hier „a caricature of the past" (Atkinson 2007a: 358) zeichne, indem er einen Klassenbegriff verwende, der in dieser Version niemals gültig gewesen sei (vgl. auch Savage 2000: 105): Objektive Klassenstrukturen und soziokulturelle Erfahrungsformen (wie Identitäten, Lebensstile und Klassenkulturen) hätten nie so eng zusammengehangen wie behauptet. Der Klassenbegriff sei flexibel genug, um die (unbestrittenen) Veränderungen in den Strukturen sozialer Ungleichheit zu erfassen.

Für den im deutschen Kontext gebräuchlichen, stark an Marx angelehnten Klassenbegriff mag Becks Kritik am Klassenkonzept zutreffen. Beck richtet sich jedoch auch gegen den stärker deskriptiven Terminus „Schicht", den er einen „Klassenbegriff im Abschiedszustand" (1986: 140) nennt und ebenso für obsolet erklärt. In polemischer Kritik wendet er sich gegen jegliche Klassifikationen sozialer Ungleichheit, welche die vielfältige Wirklichkeit und kontingentes individuelles Verhalten (Beck 2007: 681) abstrakten Kategorien unterordnen. Gleichzeitig konzediert Beck (1986: 140), dass das objektive Korrelat solcher Klassifikationen und Begriffe, die ungleiche Verteilung von Ressourcen und Chancen, intakt bleibe.

Abgesehen von der Streitfrage der Benennung dieser objektiven Strukturen wurde ein Bestimmungsverhältnis zwischen Schichten und soziokulturellen Erfahrungsformen selten behauptet (und das gilt auch für den Klassenbegriff, wie er in Großbritannien gebräuchlich ist). Jegliche Versuche der Klassifikation aufzugeben, nur weil klassifikatorische Begriffe immer Verkürzungen der sozialen Wirklichkeit sind, ist keine befriedigende Lösung für eine Soziologie, die mehr als anekdotische Evidenz liefern soll.[11]

---

11 Es gibt zahlreiche Vorschläge dazu, wie auf das hier angerissene und von Beck überspitzt dargestellte Problem reagiert werden kann. Insbesondere der Milieu- und der Lebensstilbegriff sind Versuche, die Beschreibung, Klassifikation (und teilweise Erklärung) sozialer Ungleichheit auf

Aber wie steht es um den Gehalt der These, dass sich die Beziehung zwischen objektiven Strukturen und soziokulturellen Erfahrungsformen gelockert habe? Das zweite Element der gelockerten Verbindung ist sehr weit gefasst: Gemeint sind Einstellungen, Verhalten und Wahrnehmungen, wozu auch familiale Lebensformen und Erwerbsbiographien zählen. Diese sind nach Beck aufgrund vielfältiger Formen der Destandardisierung immer schwerer mit althergebrachten Kategorien sozialer Ungleichheit zu erfassen. In der entsprechenden empirischen Forschung werden beispielsweise Parteipräferenzen (etwa Schnell/Kohler 1995; Müller 1997), Religion (Pollack/Pickel 1999, 2003), das subjektive Bewusstsein von Schicht (Groß 2000) und Lebenslagen wie Gesundheit und Lebenszufriedenheit (Kohler 2005) in den Blick genommen. Zwei weitere wichtige Stränge der Diskussion sind zum einen familiale Lebensformen, Abfolge und Timing von familialen Übergängen (Schofer et al. 1991; Burkart/Kohli 1989; Klein 1999; Huinink/Wagner 1998; Scherger 2007), und zum anderen Erwerbsbiographien und Bildungsübergänge (Berger 1996; Berger/Sopp 1992; Sacher 1998; Berger/Konietzka 2001).

Die Befunde dieser und weiterer empirischen Studien sind uneinheitlich und lassen sich schwer auf einen Nenner bringen. Auch wenn ihre Wirkung in manchen Bereichen unübersichtlicher geworden ist und teilweise abgenommen hat, prägen objektive Strukturen Einstellungen, Konsumchancen und Lebensläufe weiterhin. Der Wandel im Bereich der Lebensformen ist überschaubar und klar benennbar; er bezieht sich insbesondere auf bestimmte Lebensphasen und begrenzte Bevölkerungsgruppen; Bindungslosigkeit nimmt nicht zu (Klein 1999, Huinink/Wagner 1998). Erwerbsbiographien sind zunehmend durch unsichere Arbeitsverhältnisse, Stellenwechsel und Episoden der Arbeitslosigkeit gekennzeichnet, und zwar in fast allen Bildungs- und Berufsgruppen (vgl. Böhm/Diewald/Körnert, in diesem Band); gleichzeitig lässt sich die Wahrscheinlichkeit ungünstiger Übergänge und Verläufe anhand bestimmter Merkmale (wie Bildung, Beruf, Geschlecht etc.) immer noch gut vorhersagen. Insbesondere für Frauen haben sich die Möglichkeiten der Kombination von Erwerbstätigkeit und Familie vervielfältigt, auch wenn keine Angleichung an männliche Erwerbsbiographien in Aussicht steht (Born 2001; vgl. auch Scherger 2007: 49-53; Hirseland/Leuze, in diesem Band). Alles in allem finden sich Pluralisierungs- und Differenzierungsprozesse in bestimmten Bevölkerungsgruppen, räumlichen Umgebungen und Lebensphasen eher als in anderen.

Die genannten Studien betrachten mit wenigen Ausnahmen im Aggregat auftretende Handlungsergebnisse, ohne dass klar ist, ob, in welchem Ausmaß oder für wen diese mit Deutungsmustern individueller Zuschreibung zusammen-

---

ein den veränderten sozialen Strukturen angepasstes begriffliches Fundament zu stellen (vgl. z. B. Rössel 2005, Wieland 2004).

hängen. Differenzierung, Pluralisierung oder Destandardisierung von Lebensläufen und Lebensstilen können auf vielerlei Weise zustande kommen und sind nicht notwendigerweise das Ergebnis von Individualisierungsprozessen. Die Interpretation von statistischen Befunden auf der Ebene der aggregierten Handlungsergebnisse ergibt sich also nicht zwangsläufig und kann mit zeitgeschichtlichem Kontext variieren. Die Verlängerung von Bildungsprozessen und der Aufschub der Familiengründung können sowohl als Entfaltung individueller Handlungspotentiale als auch als Reaktion auf die mit der Arbeitsmarktsituation verbundenen biographischen Unsicherheiten gesehen werden. Während in der frühen Diskussion um die Destandardisierung von Lebensläufen die „optimistische" Interpretation überwog, steht heute die strukturelle Bedingtheit des Aufschubverhaltens als eine Art erzwungener Flexibilisierung von Lebensläufen im Mittelpunkt (vgl. Brückner/Mayer 2005: 30). Unsicherheiten in der Lebensplanung führen zur Ausschöpfung aller Handlungsoptionen etwa in Hinsicht auf individuelle Lebensformen. Diese individuelle, rationale Reaktion auf äußere Zwänge scheint eher auf die Einhaltung biographischer Regeln der Verknüpfung verschiedener Übergänge abzuzielen als auf deren Aufweichung.

Diese Interpretation der Handlungsergebnisse wird gestützt durch die Ergebnisse statistischer Analysen, welche die Bedingungen und Zusammenhänge von familialen Übergängen untersuchen. Von diesen wird in eher spekulativer Weise und basierend auf Kontextinformationen und Ergebnissen methodisch andersartiger Studien auf die zugehörigen (biographischen) Handlungsdeutungen geschlossen. In direkter Weise könnte diese Deutung nur auf der Ebene individueller Handlungsdeutungen bestätigt werden, die mittels quantitativer Methoden nur schwer zugänglich ist.[12] „Optimistische", auf Handlungsspielräume rekurrierende Lesarten und „pessimistische", die sich auf Handlungsbegrenzungen beziehen, schließen einander nicht unbedingt aus. Es gilt vielmehr die Frage zu beantworten, für wen Handlungsspielräume wie weit reichen und für wen sie aufgrund welcher Faktoren nicht realisierbar sind.

Auch methodische Zweifel nähren Einwände gegen eine vorschnelle und einfache Interpretation der entsprechenden Versuche, Individualisierung zu messen. So wird bezweifelt, dass identisch kategorisierte Daten aus verschiedenen

---

12 Eine (kleine) Ausnahme stellen die Beiträge von Pollack und Pickel (1999, 2003) dar, die über die Erfassung rein struktureller Individualisierungsprozesse hinausgehen: Sie beziehen Einstellungsitems ein, die im weitesten Sinne die Zustimmung zu Normen individueller Verantwortlichkeit und die Ablehnung traditioneller Normen messen (z. B. in Form der Erziehungsziele Gehorsam und Selbständigkeit). Es kann jedoch bezweifelt werden, ob auf diese Weise tatsächlich komplexe kulturelle Inhalte wie Zuschreibungsmuster individueller Verantwortlichkeit und ihre Verwirklichung gemessen werden können (vgl. auch Zinn 2002).

Zeiträumen tatsächlich vergleichbar sind.[13] Müller (1997) merkt etwa kritisch an, dass die meisten der vermeintlichen Entstrukturierungen in Schnell und Kohlers Untersuchung von Parteipräferenzen (1995) darauf zurückzuführen seien, dass die an die Untersuchungsgegenstände angelegten Messkategorien zwar nicht (wie von Beck behauptet) unbrauchbar, aber unscharf geworden seien: Würde der Vergrößerung und Ausdifferenzierung der Angestellten- und Beamtenschichten durch eine Anpassung der Kategorien Rechnung getragen, verschwände die von Schnell und Kohler festgestellte nachlassende Strukturierungskraft sozialer Kategorien. In vielen Studien gehen zudem Momente der Schwächung von Strukturierungen mit solchen ihrer Stabilität einher. Die Möglichkeit der Gleichzeitigkeit von Stabilität und Wandel (vgl. auch das „Paradox von Stabilität und Heterogenität" bei Berger 1996: 198) macht mehr Differenzierung zu einer der wichtigsten Forderungen, die aus den empirischen Studien zu Individualisierung folgen. Eine Variante des Problems mangelnder Differenzierung besteht in dem Vorwurf, die von Beck beschriebenen Individualisierungstendenzen seien nur oder besonders kennzeichnend für die sich ausdifferenzierenden Mittelschichten (Atkinson 2007a: 362; Gellert 1996) oder für großstädtisch-akademische Milieus (Burkart 1998; Burkart/Kohli 1989). Dies erklärt eventuell, warum die Individualisierungsthese in der Version Becks über die Wissenschaft hinaus so erfolgreich ist. Der publizistische Erfolg der Individualisierungsthese unterstreicht, wie einflussreich Individualisierung als *kulturelles Modell* ist – ohne dass dem objektiv bestehende Individualisierungschancen entsprechen müssten.

6   Schlussfolgerungen

6.1 Individualisierung als relatives Konzept

Becks „dual historical thinking" (Atkinson 2007a: 358) steht einer präzisen Erfassung von Individualisierungsprozessen im Wege. Die bei Beck immer wieder anklingende Behauptung, dass Ausmaß und Konsequenzen des letzten Individualisierungsschubs diesen zu einer qualitativ neuen Stufe der Veränderung machen (Beck 1986: 116f), ist gewagt. Eine sorgfältigere Strategie der Absicherung des

---

13 Ein weiterer Einwand dieser Art bezieht sich auf die zunehmende Verfügbarkeit von detaillierten (Längsschnitt-)Daten zu individuellen Lebensläufen, die eine Verzeitlichung der Ungleichheitsforschung bedeutet und mit der sich der soziologische „Sinn" für die Verkürzungen traditioneller Ungleichheitsbegriffe geschärft hat. Da für die (weiter zurückreichende) Vergangenheit keinerlei oder nur weniger genaue Daten vorliegen, wird die „idealtypische Vergangenheit" mit der „empirischen Gegenwart" verglichen – es kommt zu einem „methodologischen Fehlschluss" (Burkart 1998: 125).

Konzepts bestünde darin, die Veränderungen in ihren Details empirisch zu erforschen und dann nach übergreifenden theoretischen Deutungsmustern zu suchen, statt umgekehrt ein übergreifendes, universales Muster zu vermuten und jede einzelne empirische Beobachtung diesem interpretativ unterzuordnen.

Es scheint deswegen plausibler, Individualisierung als *relatives* Konzept mit *graduellen* Ausprägungen zu verwenden (Scherger 2007: 275f): Gesellschaften, Geburtskohorten oder bestimmte Bevölkerungsgruppen sind nur im Vergleich miteinander oder im historischen Vergleich *mehr oder weniger* individualisiert.[14] Individualisierungsprozesse sind nicht universal, sondern verbreiten sich nach und nach über verschiedene institutionelle Bereiche und verschiedene Bevölkerungsgruppen. Es handelt sich um einen komplexen, mehrere Ebenen umfassenden historischen Wandel, und nicht um eine einheitliche oder gar lineare Bewegung in Richtung „immer mehr" Individualisierung.

Die Notwendigkeit der Differenzierung der Individualisierungsthese bezieht sich erstens auf den historischen Ablauf, auf den Verlauf bisheriger Individualisierungsschübe und auf ihre Ursachen. Strukturelle, institutionelle und kulturelle Faktoren entwickeln sich nicht immer „im Gleichschritt"; entsprechende Ungleichzeitigkeiten können Individualisierungsideologien (bei einem „Vorsprung" individueller Zuschreibungsmuster) oder zwar institutionell verankerte, aber ungenutzte Individualisierungschancen (bei einem „Hinterherhinken" der Verbreitung individueller Zuschreibungsmuster) bedeuten. Unter günstigen Bedingungen, etwa einem Wohlstandsschub, verbreiten sich Individualisierungs*chancen* der Realisierung relativ autonomer Handlungsentscheidungen und die entsprechenden individualisierten Deutungsmuster wahrscheinlich schneller, was aber nicht mit ihrer Gleichverteilung zu verwechseln ist. Selbst wenn institutionelle und strukturelle Individualisierungsprozesse weit vorangeschritten sind, kann es etwa aufgrund ökonomischer Knappheiten zu erneuten Einschränkungen von Handlungsspielräumen, zu erhöhter Unsicherheit in Bezug auf Handlungsergebnisse und damit zu gesteigerten Individualisierungs*risiken* kommen (vgl. auch Friedrichs 1998) – so garantiert ein ausgebautes staatliches Bildungssystem etwa noch keine adäquaten Arbeitsplätze.

---

14 Im Sinne von Individualisierung als einem Prozess, der auf mehreren gesellschaftlichen Ebenen stattfindet, erscheint ebensowenig sinnvoll, einzelne Akteure als „individualisiert" oder „nicht-individualisiert" zu betrachten (oder „individualistisch" vgl. Jagodzinski/Klein 1998). Allenfalls können sich einzelne Akteure in ihren Handlungsdeutungen mehr oder weniger stark auf individualisierte Zuschreibungsmuster beziehen; Differenzierung und Pluralisierung beziehen sich immer auf ein Aggregat von Handlungen, Lebenslaufstrukturen etc.

6.2 Die Rückbindung an Fragen sozialer Ungleichheit

Aussagen zu Individualisierungsprozessen müssen außer nach ihrem histori-
schem Ablauf zweitens nach Gegenstandsebene und -bereich (Lebensformen,
Erwerbsarbeit, Religion etc.), drittens nach geographischen (Stadt/Land, Region,
Nation[15]) und viertens nach sozialstrukturellen Merkmalen (Geschlecht, Bildung, Einkommen etc.) der von ihnen betroffenen Gruppen differenziert werden.
Als fünfte Ebene der Differenzierung ist schließlich der Lebenslauf einzubeziehen, da die Zahl der zur Verfügung stehenden Handlungsoptionen mit dem Ablauf des Lebens variiert. So treten Individualisierungschancen und -risiken besonders im frühen Erwachsenenalter auf, in denen mehrere wichtige Übergänge
aufeinandertreffen; als weiteres, in diesem Zusammenhang wenig erforschtes
Beispiel könnte der Ruhestand dienen (kritisch vgl. Vickerstaff/Cox 2005).

Die Aufgabe des Universalitätsanspruchs berührt damit insbesondere Fragen der sozialen Ungleichheit. Eine Anbindung der Individualisierungsthese an
die Erforschung sozialer Ungleichheit ist nicht nur möglich, sondern notwendig.
Wege, den von Neckel (1989) diagnostizierten „Paradigmenstreit" aufzulösen,
gibt es viele. Soziale Ungleichheiten kommen zwar weniger als früher durch
strenge normative Handlungsvorgaben zustande, deren Nichteinhaltung etwa in
der Familie, traditionellen Milieus etc. sanktioniert wird. Die Ungleichverteilung
bestimmter Ressourcen hat aber eine fortgesetzte Wirkung auf individuelle Lebensläufe. Individuelle Handlungsspielräume, die sich durch strukturelle Prozesse eröffnet haben, sind immer noch gesellschaftlich strukturiert, und zwar in Abhängigkeit von der individuellen Position im Ungleichheitsgefüge. Erst durch die
Spezifizierung der Handlungsumstände bestimmter Personengruppen kann die
Größe des Entscheidungsspielraums näher bestimmt werden: Nur selten trifft eine der beiden Extrembeschreibungen zu, dass entweder alle Handlungsoptionen
gleichzeitig und gleichwertig offen stehen oder dass der Handlungsspielraum
soweit eingeengt ist, dass er faktisch nicht besteht, auch wenn scheinbar eine
Entscheidung getroffen wird.

Zukünftig müssen vor allem die Mechanismen erforscht werden, die dazu
führen können, dass institutionell verankerte Individualisierungschancen ungleich genutzt werden und Individualisierungsrisiken unterschiedlich stark drohen (vgl. Keupp, in diesem Band). Es muss gefragt werden, wer unter welchen
Bedingungen in der Lage ist, strukturell gegebene Individualisierungsmöglich-
keiten im Sinne von Autonomie und freier Wahl zu nutzen, und wo die Verwirk-

---

15 Neben Vergleichen von westlichen Gesellschaften wären auch solche mit industrialisierten oder
   sich industrialisierenden nicht-westlichen Gesellschaften (etwa Japan oder China) aufschlussreich, da hier die kulturelle Dimension von Individualisierung deutlich würde (siehe dazu den
   Beitrag von Zaman/Wohlrab-Sahr, in diesem Band).

lichung prinzipiell gegebener Handlungsmöglichkeiten durch welche Mechanismen eingeschränkt ist.[16]

Der erste Punkt in einer Entscheidung, an dem jenseits der strukturell gegebenen Handlungsmöglichkeiten soziale Ungleichheiten ins Spiel kommen, ist die Reflexion eben dieser Handlungsmöglichkeiten. Ein Akteur muss sich einer Handlungsmöglichkeit bewusst sein und um ihre Bedingungen und Konsequenzen wissen, um sie wahrnehmen zu können. Die Lockerung traditioneller normativer Vorgaben schreitet nicht überall gleich schnell voran; ein fortbestehendes Bewusstsein normativer Vorgaben (etwa in bestimmten Milieus) kann den Blick auf prinzipiell vorhandene alternative Handlungsmöglichkeiten verstellen. Zweitens kommt auch bei den eigentlichen Handlungsentscheidungen die Position des individuellen Akteurs in den Gefügen sozialer Ungleichheit zur Geltung: Seine materiellen und immateriellen Ressourcen entscheiden mit darüber, wie aufwändig und im weitesten Sinne kostspielig bestimmte Handlungsentscheidungen sind und wie das Risiko des Scheiterns von Handlungsoptionen wahrgenommen wird. Institutionelle Vorgaben strukturieren individuelle Handlungsspielräume in oft komplexer, manchmal widersprüchlicher Art und Weise, insbesondere wenn sich Wirkungsbereiche verschiedener Institutionen überschneiden. Die Fähigkeiten des reflexiven Umgangs mit institutionellen Vorgaben und der langfristigen Lebensplanung, sprich des "doing biography" (Heinz 2002), sind ungleich verteilt; sie hängen etwa mit der sozialen Herkunft und den in Sozialisationserfahrungen vermittelten kognitiven und psychischen Ressourcen der individuellen Akteure zusammen. Daneben spielt drittens der situative Handlungskontext jeder einzelnen Entscheidung eine Rolle (Zinn 2002), zu dem auch die biographischen Perspektiven des Akteurs gehören. Die Realisierung von prinzipiell gegebenen Handlungsspielräumen ist also in vielfacher Weise mit sozialer Ungleichheit verknüpft.

Empirische Studien zeigen, dass es nicht notwendig ist, klassische Kategorien sozialer Ungleichheit (Schicht oder Klasse, Geschlecht, Ethnizität etc.) aufzugeben, um die Individualisierung sozialer Ungleichheit zu verstehen. Soziale Ungleichheit entfaltet sich teilweise über die Bezugnahme individueller Akteure auf Kategorien sozialer Ungleichheit. Akteure nehmen althergebrachte normative Vorgaben auf, reflektieren sie und wenden sie in Abhängigkeit von ihrer derzeitigen Situation, ihren bisherigen Erfahrungen und ihren Zukunftsperspektiven an. Die Wirkung kontextueller und relationaler (d. h. auf andere Akteure bezogener) Elemente der Auswahl von Handlungsoptionen ist kaum zu überschätzen, wie

---

16 Wie individuelle Akteure mit individualisierten institutionellen Vorgaben umgehen, mag eine offene Frage sein – aber das Verhalten der individuellen Akteure ist eben nicht *kontingent*, wie Beck behauptet (2007: 681), sondern hängt unter anderem mit der individuellen Position im Gefüge sozialer Ungleichheiten zusammen.

Smart und Shipman (2004: 493) demonstrieren. In vielen Fällen werden traditionelle Handlungsvorgaben und Bezüge auf individualisierte Zuschreibungsmuster kreativ kombiniert. Auch bei der Konstruktion individueller Identitäten schließen sich der Bezug auf Klassenzugehörigkeit und individualisierte Zuschreibungsmuster nicht aus (Savage 2000: 105). Aufgrund der oben genannten Faktoren – Bewusstsein von Handlungsoptionen, Ressourcen, situativer Handlungskontext – verteilen sich die resultierenden „Handlungslogiken" (Zinn 2002) unterschiedlich auf verschiedene sozialstrukturelle Kontexte.

6.3 Die empirische Untermauerung von Handlungsmodellen mittels kombinierter Methoden

Die meisten der zitierten Befunde beziehen sich vor allem auf individualisierte Handlungsstrukturen. Die gleichen oder einander ähnliche Strukturen können aber Ergebnis ganz unterschiedlicher Prozesse sein. Die eher spekulativen Ausführungen zur Realisierung von Handlungsspielräumen zeigen, dass Forschungsbedarf in Bezug auf die Mechanismen besteht, durch die Ungleichheitspositionen mit Handlungsergebnissen verknüpft sind. Diese Handlungsergebnisse konstituieren die oben gesehenen Strukturen des Lebenslaufs und soziokultureller Erfahrungsformen. Individuelle Handlungsentscheidungen und die in sie eingehenden Deutungsmuster, Ressourcen und sonstigen Bedingungen müssen besser verstanden werden, wenn die zunehmend komplexe, aber fortdauernde Verknüpfung von objektiven Ungleichheitspositionen und Lebensläufen, Lebensformen, Lebenswelten verstanden werden soll. Erst die handlungstheoretische Aufklärung des Zustandekommens struktureller Differenzierungs- und Pluralisierungserscheinungen kann die Individualisierungsthese für bestimmte Personengruppen bestätigen oder widerlegen (vgl. Huinink/Wagner 1998: 104). Nur mittels qualitativer, sinnrekonstruktiver Methoden können individuelle Deutungen von Handlungsspielräumen nachvollzogen werden (vgl. Poferl, in diesem Band). Theoretische Überlegungen zu entsprechenden Handlungsmodellen – oft in Anlehnung an oder bewusster Absetzung von rational-choice-Ansätzen – liegen bereits vor (etwa Burkart 1995; Blossfeld 1996; Friedrichs 1998; Rössel 2005). Diese in Bezug auf Individualisierungsprozesse anzuwenden und dann wieder mit der strukturellen Ebene in Verbindung zu bringen, ist eine mehr als anspruchsvolle Aufgabe, wie Zinn (2002) demonstriert.

Da eine Untersuchung individueller Handlungsperspektiven und -deutungen aus forschungsökonomischen Gründen nur für eine relativ geringe Anzahl von Akteuren realisierbar ist und die entsprechenden Ergebnisse, etwa Deutungsmuster oder Handlungslogiken, kaum verallgemeinerbar sind, ist im Weiteren eine Wiederanbindung an die gesellschaftliche Makroperspektive notwendig. Diese könnte realisiert werden, indem die Verbreitung sinnrekonstruktiv erarbeiteter Handlungslogiken mittels eines standardisierten Erhebungsinstruments erfasst wird (Zinn 2002). Pollacks und Pickels (1999, 2003) Einbezug von Einstellungsitems zu „individualistischen" Normen ist als Annäherung an individuelle Handlungslogiken zu verstehen, zeigt jedoch auf, mit welch enormen Schwierigkeiten ein solcher Versuch behaftet ist. Die Individualisierungsthese ist in ihrem gesellschaftsdiagnostischen Gehalt allerdings nur auf diesem Wege nachweisbar, wenn unzulässige Verallgemeinerungen vermieden und die angemahnten Differenzierungen insbesondere nach individueller Ungleichheitsposition geleistet werden sollen. Retrospektiv ist die entsprechende Kombination von Methoden, mit der Handlungs- und Strukturebene umgreifende Individualisierungsprozesse zu zeigen wären, vermutlich nicht zu leisten. Der Streit um den Individualisierungsschub der letzten Jahrzehnte ist damit letztendlich nicht lösbar. Auch zukünftige Forschung wird sich Individualisierungsprozessen vermutlich nur annähern können. Die Fruchtbarkeit des Streits um Individualisierung zeigt indes, dass es bedauerlich wäre, das Individualisierungskonzept ganz aufzugeben. Auch wenn am Ende der Pudding nicht an der Wand hängt, so mag man beim Versuch, ihn an die Wand zu nageln, seine handwerklichen Fähigkeiten verbessert haben.

Literatur

Atkinson, Will (2007a): Beck, individualization and the death of class. In: The British Journal of Sociology 58(3). 349-366.

Atkinson, Will (2007b): Beyond false oppositions: a reply to Beck. In: The British Journal of Sociology 58(4). 707-715.

Beck, Ulrich (1986): Risikogesellschaft: Auf dem Weg in eine andere Moderne. Frankfurt a. M.: Suhrkamp.

Beck, Ulrich (1983/1994): Jenseits von Stand und Klasse. In: Ulrich Beck/Elisabeth Beck-Gernsheim (Hrsg.), Riskante Freiheiten. Individualisierung in modernen Gesellschaften. Frankfurt a. M.: Suhrkamp. 43-60.

Beck, Ulrich (2007): Beyond class and nation: reframing social inequalities in a globalizing world. British Journal of Sociology 58(4). 679-705.

Beck, Ulrich/Beck-Gernsheim, Elisabeth (1994): Individualisierung in modernen Gesellschaften – Perspektiven und Kontroversen einer subjektorientierten Soziologie. In: Ulrich Beck/Elisabeth Beck-Gernsheim (Hrsg.): Riskante Freiheiten. Individualisierung in modernen Gesellschaften. Frankfurt a. M.: Suhrkamp. 10-39.

Beck, Ulrich/Beck-Gernsheim, Elisabeth (2001): Individualization. Institutionalized individualism and its social and political consequences. London: Sage.

Beck, Ulrich/Sopp, Peter (Hrsg.) (1997): Individualisierung und Integration. Neue Konfliktlinien und neuer Integrationsmodus? Opladen: Leske + Budrich.

Berger, Peter A. (1996): Individualisierung. Statusunsicherheit und Erfahrungsvielfalt. Opladen: Westdeutscher Verlag.

Berger, Peter A./Sopp, Peter (1992): Bewegtere Zeiten? Zur Differenzierung von Erwerbsverlaufsmustern in Westdeutschland. In: Zeitschrift für Soziologie 21(3). 166-185.

Berger, Peter A./Konietzka, Dirk (Hrsg.) (2001): Die Erwerbsgesellschaft. Neue Ungleichheiten und Unsicherheiten. Opladen: Leske + Budrich.

Blossfeld, Hans-Peter (1996): Macro-sociology, Rational Choice Theory, and Time. A Theoretical Perspective on the Empirical Analysis of Social Processes. In: European Sociological Review 12, 181-206.

Born, Claudia (2001): Modernisierungsgap und Wandel. Angleichung geschlechtsspezifischer Lebensführungen? In: Claudia Born/Helga Krüger (Hrsg.): Individualisierung und Verflechtung. Geschlecht und Generation im deutschen Lebenslaufregime. Weinheim: Juventa. 29-53.

Buchmann, Marlis/Eisner, Manuel (1997): The transition from the utilitarian to the expressive self: 1900-1992. In: Poetics 25(2-3). 157-175.

Burkart, Günter (1995): Biographische Übergänge und rationale Entscheidungen. In: BIOS 8. 59-88.

Burkart, Günter (1998): Individualisierung und Elternschaft. Eine empirische Überprüfung der Individualisierungsthese am Beispiel USA und ein Systematisierungsvorschlag. In: Jürgen Friedrichs (Hrsg.): Die Individualisierungs-These. Opladen: Leske + Budrich. 107-141.

Burkart, Günter/Kohli, Martin (1989): Ehe und Elternschaft im Individualisierungsprozeß: Bedeutungswandel und Milieudifferenzierung. In: Zeitschrift für Bevölkerungswissenschaft 15(4). 405-426.

Brückner, Hannah/Mayer, Karl Ulrich (2005): De-Standardization of the life course: What it might mean? And if it means anything, whether it actually took place? In: R. MacMillan (Hrsg.): The structure of the life course: Standardized? Individualized? Differentiated? New York: Elsevier. 27-53.

Corsten, Michael/Hillmert, Steffen (2003): Bildungs- und Berufskarrieren in Zeiten gestiegener Konkurrenz. In: Zeitschrift für Berufs- und Wirtschaftspädagogik 99(1). 42-60.

Diewald, Martin (2004): Die neue Arbeitsgesellschaft als ICH-AG? In: G. Nollmann/H. Strasser (Hrsg.), Das individualisierte Ich in der modernen Gesellschaft. Frankfurt a. M., New York: Campus. 110-129.

Dülmen, Richard van (1997): Die Entdeckung des Individuums. 1500-1800. Frankfurt a. M.: Fischer.

Ebers, Nicola (1995): "Individualisierung". Georg Simmel – Norbert Elias – Ulrich Beck. Würzburg: Königshausen und Neumann.

Friedrichs, Jürgen (1998): Die Individualisierungs-These. Eine Explikation im Rahmen der Ratinoal-Choice-Theorie. In: Jürgen Friedrichs (Hrsg.): Die Individualisierungs-These. Opladen: Leske + Budrich. 33-47.

Gellert, Claudius (1996): Das Ende der Klassengesellschaft. Überlegungen zur Individualisierung sozialer Strukturen. In: Leviathan 24(4). 573-586.

Groß, Martin (2000): Bildungssysteme, soziale Ungleichheit und subjektive Schichteinstufung - die institutionelle Basis von Individualisierungsprozessen im internationalen Vergleich. In: Zeitschrift für Soziologie 29(1). 375-396.

Heinz, Walter R. (2002): Self-Socialization and Post-Traditional Society. In: Richard A. J. Settersten/Timothy J. Owens (Hrsg.): Advances in Life Course Research (Vol. 7). New York: Elsevier. 41-64.

Honneth, Axel (2004): Organized Self-realization: Some paradoxes of individualization. In: European Journal of Social Theory 7(4). 463-478.

Huinink, Johannes/Wagner, Michael (1998): Individualisierung und Pluralisierung von Lebensformen. In: Jürgen Friedrichs (Hrsg.): Die Individualisierungs-These. Opladen: Leske + Budrich. 85-106.

Jagodzinski, Wolfgang/Klein, Markus (1998): Individualisierungskonzepte aus individualistischer Sicht. Ein erster Versuch, in das Dickicht der Individualisierungskonzepte einzudringen. In: Jürgen Friedrichs (Hrsg.): Die Individualisierungs-These. Opladen: Leske + Budrich. 13-31.

Junge, Matthias (1996): Individualisierungsprozesse und der Wandel von Institutionen. Ein Beitrag zur Theorie reflexiver Modernisierung. In: Kölner Zeitschrift für Soziologie und Sozialpsychologie 48(4). 728-747.

Junge, Matthias (2002): Individualisierung. Frankfurt a. M.: Campus.

Klein, Thomas (1999): Pluralisierung versus Umstrukturierung am Beispiel partnerschaftlicher Lebensformen. In: Kölner Zeitschrift für Soziologie und Sozialpsychologie 51(3). 469-490.

Kohler, Ulrich (2005): Statusinkonsistenz und Entstrukturierung von Lebenslagen. Empirische Untersuchung zweier Individualisierungshypothesen mit Querschnittsdaten aus 28 Ländern. In: Kölner Zeitschrift für Soziologie und Sozialpsychologie 57(2). 230-253.

Kohli, Martin (1985): Die Institutionalisierung des Lebenslaufs. In: Kölner Zeitschrift für Soziologie und Sozialpsychologie 37(1). 1-29.

Kohli, Martin (1986): Gesellschaftszeit und Lebenszeit: Der Lebenslauf im Strukturwandel der Moderne. In: Johannes Berger (Hrsg.): Die Moderne – Kontinuitäten und Zäsuren (Soziale Welt: Sonderband 4). Göttingen: Schwartz. 183-208.

Kohli, Martin (1988): Normalbiographie und Individualität: Zur institutionellen Dynamik des gegenwärtigen Lebenslaufregimes. In Hanns-Georg Brose/Bruno Hildenbrand (Hrsg.): Vom Ende des Individuums bis zur Individualität ohne Ende. Opladen: Leske + Budrich. 33-53.

Kron, Thomas (2000): Individualisierung und soziologische Theorie. Opladen: Leske + Budrich.

Leisering, Lutz (1998): Sozialstaat und Individualisierung. In: Jürgen Friedrichs (Hrsg.): Die Individualisierungs-These. Opladen: Leske + Budrich. 65-78.

Müller, Walter (1997): Sozialstruktur und Wahlverhalten. Eine Widerrede gegen die Individualisierungsthese. In: Kölner Zeitschrift für Soziologie und Sozialpsychologie 49(4). 747-760.

Mythen, Gabe (2005): Employment, individualization and insecurity: rethinking the risk society perspective. In: The Sociological Review 53(1). 129-149.

Neckel, Sighard (1989): Individualisierung und Theorie der Klassen. Zwischenbemerkungen im Paradigmenstreit. In: Prokla 19(76). 51-59.

Plum, Wolfgang (1990): Entstrukturierung und sozialpolitische Normalitätsfiktion. In: Soziale Welt 41(4). 477-497.

Pollack, Detlef/Pickel, Gerd (1999): Individualisierung und religiöser Wandel in der Bundesrepublik Deutschland. In: Zeitschrift für Soziologie 28(6). 465-483.

Pollack, Detlef/Pickel, Gerd (2003): Deinstitutionalisierung des Religiösen und religiöse Individualisierung in Ost- und Westdeutschland. In: Kölner Zeitschrift für Soziologie und Sozialpsychologie 55(3). 447-474.

Rössel, Jörg (2005): Plurale Sozialstrukturanalyse: eine handlungstheoretische Rekonstruktion der Grundbegriffe der Sozialstrukturanalyse. Wiesbaden: VS.

Sacher, Matthias (1998): Berufseinstieg - gestern und heute. Ein Kohortenvergleich. In: Jürgen Friedrichs (Hrsg.): Die Individualisierungs-These. Opladen: Leske + Budrich. 165-180.

Savage, Mike (2000): Class Analysis and Social Transformation. Buckingham: Open University Press.

Scherger, Simone (2007): Destandardisierung, Differenzierung, Individualisierung. Westdeutsche Lebensläufe im Wandel. Wiesbaden: VS Verlag für Sozialwissenschaften.

Schnell, Rainer/Kohler, Ulrich (1995): Empirische Untersuchung einer Individualisierungshypothese am Beispiel der Parteipräferenz von 1953-1992. In: Kölner Zeitschrift für Soziologie und Sozialpsychologie 47(4). 634-657.

Schofer, Bernd, Bender, Harald/Utz, Richard (1991): Sind Singles individualisiert? Lebenslage und Lebensstil Alleinlebender. In: Zeitschrift für Bevölkerungswissenschaft 17. 461-488.

Schroer, Markus. (2000): Negative, positive und ambivalente Individualisierung - erwartbare und überraschende Allianzen. In: Thomas Kron (Hrsg.): Individualisierung und soziologische Theorie. Opladen: Leske + Budrich. 13-42.

Smart, Carol/Shipman, Beccy (2004): Visions in monochrome: families, marriage and the individualization thesis. In: British Journal of Sociology 55(4). 491-509..

Vickerstaff, Sarah/Cox, Jennie (2005): Retirement and Risk: The Individualisation of Retirement Experiences? In: The Sociological Review 53(1). 77-95.

Wieland, Dirk (2004): Die Grenzen der Individualisierung: Sozialstrukturanalyse zwischen objektivem Sein und subjektivem Bewußtsein. Opladen: Leske + Budrich.

Wohlrab-Sahr, Monika (1997): Individualisierung: Differenzierungsprozeß und Zurechnungsmodus. In: Ulrich Beck/Peter Sopp (Hrsg.), Individualisierung und Integration. Neue Konfliktlinien und neuer Integrationsmodus? Opladen: Leske + Budrich. 23-36.

Wohlrab-Sahr, Monika/Krüggeler, Michael (2000): Strukturelle Individualisierung vs. autonome Menschen oder: Wie individualisiert sich Religion? In: Kölner Zeitschrift für Soziologie und Sozialpsychologie 29(3). 240-244.

Zinn, Jens (2002): Konzeptionelle Überlegungen und eine empirische Strategie zur Erforschung von Individualisierungsprozessen. In: Historical Social Research/Historische Sozialforschung 27(2-3). 22-84.

Jenseits von „ethnic community" und „ethclass"
Migrantenmilieus als lebensweltliche Individualisierungs- und Differenzierungsphänomene

Dariuš Zifonun

1 Das Ende der Selbstverständlichkeiten

Ulrich Becks Individualisierungsthese, so wie sie im Folgenden verstanden werden soll, meint eine historische Refiguration des Verhältnisses von Individuum und Gesellschaft. Sie meint nicht Vereinzelung, sondern einen Prozess, der aus zwei Teilen besteht. *Erstens*, ein Heraustreten des Individuums aus subjektiv als selbstverständlich erfahrenen gesellschaftlichen Zugehörigkeiten. Diese Selbstverständlichkeit assoziiert Beck in „Jenseits von Stand und Klasse" für Deutschland mit den „sozial-moralischen Milieus" (Beck 1983: 40) der industriellen Moderne, in die man etwa als Sozialdemokrat, als Katholik oder Protestant hineingeboren wurde und die die gesamte Lebensführung umfassend bestimmten. Mit dem Auseinanderbrechen dieser Großgruppen seit den 1950er Jahren des letzten Jahrhunderts – ausgelöst, so Beck, durch soziale und geographische Mobilität, die Schaffung sozialstaatlicher Sicherungs- und Steuerungssysteme, die Binnendifferenzierung von Berufsgruppen, die Ausweitung sozialer Konkurrenzbeziehungen, die Entstehung urbaner Großstadtsiedlungen, die Ausweitung der Arbeitsmarktdynamik auf immer weitere Bevölkerungskreise und schließlich das Sinken der Erwerbsarbeitszeit – zerbricht auch die Selbstverständlichkeit von Zugehörigkeit und Lebensführung. Die Antwort darauf können wir mit Beck, *zweitens*, in neuen individualisierten Vergesellschaftungsformen und vielfältigen Formen des Individualismus sehen, die eben nicht als Vereinzelung erfahren, sondern als kollektiv geteilte und subjektiv erfahrene Antworten auf Herauslösung zu verstehen sind (Beck/Sopp 1997). Zugehörigkeit erscheint nunmehr nicht als auferlegt. Der Einzelne sieht sich vielmehr gezwungen, sich selbst zuzuordnen und hat die Verantwortung, sein Leben selbst zu gestalten.

Die Frage, für die Ulrich Beck im Folgenden beansprucht werden soll, lautet: Was kommt „jenseits von Stand und Klasse" *in der Lebenswelt?* Der Fokus der Aufmerksamkeit richtet sich also, anders als dies in kausalanalytischen und i.d.R. quantitativ verfahrenden Studien zur Individualisierungsthese der Fall ist, auf die *typischen Erfahrungsmuster und Erfahrungsräume* der „zweiten Moderne". Damit knüpfe ich an einen Aspekt der Beckschen Kritik der soziologischen Ungleichheits- und Sozialstrukturanalyse an, der in der Beckrezeption weniger berücksichtigt wird, hat seine Kritik doch auch methodologische Implikationen, die einen Wechsel der Blickrichtung einfordern: weg von den deduktiv gewonnenen analytischen Begriffsrastern hin auf die soziale Lebenswelt. In meinem Verständnis lautet die Frage also genauer: was kommt „jenseits der sozialmoralischen Milieus", in denen, jedenfalls im Fall der Arbeitermilieus, Stand und Klasse zusammenfielen. Indem die Sozialstrukturanalyse die „soziale Frage" zu ihrem zentralen Gegenstand machte und die Annahme generalisierte, dass Stand und Klasse eben zusammenfallen und damit ohne Realitätsverlust von deren lebensweltlicher Praxis auf die Ebene analytischer Kategorien abstrahiert werden kann, verlor sie die Fähigkeit, Veränderungen in der Lebenswelt wahrzunehmen, die nicht unmittelbar auf die analytische Ebene durchschlagen. Becks Verdienst ist es auch, diese ‚lebensweltliche' Perspektive in die neuere Sozialstrukturanalyse eingebracht zu haben. Auf konzeptioneller Ebene hat mittlerweile Ronald Hitzler den Verschlag eingebracht, die Sozialstruktur von Gegenwartsgesellschaften über die für sie typischen „posttraditionalen Gemeinschaften" (Hitzler/Honer/Pfadenhauer 2008) einzufangen, während ich den Begriff der sozialen Welten präferiere (Soeffner/Zifonun 2008a).

Nun hat Beck die Individualisierungsthese 1983 mit zwei Einschränkungen versehen. Am Ende des Aufsatzes sieht er im „(Land- und Kapital-)Besitz in all seinen Abstufungen ein zentrales Beispiel dafür, wie sich ständisch geprägte, soziokulturelle Lebensmilieus gegenüber Individualisierungsprozessen mehr oder weniger ‚immunisieren' können" (Beck 1983: 61). Wer Land besitzt, ist räumlich immobil, wer über mobiles Kapital verfügt, kann sich räumliche Mobilität sparen. Die zweite Ausnahme versteckt Beck in Fußnote 27:

> Die „Wanderungsbewegungen ganzer Kollektive" nämlich, „die ebenfalls kaum mit Individualisierungen verbunden sein dürften (vgl. den ‚Export' der Gastarbeiterkulturen vom Heimatland in die Bundesrepublik)" (Beck 1983: 46).

Im Folgenden soll Becks Individualisierungsthese forciert werden, indem argumentiert wird, dass sie auch für die von ihm selbst noch eingeklammerten *Migranten* stichhaltig ist. Es wird erstens darauf hingewiesen, dass Becks Einklammerung schon 1983 fragwürdig war und zweitens gezeigt, dass und wie heute migrantische Milieus und Lebensführungen fundamental individualisiert sind. Diese Einschätzungen sind fundiert in empirische Studien, die hier nicht im Detail rekapituliert werden. Die beiden Beispiele, die zumindest kurz angerissen werden – es handelt sich dabei zum einen um den Lebensstil der Islamisten, zum anderen um das Segregationsmilieu von Moscheegemeinden – rekurrieren sowohl auf eigene ethnographische Untersuchungen wie auf die ethnologischen Arbeiten von Werner Schiffauer. Drittens wird posttraditionale Vergemeinschaftung als Form der Wiedereingliederung charakterisiert, in der Ethnizität und Religion eine prominente Rolle spielen, und abschließend die Debatte um das Verhältnis von Individualisierung und Islam kritisch gewürdigt.

2 Migrantische Individualisierung in internationaler und historischer Perspektive

In der zeitgenössischen Forschungsliteratur, die Migration und Individualisierung in Verbindung setzt, vertritt allen voran Herbert Gans eine pointierte Position. Gans argumentiert 1979, mit Blick auf die dritte Generation europäischer Einwanderer in die USA, dass sich deren ethnische Identität fundamental von der vorheriger Generationen unterscheide. Diesen erschien ihre ethnische Identität „largely taken for granted" (Gans 1979: 8), was sich aus dem Umstand ergab, dass man sein Leben in einer ethnischen Gemeinde führte und Zugehörigkeit kaum thematisiert wurde. Für die dritte Generation, mit der sich Gans befasst, ist das anders: Ihre Angehörigen müssen ihre Ethnizität wählen, sie wird auch von außen nicht mehr nachdrücklich und in eindeutiger Weise zugeschrieben, sie ist eine Angelegenheit der Freizeitgestaltung und wird expressiv mittels Symbolen ausgedrückt. Ethnische Zugehörigkeit ist nicht mehr von instrumenteller Bedeutung, in dem Sinne, dass man auf ihrer Grundlage seinen Lebensunterhalt verdient (in ethnisch definierten Berufen) oder in ethnisch exklusiven Familiennetzwerken lebt. Gans unterscheidet begrifflich zwischen ‚ethnic cultures and organizations' als den klassischen kollektiven Formen ethnischer Gemeindebildung und ‚ethnic identity and symbolic ethnicity' als den neuen Formen individualistischen ethnischen Rollenverhaltens und expressiver Stilisierung. Gans argumentiert Ende der 1970er Jahre gegen die damals verbreitete These, die USA erfahre ein *ethnic revival*, also eine Wiederbelebung ethnischer Vergesellschaftungsformen, das das vorherrschende Inkorporationsmuster der Assimilation in Frage stelle. Auf die Frage, ob nun tatsächlich ethnische Zugehörigkeit allein eine Frage der individuellen Wahl ist und welche Rolle ethnische Selbstorganisation möglicherweise doch spielt, wird zurückzukommen sein.

Mit Blick auf die Diskussion in der Bundesrepublik sei zuvor jedoch auf die Studien von Werner Schiffauer verwiesen, die dieser Ende der 1970er und Anfang der 1980er Jahre unter Einwanderern aus der ländlichen Türkei durchgeführt hat. Schiffauer konstatiert hier einen „Wandel des Selbstverständnisses bei Arbeitermigranten" (Schiffauer 1989):

> „Während der Einzelne in der traditionalen Gesellschaft einen unverwechselbaren Platz hatte, der sowohl seine soziale, ökonomische wie auch seine politische Stellung bestimmte und mit dem er identifiziert wurde, hat das Individuum in der komplexen Gesellschaft sowohl in synchroner wie in diachroner Hinsicht mehrere Plätze

inne; es ist gezwungen eine Synthese zwischen den verschiedenen Plätzen zu schaffen und wird als getrennt von ihnen gesehen." (Schiffauer 1989: 29)

Die Verbindlichkeit und Selbstverständlichkeit sozialer Positionen und Rollen löst sich auf, das ‚Ich' tritt aus dem ‚Wir' des Dorflebens heraus, der Einzelne nimmt seine Lebensgeschichte als besondere und einmalige wahr (Schiffauer 1989: 44):

> „Der Prozeß der Individuierung drückt sich auch nach außen hin sichtbar in Kleidung und Haartracht aus. Hier wird die Differenz zur dörflichen Selbstwahrnehmung am augenfälligsten. [...] Der Bart – in der traditionalen türkischen Gesellschaft gleichsam ein Abzeichen für die Position eines alten Mannes und eines Mekkapilgers – wird hier zum Symbol für einen individuellen Lebensstil." (Schiffauer 1989: 48)

In die Sprache der Soziologie gewendet, die im Begriff des Lebensstils bereits anklingt und die sich zur selben Zeit durchzusetzen beginnt, heißt das: Das individualisierte Subjekt begegnet der biographischen Ambivalenz seiner sozialen Lage mit der Konstruktion einer Bastelexistenz (Hitzler/Honer 1994).

3   Aktuelle Milieustrukturen und Lebensstile

3.1 Lebensstile und Individualitätstypen

Wie verhält es sich nun gegenwärtig mit den Lebensstilen von Migranten? Eine Antwort gibt die Sinus-Studie über „Milieus der Menschen mit Migrationshintergrund in Deutschland" (Sinus Sociovision 2007), die typologisch zwischen acht Migrantenmilieus unterscheidet:

- Religiös-verwurzeltes Milieu
- Entwurzeltes Flüchtlingsmilieu
- Traditionelles Gastarbeitermilieu
- Statusorientiertes Milieu
- Adaptives Integrationsmilieu
- Hedonistisch-subkulturelles Milieu
- Multikulturelles Performermilieu
- Intellektuell-kosmopolitisches Milieu

Die These, wonach Migrantenmilieus „real existierende Teilkulturen in unserer Gesellschaft mit gemeinsamen Sinn- und Kommunikationszusammenhängen in ihrer Alltagswelt" (Sinus Sociovision 2007: 17) seien, dürfte jedoch empirisch kaum haltbar sein. Bei den Sinus-Milieus handelt es sich vielmehr um typische *sets* von Individualmerkmalen, also um Personenkategorien mit zugehörigen typischen individuellen Lebensstilpräferenzen, mit denen der Einzelne seine persönliche Identität ausgestaltet. Als *personale Typen* sind sie weit davon entfernt, gemeinsam „Teilkulturen" der Gesellschaft zu bilden.

Der aus individualisierungstheoretischer Sicht vielleicht interessanteste Typus ist der Studie entgangen. Gemeint ist die Figur des „Islamisten", die als Sinnbild des Antiwestlichen und Antimodernen erscheint, die aber gerade *nicht* Ausdruck des Fortbestandes traditioneller Formen der Frömmigkeit ist. Vielmehr verbindet religiöser „Fundamentalismus" (in allen Religionen) religiöse Totalitätsansprüche mit politischen Herrschaftsbestrebungen und spezifisch modernen Sozialformen, insbesondere was die Nutzung von Medien, Staatsorganisation und Gesellschaftsstruktur betrifft (vgl. Kurzman 2002).

Zahlreiche Studien belegen, dass gerade junge, gut ausgebildete und strukturell assimilierte Türkinnen und Türken in Deutschland sich islamischen Gruppierungen zuwenden. Indem sie provokativ traditionelle Kleidung tragen oder ein Kopftuch anlegen, eignen sie sich die stigmatisierenden Zeichen ihrer Andersartigkeit an und werten sie in Zeichen subjektiv empfundener Andersartigkeit und Einzigartigkeit um. Der Islam, den sie vertreten, ist explizit antitraditionalistisch, wendet sich gegen die Volksfrömmigkeit der Elterngeneration, erfindet einen neuen, systematischen Islam:

> „An die Stelle eines Gewebes von Geschichten und Erzählungen ist eine Systematik getreten. Die jungen Islamisten eigneten sich das islamische Erbe mit den intellektuellen Werkzeugen an, die sie an den deutschen Schulen und Universitäten erworben hatten" (Schiffauer 2001: 2).

Unter ihnen finden wir im Übrigen auch die engagiertesten und ernsthaftesten Vertreter eines interreligiösen Dialogs. Gerade in der Abkehr und Ablehnung von Assimilation können wir also einen entschiedenen Antitraditionalismus erkennen, der sein Heil nicht im kleinbürgerlichen Privatismus der Elterngeneration sieht, sondern in einem selbst gestalteten, lebenspolitischen Lebensstil mündet.

3.2 Milieutypen und posttraditionale Vergemeinschaftung

Nun sind diese Lebensstile keine individuellen Innovationen, sondern werden gesellschaftlich vorgeformt und bereitgestellt in sozialen Welten, die – aus lebensweltlicher Sicht – auch die sozialstrukturellen Grundeinheiten moderner Gesellschaften bilden. Soziale Welten sind, in Anlehnung an Anselm Strauss gesprochen, Interaktionsräume, die sich um Kernaktivitäten bilden und die die Interaktanten für die Zeit ihrer Zugehörigkeit den Relevanzen und Sinnkonstruktionen des Milieus unterwerfen. Wir haben eine Typologie solcher sozialer Welten entworfen (Soeffner/Zifonun 2008a), wie sie sich aus Sicht von Migranten darstellen, die also nicht allein die exklusiv eigenethnischen Formationen umfasst, sondern die Gesamtheit der Lebenswelten, an denen Migranten partizipieren:

- Migrantenmilieus
- Assimilationsmilieus
- Segregationsmilieus
- Marginalisierungsmilieus
- Interkulturelle Milieus

Es handelt sich bei diesen Milieus um soziale Teilzeitwelten, deren Mitglieder nicht quasi automatisch (etwa aufgrund von „ethnischer" Zugehörigkeit) eine „Vollinklusion" erfahren, sondern die sich dem Milieu als Individuen (phasenweise) selbst zuordnen. Sie sind hinsichtlich ihrer sozialstrukturellen Zusammensetzung klassenmäßig gemischt und sind insofern „ständisch", als ihre Angehörigen an der „sozialen Ehre" des Milieus partizipieren, mittels derer es sich symbolisch von anderen Milieus abgrenzt. Im gesellschaftlichen Alltag kommt es zu symbolischen Über-/ Unterordnungskämpfen, die eben nicht vorwiegend klassenförmiger Natur sind.

Interessant sind hier wiederum die Fälle, die Zweifel erwecken. Dabei handelt es sich insbesondere um Segregationsmilieus wie Moscheegemeinden, segregative Kulturvereine oder großfamiliäre Verbünde. Auch für die Moscheegemeinde, um bei ihr zu bleiben, gilt: man muss sie auswählen, muss Mitglied werden, wird nicht in sie hineingeboren. Ihre Grenzen aufrechtzuerhalten ist eine der wesentlichen Aufgaben der Gemeinde. Andere Gemeinden sind Konkurrenten, im Vergleich zu denen man – den unterschiedlichen Mitgliedsgruppen angepasste – attraktive Angebote machen muss. So verfügt beispielsweise die Fatih Moschee Mannheim der Islamischen Gemeinschaft Milli Görüş (IGMG), wie viele andere ihres Typs auch, über einen Friseur und ein Restaurant, die nur für Mitglieder zur Verfügung stehen, über Frauenräume, Hausaufgabenhilfe, Koranunterricht; sie bietet Reisen für ihre Mitglieder an. Ihre Mitglieder besuchen, trotz Mitgliedschaft, unterschiedliche andere Moscheevereine, zu ihren Mitgliedern zählen deutsche Konvertiten, genauso wie man junge Menschen anzieht, die von außen kommen. Die Gestaltung des Vereinslebens obliegt den Mitgliedern des Vereins. Die Moscheegemeinde entspricht also keineswegs der Dorfgemeinde. Und auch für diejenigen, die tatsächlich durch ihre Familie zur Moschee kommen, gilt: sie müssen gebunden werden.

4   Dimensionen der Posttraditionalität

Zusammenfassend kann damit festgehalten werden, dass die Identitätsformen und Vergemeinschaftungstypen unserer Gegenwartsgesellschaften Reaktionen auf Modernisierungs- und Individualisierungsprozesse sind. Ihnen ist, auch dort wo ihre Träger sich explizit als antimodern und antiindividualistisch verstehen, Individualisierung eingeschrieben. Diese Diagnose folgt Beck insofern als sie Individualisierung als Hintergrundphänomen der Moderne interpretiert, als – in den Worten von Monika Wohlrab-Sahr (1997: 32) – „institutionell verankerte(n) Prozeß und ein kulturell dominantes Zurechnungsmuster", dem niemand entgeht, das jeder subjektiv zu bewältigen hat, das die unterschiedlichsten „Ausdrucks- und Bewältigungsformen" (Wohlrab-Sahr 1997: 32) annimmt und das in die Vergemeinschaftungsformen eingeschrieben ist.

Das impliziert aber nicht, dass allen alle individuellen Gestaltungsoptionen und Wahlmöglichkeiten gleichermaßen offen stehen. Es bedeutet nur, dass Multioptionalität lebensweltlich erfahren wird und dass dort, wo sich der Einzelne Wahlmöglichkeiten nicht selbst versagt, die Fremdbestimmung nicht als legitime Herrschaftsausübung, sondern als rohe Gewalt erfahren wird. Die Restriktionen eines Voluntarismus sind offensichtlich: Ressourcenmangel, der nicht überwunden werden kann; Fremdzuschreibungen, die man nicht einfach ignorieren kann; Zwang, dem man ausgeliefert ist. Mit Blick auf Gans' *symbolic ethnicity* bedeutet dies: Manche können freier wählen als andere, und manche leiden daran, dass ihnen die Wahlmöglichkeit vorenthalten wird (Waters 2009).

Genauso ist evident, dass manche Optionen näher liegen als andere. Dass Ethnizität eine attraktive Option darstellt, liegt, wie auch bereits Beck bemerkt hat, daran, dass in einer Situation, in der Selbstverständlichkeiten knapp werden, Ethnizität als scheinbar natürliche Zugehörigkeit Sicherheit und Stabilität suggeriert. Ethnizität wird zum Anker subjektiver Selbstvergewisserung, ohne dass daraus kollektive Abhängigkeiten oder traditionelle Verpflichtungen notwendig folgen würden. Über radikale Konsequenzen entscheidet der Einzelne selbst.

Die ethnischen Gemeinden, die William I. Thomas und Florian Znaniecki in „The Polish Peasant in Europe and America" (Thomas/Znaniecki 1918-20) beschreiben, scheinen für die *industrielle Gesellschaft* der USA eine ähnliche Funktion zu erfüllen und ähnlich verfasst zu sein, wie die sozio-moralischen Großmilieus des 19. Jahrhunderts für Deutschland. Zudem scheint den ethnischen Milieus in den USA und den Arbeitermilieus in Deutschland in der *postindustriellen Gesellschaft* Ähnliches widerfahren zu sein: Einstmals *building blocks* ihrer jeweiligen Gesellschaften, haben sie ihren Charakter durch fortschreitende Individualisierungsprozesse fundamental verändert. Von *ethnic communities* oder, wie es in der deutschsprachigen Literatur hieß und heißt, ethnischen Kolonien oder Binnenintegration kann mit Blick auf die gegenwärtige Konstellation keine Rede sein, wenn damit die Persistenz von traditionalen Lebenswelten gemeint ist. Die sozialen Welten heutiger Gesellschaften sind Wahlveranstaltungen, die persönlichen Identitäten ihrer Angehörigen Bastelexistenzen. Aus den stabilen, umfassenden Großmilieus und *ethnic communities* wurden Teilzeitgemeinschaften, zwischen denen man – im Tagesverlauf wie im Verlauf eines Lebens – wechselt.

Das bedeutet aber auch, nochmals mit Blick auf Gans, dass ethnische Organisationen mehr sein können als Freizeitveranstaltungen, derer man sich selektiv bedient. Man kann sich ihnen auch subjektiv ganz verschreiben – ohne allerdings von den anderen erzwingen zu können, dass sie dies auch tun. Der Vergemeinschaftungsmodus gegenwärtiger sozialer Welten ist zwangsläufig posttraditional. Allerdings lassen sich unterschiedliche Typen der Posttraditionalität unterscheiden. Während die von uns als Migrantenmilieus bezeichneten Welten etwa über einen „flachen" Mythos verfügen, der für jeden Einzelnen akzeptabel sein und dadurch möglichst viele integrieren soll, setzen Segregationsmilieus auf inhaltsreichere Ideologien, die die Konversion des Einzelnen und die Aufgabe seiner eigenen Ideen nötig machen (Soeffner/Zifonun 2008b). Dadurch wird einerseits die Milieubindung intensiver, der Kreis (potentieller) Mitglieder aber kleiner: Segregationsmilieus sind Avantgardeveranstaltungen und wollen es in der Regel auch sein. Aber selbst Segregationsmilieus sind nicht traditional, sondern den selben modernen Strukturzwängen ausgeliefert: sie sind nicht alternativlos, sondern sehen sich der Konkurrenz ausgesetzt; sie müssen um Anhänger und Mitglieder werben und ihnen ein attraktives ideologisches Angebot machen; da sie institutionell nicht vollständig sind, sind ihre Mitglieder dem Zwang zum Außenkontakt ausgeliefert; diese Außenkontakte ihrer Mitglieder können sie nicht komplett kontrollieren. Der Einsatz von „Fundamental-Mythen" (Hitzler 1998: 88) in Segregationsmilieus im Gegensatz zu „flachen", individualistischen Überhöhungen führt zu einem anderem Typus der Vergemeinschaftung, der nichtsdestoweniger posttraditional ist. Es ist nicht absehbar, dass sich in Einwandererkreisen neue „primäre Traditionalisierungen" ausformen würden, mit denen ihre Angehörigen die Ambivalenz ihrer sozialen Lage soweit reduzieren, dass diese Ambivalenz nicht mehr lebensweltlich erfahren würde und dass sich also neue Selbstverständlichkeiten ausbilden würden.

Auch sind die Alltagswelten moderner Gesellschaften für Migranten nicht primär klassenförmig strukturiert. Mir scheint, dass das von Milton Gordon (1964) eingeführte und in der Migrationsforschung weiterhin prominente Theorem der *ethclass*, demzufolge es im Falle „ethnischer" Selbstorganisation zu „Unterschichtung" komme, also „ethnische" Zugehörigkeit und Klassenlage zusammenfielen und „ethnische" Vergemeinschaftung in *ethnic communities* damit zur „Mobilitätsfalle" werde (zusammenfassend Esser 2000), nur bedingt plausibel ist. Wenn nämlich Migranten „in Wirklichkeit" nicht in nach Klassen stratifizierten Alltagswelten leben, ist es auch theoretisch nicht ausreichend, soziale Ungleichheit im statistischen Sinne als klassenmäßige Verteilung individueller „Lebenschancen" zu konzeptualisieren, also allein nach der Relevanz von Klasse als einer analytischen Kategorie zu fragen.

Lebensweltlich prominent sind die negativen Klassifikationsprozesse (Neckel/Sutterlüty 2009), die gesellschaftliche Fremdheitsrelationen hervorbringen und die in Deutschland die symbolische Scheidung zwischen „Mehrheitsgesellschaft" und „türkischer" Bevölkerung gebären. Auch wenn die Differenzen innerhalb der „türkischen" Bevölkerung größer sind als zwischen Deutschen und „Türken" und auch wenn dieselben gesellschaftlichen Hintergrundprozesse beide treffen, „Türke" ist heute mehr noch als „Ausländer" ein gesellschaftlicher *master status*, der, wenn er relevant gemacht wird, deklassiert bzw. zur Selbstausgrenzung eingesetzt wird. Er markiert eine Grenze der Verkehrswege, die – um die Grenzüberwindungstypologie von Richard Alba (2005) zu bemühen – individuell überschritten wird, die jedoch kaum verblasst, aber immer häufiger zugunsten der Kategorien „Moslem" sowie „Türken und Araber" verschoben wird. Das Stereotyp vom „nichtintegrierbaren Türken" verliert dabei kaum an gesellschaftlicher Bedeutung.

Auf basalerer Ebene allerdings mündet der Migrationsprozess in einer Transformation von Vergesellschaftungsformen und Lebensführungen. Die damit zusammenhängenden Kulturmuster geraten in den Mahlstrom der Moderne. Die Umstellung von Zwang auf Wahl hat den Charakter von Kulturmustern, ihre Kulturbedeutung fundamental verändert. Werner Schiffauer (2008) hat dies am Beispiel der *Ehre* jüngst demonstriert. Ihre Herauslösung aus einem umfassenden kulturellen System, in dem sie zentraler Integrationsmechanismus war, und ihre voneinander entkoppelte Wiederaufnahme als einerseits aushandlungsbedürftiger Regulationsmechanismus sexueller Paarbeziehungen und andererseits Stilisierungsinstrument männlicher Eckensteherkulturen zeigen exemplarisch die Folgen von Individualisierungsprozessen. Aus lebensweltlicher Sicht vollzieht sich im Migrationsprozess damit eine Assimilation an die formalen Strukturen der modernen Lebenswelt: an den Modus der Dauerreflexion, an die Politik der Lebensstile, an das Leben in Teillagen, an Kommunikationskulturen und teilzeitweltliche Orientierungen oder deren antimoderne Negierung, die ihre Gültigkeit noch in der Ablehnung ratifiziert, nicht an die Inhalte bestimmter Kulturinhalte – also auch nicht notwendigerweise an Demokratie, Bildungskanon, Geschlechtergleichheit etc., die in Modernisierungstheorien als Insignien von Modernität benannt werden.

Damit wäre auch eine Antwort auf die Frage gegeben, wie die Individualisierungsthese mit dem soziologischen Rekurs auf soziale „Umstände" vereinbar
ist: Die „posttraditionalen Gemeinschaften" der „zweiten Moderne" sind gleichermaßen reintegrative Reaktionen auf Individualisierungsprozesse wie sie
auch ihrerseits charakteristische Typen von Individualität ausprägen, mittels derer der Einzelne seine „Einzigartigkeit" und „Selbständigkeit" gesellschaftlich
approbiert zum Ausdruck bringen kann. Die allgemeine Soziologie und ihre For-
schungsansätze, zu denen die Individualisierungsthese ohne Zweifel zählt, erweisen sich mithin als probates Mittel zur Analyse gesellschaftlicher Individualisierung, auch migrantischer Individualisierung.

5   Jenseits der Islam-Debatte

Das bisher Gesagte hat nun weitere Implikationen für die Debatte über das *Verhältnis von Islam und Individualisierung*. Hier lassen sich zunächst zwei gegen-
sätzliche Positionen unterscheiden. Auf der einen Seite stehen die „optimistischen Modernisten", für die Moderne Emanzipation und Fortschritt bedeutet und
Individualisierung entsprechend die Befreiung von Zwängen und die Möglichkeit einer autonomen Lebensführung (vgl. z. B. die Beiträge in Göle/Ammann
2004 und Wensierski/Lübcke 2007). Dem lässt sich entgegenhalten, dass man
damit den Selbstbeschreibungen der Moderne aufsitzt und zwar sowohl ihrem
ideologischen Programm als auch den Selbststilisierungen moderner Subjekte.
Tatsächlich aber handelt es sich bei Individualisierung um eine „widersprüchliche Sozialstruktur" (Beck): Es besteht ein Zwang zu Selbstbestimmung und Einzigartigkeit, für das Sinnbasteln existieren gesellschaftlich vorgefertigte Baustei-
ne. Bei diesen Bausteinen kann es sich durchaus um Bestände aus kulturellen
Traditionen handeln, nur dass diese neu bewertet und neu mit Sinn verstehen
werden, wie das Beispiel der Ehre illustrieren kann. Modernisierungsoptimisten
identifizieren Individualisierung und Moderne ausschließlich mit deren positiven
Seiten. Dabei ist gerade auf die Ambivalenzen von Individualisierung und Moderne hinzuweisen und sind die Zwänge und Gegenbewegungen nicht definito-
risch auszuklammern.

Während also aus Sicht der optimistischen Modernisten für Tradition kein
Platz ist, halten die „skeptischen Traditionalisten" dagegen, dass diese sehr wohl
eine ungeheure Prägekraft aufweist. Dabei können zwei Strömungen unterschieden werden: zum einen diejenigen, die eine fundmentale Kulturdifferenz
ansetzen, insbesondere zwischen Christentum und Islam. Das Argument lautet:
Der Islam kennt keine Individualität, da diese Selbstreflexivität voraussetzt. Die
aber sei, da aus der Institution der Beichte entstanden, typisch christlich. Im Ge-

gensatz dazu gelte im Fall des Islam: „Aus religiösen Gründen ist eine Thematisierung des Lebens des Einzelnen in muslimischen Gesellschaften nicht erforderlich." (Mihçiyazgan 1994: 34) Nicht die Einheit des Einzelnen, sondern die der Gemeinschaft sei *movens* des Islam. Wenn man also den Islam individualisierungstheoretisch angeht, verfehle man dessen kulturellen Kern und meine Dinge zu sehen, die gar nicht sein können. Eine zweite Strömung argumentiert nun weniger theologisch und auch nicht zugunsten einer Persistenz von Traditionen, sondern vielmehr zugunsten einer Erneuerung oder Wiederbelebung von Tradition. „Religiöse Diskurstraditionen" (Salvatore/Amir-Moazami 2002) nämlich würden in modernen Gesellschaften wiederbelebt. So könne man etwa nicht, wie manche Autoren dies tun, junge Kopftuchträgerinnen als „Vorbotinnen eines Modernisierungsschubs des Islam in Europa" (Salvatore/Amir-Moazami 2002: 319) sehen. An diesem Beispiel ließe sich vielmehr zeigen, „wie muslimische Traditionen von Individuen in mehrheitlich ‚postchristlichen' und säkularisierten Gesellschaften interpretiert, oder eher re-interpretiert und modifiziert, jedoch keineswegs verworfen oder in ein vorgefertigtes Modell eingeflochten werden" (Salvatore/Amir-Moazami 2002: 319).

Dies wäre nun aber ein individualisierungstheoretisches Argument: Das Individuum wird zum Agenten der Reinterpretation von Traditionen. Zwischen „reflexiver Modernisierung" und der Aktualisierung kollektiver Wissensbestände besteht, anders als Salvatore/Amir-Moazami (2002) suggerieren, kein Widerspruch, wenn man nur ein anderes Verständnis von Tradition ansetzt. Die traditionelle Gesellschaft lässt sich weberianisch als solche verstehen, „die das täglich Gewohnte als unverbrüchliche Norm für das Handeln nimmt und deswegen auch an herkömmlichen Autoritäten hängt" (Knoblauch 1999: 42). Und das machen die in Frage stehenden jungen muslimischen Frauen gerade nicht: Sie stellen die Autorität ihrer Eltern in Frage, nutzen den Islam, auf der Grundlage einer eigenen Textlektüre, als Ressource für die Gestaltung ihres eigenen Lebens, für ihre Teilhabe am öffentlichen Leben und dafür, ihre Entscheidung für ein familienzentriertes Leben zu legitimieren – vor sich selbst und der Gesellschaft. Die Frage ist also nicht die einer Wiederbelebung von Tradition, so als wäre diese eine tote Substanz, sondern der Tradierung unter den Bedingungen von Individualisierung. Oder allgemeiner gesagt und mit Blick auf die Unterscheidung zwischen Christentum und Islam: Man verfehlt den Gegenstand, wenn man Traditionen, und in diesem Fall Religionen, als Ideengebäude versteht. Es sind nicht die Theologien, die das Alltagsleben prägen:

> „Die soziologische Rolle der Religion liegt [...] nicht in ihrer Theologie, sondern darin, ‚was im praktischen Leben der Gläubigen *geltende* Moral' ist. [...] Die jeweilige Ethik einer Religion ist nicht Teil ihrer ‚Lehre'. Sie ergibt sich vielmehr daraus, dass die Lehre aus der Perspektive der im Alltag Handelnden betrachtet wird, in ihre

typischen Handlungspläne eingebettet wird und damit die ‚letzten Werte' für Handlungsorientierungen begründet." (Knoblauch 1999: 47)

So wie man Weber missversteht, wenn man ihm unterstellt, er argumentiere, dass in der protestantischen Theologie der Ursprung des Kapitalismus begründet sei, so missversteht man junge Moslems, wenn man sie für Traditionalisten hält. Sic bringen vielmehr unterschiedliche Typen des Individualismus hervor, die teils stärker, teils weniger stark islamisch geprägt sind. Es sind gerade nicht die traditionellen Institutionen des Islam, die ihre Religiosität verbürgen, sondern neue Institutionen, und ihr religiöser Diskurs ist gerade nicht einer, der Autoritäten anerkennt, sondern ein konflikthafter, der Autorität in Zweifel zieht, der sich im Modus der Dauerreflexion und des Dauerstreits bewegt und der in dieser Form nur unter Bedingungen von Individualisierung denkbar ist.

Literatur

Alba, Richard D. (2005): Bright vs. Blurred Boundaries: Second-Generation Assimilation and Exclusion in France, Germany and the United States. In: Ethnic and Racial Studies, Jg. 28, H. 1, 20-49 .

Beck, Ulrich (1983): Jenseits von Klasse und Stand? In: Kreckel, Reinhard (Hrsg.): Soziale Ungleichheiten. Soziale Welt, Sonderband 2. Göttingen: Schwartz, 35-74 .

Beck, Ulrich/Sopp, Peter (1997): Individualisierung und Integration – Versuch einer Problemskizze. In: Beck, Ulrich/ Sopp, Peter: Individualisierung und Integration. Opladen: Leske + Budrich, 9-19 .

Esser, Hartmut (2000): Integration. In: Soziologie: Spezielle Grundlagen. Bd. 2: Die Konstruktion der Gesellschaft. Frankfurt a. M./ New York: Campus, 261-306.

Gans, Herbert (1979): Symbolic Ethnicity. The Future of Ethnic Groups and Cultures. In: Ethnic and Racial Studies, Jg. 2, 1-20.

Göle, Nilüfer/Ammann, Ludwig (Hrsg.) (2004): Islam in Sicht. Der Auftritt von Muslimen im öffentlichen Raum. Bielefeld: Transcript.

Gordon, Milton M. (1964): Assimilation in American life: The Role of Race, Religion and National Origins. New York: Oxford University Press.

Hitzler, Ronald (1998): Posttraditionale Vergemeinschaftung. Über neue Formen der Sozialbindung. In: Berliner Debatte INITIAL, Jg. 9, H. 1, 81-89.

Hitzler, Ronald/Honer, Anne (1994): Bastelexistenz. Über subjektive Konsequenzen der Individualisierung. In: Beck, Ulrich/ Beck-Gernsheim, Elisabeth (Hrsg.): Riskante Freiheiten. Frankfurt a. M.: Suhrkamp, 307-315.

Hitzler, Ronald/Honer, Anne/Pfadenhauer, Michaela (Hrsg.) (2008): Posttraditionale Gemeinschaften. Theoretische und ethnografische Erkundungen. Wiesbaden: VS Verlag, 285-309.

Knoblauch, Hubert (1999): Religionssoziologie. Berlin: Walter de Gruyter.

Kurzman, Charles (2002): Bin Laden and Other Thoroughly Modern Muslims. In: Contexts, Herbst/Winter, 13-20.

Mihçiyazgan, Ursula (1994): Identitätsbildung zwischen Selbst- und Fremdreferenz. Überlegungen zur Beschreibung der Identität muslimischer Migranten. In: Schreiner, Peter (Hrsg.): Idenitätsbildung in multikulturellen Gesellschaften. Münster: Comenius-Institut, 31-48.

Neckel, Sighard/Sutterlüty, Ferdinand (2009): Negative Klassifikationen und ethnische Ungleichheit. In: Müller, Marion/Zifonun, Dariuš (Hrsg.) Ethnowissen: Soziologische Beiträge zu ethnischer Differenzierung und Migration. Wiesbaden: VS Verlag (i. E.).

Salvatore, Armando/Amir-Moazami, Schirin (2002): Religiöse Diskurstraditionen: Zur Transformation des Islam in kolonialen, postkolonialen und europäischen Öffentlichkeiten. In: Berliner Journal für Soziologie, Jg. 12, H.1, 309-330 .

Schiffauer, Werner (1989): Personalität, Individualität, Subjektivität: Zum Wandel des Selbstverständnisses bei Arbeitsmigranten. In: Giordano, Christian et al. (Hrsg.): Kultur – anthropologisch. Eine Festschrift für Ina Maria Greverus. Frankfurt a. M.: Inst. für Kulturanthropologie u. Europ. Ethnologie, 29-56.

Schiffauer, Werner (2001): Ich bin etwas Besonderes. Wie ein junger Türke vom angepassten Gymnasiasten zum provozierenden Anhänger des fanatischen Islamisten Metin Kaplan wird. In: Die Zeit, Nr. 41.

Schiffauer, Werner (2008): Ein Ehrdelikt – Zum Wertewandel bei türkischen Einwanderern. In: Parallelgesellschaften. Wie viel Wertekonsens braucht unsere Gesellschaft? Bielefeld: Transcript, 21-48.

Sinus Sociovision (2007): Die Milieus der Menschen mit Migrationshintergrund in Deutschland. Eine qualitative Untersuchung von Sinus Sociovision. Auszug aus dem Forschungsbericht. Heidelberg, 16. Oktober.

Soeffner, Hans-Georg/Zifonun, Dariuš (2008a): Integration und soziale Welten. In: Neckel, Sighard/Soeffner, Hans-Georg (Hrsg.): Mittendrin im Abseits: Ethnische Gruppenbeziehungen im lokalen Kontext. Wiesbaden; VS Verlag, 115-131.

Soeffner, Hans-Georg/Zifonun, Dariuš (2008b): Posttraditionale Migranten. Ein moderner Typus der Vergemeinschaftung. In: Hitzler, Ronald/ Honer, Anne/ Pfadenhauer, Michaela (Hrsg.): Posttraditionale Gemeinschaften. Theoretische und ethnografische Erkundungen. Wiesbaden: VS Verlag, S. 285-309.

Thomas, William I./Znaniecki, Florian (1918-20): The Polish Peasant in Europe and America, 5 Bände. Boston: Badger.

Waters, Mary (2009): Ethnizität als Option: Nur für Weiße? In: Müller, Marion/ Zifonun, Dariuš (Hrsg.) Ethnowissen: Soziologische Beiträge zu ethnischer Differenzierung und Migration. Wiesbaden: VS Verlag (i. E.).

Wensierski, Hans-Jürgen von/Lübcke, Claudia (Hrsg.) (2007): Junge Muslime in Deutschland. Lebenslagen, Aufwachsprozesse und Jugendkulturen. Opladen: Budrich.

Wohlrab-Sahr, Monika (1997): Individualisierung: Differenzierungsprozess und Zurechnungsmodus. In: Beck, Ulrich/ Sopp, Peter (Hrsg.): Individualisierung und Integration. Opladen: Leske + Budrich, 23-36.

Individualisierungen:
Ambivalenzen in Lebensführung und Partnerschaften

Obstructed individualization and social anomie
Marriage relations in rural Pakistan and their relevance for an empirically grounded theory of individualization conflicts

Muhammad Zaman and Monika Wohlrab-Sahr

1 Introduction

The concept of individualization shares the problems of other strands of modernization theory, including the theories of functional differentiation, secularization, and value change. There is no doubt that certain structural and ideological developments in the labour market, the family, law, and other societal spheres have increased tendencies of individualization, not only within Western societies, but beyond their borders as well. Nevertheless, there is still a lack of conceptual and methodological clarity about how to analyze the interplay of specific societal processes that enable or prevent, increase or decrease individualization, and about how to distinguish possibly contradictory developments at different levels of social reality. In short: individualization is too often presupposed as a given fact, from which sociological research starts, rather than as a research hypothesis that has to be tested against other possibilities of societal development. Beyond that, it is too often treated as an all-encompassing trend that includes developments in the social structure as well as in the cultural realm, and at the level of agency as well as that of structure, rather than disentangling different developments that may be mutually reinforcing, but may also contradict one another and produce specific conflicts.

In stating this, we do not wish to suggest that all individualization research has to start from scratch. However, we propose "disentangling" the analysis of social change in order to understand the interplay between different developments, the conflicts related to them, and the forces that lead to a specific outcome. In addition, we not only suggest identifying general indicators that support or weaken individualization, but also analyzing the *social mechanisms* that may help comprehend and explain specific outcomes.

Margaret Archer (1996), based on her reading of David Lockwood's distinction between structure and agency, has given some useful conceptual advice in her book "Culture and Agency".

In order to analyze cultural conflicts, she has suggested distinguishing between cultural system integration and socio-cultural integration. The first term refers to the degree of logical consistency between different parts of the cultural system; the second refers to the degree of causal consensus that is produced by groups or persons who convince others of specific ideas. Means for such "persuasion" include manipulation, mystification, legitimation, naturalisation, arguments, and many others. Causal consensus immediately relies on the use of power and influence, whereas logical consistency, according to Archer, can exist independent of that.[1]

Cultural level	Context on which dependent	Relations between them
Cultural System	Other ideas	Logical
Socio-cultural Life	Other people	Causal

(Archer 1996: 134)

Archer develops a four-field matrix to indicate the likelihood of cultural change in a given context, presupposing that emerging contradictions at the level of the cultural system may very well be balanced by strong integration at the level of the socio-cultural life.

		Cultural System – Integration	
		HIGH	LOW
Socio-cultural Integra-tion	HIGH	Concomitant Complementarity	Constraining Contradiction
	LOW	Contingent Complementarity	Competitive Contradiction

(Archer 1996: 226)

What we will attempt in this article, is twofold: First, we will present a case study on mate selection in rural Pakistan, an area that is certainly not suspect of being amongst the forerunners of individualization. Despite the increasing role of ideological "cosmopolitism" among Western scholars, developments in remote countries like Pakistan have rarely been considered important for sociological *theorizing* in general – inasmuch as they do not concern Islamic fundamentalism and terrorism. Our case study on rural Pakistan will bring the developments in this remote area somewhat closer to European scholars, but it also aims at connecting sociological reasoning on Pakistan to the development of general sociological theory in Europe. Rural Pakistan, as we will show in the following, is in the middle of a phase of cultural conflict. We consider it to be of high sociologi-

---

1 One could, however, question this assumption. Even the coherence between ideas has to be produced and maintained in the face of critical questions. They do not simply exist as such.

cal value to analyze these developments, as the research of nascent conflict allows for differentiating among influencing factors and their outcome in the process of modernization.

Therefore, based on the case study, we will, secondly, suggest a concept of how to analyze the interplay of the social processes that concern the issue of individualization. A case study on rural Pakistan as an area in which there are tendencies towards individualization, but tendencies that are rather weak and which face many obstacles, may be especially useful in this respect: It allows for the analysis of influences that increase individualization, the structural and normative forces and social mechanisms that hinder such developments, and the dilemmas that arise for people amidst these divergent influences.

2   Is there individualization in Pakistan?

In line with some of the sociological classics, Ulrich Beck (1992 [1986]) has hinted at structural conditions for individualization, including social security systems that grant security to individuals rather than to families; and education and integration into the labour market, which also focus on individual accomplishments and availability. With respect to these structural aspects, Pakistan certainly lacks many of the structural requirements that would characterize a general trend towards individualization.

2.1 Structural conditions

At around 164 million inhabitants, Pakistan is the world's sixth most populous country. Its population is also among the youngest worldwide, and a great majority – about two thirds – live in rural areas.

Only 56 percent of the overall population of Pakistan is literate; female literacy, however, at only 44 percent, is significantly lower than male literacy at 69 percent (Economic Survey of Pakistan 2009: 158). In rural areas, the overall literacy rate is only 44 percent.

Gender separation plays an important role in Pakistani society, especially in rural areas. Separate schools and colleges for girls and boys are the norm, while coeducation is limited to some elite schools and colleges. At the university level, however, coeducation is quite common. Students from rural environments are therefore confronted with new experiences in terms of gender relations if and when they manage to attend university.

There is also a significant class divide in the educational system. Pakistan has three different school systems: English medium, a private school system for the upper class; Urdu medium, a type of public school for the middle and lower-middle classes; and madrassahs, religious schools, based on charity and community contributions. More than half of the population today attend Urdu medium schools, followed by madrassahs, and English medium schools. The majority of the population, however, has had only nominal education or no education at all. In most social matters they depend on traditional social systems.

There is only a nominal social security system in Pakistan. Education, health care, old-age benefits, and social welfare remain the responsibility of the family. The influence of kinship on the personal affairs of younger people is dominant especially in the rural areas.

Marriages are predominantly arranged within the kinship, and are usually endogamous (see Donnan 1988). The vast majority of the population (70 to 80 percent) follows the practice of cousin marriages (Ali 2008). A major type of such cousin marriages is based on *marriage exchange*: the exchange of two (or more) women between two (or more) blood-related families. This holds true for 43 percent of the population in rural Pakistan (Jacoby and Mansuri 2008). We will deal with the implications of this marriage type more closely in this article.

2.2 Marriage and kinship relations in rural Pakistan

In the following, we will concentrate on the field of kinship relations and marriage patterns, with reference to an empirical study that one of the authors conducted in a village near the city of Kabirwala in Punjab, Pakistan (Zaman 2008, 2009).[2] Unlike anthropological studies (see Meek 1936, Mauss 1954, Lévi-Strauss 1969, Strathern 1984, Molloy 1986, Tapper 1991, Schweizer and White 1998, Zhang 2000, and Kapila 2004) which often follow a structuralist approach, empirical sociological studies on Pakistan are rare. There are particularly few studies that actually manage to grasp the subjective perspectives of the population in remote areas – of men and women, elderly people and youth – that would allow persons to become visible as agents within a kinship system in which collective influence is strong.

In Europe, love and marriage relations were clearly one area, in which ideas of intimate partnership based on personal individuality and individual choice developed early and distinguished couples from their families (Macfarlane 1986; Allert 1998), even if it took a long time until love-based marriage became the predominant and generally accepted marriage pattern. Studies of peasant families in Europe show that there are still significant ambiguities between the peasant

---

2   In this study, the cases of 24 families, based on 48 interviews with different members, were analyzed, in addition to seven focus group discussions, and seven expert interviews.

perspective that focuses on the farm, and a perspective that focuses on couples as differentiated units (Hildenbrand et al. 1992).

In Pakistan, as in other Asian countries, arranged marriages have predominated through today, and the role of parents and other family members continues to be crucial in the mate selection process. This does not necessarily imply that future spouses have no influence on their choice of partner, but that the logic behind partner selection is familial rather than individual. In rural Pakistan, where the research was conducted, mate selection largely proceeds within the extended family, the *biradari*, under the strong influence not only of parents, but also of grandparents, and the parents' brothers and sisters. Marriages are predominantly cousin marriages, and any marriage that does not follow the rules of endogamy is considered a severe violation of norms.

Cousin marriages as such do not necessarily exclude the consideration of individual preferences. If a family is large – as Pakistani families often are – and a certain number of cousins are available as possible marriage partners, the arrangement of cousin marriages could theoretically follow, to a degree, the wishes of the future spouses. In rural Pakistan, however, we find a specific type of arranged cousin marriages that limits the possible influence of future marriage partners to a minimum. The predominant marriage pattern in the area being researched is *watta satta* or *exchange marriage*. According to this marriage pattern, two women or girls (cousins) are exchanged between two blood-related families, each of them marrying – ideally – the other's brother. Sometimes more than two blood-related families are included in the exchange, while other times the exchange extends over two generations. *Figure 1* shows the pattern of marriage exchange between the families of two brothers – Ghulam and Sheer. The table provides only a simplified picture of the kinship relations, as it would be much too complicated if the other sisters and brothers and their part in the exchange process would be included as well. Four marriages were, however, established just among the children and grandchildren of these two brothers.

The decisions for exchange marriages are often taken very early in girls' lives, sometimes even before they are born. These marriages are supposed to create and stabilize bonds between different strands of a family. They are *normatively* supported, and are considered to preserve the "purity of blood" and the "honour" of the family. Endogamy is a strong and rather unquestioned principle in this area. Deviations from this marriage pattern are strictly sanctioned. Men who resist following this marriage pattern are often excluded from the family, and women may even be killed because their exclusion would be considered even more devastating for the family "honour" than their killing.

Watta satta, however, is not just an issue of family ideology. In rural areas, *social welfare* and family support largely rely on this type of marriage. Deviation

from the marriage pattern, therefore, is often accompanied by a fear of losing social support in times of old age and sickness.

Figure 1:   Marriage exchange

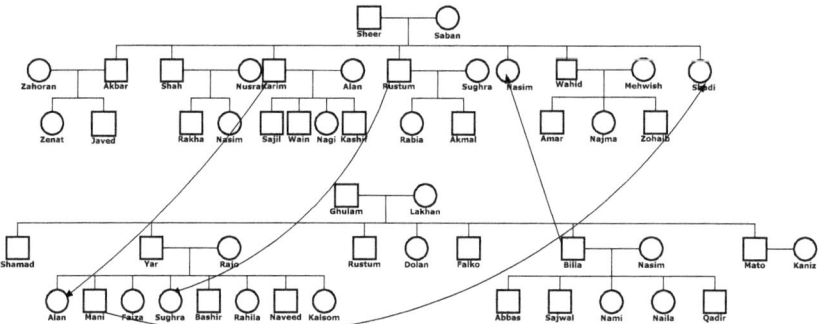

Cases of arranged marriage are well known in European history as well, especially when the maintenance of land and other resources has been an issue, or
when the boundaries of migrant communities were supposed to be maintained
against a hostile environment. The practice of watta satta, however, is different
from these examples inasmuch as it does not only connect two families *by means
of one marriage*, but it creates a double bond between *two couples*. This twofold
bond and the social mechanisms emanating from it are probably the most important means of maintaining the stability of this marriage institution. When a man
decides not to follow his parents' marriage choice, it immediately affects a sister
who is married or has been promised to his fiancé's brother. If the bond is cut
through on one side, it will be intersected on the other side as well. This double
bond also affects the lives of couples who are already married. Strong norms of
social reciprocity create the expectation that maltreatment or other forms of
problematic behaviour within one marriage require an immediate response in the
other marriage. This mainly affects women: If one woman is maltreated by her
husband, her family expects her brother to respond in the "appropriate" way. If
one marriage is to end in divorce, the second marriage is expected to end as well.
A man, who does not act in accordance with these rules, is considered to be "his
wife's slave". Something that would be framed in other regions of the world in
terms of romantic love or conjugal solidarity, is framed in terms of violated family honour in rural Pakistan. It is no exaggeration to say that exchange marriages
are the core institution of the *nomos* of this rural society, stabilized by ideologies,
sanctions, close-knit social relations, as well as a great degree of social support.

Using Margaret Archer's terminology, one might conclude that, in cultural terms, this rural area is highly integrated, at the level of the cultural system as well as that of socio-cultural life (concomitant complementarity), and that both are firmly founded in socio-economic conditions in which kinship relations are the main guarantee of social welfare.

2.3 Being "one's wife's slave" and the red line of "love marriages"

Rural Pakistan, however, is not an area in which cultural change is absent. Individual behaviour may deviate from cultural norms, and couples may manage to establish a certain independence from the extended family. The stigmatization of men whose behaviour lacks reciprocity does not indeed exclude the possibility of their acting different from predominant expectations. However, these expectations put enormous pressure on the "deviating" person, whereas ideological support is provided for the "reciprocating" behaviour. The following excerpt from an interview with Sikandar, a 50-year-old man, indicates this:

I: Has there been any conflict resulting from your exchange marriage?

S: I just maintained my personal home and normally did not take interest in my sisters' and brothers' affairs. (...) My father and brothers are serious about my sister all the time. They always demand that I do the same with my wife. Why should I, when my wife is innocent and she cares for me? We live peacefully and understand each other. (...) I think there should not be any interference from my parents' family and brothers or sisters. (...) But they always pressure me to reciprocate. They tell me "you are your wife's slave", and my cousins ridicule me for not being an honourable person. (...) I don't know how I should answer them; if I am living happily in my marital life, then why should anyone else have objections? (...) This is why my father and brothers are very angry with me. (...) My exchanged sister always accuses me of not taking care of her as I should. (...) I will always prefer my wife to my brothers and sisters.

This statement clearly documents an emerging concept of conjugal solidarity as opposed to the dominance of kinship solidarity. The perspective of Sikandar's wife, Amina, however, on this issue is different. Amina is 15 years younger than her husband and is better educated. In an interview conducted separately,[3] she depicted her husband's loyalty as being much less clear than he himself does. She spoke of earlier attempts by her fiancé and his family to make her break off her studies, of a period when she went back to her parents' house due to problems in her marriage, and also spoke of constant attempts of her husband's fam-

---

3   The interviews with girls and women had to be conducted by a female interviewer. The female interviewer was Abida Sharif. All of the interviews were conducted in Urdu and later translated into English.

ily to intervene in her marital affairs, with the result that she perceives her husband to be an unreliable person with a "split" personality:

A: Sikandar is my second cousin. I married him as my brother's exchange.[4] Sikandar's
      sister is my brother's wife. These exchange marriages were finalized in our child-
      hood (...) I was hardly 6 years old. (...) When I was at high school, Sikandar and his
      family began to pressure my father to end my studies. (...) My family-in-law sus-
      pected that I was studying only to get a good proposal from outside the family. He
      thought that I might refuse to marry his son. (...) Anyhow, I continued my education
      and did not pay any attention to their demands. When I finished my F.A. at the age
      of 24 years, I got married to Sikandar. (...)
I: Are you satisfied with your marriage?
A: Exchange marriages are successful to some extent. (...) If the couple trusts each
      other, there is peace and calmness in their life. If one of them is a cheater (...), it is
      painful. In my case my husband lies to me. Sometimes he discusses matters with his
      sisters or brothers, but keeps them secret from me. When I ask him (...), he refuses
      to admit that he gossips about me with his family of origin. (...) That's why I say I
      am dissatisfied with him. I feel disturbed when my sister-in-law makes unjust accu-
      sations of me. Whenever she has difficulties with her husband, (...) she blames me
      for the particular situation. (...) My husband also defends her and tortures me.
      That's why I call him a "split personality".

Even if family quarrels like that could of course exist anywhere in the world, the
interviews with Sikandar and Amina indicate the structurally induced lines of
tension that have begun to appear in the family affairs of rural Pakistan: (1) tensions between (female) education and family loyalty, as reflected here in the fear
that Amina would engage in education in order to attract a better marriage proposal outside the family (structural tensions); (2) tensions between the loyalty
towards one's partner and the loyalty towards one's family of origin which im-
pede the establishment of an intimate dyad between the spouses, as expressed in
Amina's characterization of her husband as a "split personality" (social tensions); (3) and finally the tension between the normative ideal of reciprocal behaviour when marriage problems arise and the competing idea of solidarity with
one's partner, as expressed in Sikandar's description of him being ridiculed as
his "wife's slave" (normative tensions). Examples such as this clearly indicate
that – due to structural changes – the field of marital relations has become the
central arena in which tendencies of individualization are negotiated.

    It is very clear in most of the interviews, however, that the major symbol for
individualization in the field of marriage, love marriage, marks a red line that is
not supposed to be crossed, especially not by women. In most of the interviews,

---

4   The term "as my brother's exchange" documents very clearly that the primary relation is between
    siblings, not between spouses.

"love marriages" indicate a negative contrast, apt to destroy the normative and social fundaments of the society and to cut through the "chain of relations" that keeps the community (and the society, conceptualized in communal terms) together. This contrast is made explicit even in Amina's interview, while the interview also reveals the sometimes violent nature of preventing such marriages.

I: Why do people here prefer to marry within their biradari?
A: Our community does not like exogamy. Mostly, exogamy means love marriage. So, our family strictly refuses love marriage outside the caste or clan. When someone marries out of his caste, his extended family absolutely does not accept him. That's why I did not indulge in the "love program". I feared my parents' disapproval of my likings, as well as stigma and bad names. It is a bit easier for boys, but girls are treated harshly if they marry outside the caste. I remember that I was in eighth grade when I heard that in the village Gudhara a girl from a Quraishi family ran away with a boy. After 3 days her brothers and uncle found her. Her father resisted a lot, but her uncle injected her with poison. She did not die due to this poison, and then her uncle taught her a lesson.[5] Personally, I believe in the purity of blood. I believe in the caste system. In relation to my children, I wish for them to study above all. We will respect their likings and love, but only after a detailed evaluation of their prospective spouses. If my daughter wishes to go to university, I will give her permission. I know that my extended family will oppose it, but there is no compromise when it comes to my children's studies.

The interview reveals the role of female education as a driving force behind new aspirations towards marriage. Under the given circumstances, however, it can only remain a source of discontent in marriages, which – especially in the exchange marriage system – are still heavily influenced by other relatives and their expectations towards reciprocal behaviour. Any perspective of change is thus left for the next generation, for whom the loosening of endogamy rules can at least become imaginable. But it is very clear that education is seen as a higher priority.

Amina's interview also indicates the strong connection between the stability of the normative order and the violent sanctioning of behavioural deviance. She states that she personally "believes" in the purity of blood immediately after she has told the story of the runaway girl, who had been killed by her family.

2.4 The younger generation

But what are the perceptions of the next generation, of those young people who are not yet married? In a group discussion with unmarried girls, the girls talked openly, after a while, about the discrepancy between their personal preferences

---

5   The girl was killed in the end.

and their parents' or grandparents' decisions, and about the limited scope of agency that the marriage system leaves for them:

N: It has been decided for me and my sister that we will get married in exchange for our brother. Our grandparents decided this. I am not happy with this marriage. I am disturbed by the disputes and quarrels between my parents. Sometimes my mother and mother-in-law quarrel. They threaten each other. It is a very stressful situation. My fiancé doesn't like me because he is a postgraduate student and I am illiterate. I abandoned my studies only because of my mother-in-law. She doesn't like girls who receive an education and wants to mould me into a typical housewife. I don't like my fiancé because I never felt that he had any affection for me. I like my maternal cousin. (…) My marriage has been decided by my elders. My marriage isn't a love-marriage. My mother-in-law is attacking me even before the marriage. She has no good wishes for me, but I am supposed to marry her son. (…) I am helpless. I cannot express my feelings because our family rigidly follows the tradition of exchange marriages. (…)

In spite of her illiteracy, this discussant is very clear about her personal preferences and has a lucid view of the problems of educational heterogeneity in marriages. This group discussion serves to document that the level of reflexivity with regard to cultural institutions may be quite high, even in situations where cultural change may seem to be absent. The girl's statement also demonstrates the vicious cycle of the restriction of girls' education: Her prospective mother-in-law prevents her from getting education and thereby de facto provokes the girl's repudiation by her educated son.

Whereas this discussant can only perceive her situation in terms of "helplessness", another girl is more radical in her decidedness not to accept being exchanged. She refers to the principles of Islam in support of her position:

F: In our religion, the girl's consent or willingness is of upmost importance. She has to spend her life with this man, not her parents. She should be allowed to involve herself or express her feelings with regard to marriage decisions. And if the girl does not agree with a marriage, it will be a forced marriage. There is no coercion and oppression (…) in Islam. (…) I will never accept an exchange marriage even if they kill me. It is better to die once, rather than to die again and again under miserable conditions. I will refuse to marry even on the day of my wedding, if my parents don't agree with me. My mother agrees, but my father is strict.

The fear of being killed or the threat of committing suicide, which were not only a topic in this discussion, are extreme expressions of the dilemmas in which members of the young generation find themselves. In Archer's terminology: It is an expression of "constraining contradictions" – based on structural changes due to education – that arise from a decreasing level of cultural system integration, while facing continuingly high levels of socio-cultural integration.

3   Mechanisms of sibling solidarity against male individualization

While women in the area are rarely able to insist on an individualized mate choice, men – under certain circumstances and at high costs – can be able to do so. If they are educated and able to make a living independent of their family, and if they are willing to bear the consequences of isolation from their family, they could in theory decide to marry their own chosen mate. Some of the respondents in our research sample speak of such examples in their families. For some young men, they serve as role models in terms of making a courageous decision against the will of the family. In a society, however, in which being embedded into a network of family relations is of utmost importance, the costs of the "isolation of the nuclear family" (see Parsons 1943) are enormous. In most of the cases, however, social mechanisms have come into play to reintegrate the renegade into the family's womb. These are mainly mechanisms of *sibling solidarity* as, within the logic of exchange marriages, the decision for an individualized marriage choice severely affects the backsliding man's sister. Moreover, in a context in which everything is built around the system of marriage exchange, the deviator must invest a large amount – both financially and socially – in order to compensate for the loss of the institutional marriage procedure. These problems were evident in Nasir's case and eventually led to his marriage to a woman whom he originally had decided not to marry.

Nasir, a 29-year-old man, is married to Noor, his maternal cousin, on the basis of an exchange for his sister. Noor is 23 years old, and has had only 2 years of schooling. Nasir, however, has a diploma in electrical engineering. He was immediately engaged to Noor from her birth. At a certain point in time, his uncle and expected father-in-law came to his family and asked to celebrate the wedding. While his parents agreed, Nasir resisted and left his village for Lahore. His relatives pressured him to accept the proposal. Because of his resistance, Nasir's uncle also rejected the wedding between Nasir's sister and his son. This became a matter of major concern to his family, as the situation stigmatized both the engaged girls. His relatives went to Nasir and asked him to accept the proposal as his sister would otherwise never be able to get married. They accused him of being selfish and making his sister the victim of his desires. However, he refused to accept the proposal and was consequently expelled from his family and home village.

Nasir went to a Middle Eastern country and worked there for 5 years. He received a couple of marriage proposals from families in Lahore, all of which were connected to significant material demands that he could not afford. An attempt to find a spouse in the Near East was equally unsuccessful. Nasir finally returned to Pakistan. When he arrived in his village, his family and friends again tried to convince him to marry Noor, because his sister Kalsom would otherwise remain unmarried. Nasir finally agreed to the exchange marriage as had been planned in his childhood.

The differences between the couple in ambitions, lifestyle, and education, were visibly expressed in their dress style even during the marriage ceremony itself. Whereas Nasir wore Western style clothing, his bride was dressed in the traditional way.

While men like Nasir at least have the option to develop other aspirations, even if they risk a breakdown of family relations, the scope of agency for women is much more limited. Noor told the interviewer that she thought of committing suicide after Nasir's refusal. The other women of the family, who were affected by Nasir's resistance – his sister Kalsom, their mother, as well as Noor's mother – regularly visited a local spiritual healer and requested that he pray for the marriage and use magic in order to influence Nasir's behaviour. Now that the marriage has taken place, the members of the *biradari* appreciate Nasir's return and consider him to be a "wise person".

This story shows the variety of obstacles that an individualized mate choice would have to overcome: the material costs of marrying outside the family are significant, whereas exchange marriages often reduce these costs; the social costs of isolation from their family of origin are hard to bear and are a heavy burden to the new couple. The most severe obstacle, however, is the charge of being selfish at the cost of one's own sister. Among the men who stepped back from their previous decision not to marry according the exchange system, it was this accusation that finally made them change their minds.

In short: There is still a variety of strong mechanisms of social-cultural integration that are being used to neutralize the effects of educational diversification and the competing norms that emerge in that context.

4   Personal individualization vs. traditional structures: Anomie and fatalism

4.1   "A dead body sitting in front of you":
Fatalistic and anomic consequences of personal individualization

Among the respondents of the study, criticism of the practice of exchange marriages is quite frequent. This criticism, however, has little hope of bringing about behavioural innovation. The strength of social integration and the stability of the marriage system have led to situations which – according Robert Merton (1938) and Emile Durkheim (1997 [1897]) – could be labelled *anomic* or *fatalistic*. The back-breaking weight of tradition, which provokes the fatalistic thought of committing suicide, but also the anomic clash between personal aspirations made possible through higher education and urban experience on the one hand and a lack of opportunity to act in accordance with these aspirations on the other, emerged in the interviews with family members from different generations. For Western scholars, the differentiated accounts of inner conflict, personal desire, and suffering that are given in the interviews, irrespective of their speakers' level of education, may be surprising. They can be seen as documents of the increasing *reflexivity of cultural institutions*, and of the change of the *inner lives* of people who have had – until now – little opportunity to transform their living conditions.

An example for these changes as well as for their restrictions is the family history of Mehboob and Rabia and their children Tabasum and Safia. Mehboob and Rabia were married in an exchange despite Mehboob's initial resistance.

Mehboob is 55 years old and has a law degree. During his studies he fell in love with a classmate, whom he wanted to marry. The social mechanisms of exchange marriage, however, including his responsibility for his sister's ability to marry, were stronger than his individual ambitions:

M: I was an L.L.B. student at Punjab University, Lahore and fell in love with a classmate. We were good friends, and had made a commitment to marry. She was good, had the same level of education, taste and ambitions. (…) One day, upon the completion of my studies, I returned home and my parents made an arrangement for me to be engaged with my first cousin without my knowledge. (…) I refused to get engaged and marry my cousin, as I did not like her. My parents and all my relatives were angry because of my refusal. They pressured me to accept the girl. I left home and returned to the city. One day my mother came to the city with two of my sisters and said: "We always give something to our sisters and daughters, all our belongings, and never take anything from them, according to our culture. Now, your sisters are at your door to take their life from you. Your sisters demand that you marry your cousin so that they may marry in exchange. It is now up to you whether you accept it or not." She said to me: "If you don't accept this marriage proposal, then your sisters will leave your door with empty hands." (…) I accepted the demand of my mother and sisters. I agreed to marry my cousin. (…) My wife (…) had only a primary school education. I could not develop an understanding with my wife in our marriage. (…) We have children, but we have no good feelings towards each other. There has been continuous trouble in our marital life, but the only option we have is living together. If I had left my wife, my sisters would have been separated and divorced as well. (…) If I hadn't married this lady, my two sisters would never have been able to get married. (…) Every individual in the community would now accuse me of enjoying life at the cost of my sisters' lives, and of being selfish. (…) I was not happy on my wedding day. (…) We are bound in a web of relatives that enforces exchange relations. We could not avoid it. My younger brother violated the system and he is now isolated from our family. (…) Personally, I lost my lover, close friend, and colleague, and I'm living in the vicious circle of exchange marriage (…). I am just alive for others; for my daughters and sons, and dead for myself. I am a dead body sitting in front of you. I was able to protect my sisters and now my daughters and children, but not myself within the system of exchange. (…)

I: How you are planning your offspring's marriages?

M: We are living in an area where the exchange marriage system is dominant. I don't plan to arrange their marriages on the basis of exchange. I will arrange their marriages, but avoid exchange. At least they should not be the victim of this marriage system. My brother is interested in giving his daughter to my elder son, but my son is still not ready to accept this spouse. My son did not talk to me, but my wife is resisting on his behalf. I think she is a good spouse for him as he is blind, and no-one else is ready to give their daughter to a blind person. (…) Still I don't know what will happen in the future. (…)

Mehboob's story reveals several limits to the tendencies of individualization. Once again, the individualization of mate selection is connected to higher education. The notion (and practice) of an equal partnership between a man and a woman ("a lover, close friend, and colleague") emerges against the background of higher education: a partnership between two individuals with the "same level of education, taste, and ambitions". The notion of *homogamy* replaces *endogamy*. From the kinship perspective, however, this ambition has no positive value, but is discredited as *selfishness* at the expense of female family members. The cost of such "selfishness" – as the example of Mahboob's brother shows – is social isolation. In this context, the "structurally isolated nuclear family" – as Parsons (1943) put it – is a social sanction rather than a choice or a mere consequence of mobility. Mehboob's self-description as a "dead body sitting in front of you" can be interpreted as an expression of *anomie*: as someone who had to sacrifice his wishes and individualized life opportunities for the sake of his sisters, even if he had been able to become familiar with the possibilities of an individualized life. It is very clear that such a personal account cannot emerge from a traditional environment, untouched by social change. There must be an idea of individual preferences and a certain practical experience of what it means to live according these preferences in order to develop the notion of having sacrificed one's life for the sake of others. Therefore *anomie* (rather than fatalism) seems to be the correct category for this type of social conflict.

If we look at the story of Rubia, Mehboob's wife, the implications of the normative system become even more evident. Rabia is 42 years old and the mother of 9 children. She has attended only primary school:

R: My exchange marriage was decided by my grandparents soon after my birth. (…) In exchange, Mehboob's sister was destined to become the wife of my brother. Our mothers were not consulted. My grandparents decided on the exchange marriages, and both families willingly obeyed. (...) My parents allowed me to get a primary school education. After that I was socialized in the traditional way (...). Meanwhile my husband was getting an education. My elder paternal uncle (...) educated and socialized his children according to city culture. When my husband completed his education, my grandparents summoned him back, so that wedding ceremonies could take place. I was only 14 years old when I was married. (...) When I arrived at my father-in-law's house, I was not welcomed warmly. (...) I did not understand their apathetic behavior at the time. (...) I could not know about my husband's likes or dislikes until I was married. (...) However, after my wedding, I understood the reality very well. (...) It was the fact that he did not like me and wanted to marry his own choice. (...) I had to hide this reality from my extended family because it might be an insult to me that my husband did not want to marry me and loved someone else. (...) I kept silent for the sake of family honor. (...) 28 years have passed in our marriage like in the TV-drama *Saath Nibhana Hai* ("We have to live together without our consent") (...). I never found myself close to his heart (...). I am only his wife, not his beloved. (...) Then how can I say that I am satisfied? No, I am not. I spent all my life seeking my husband's love. (...) I have been living under this condition for 28 years, and these years have molded me into a personality that is half-dead. (...)

I: Who makes your household decisions?

R: In my family, my husband holds the power. He decides and we have to obey. I am neither educated, nor a working lady, and I depend on him economically. (...) Now I am involved in the decisions on my son's and daughter's marriage. My husband wants my son to be engaged with his brother's daughter. My son does not agree to this proposal and wants to marry his own choice. I am on the side of my son and argue with my husband: "Please do not force your decisions upon our children. (...) Let them think and live according to their own choice!" (...) My brother-in-law's wife is my sister. So the argument is ongoing between me and my sister, me and my husband, and me and my mother. (...) My son has threatened to commit suicide if we compel him to marry her. I do not want to see my son's death. (...) I do not want to make my son another "Mehboob". (...) My seventh daughter, Asma, is only 8 years old. Najma [= sister-in-law] proposed that her son marry Asma. My husband accepted the proposal without my consent. Although Tabasum [= son] and I quarreled a lot, Mehboob finalized the decision. (...) My elder daughter, Aapi, is engaged to her paternal cousin. After two years of engagement, they are offering their daughter as an exchange for Tabasum. Otherwise they would reject Aapi's engagement, which would be a stigma for her and for our family. It's a crucial stage for my family. It was clear that our families would not force each other into an exchange, but now the situation is totally different. (...) We do not want to exchange our daughter with our son for marriage. (...) Therefore we are thinking of declining altogether. Even if my daughter will be defamed, we have to save her from being the victim of the exchange marriage system. (...)

The comparison of these two perspectives indicates the vicious cycle in which both persons are entangled. Rabia, uneducated because of her parents' plans to

socialize her as a future mother and housewife, does not get her husband's respect for the very same reason. It seems that even the members of her family-in-
law implicitly blame her as an unsuitable match for their son, even though they
forced him to stick to the marriage arrangement. The rules of the game have to
be maintained at the cost of personal – "individualized" – matches.

4.2 Personal intentions versus institutional strength: Exchange reentering through the back door

Even when both parents seem determined not to force an arranged marriage upon
their children, the family practice is much more complicated. In striking contradiction with his complaints about his own, involuntary marriage, Mehboob is
already in the process of arranging his blind son's marriage against his will, and
has already done so for his 8-year-old daughter. Even if he originally opted for
only an arranged marriage (= a single connection between two persons), Mehboob's family has done its best to reinstate the exchange system. Rabia explic-
itly equates her son's situation with her husband's, and her daughter's with her
own.

Rabia's narrative also indicates the influence of the media, especially television, on marital affairs. She interprets her own marriage situation on the background of a Pakistani television-drama which has dealt with a non-consensual
marriage, focusing on the wife's situation in particular. This shows that conflicts
arise not only from structural developments like education and urbanization, and
the new ideals that emerge in that context, but also from competing norms spread
by the media. Television series clearly play an influential role here. They are
mentioned in several interviews, both positively and negatively.[6]

It is striking that it is the blind son of the family, whose chances on the marriage market are limited because of his disability, who nevertheless develops al-
most romantic ideas of an affective and equal relationship. He even threatened to
commit suicide if forced into an unwanted marriage. The son, Tabasum, is 23
years old and has a degree in theology:

I: What are your aspirations regarding your future spouse?
T: I was interested in marrying a second cousin, but the girl's parents refused to give
      me their daughter, because I am blind. My father wanted to have me marry my first
      cousin. However, I am not interested in that girl (...). The girl also does not want to
      marry me as I have heard from my other cousins. However, my uncle wants me to

---

6   Aslam, a male respondent commented on this: "There are a number of TV plays (...) that have
    highlighted the negative role of the exchange marriage system. (...) They are the ruling elite and
    puppets in the hands of someone else (...) and don't know about the realities of our society. (...)
    The media should socialize society in a constructive way so that family unity will be created."

marry his daughter, as I am the controller of my family affairs and have access to the family income. I would prefer not to marry at all than marry this cousin. (…) I think that my mother at least supports me, but I am not sure about my father's willingness. He has the final authority. I want to continue my education, and my family wants me to marry because I am their eldest son. I am interested in getting a job and want to earn my living on my own. I don't want to be dependent on my family. (…) I am interested in a girl who could bear with me, as I am blind and I need a giving person with a generous vision. (…) I would not be able to see the girl, but I could feel and smell her love. I prefer an educated and sensible lady who knows the realities of life and who would have a good understanding with me. (…) I am afraid and cannot do anything. However I think that at least I have to take the risk and should convey it to my father. He might agree with me, thinking that I should not become the victim of the cultural tradition. The exchange and cousin marriage system has woven us into multiple layers from which we cannot escape. These marriages are life chains in our culture. (…) My uncle, who violated the rules, is isolated, but at least his personal life is OK, and he doesn't have tensions like us. He was educated and he undertook this courageous step. I think, I am the second person, but the problem is my disability. If I were not blind, I would have broken all these chains of the system at least for myself. I will resist the exchange marriages of my sisters and younger brother.

Whereas Tabasum still has some hope to come to an agreement with his father based on their common criticism of the "cultural tradition", his sister Safia does not have the option of resistance. Nevertheless, she is very clear about her preferences, and a critical observer of the tensions in her family, as if she were not amidst it.

I: What do you think of your future spouse?
S: More than 90 percent of the marriages in our family are exchange marriages. I have to follow the same system as there is no alternative available. (…)
I: Do you like your expected fiancé and his family?
S: I don't like the family of my father-in-law, because my mother-in-law's behavior towards me is not good. I am at my parental home now, and her behavior is strange. What will be if I marry into her family? I like my maternal cousin because he and his family are very polite and have nice manners. (…) As I told you, I don't agree to my arranged marriage. Now it is going to be converted into an exchange marriage. We have heard that my in-law family wants to offer Basaran for my brother in exchange of me. Now if we don't accept their offer, they will decline my marriage. It will be a great shock for my parents. In our culture, once a girl is engaged or slated for exchange, she has to marry there. However, if the engagement ends, she is blamed wrongly, and her parents are socially tarnished. (…) My mother is very worried because of all the problems. My father does not support her with regard to marriage decisions. He alone finalizes all matters. (…) My brother is not happy with this proposal. He wants to marry according to his personal choice. He is threatening my parents that if they compel him into an exchanged or forced marriage, he will commit suicide. He is brave and argues with my father. I don't know what the conse-

quences will be. My family-in-law is also offering proposals for him in exchange of myself. The two families continue to quarrel. Let's see what happens.

A comparative look at these four interviews reveals that all of the respondents are discontent with the marriage system and the lack of personal choice that it allows, and with the limited respect that it grants to individuals. Both of the children have their own partner preferences, even if these preferences remain within the family: and they would in fact opt for other cousins, not for people outside the family. In some of the cases – as in Tabasum's – such options may not even be grounded in a personal experience with a specific girl, but rather on an idealized view of an emotionally attached spouse and a welcoming family-in-law. Nevertheless, the notion of a conjugal family becomes visible in this idealization. The example of the family indicates that for men in rural environments there are only two options if they consider deviating from the normative marriage pattern: either to accept isolation from their family or to accept an anomic situation with their preferences separated from their actual lives. The latter option – and the only option that remains for women – involves postponing changes in marriage arrangements to the next generation. In this generation (unlike their mothers), women are able to express their mate preferences, at least in a confidential context (but mostly not to their parents). And yet, they have no way of realizing these preferences.

There are very rare cases in the sample, however, in which the custom of exchange marriages was not practiced and did not lead to the isolation of the new family. Three enabling conditions can be identified for such a solution: The first is the existence of family conflicts that lead to the *denial of a marriage* that had already been decided upon. This type of disruption of traditional practice makes new considerations necessary, and usually leads to a delay of the marriage, while it sometimes also allows for innovative solutions.[7] The second reason is the availability of significant material resources that are used in part to support the extended family, while a third condition can be a spatial separation from the extended family, which usually means that the "deviator" has been living in the city for a long period of time. There is only one example for such a solution in the research sample: the example of Zahid, another brother of Ghulam and Sheer, whose interconnected family relations have already been discussed above.

In spite of such rare exceptions, the deviation from traditional practice is difficult, even if the intention for innovation is present. In Mehboob's family – against all expressed intentions – the system of exchange has reentered the scene through the back door. Even if both parents seemed to have decided not to ar-

---

7   In the research area, a migrant community had stopped practicing exchange marriages for a similar reason: Exchange could not be realized because not enough partners were available.

range an exchange marriage for their children, their siblings did their best to transform the arranged marriage into an exchange marriage, by establishing a second bond between two other children of the families. What remains is the son's hope that there might be common ground between him and his father due to his own experience of having been the victim of a cultural tradition.

5   Implications for the conceptualization of individualization conflicts

How can the examples given in this article be of use in an empirically grounded theory of individualization conflicts? The examples indicate conflicts at the level of the cultural system, based on changes in the structural conditions. Referring to Margaret Archer's four-field-matrix, the cultural situation in Pakistan is shifting from "concomitant complementarity" towards "constraining contradiction". In spite of the severe conflicts between old and new normative concepts, mechanisms of socio-cultural integration come into play and – in most of the cases – settle the conflicts. The consequences at the level of the marriage, which often is perceived as a mismatch, as well as for the individual person, are severe. This interplay can be summarized in the following way:

Changes in the structural conditions	Conflicts in the cultural system	Socio-cultural integration mechanisms	Consequences
From social welfare through family support to independent income From family based economy to labour market economy From rural conditions to urban conditions From low education to higher education From gender division to coeducation	"Purity of blood" vs. similarity of lifestyle Family honour vs. individual choice Family solidarity vs. conjugal loyalty Kinship reciprocity vs. personal justice Education vs. marriage as dominant values	Stigmatization and gossip Renunciation of "love marriage" Renunciation of female education Appeal to sibling solidarity Negotiations to persuade "deviators" Social isolation of deviant men Violence (against deviating women)	Feeling of helplessness Anomie Fatalism Postponement of marriages Marriage conflicts due to "mismatches" Marriage conflicts due to "split loyalties"

The table above indicates the contradictory developments in the field of mate selection and marriage in Pakistan. If these developments were to take place in
separated environments, they might be able to coexist. But the reality is quite different. Girls and boys from the countryside attend schools and universities in
towns and develop aspirations that are different from their parents' plans. Girls
receive an education, which is perceived to compete with their expected role as
housewives. Villagers watch television series that open up new perspectives on
gender relations and marriage affairs that illiterate women identify with. And, in
addition, people develop emotions that are not in line with dominant societal
norms. Even in an environment in which love and mate selection are handled in a
rather "collectivistic" manner, divergent ideas, interests, feelings and – sometimes – actions do develop. They are, however, hard to realize, as they collide
with the dominant structural and normative reality, as well as with the expectations of solidarity of close family members. Individualization processes, within
this framework, are certainly nascent, but serve to transform inner perspectives
rather than outer relations. While concepts of conjugal solidarity and individualized emotional attachment as opposed to kin solidarity subsequently begin to
emerge, they only produce inner tensions and marriage conflicts rather than being able to transform the institutionalized marriage pattern. Under these conditions, relations between individual and society must be labelled as anomic rather
than individualized.

Literatur

Allert, Tilmann (1996): Die Familie: Fallstudien zur Unverwüstlichkeit einer Lebensform. Berlin.

Archer, Margaret S. (1996 [1988]): Culture and Agency. Cambridge.

Beck, Ulrich (1992): Risk Society: Towards a New Modernity. London.

Donnan, Hastings (1988): Marriage among Muslims. Preferences and Choices in Northern Pakistan. Delhi.

Durkheim, Emile (1997 [1897]): Suicide. Glencoe, Illinois.

Economic Survey of Pakistan (2009): Islamabad. Ministry of Finance, Pakistan.

Hildenbrand, Bruno/Bohler, Karl Friedrich/Jahn, Walther/Schmitt, Reinhold (1992): Bauernfamilien im Modernisierungsprozess. Frankfurt/Main.

Jacoby, Hanan G./Mansuri, Ghazala (2008): Watta Satta: Bride Exchange and Women's Welfare in Rural Pakistan. Washington, DC: The World Bank.

Kapila, Kriti (2004): Conjugating marriage: State legislation and Gaddi kinship. In: Contribution to Indian Sociology 38, 3: 379-409.

Lévi-Strauss, Claude (1969): The Elementary Structures of Kinship. Boston.

Macfarlane, Alan (1986): Marriage and love in England: Modes of reproduction 1300-1840. Oxtord.

Mauss, Marcel (1954): The Gift. Glencoe.

Meek, C.K. (1936): Marriage by Exchange in Nigeria: A Disappearing Institution. In: Africa 9, 1: 64-74.

Merton, Robert K. (1938): Social Structure and Anomie. In: American Sociological Review 3, 5: 672-682.

Molloy, Maureen (1986): No Inclination to Mix with Strangers: Marriage Patterns with Highland Scot Migrants to Cape Breton and New Zealand, 1800-1916. In: Journal of Family History 11, 3: 221-243.

Parsons, Talcott. (1943): The kinship system of the contemporary United States. In: American Anthropologist 45, 1: 22-38.

Schweizer, Thomas/White, Douglas R. (eds.) (1998): Kinship, Networks and Exchange, Cambridge: 245-250.

Strathern, Marilyn (1984): Marriage Exchanges: Melanesian Comment. In: Annual Review of Anthropology 13: 41-74.

Tapper, Nancy (1991): Bartered Brides: Politics Gender and Marriages in an Afghanistan Tribal Society. Cambridge.

Zaman, Muhammad (2008): Socio-Cultural Security, Emotions and Exchange Marriages in an Agrarian Community. In: South Asia Research 28, 3: 285-298.

Zaman, Muhammad (2009): Exchange Marriages in the Community of Kabirwala, Pakistan: A Sociological Analysis of Kinship Structure, Agency, and Symbolic Culture. Dissertation at the University of Leipzig.

Zhang, Weiguo (2000): Dynamics of marriage exchange in Chinese rural society in transition: A study of a northern Chinese village. In: Population Studies 54, 1: 57-69.

Individualisierung intersektionalisieren

Nina Degele[1]

1 Ein klares Jein gegen Zombies

Der Charme der Individualisierungsthese liegt in ihrem souveränen Umgang mit Widersprüchen: „Auf die vieldiskutierte Frage, ob Ehe und Familie einer ausklingenden Epoche angehören, läßt sich mit einem *klaren Jein* antworten" (Beck 1986: 165; Hervorh. i. Orig.). Seriöse SoziologInnen mögen solche Sätzen nicht: Entweder/oder, da müsse man sich schon entscheiden. Wie auch sonst wollen sie mit Aussagen über die Schichtgebundenheit von Paarungsmustern, die Verbreitung von Single-Haushalten oder die zukünftige Job-Entwicklung im Dienstleistungssektor ernst genommen werden? Am besten funktioniert das auf der Grundlage klarer Hypothesen und solider Statistiken. Das ist Becks Sache nicht. Ihm geht es um „ein Stück empirisch orientierter, projektiver Gesellschaftstheorie ohne alle methodischen Sicherungen" (Beck 1986: 13). Das allerdings erfordert ein Forschungsdesign mit einer doppelten Hypothesenstruktur. Das heißt, dass „angesichts der Ambivalenz der sozialen Wirklichkeit von vornherein mit (mindestens) zwei Lesarten zur gesellschaftlichen Strukturierung gearbeitet wird" (Bonß/Lau 2004: 48), nämlich weg vom einfach-modernen Prinzip des „entweder-oder" hin zum reflexiv-modernen „sowohl-als-auch" und „zwar-aber" (Bonß/Lau 2004: 35-41). Kurz gesagt: Die Individualisierungsthese entzieht sich den Zwängen der untersuchungstechnischen Standardisierung (Beck/Beck-Gernsheim 1994: 39).[2]

---

1 Für ihre Unterstützung beim Lösen von Denkblockaden danke ich Stephanie Bethmann, Christian Dries und Kerstin Lammer; für die gemeinsame Arbeit am Konzept der Intersektionalität danke ich Gabriele Winker, ohne die dieser Aufsatz nicht möglich gewesen wäre.

2 Beck zufolge ist Individualisierung erstens ein *gesamtgesellschaftlicher Prozess der Auflösung von* bzw. *Ablösung der Menschen aus* traditionellen Lebensformen und gesellschaftlichen Rollen wie etwa Ständen, Klassen und Schichten. Individuen werden aus den diversen gesellschaftlichen Einbettungen und Abhängigkeiten freigesetzt. An die Stelle von nahen, nur sehr begrenzt frei wählbaren verwandtschaftlichen oder Gruppenbeziehungen treten zweitens anonyme, dafür jedoch in Eigenregie geknüpfte soziale *Netze*. Als unmittelbare Folge von Individualisierungsprozessen lässt sich drittens empirisch eine *zunehmende Pluralisierung von Lebensstilen und Lebensformen* feststellen. An die Stelle der alten Sicherheiten und Normen treten viertens jedoch nicht nur *neue Freiheiten*, die den Individuen mehr Raum bei der Gestaltung ihres eigenen Lebens lassen, sondern zugleich mit diesen auch *neue (alte) externe und interne Zwänge*. Novum dabei ist Quantität, nämlich „daß das, was früher wenigen zugemutet wurde – ein eigenes Leben zu führen

Was diesem „entweder-oder"-Übel zugrunde liegt: „Wir leben in Zombie-Institutionen und forschen in Zombie-Kategorien; in lebend-toten Kategorien, die uns blind machen für die sich rasant verändernde Realität." (Beck/Sennett 2000) Zombie-Kategorien – so Beck – sind Klasse, Familie, Arbeit, Betrieb, also Kategorien, „die an Altem festhalten, blind gegenüber Neuem sind und überholte Realität konservieren" (Poferl/Sznaider 2004: 10). Sie seien so unklar, dass sie sich für die empirische Forschung nicht mehr eignen – wenn sie das je getan haben: "Was ist mit diesen Begriffen heute gemeint? Gerade reflektierte Soziologen haben größte Schwierigkeiten damit, diese Frage noch zu beantworten. In München untersuchen wir in einem neuen SFB, was eigentlich ein >Haushalt< ist unter den neuen Bedingungen der ganz normalen Scheidung, der Wiederverheiratung, der >Deine-meine-unsere-Kinder<-Konstellation, der Doppelerwerbstätigkeit, Mobilität, Zweit- und Drittwohnung. Und obwohl schon der klassische >Haushalt< Fiktion ist, ist die noch größere Fiktion des männlichen >Haushaltsvorstands< die Grundlage dafür, soziologische Klassen zu definieren." (Beck/Sennett 2000) Entsprechend richtet sich Becks Kritik gegen „[d]as Denken und Forschen in traditionellen Großgruppen-Kategorien – in Ständen, Klassen oder Schichten" (Beck 1986: 139; vgl. Beck/Bonß/Lau 2001: 20f). Vielmehr gehe es um die Frage, „ob Klassen-, Schicht- und auch die neueren Milieu-Modelle (nach wie vor) geeignet sind, solche zunehmend als lebenspraktisch relevant erachteten Distinktionsmodi wie Geschlecht, Elternschaft, Alter, Aussehen, wie kulturelle Präferenzen, räumliche Segmentierungen, ethnische Identitäten, aber auch wie Zugänge zu und Nutzungsweisen von Informationen – und vieles andere mehr – zu erfassen und adäquat abzubilden" (Hitzler/Pfadenhauer 2004: 118). Dahinter steht die Entdeckung immer neuer Dimensionen sozialer Ungleichheit: „Klassen, Milieus, Geschlecht, Ethnie, Alter, Region etc. – es bleibt aber offen, wie sie zusammenhängen." (Schwinn 2007: 9; vgl. Berger 2001) Zombie-Kategorien produzieren damit scharenweise Schwierigkeiten: Erstens sind sie theoretisch zu unscharf, zweitens gibt es davon immer neue und damit zu viele, um sie überhaupt noch untersuchen zu können. Drittens müssten sie wegen der fortschreitenden Pluralisierung von Lebenslagen so massiv differenziert werden, dass sie bestenfalls noch Einzelfälle beschreiben können. Damit verschwände das Soziale. Folgt aus der Individualisierungsthese also ein Empireverzicht oder eine Auflösung von Soziologie in Psychologie? Ich denke nicht.

Im Folgenden plädiere ich für eine Entspannung und Zuspitzung der Diskussion: Eine Entspannung, weil sich die Individualisierungsthese ohnehin nicht empirisch be- oder widerlegen lässt. Das liegt nicht an der Uneindeutigkeit der

---

–, nun mehr und mehr Menschen, im Grenzfall allen abverlangt wird." (Beck/Beck-Gernsheim 1994: 21; vgl. Beck 1986: 205-220)

empirischen Befunde. Vielmehr sind die dahinter stehenden Theorien, Paradigmen und Denkstile nicht miteinander vergleichbar (als Überblick vgl. Kron 2000). Eine Forschung mit Großgruppen-Kategorien wie Klasse und Geschlecht muss aber kein Ende der Soziologie einläuten. Zumindest nicht, wenn sie in einer den pluralisierten Lebensumständen angepassten Form dort eingesetzt werden, wo sie ihren Platz haben. Das ist die Ebene der Sozialstruktur. Dass etwa die Herkunft als Bestimmungsfaktor für die Zuweisung sozialer ungleicher Chancen nicht obsolet geworden ist, konzediert auch Beck (1986: 142). So fordert er, Abstände zwischen den unterstellten Großgruppen (Relationsaspekt sozialer Ungleichheit) einerseits und Klassen- bzw. Schichtcharakter der Sozialstruktur andererseits zu unterscheiden. Man dürfe nicht von einem auf das andere schließen, sie können sich vielmehr unabhängig voneinander verändern.

In diesem Sinn verträgt die Diskussion auch eine Zuspitzung. Denn auf der sozialstrukturellen Ebene geht es um die Verortung sozialer Praxen in Ungleichheits- und Herrschaftsverhältnissen – ich plädiere aus gesellschafts-theoretischen Gründen für die Berücksichtigung von Klasse, Rasse[3], Geschlecht und Körper (vgl. Abschnitt 3)[4]. Um der forschungspraktischen Handhabbarkeit willen ist es dabei sinnvoll, die Zahl der berücksichtigten Ungleichheitskategorien möglichst klein zu halten. Untersucht man dagegen die Pluralisierung von Lebensstilen und Lebensformen, spielen subjektive Zurechnungen ('wer bin ich?') und soziale Positionierungen ('im Vergleich zu welchen anderen?') eine maßgebliche Rolle. In Lebensstilen und Lebensformen artikulieren sich soziale Strukturen als Identitätskonstruktionen in Form von Klasse, Alter, Geschlecht, Rasse, Attraktivität, Sexualität, Nationalität und vieles mehr. Dort macht eine Begrenzung der Kategorienzahl wenig Sinn. Ähnliches gilt für gesellschaftliche wirksame Normen und Ideologien, wie sie in Massenmedien, Werbebotschaften oder Gesetzen auf der Grundlage vielfältiger Differenzkategorien materialisiert sind ('Wer will, findet auch Arbeit!'). Solche Repräsentationen wie auch Strategien ihrer Rechtfertigung liegen quer zu Identitätskonstruktionen und sozialen Strukturen, sie sind aber damit verwoben. Makrosoziologische Sozialstrukturforschung sollte

---

3   Im deutschsprachigen Kontext erscheint in der gender- und queertheoretischen Literatur der Begriff Rasse mit Rücksicht auf die nationalsozialistische Vergangenheit zumeist in Anführungszeichen oder alternativ wird der englische Begriff *race* statt Rasse verwendet. Gemeinsam mit Gabriele Winker (siehe Fußnote 4) will ich mit diesem Begriff Prozesse der Rassisierung, also Prozesse der Rasse erst ihre konstruierende Ausgrenzung und Diskriminierung sowie ihre gewaltförmige Naturalisierung und Hierarchisierung deutlich machen. Deshalb verzichte ich hier bewusst auf die Anführungszeichen. Für andere Kontexte mag die Entscheidung für die passende Schreibweise durchaus abweichend ausfallen.

4   Die folgenden Überlegungen zur Analyse von Ungleichheits- und Herrschaftsverhältnissen basieren auf dem Konzept der Intersektionalität, das Gabriele Winker und ich (Winker/Degele 2009) gemeinsam entwickelt haben.

deshalb auf der Grundlage gesellschaftstheoretisch begründeter Kategorien wie Klasse, Rasse, Geschlecht und Körper deduktiv vorgehen. Symbolische Repräsentationen und soziale Positionierungen im Sinne der Konstruktionen von Identitäten dagegen lassen sich besser überraschungsoffen und induktiv untersuchen. Das läuft – diese These will ich hier konkretisieren – auf eine Strategie der induktiven und deduktiven Kreuzung und damit Dynamisierung von Kategorien und Ebenen hinaus. Genau dies fordert das in den Gender Studies beheimatete Konzept der Intersektionalität (Davis 2008, McCall 2001, Winker/Degele 2009): Welche Bezüge zu Strukturen und Repräsentationen stellen AkteurInnen her, welche Ungleichheitsstrukturen schlagen sich in Identitätskonstruktionen nieder, über welche Repräsentationen sind sie vermittelt?

Dazu suche ich bei der Individualisierungsthese und den Gender Studies zunächst nach Unterschieden und Gemeinsamkeiten in ihrem Umgang mit sozialen Ungleichheiten (2). Dann konfrontiere ich die Individualisierungsthese mit der Analyse von Wechselwirkungen, um Becks „Zombie-Problem" intersektional zu verorten (3). Schließlich illustriere ich damit verbundene methodologische Möglichkeiten und Probleme am Beispiel Fußball als dem weltweit am meisten verbreiteten Volkssport (vgl. Giulianotti/Robertson 2002). Denn dort sind Wechselwirkungen einiger Ungleichheiten deutlich zu beobachten: Die Anfänge des modernen Männerfußballs liegen in Englands Elite-Unis des vorletzten Jahrhunderts, erst danach wurde er zum Arbeitersport (Brüggemeier 2006). Inzwischen ist Fußball klassenübergreifend salonfähig – ein bisschen auch für Frauen, nicht aber für Schwule (Klein/Meuser 2008) (4). Zunächst aber zur Verortung der Individualisierungsthese zwischen Ungleichheitsforschung und Gender Studies.

2   Ungleichheiten differenzieren

Becks Kritik an Zombie-Kategorien berührt das Selbstverständnis der Soziologie. Stand, Klasse und Schicht bezeichnen Großgruppen mit sozialstrukturell relevanten Gemeinsamkeiten hinsichtlich ihrer Lebenschancen, ihres Zugangs und ihrer Verfügungsmacht über (ökonomische) Ressourcen. Verabschiedet sich die Soziologie von solchen Abstraktionen, verzichtet sie auf die Grundrechenarten der Ungleichheitsforschung. Diese machen Sozialstrukturanalysen aber erst möglich. Als Folge könnte sich eine „Soziologie des Individuums" als „ein schwarzer Schimmel, ein verkappter Appell zur Selbstabschaffung der Soziologie" (Beck 1986: 30) entpuppen. Denn Beck sieht Individualisierung als Strukturphänomen, das heißt als überdauerndes Muster der Organisation des sozialen

Lebens (López/Scott 2000: 1-6). Das geht nicht ohne Kategorien mit Verallge-
meinerungsanspruch. So kommen auch neuere Ansätze in der Ungleichheitsso-
ziologie nicht ohne Großgruppen-Kategorien als Grundlage für unterschiedlich
verteilte Möglichkeiten des Zugangs zu Gütern und/oder Positionen aus, modifizieren sie aber – immer noch mit dem Fokus auf Klasse[5]. Vor einer ähnlichen
Großbaustelle standen die Gender Studies in den 1970ern. Sie wollten wissen, in
welcher Weise Geschlecht (üblicherweise in der Ausprägung von Männern und
Frauen) soziale Ungleichheiten schafft und befestigt. Dabei machte vor allem
das Zusammentreffen von Öffentlichkeit (Sichtbarkeit) und Privatheit (Unsicht-
barkeit) „Arbeit" von Anfang an zu einem Schlüsselthema der sozialwissenschaftlichen Geschlechterforschung. Weil in der kapitalistischen Gesellschaft
nur zählt, was monetär verrechnet werden kann, gilt beispielsweise Hausarbeit
nicht als Arbeit, sondern als reproduktive Tätigkeit ohne eigenen gesellschaftlichen Wert. „Mutter spült, Vater arbeitet", so heißt es in einer Geschichte in einem Schulbuch für die Grundschule, das den ‚gewöhnlichen Tagesablauf' aus
der Sicht eines Mädchens beschreibt (Degele 2008: 63). Quintessenz dabei: Die
konkrete Verrichtung der Hausarbeit heißt Nicht-Arbeit, die nicht konkret be-
nannte Tätigkeit des Mannes dagegen Arbeit. Geschlecht wurde zum sozialen
Platzanweiser, d. h. zum Bezugspunkt für die Zuweisung von Status und Lebenschancen. Als Strukturkategorie ist Geschlecht damit eine Ursache sozialer
Ungleichheit, die sich nicht auf andere Triebfedern reduzieren lässt (vgl. Gottschall 2000: 14-25). Diesem Verständnis zufolge sind die wesentlichen gesellschaftlichen Strukturen und sozialen Beziehungen (auch Klassen) geschlechtlich
geprägt – was die Sozialstrukturanalyse lange ignoriert hat (Ausnahme: Kreckel
1997).

Die neuere Theoriediskussion in der Geschlechterforschung weist nun deutliche Parallelen mit Becks Abneigung gegenüber Zombie-Kategorien auf: Bis in
die 1980er war die Betrachtung auf Unterschiede zwischen (den, und das heißt:
genau zwei) Geschlechtern gerichtet. Aber spätestens zu Beginn der neunziger
Jahre war offenkundig geworden, dass jeder Versuch, die Großgruppen-
Kategorie ‚Frau' auf eine vereinheitlichende Formen zu bringen, die Erfahrungen einer Mehrheit von Frauen ausschließen musste. Deshalb kamen im Lauf der
Zeit Unterschiede zwischen Frauen in Bezug auf Klasse, Nationalität, Religion,
Alter, (Nicht-)Behinderung oder Sexualität deutlicher in den Blick (Degele
2008: 93-117). So geht es seit den 1990ern darum, der Bedeutung von Ge-

---

5 Vgl. zu Lebenslauf (Nollmann 2007), Lebenslagen (Berger 2001: 205), Milieus und Lebensstilen
   (Hradil 2006), zu einer handlungstheoretischen Formulierung von Ungleichheiten als Beziehungsformen (Nollmann 2004) und zur Verbindung vertikaler Ungleichheiten und horizontaler Differenzierungen über den Habitus (Wieland 2004).

schlecht in ihrer Verwobenheit mit anderen Ungleichheiten nachzuspüren. Im Unterschied zur Bedeutung von Klasse und Schicht in der Individualisierungsthese bleibt in der Geschlechterforschung die Großgruppen-Kategorie Geschlecht aber immer noch brauchbar – wenn sie konsequent mit anderen Ungleichheitskategorien gekreuzt wird. Das gelingt, wenn Ungleichheitsanalysen nicht lediglich der Strukturebene verhaftet bleiben. Die Freisetzung von Individuen, die Pluralisierung von Lebensstilen und Lebensformen sowie institutionelle Abhängigkeiten und Freiheitszwänge[6] sind nämlich auch anderswo zu beobachten: auf den Ebenen der Konstruktion von Identitäten und der Repräsentation gesellschaftlicher Normen und Leitbilder. Dort sollten sie verhandelt und mit der Strukturebene verbunden werden.

3   Wechselwirkungen analysieren

Für die Verbindung verschiedener Ungleichheitsdimensionen hat sich der Begriff Intersektionalität durchgesetzt: Statt die Wirkungen von zwei, drei oder mehr Unterdrückungen lediglich zu addieren (was schon schwer genug ist), betonen die ProtagonistInnen des Konzepts, dass die Kategorien in verwobener Weise auftreten und sich wechselseitig verstärken, abschwächen oder auch verändern können (ausführlicher dazu vgl. Winker/Degele 2009, als neuerer Entwurf einer global vergleichenden Analyse vgl. Walby 2009). Konzipiert man Intersektionalität als kontextspezifische, gegenstandsbezogene und an sozialen Praxen ansetzende Wechselwirkungen von Ungleichheiten, gibt es einiges zu klären: Welche Kategorien sind in welchem Zusammenhang tatsächlich entscheidend? Und mehr noch: Wie wechselwirken sie miteinander? So gibt es für die Wahl der Kategorien Klasse, Rasse und Geschlecht auf der Strukturebene bereits gute Argumente: Floya Anthias (2001: 368) etwa begreift *gender, ethnicity/race* and *class* als Strukturkategorien von Unterdrückung, weil sich historisch zeigen lässt, dass entlang dieser drei Differenzlinien ungleiche Ressourcenzuordnungen (und damit Verteilung von Lebenschancen) verlaufen. Sozialstrukturelle Orte der Produktion von Ungleichheiten sind Organisationen, was Joan Acker (2006: 443) ins Zentrum ihrer Überlegungen rückt: Sie definiert solche *inequality regimes* als „loosely related practices, processes, actions, and meanings that result in and maintain class, gender, and racial inequalities within particular organizations". Damit kompatibel sieht Cornelia Klinger (2003) die Scheidemarke zwischen Differenzen „in ihrer Bezogenheit auf Arbeit". Als

---

6   Beck/Beck-Gernsheim (1994: 21) nennen dies „institutionalisierte Individualisierung".

Ergebnis sind Klasse, Rasse und Geschlecht[7] „nicht bloß Linien von Differenzen zwischen individuellen oder kollektiven Subjekten, sondern bilden das Grundmuster von gesellschaftlich-politisch relevanter Ungleichheit, weil Arbeit und zwar namentlich körperliche Arbeit ihren Existenzgrund und Angelpunkt ausmacht" (Ebd.: 26, vgl. Knapp 2008).

Dennoch: Muss es gerade die klassische Triade von *class*, *race* und *gender* sein? Warum sind es nicht vier, fünf, 21 oder noch mehr Kategorien? Tatsächlich machen vor allem Modernisierungsprozesse in der Arbeitswelt eine Erweiterung der Dreierkette um die Kategorie *Körper* überfällig[8]. So entscheiden sowohl Alter wie auch körperliche Verfasstheit, Gesundheit und Attraktivität über die Verteilung von Ressourcen. Dabei gibt folgendes Argument den Ausschlag: Rasse und Geschlecht sind Kategorien, die mit dem Rekurs auf eine vermeintliche Naturhaftigkeit begründet und legitimiert werden, bei Klasse ist das schon längst nicht mehr der Fall. Dort hat sich mit dem Kapitalismus der Glaube an Mobilität und die Ideologie des grundsätzlich möglichen Aufstiegs ‚vom Tellerwäscher zum Millionär' durchgesetzt. Statt Naturhaftigkeit sind dort Verbesserung und Optimierung herrschende Legitimationen – und genau darin trifft sich die inzwischen soziologisierte (d. h. entnaturalisierte) Kategorie Klasse mit Körper.

Wie nun sieht es mit der Verknüpfung von Ungleichheiten als „qualitatives, theorieorientiert-typisierendes Vorgehen" (Beck/Bonß/Lau 2001: 51) aus? Interessant wird es, wenn Ungleichheitskategorien in nicht unbedingt additiver Weise miteinander wechselwirken. Arbeiterinnen beispielsweise sind nicht per se unterdrückter als Mittelschichtsfrauen oder Akademikerinnen. Denn mitunter finden Arbeiterinnen für die Vereinbarkeit von Berufs- und Hausarbeit pragmatischere Lösungen, weil das bürgerliche Modell des männlichen Familienernährers, dessen Frau nicht arbeiten muss, dort ohnehin nicht funktioniert (vgl. Koppetsch/Burkart 1999). Welche Einsichten vermittelt dazu das Beispiel Fußball?

---

7 Sozialstrukturell ist es sinnvoll, die Konstruktion von Geschlecht über heteronormative Geschlechterverhältnisse zu bestimmen. Sexualität ist dann keine eigenständige vierte Kategorie, sondern umfasst sowohl Zweigeschlechtlichkeit wie auch Sexualität (im Sinne sexueller Orientierung).

8 Diese Erweiterung erscheint uns für ein umfassendes Konzept von Intersektionalität zentral (vgl. Winker/Degele 2009 und Degele/Schmitz 2009, vgl. auch Ach/Pollmann 2006)

4   Fußball intersektionalisieren

Im Sinne einer Addition von Ungleichheiten sollte man annehmen, dass Frauen
von männlichen Kickern qua Geschlecht nicht ernst genommen und diskrimi-
niert werden, lesbische Fußballerinnen darüber hinaus auch wegen ihrer sexuel-
len Orientierung. Das stimmt so nicht.[9]

Eine Gruppe von Freizeit-Fußballerinnen aus einem studentischen Milieu
etwa beklagt ein häufig aggressives Verhalten von Männermannschaften, die
sich beim Spiel gegen Frauenteams in der männlichen Ehre herausgefordert
sehen. Weiter würden die Freizeitfußballerinnen häufig in die lesbische Ecke
gestellt – worunter sie leiden: „Teilweise wird man schon mal ... manchmal
komisch angekuckt, wenn man jetzt irgendwo Leuten, die einen noch nicht so
gut kennen, erzählt, man spielt Fußball. Kommt gleich so als... als zweite, dritte
Frage: ‚Und wie viele Lesben habt ihr im Verein?'" Bei einem großstädtischen,
mittelschichtgeprägten Lesbenteam dagegen spielt in der Diskussion die Abgrenzung gegen Männer und Männerfußball überhaupt keine Rolle, und den
Verdacht des Lesbischseins brauchen sie nicht entkräften, weil sie bereits als
lesbisches Team auftreten[10]. Wichtiger für die Gruppe ist vielmehr die Kritik an
der Kommerzialisierung des Fußballs und die Bekämpfung von Rassismen in
Stadien – worüber sie sich durchaus auch definieren.

Eine intersektionale Analyse setzt dazu am Handeln der AkteurInnen an,
fragt nach Bedeutungen für die soziale Positionierung und erweitert von dort aus
die Analyse hin zur Struktur- und Repräsentationsebene. Den Fingerzeig für
relevante Strukturen und Repräsentationen liefert dabei das induktiv gewonnene
empirische Material: Geschlecht trifft auf tendenziell frauenfeindliche Strukturen, und eine solche Verbindung zahlenmäßig begrenzter Strukturkategorien mit
anzahloffenen Identitäts- und Repräsentationskategorien lässt sich als Wechselspiel deduktiver (theoriegeleiteter) und induktiver (überraschungsoffener) Vor-

---

9   Ich greife hier auf erste Ergebnisse des seit 2007 in Freiburg laufenden, intersektional angelegten
    Projekts zu Körpertabuisierung, Sexismus und Homophobie im Fußball zurück (Degele/Schnei-
    ckert 2008, Degele 2009). Zur Rekonstruktion von Identitätskonstruktion wurden dazu bislang 9
    Gruppendiskussionen mit Freizeit- und Ligateams, Fangruppen und Fußballbegeisterten unter-
    schiedlicher Alter, Geschlechter, sexueller Orientierungen, sozialer, nationalstaatlicher und ethni-
    scher Herkünfte, 36 Interviews und teilnehmende Beobachtungen rund um die Europameister-
    schaft 2008 in Deutschland durchgeführt. Hinzu kamen Strukturanalysen zur Diskriminierung in
    deutschen Stadien von Bundesligavereinen, zur Förderung von Mädchen- und Frauenfußball beim
    DFB, zum Vergleich von Prämien und Preisgeldern der deutschen Fußballnationalmannschaften
    sowie eine Diskursanalyse zu Homophobie, Sexismus und Rassismus/Nationalismus in der Be-
    richterstattung rund um die Frauenfußball-WM 2007 in China.
10 Für Schwule gilt ein solcher Zusammenhang nicht. Jenseits des Freizeitniveaus werden sowohl
    Spieler wie auch Fans im Fußball handfest diskriminiert (vgl. Degele 2009).

gehensweisen rekonstruieren (Winker/Degele 2009: 63-98). Dabei können auf der Identitäts- und Repräsentationsebene immer auch zusätzliche Differenzkategorien auftauchen, die es empirisch zu berücksichtigen gilt. Dieser methodologische Gewinn könnte sich auch längerfristig bezahlt machen. Denn vielleicht sind es ja gerade auf diesen beiden Ebenen neu entstehende Differenzierungen, die erst mittelfristig auf der Strukturebene relevant werden. So könnte die Betroffenheit von und Kritik an Rassismen im Stadion für Vereine und Verbände durchaus als ernst zu nehmender Kostenfaktor zu Buche schlagen. Müssten diese nämlich Anti-Diskriminierungsvorgaben konsequent umsetzen, stünden sie vermutlich vor der Alternative, ihr Publikum zu politisch korrektem Verhalten zu erziehen oder empfindliche Strafen zu zahlen[11].

Ich nehme die Spur der zu kurz greifenden These von Doppelunterdrückung wieder auf: Wenn die Freizeitspielerinnen einer mittelgroßen Stadt die mangelhaften *Strukturen* von Frauenfußball mit zu wenigen Teams und Turnieren bedauern, haben sie Recht. Ein Blick auf Mitglieder- und Vereinszahlen des DFB zeigt trotz überproportional steigender Mitgliederzahlen von Mädchen ein eklatantes Ungleichgewicht zwischen Männer- und Frauen- bzw. Jungen- und Mädchenteams (vgl. Steinbrink 2008, Weigelt-Schlesinger u. a. 2009: 113). Dieses Ungleichgewicht auf der Strukturebene schlägt sich bei der sozialen Positionierung des befragten Frauenteams als Gefühl des unerwünschten Eindringens in eine von Männern besetzte Domäne nieder. Im Gegensatz dazu verfügt das in einer Großstadt spielende lesbische Team über eine mittlerweile tragfähige Infrastruktur lesbischer und queerer Fußballturniere. Die Frauen unterlaufen damit zumindest partiell hetero-normative Strukturen im Fußball und schaffen auf diese Weise Raum für politische Themen – wo sie sich wiederum strukturbildend engagieren. Um zu bezeichnen, was kontextualisiert, relativiert und differenziert werden muss, ist eine Kategorie wie ‚Frauen' also nach wie vor unentbehrlich.

---

11 An der kümmerlichen Sanktionierung von Rassismen sind auch symbolische Repräsentationen beteiligt. So stellt eine Diskursanalyse der Berichterstattung zur Frauenfußballweltmeisterschaft 2007 in China fest, dass eine tendenziell sexistische, rassistische und auch homophobe Berichterstattung nicht daran erkennbar ist, dass sie auf dem politischen Spektrum eher rechts zu verorten wäre. Umgekehrt lässt ein Feuilleton mit Kulturanspruch aber auch nicht den Schluss auf Offenheit und Toleranz in Bezug auf die Bedeutung von Geschlecht, Sexualität und Rasse im Fußball zu (Nestserava u. a. 2008: 1). Das spricht nicht nur dafür, politische Kategorien jenseits der Raster rechts/links, progressiv/konservativ oder reaktionär/revolutionär zu hinterfragen (Hitzler/Pfadenhauer 2004: 118). Darüber hinaus sorgt der permanente mediale Vergleich vermeintlich ungeschlechtlichen Männerfußballs als Norm und explizit vergeschlechtlichten Frauenfußballs als Abweichung für eine bequeme Konstruktion von Frauenfußball als nicht ernst zu nehmende Spielwiese für Frauen, die hegemoniale Weiblichkeitsnormen verfehlen.

Fußball ist nicht nur Zeitvertreib, sondern für einige auch ein Beruf. In diesem schlagen sich über Geschlecht vermittelte Klassenunterschiede eindrucksvoll nieder. So spielt bei den *Wechselwirkungen von Struktur- und Repräsentations-ebene* vor allem Geld eine zentrale Rolle. Ein Beispiel dafür sind die eklatanten Unterschiede bei der monetären Wertschätzung fußballerischer Erfolge bei Europa- und Weltmeisterschaften (Botsch 2009). Bei den Frauen wurde das Kaffeeservice als Belohnung für den Gewinn der Europameisterschaft 1989 legendär, das Weltmeisterinnenteam von 2007 dagegen kassierte eine Prämie von 640.00 € von der FIFA, pro Kopf zahlte der DFB 50.000 €. Diese Steigerung relativiert sich rasch. Denn bei der WM der Männer 2006 vergab die FIFA eine Titelprämie von 21.5 Millionen €, der DFB hätte den Titel mit 300.000 € pro Kopf belohnt (dem Sechsfachen der Frauenprämie), für das Erreichen des Halbfinales kassierte jeder Spieler immer noch 100.000 € (also das Doppelte der Weltmeisterinnen). Das lässt zwei Lesarten zu: Zum einen – das ist die dominierende Repräsentationsweise – indiziert der Etatanstieg eine Professionalisierung und damit größere Wertschätzung von Frauenfußball. Denn im Gegensatz *zu früher* bekommen die Fußballfrauen inzwischen *auch* Prämien von der FIFA und vom DFB. Zum anderen aber bleibt bei der Bewegung nach oben der Abstand zwischen oben und unten konstant; ein klassischer Fahrstuhleffekt, der für eine Stabilisierung sozialer Ungleichheiten sorgt.

Zusammengefasst heißt das: Fußball ist mit seiner massiven Ausgrenzung von Frauen, Diskriminierung rassischer und ethnischer Minderheiten, Ächtung vor allem männlicher Homosexualität und der fehlenden Kultur eines konstruktiven Umgangs mit Schwäche (wie es im Suizid Robert Enkes zum Ausdruck kam) immer noch eine der rückständigsten Bastionen der Gesellschaft. Der schmeichelhafte Ruf, zu einer klassenübergreifenden Völkerverständigung beizutragen, vermag das nur unzureichend zu kaschieren (Degele 2009). Die Verbindung deduktiv-theoriegeleiteter und induktiv-überraschungsoffener Zugangsweisen macht die Analyse solcher Zusammenhänge möglich. Denn sie arbeitet auch hier mit erforderlichen Großgruppen-Kategorien, relativiert sie aber gleichzeitig.

Identitätskonstruktionen und Repräsentationen sind dabei über soziale Praxen verknüpfte strukturerhaltende und -bildende Faktoren. Ungleiche Strukturen sind von Menschen gemacht, werden nur als Vollzug aktiv und liefern Vorgaben für soziales Handeln. So geben makrosoziologische Strukturanalysen zunächst einmal Hinweise für plausible Deutungen: Frauen als geschlechtlich markierte soziale Gruppe haben im Fußball einen schweren Stand. Das schlägt sich in ihrer geringen Präsenz auf allen Ebenen und in niedrigen Einkommen und Prämien nieder. Gleichzeitig bilden heteronormative, mit Klassen- und Rassenverhältnissen verwobene Strukturen den Rahmen für eine Pluralisierung von Lebensstilen, die sich mikrosoziologisch als Identitätskonstruktionen erfassen lassen. So folgen aus der strukturellen Benachteiligung qua Geschlecht und Sexualität nicht zwangsläufig addierte Diskriminierungen. Vielmehr können Solidaritäten entstehen, die heteronormative Strukturen ein Stück weit aushebeln.

Die Repräsentationsebene in Form symbolisch codierter Normen und Ideologien wiederum liegt quer zu Identitätskonstruktionen (der Mikroebene) und Sozialstrukturen (der Makro- und Mesoebene). Dazu zählt die hegemonial wirkungsmächtige Konstruktion von Fußball als Norm (die männliche Homosexualität brandmarkt) vs. Frauenfußball als Abweichung. Das schafft aber auch Freiräume für nicht-heteronormative Lebensstile, die angesichts des ‚falschen' Geschlechts in einer von Männern dominierten Sportart dann kaum noch ins Gewicht fallen. Symbolische Repräsentationen tauchen in sozialstrukturorientierten Ungleichheitsanalysen selten als eigenständige Ebene auf, ‚machen' aber auch Strukturen in Form massemedial materialisierter Anrufungen und Gesetze. Soziale Ordnung setzt sich in den Köpfen und Praxen der Menschen fest, sie wird unbewusst und unsichtbar, erscheint aber durchaus als autonom gewählt – als individualisiert. So bedürfen Strukturanalysen nicht nur des Rekurses auf Identitätskonstruktionen. Ohne Verweis auf symbolische Repräsentationen bleiben sie ebenfalls unvollständig. Das ist gut so. Denn theoretische Unschärfen provozieren durchaus methodologische Weiterentwicklungen.

Literatur

Ach, Johann S./Arnd Pollmann (2006) (Hg.): No body is perfect. Baumaßnahmen am menschlichen Körper – Bioethische und ästhetische Aufrisse. Bielefeld: Transcript.
Acker, Joan (2006): Inequality Regimes. Gender, Class, and Race in Organizations. in: Gender & Society 20: 441-464.
Anthias, Floya (2001): The Material and the Symbolic in Theorizing Social Stratification. in: British Journal of Sociology 52: 367-390.
Beck, Ulrich (1986): Risikogesellschaft. Auf dem Weg in eine andere Moderne. Frankfurt/Main: Suhrkamp.
Beck, Ulrich/Elisabeth Beck-Gernsheim (1994): Individualisierung in modernen Gesellschaften – Perspektiven und Kontroversen einer subjektorientierten Soziologie. in: Ulrich Beck/Elisabeth Beck-Gernsheim (Hg.), Riskante Freiheiten. Frankfurt/Main: Suhrkamp. 10-39.
Beck, Ulrich/Richard Sennett (2000): Freiheit statt Kapitalismus. Interview in: Die ZEIT, 6. 4. 2000.

Beck, Ulrich/Wolfgang Bonß/Christoph Lau (2001): Theorie reflexiver Modernisierung –
Fragestellungen, Hypothesen, Forschungsprogramme. in: Ulrich Beck/Wolfgang
Bonß (Hg.) Die Modernisierung der Moderne. Frankfurt/Main: Suhrkamp. 11-59.

Berger, Peter A. (2001): Soziale Ungleichheiten und soziale Ambivalenzen. in: Eva Bar-
lösius/Hans-Peter Müller/Steffen Sigmund (Hg.), Gesellschaftsbilder im Umbruch.
Soziologische Perspektiven in Deutschland. Opladen: Leske + Budrich. 203-225.

Bonß, Wolfgang/Christoph Lau (2004): Reflexive Modernisierung – Theorie und For-
schungsprogramm. in: Angelika Poferl/Nathan Sznaider (Hg.), Ulrichs Becks kosmopolitisches Projekt. Auf dem Weg in eine andere Soziologie. Baden-Baden: Nomos. 35-52.

Botsch, Kerstin (2009): Kein Sommermärchen: Sexismus im Fußball. in: Freiburger
GeschlechterStudien, Geschlechter – Bewegungen – Sport. Ausgabe 23: 99-116.

Brüggemeier, Franz-Josef (2006): Fußball – mehr als ein Spiel. in: Informationen zur
politischen Bildung 290, hrsg. von der Bundeszentrale für politische Bildung. S.4-
57.

Davis, Kathy (2008): Intersectionality as buzzword. A sociology of science perspective
on what makes a feminist theory successful. in: Feminist Theory 9: 67-85.

Degele, Nina (2008): Einführung Gender/Queer Studies. München: Fink (UTB) .

Degele, Nina (2009): Wenn das Runde ins Eckige muss – stereotypisieren, reifizieren und
intersektionalisieren in der Geschlechterforschung. in: Susanne Baer/Karin Hildebrandt (Hg.), Schubladen, Schablonen, Schema F - Stereotype als Herausforderung
für Gleichstellungspolitik. Bielefeld: Kleine (i. E.).

Degele, Nina/Christian Schneickert (2008): PFIFF – Projekt Freiburger intersektionale
Fußballforschung (Hg.), Materialien zu Methoden, Strukturen und Repräsentationen.
http://www.soziologie.uni-
freiburg.de/Personen/degele/material/pfiff_fussball_intersektional.pdf.

Degele, Nina/Sigrid Schmitz (2009): Kapitalismuskompatible Körper. Zum wechselseitigen ‚Enhancement‘ gesellschaftstheoretischer und naturwissenschaftlicher Körper-
diskurse. in: Boike Rehbein/Klaus-Wilhelm West (Hg.), Globale Rekonfigurationen
von Arbeit und Kommunikation. Konstanz: UVK. 115-129 .

Giulianotti, Richard/Roland Robertson (2002): Die Globalisierung des Fußballs: ‚Glokali-
sierung‘, transnationale Konzerne und demokratische Regulierung. in: Zentrum für
Europa- und Nordamerika-Studien (Hg.), Fußballwelten. Zum Verhältnis von Sport,
Politik, Ökonomie und Gesellschaft. Opladen. 219-251.

Gottschall, Karin (2000): Soziale Ungleichheit und Geschlecht. Kontinuitäten und Brüche, Sackgassen und Erkenntnispotentiale im deutschen soziologischen Diskurs.
Opladen.

Hitzler, Ronald/Michaela Pfadenhauer (2004): Individualisierungsfolgen. Einige wissens-
soziologische Anmerkungen zur Theorie reflexiver Modernisierung. in: Angelika
Poferl/Nathan Sznaider (Hg.), Ulrichs Becks kosmopolitisches Projekt. Auf dem
Weg in eine andere Soziologie. Baden-Baden: Nomos. 115-128.

Hradil, Stefan (2006): Soziale Milieus – eine praxisorientierte Forschungsperspektive. in:
Aus Politik und Zeitgeschichte 44-45: 3-10.

Klein, Gabriele/Michael Meuser (2008): Fußball, Politik, Vergemeinschaftung. Zur Einführung. in: Gabriele Klein/Michael Meuser (Hg.), Ernste Spiele. Zur politischen Soziologie des Fußballs. Bielefeld: Transcript. 7-16.

Klinger, Cornelia (2003): Ungleichheit in den Verhältnissen von Klasse, Rasse und Geschlecht. in: Gudrun-Axeli Knapp/Angelika Wetterer (Hg.), Achsen der Differenz. Gesellschaftstheorie und feministische Kritik II. Münster: Westfälisches Dampfboot. 14-48.

Knapp, Gudrun-Axeli (2008): Verhältnisbestimmungen: Geschlecht, Klasse, Ethnizität in gesellschaftstheoretischer Perspektive. in: Gudrun-Axeli Knapp/Cornelia Klinger (Eds.) ÜberKreuzungen. Fremdheit, Ungleichheit, Differenz. Münster: Westfälisches Dampfboot. 138-170.

Koppetsch, Cornelia/Günter Burkart (1999): Die Illusion der Emanzipation. Zur Wirksamkeit latenter Normen im Milieuvergleich. Konstanz: UVK.

Kreckel, Reinhard (1997): Politische Soziologie der sozialen Ungleichheit. Frankfurt/Main: Campus.

Kron, Thomas (2000): Individualisierung und soziologische Theorie. in: Thomas Kron (Hg.), Individualisierung und soziologische Theorie. Wiesbaden: VS. 7-13.

López, José/John Scott (2000): Social structure. Buckingham/UK: Open University Press.

McCall, Leslie (2001): Sources and Racial Wage Inequality in Metropolitan labor Markets: Racial, Ethnic, and Gender Differences. in: American Sociological Review 66: 520-542.

Nestserava, Maryia/Raphael Rauh/Liv Christiane Schümichen/Susanne Stadler (2008): „Tussischuhe, na und?" Homophobe, sexistische, rassistische/nationalistische Diskurse im (Frauen)Fußball. in: PFIFF Materialien zu Fußball intersektional: Methoden, Strukturen, Repräsentationen. http://www.soziologie.uni-freiburg.de/degele/index.html.

Nollmann, Gerd (2004): Ungleichheit – für wen? Das Vorrecht rekonstruktiver Forschung vor normativen Beurteilungen sozialer Ungleichheit. in: Peter A. Berger/Volker H. Schmidt (Hg.), Welche Gleichheit – welche Ungleichheit? Grundlagen der Ungleichheitsforschung. Wiesbaden: VS. 191-220 .

Nollmann, Gerd (2007): Die Praxis sozialer Ungleichheit und ihre sozialstrukturellen Folgen. in: Gerd Nollmann (Hg.) Sozialstruktur und Gesellschaftsanalyse. Sozialwissenschaftliche Forschung zwischen Daten, Methoden und Begriffen. Wiesbaden: VS. 13-35 .

Poferl, Angelika/Nathan Sznaider (2004): Auf dem Weg zu eine andere Soziologie. in: Angelika Poferl/Nathan Sznaider (Hg.), Ulrichs Becks kosmopolitisches Projekt. Auf dem Weg in eine andere Soziologie. Baden-Baden: Nomos. 9-16.

Schwinn, Thomas (2007): Soziale Ungleichheit. Bielefeld: Transcript.

Steinbrink, Dinah (2008): Jugendfußball in Deutschland. Zahlen – Strukturen – Förderungen unter besonderer Berücksichtigung der Chancengleichheit für Jungen und Mädchen. in: PFIFF (Hg.), Materialien zu Fußball intersektional: Methoden, Strukturen, Repräsentationen. http://www.soziologie.uni-freiburg.de/degele/index.html.

Walby, Sylvia (2009): Globalization and inequalities: Complexity and contested moderni-
ties. London: Sage.

Weigelt-Schlesinger, Yvonne/Ulrike Röger/Claudia Kugelmann/Marit Möhwald (2009):
Bewegungsarbeit im Mädchenfußball. in: Elke Gramespacher/Nina Feltz (Hg.),
Bewegungskulturen von Mädchen – Bewegungsarbeit mit Mädchen. Immenhausen/
Kassel: Prolog Verlag. 113-123.

Wieland, Dirk (2004): Die Grenzen der Individualisierung. Sozialstrukturanalyse zwischen objektivem Sein und subjektivem Bewusstsein. Wiesbaden: VS.

Winker, Gabriele/Nina Degele (2009): Intersektionalität. Zur Analyse sozialer Ungleichheiten. Bielefeld: Transcript.

Jenseits der traditionellen Paarbeziehung?
Sozialstrukturelle Bedingungen moderner Beziehungskonzepte

Andreas Hirseland und Kathrin Leuze

1 Einleitung

Auch gut zwanzig Jahre nach ihrer Formulierung durch Ulrich Beck (1983, 1986) ist die sogenannte „Individualisierungsthese" als sinngebende Leitidee für das Verständnis der (Re-)Produktionsbedingungen sozialer Ungleichheiten in modernen Industriegesellschaften nicht unumstritten (z. B. Vester u. a. 2001; Geißler 2002; Atkinson 2007; Becker/Hadjar, in diesem Band). Das Postulat neuer sozialer Ungleichheiten „jenseits von Stand und Klasse" stellte eine Herausforderung an jene Formen soziologischer Gesellschaftserklärung bzw. -beschreibung dar, die von einem hierarchisch integrierten Gesellschaftsbild ausgingen, in dem es eine eindeutige Zuweisung von Status und Positionen entlang einer mehr oder weniger strikten „Oben-Unten-Verortung" gab und gibt. Mit der jeweiligen Schichtzugehörigkeit der Individuen schien bereits wenn nicht gar alles, so doch vieles über deren Werthaltungen, Handlungsorientierungen und Lebensführungsmuster gesagt. Der bzw. die Einzelne galten – zumindest der Mainstreamsoziologie – als Repräsentanten ihrer jeweiligen klassifikatorischen Gruppenzugehörigkeiten.

In augenscheinlichem Widerspruch hierzu war die gesellschaftliche Entwicklung bereits seit den späten 1960er Jahren – angetrieben von kompensatorischer Sozialpolitik, Bildungsexpansion, Wirtschaftswachstum, der Demokratisierung von Konsummustern und dem Erstarken gegenkultureller Strömungen – gekennzeichnet durch eine zunehmende Ausdifferenzierung horizontaler Ungleichheiten, die sich in einer Pluralisierung von Lebensstilen und Lebensführung artikulierten (Hradil 1987). Der so entstandenen „Multioptionsgesellschaft" (Gross 2003) mit ihrer Tendenz zur Enttraditionalisierung und zur Entstandardisierung von Lebensverläufen (Kohli 1988) war das Versprechen einer „Wahlbiographie" (Ley 1984) für jeden und jede eigen. Dies hatte insbesondere Auswirkungen auf die Beziehung zwischen den Geschlechtern. Nicht nur kam es im öffentlichen Bereich zu einer (immer noch unvollendeten) Gleichstellung von Mann und Frau, sondern auch im Privaten wurde das Modell der auf Geschlechtsrollenkomplementarität beruhenden Alleinverdienerehe zunehmend durch alternative Formen des Zusammenlebens in Frage gestellt (Krüger 1997). Trotzdem bleibt es eine offene Frage, ob und inwieweit sich der in der öffentlichen Sphäre feststellbare Wandel der Geschlechterbeziehungen auch im Privaten entfaltet (vgl. Koppetsch/Burkart 1999) und dies über Schicht- und Klassengrenzen hinweg, wie die Individualisierungsthese behauptet.

In diesem Beitrag soll daher das Feld der modernen Paarbeziehungen als ein ‚Testfall' für die behauptete Ubiquität von Individualisierungstendenzen dienen. Ein mögliches Kriterium hierfür ist, ob und in welchem Umfang sich die individuellen Bewusstseine, die Selbst- und Weltdeutungen über die (alten?) Schicht- und Klassengrenzen hinweg enttraditionalisieren – und Individualisierung von den Individuen folglich in Anlehnung an die auf Marx bzw. Hegel zurückgehende Unterscheidung zwischen (Klasse) „an sich" und „für sich" (Marx 1983) auch als ein „Individualisiertsein für sich" begriffen wird. In diesem Falle wäre zu erwarten, dass sich die Beziehungsvorstellungen von Männern und Frauen weniger an den präskriptiven traditionellen (Rollen-)Vorgaben orientieren, sondern eher an Werten persönlicher Autonomie und materieller Unabhängigkeit. Dieser Frage möchten wir im Folgenden nachgehen und zunächst die Typik moderner Beziehungskonzepte rekonstruieren, um dann in einem zweiten Schritt anhand von Befragungsdaten zu untersuchen, ob und inwieweit sich eine schichtenübergreifende Individualisierung von Beziehungskonzepten feststellen lässt.

2   Individualisierung und der Wandel von Beziehungskonzepten

Kennzeichnend für die Moderne war das Leitbild der monogamen Gattenehe samt der auf ihr basierenden Kernfamilie, eine Beziehungskonstruktion, die auf der Annahme einer naturalisierten Geschlechterdifferenz beruht und eine entsprechend geschlechterkomplementäre Ordnung der beziehungsinternen Verhältnisse vorsah – vereinfacht: den Tausch männlicher Versorgungsleistungen gegen weibliche Fürsorge, der die Grundlage des kleinfamilialen Alleinverdienerhaushalts bzw. der Hausfrauenehe bildete und vielfach immer noch bildet (Beck-Gernsheim 1990; Krüger/Born 2000). Stabilisiert durch eine Reihe institutioneller Regelungen erlebte dieses auf Geschlechterungleichheit basierende Lebensmodell im sog. „golden age of marriage" in den 1950er und 1960er Jahren seinen schicht- und klassenübergreifenden Höhepunkt (Peuckert 2008). Seine normativen Fundamente liegen in der Vorstellung einer lebenslangen, die Partner „in guten wie in schlechten Zeiten" wechselseitig verpflichtenden Lebensgemeinschaft, die gegenüber den individuellen Interessen und/oder Begehren der so vergemeinschafteten Individuen einen an sich schützenswerten Wert darstellt.

Sicher nicht zu Unrecht hat u. a. die feministische Kritik auf den Ideologiegehalt der lange vorherrschenden Glorifizierung dieses normativen Leitbildes von Ehe und Familie und die damit einhergehenden eingeschränkten Chancen der in materieller Abhängigkeit von dem Alleinverdienermann lebenden Frauen verwiesen. Mit der seit den 1970er Jahren des letzten Jahrhunderts einsetzenden geschlechterübergreifenden Bildungsexpansion und der gestiegenen Erwerbsbeteiligung von Frauen verband sich daher die Erwartung einer Überwindung jener strukturell angelegten Geschlechterungleichheit in Paarbeziehungen. Wenn beide Partner über jeweils eigenes Geld verfügten, stünden jedem Chancen einer auch materiell eigenständigen Lebensplanung und -gestaltung jenseits asymmetrisierender Versorgungserfordernisse offen, was vor allem der Emanzipation der Frauen zu Gute käme. Entsprechend ließ sich seit den 1970er Jahren eine De-Institutionalisierung der Lebensform „Alleinverdienerehe" beobachten, die sich in einem Anstieg der Scheidungszahlen ebenso bemerkbar machte wie einer zunehmenden Zahl früher bezeichnenderweise noch als sog. „wilde Ehen" etikettierten Formen unverheirateten Zusammenlebens bis hin zu einem „living-apart-together" und anderen Formen nichtehelicher Partnerschaften (Engstler/Menning 2003, Noyon/Kock 2006, Peuckert 2008).

Diese Pluralisierung wurde flankiert von einem Wandel relevanter juristischer Regelungen, welche die Liberalisierung des (zwischengeschlechtlichen) Zusammenlebens legalisierten und – etwa von der Eherechtsreform 1977, die verheirateten Frauen die autonome Entscheidung über die Aufnahme einer Erwerbstätigkeit zugestand, bis hin zu den Regelungen des aktuellen Unterhaltsrechts – auch die Rechtspositionen innerhalb ehelicher Paargemeinschaften veränderten. Mit der im neuen Unterhaltsrecht festgeschriebenen Nachrangigkeit der Unterhaltsansprüche nichterwerbstätiger Ehepartner, i.d.R. der Ehefrauen, wird implizit die wechselseitige „Entpflichtung" der Partner vorangetrieben und zugleich im Zusammenhang mit der Deregulierung des Wohlfahrtsstaates ein adult-worker-Modell der Lebensführung für beide Geschlechter zur Norm erhoben (Dingeldey/Gottschall 2001). Zumindest der Form nach scheint jene im traditionalen Alleinverdiener-Paarmodell institutionalisierte und vielfach beklagte „geschlechtsspezifisch halbierte" Moderne juristisch überwunden.

Dies lässt sich durchaus als Bestandteil jener nach den Beck'schen Analysen des Individualisierungsprozesses funktional erforderlichen sozio-politischen Reintegrations- und Kontrollstrategien begreifen, mittels derer die Folgen individualisierender Freisetzungsprozesse gesellschaftsverträglich auf- und eingefangen werden sollen (Beck 1986: 210). Nunmehr können die Versorgungsrisiken im Falle einer Trennung nur durch die gleiche Erwerbskapazität beider Geschlechter und durch eine beidseitig erwerbsorientiert, d. h. an existenzsichernder Vollerwerbstätigkeit, ausgerichtete Biographie aufgefangen werden. Dies jedoch setzt auch ein beziehungs- bzw. partnerschaftsbezogenes Selbstverständnis voraus, in dem – verglichen mit der oben angesprochenen Normalitätsfolie einer asymmetrischen Geschlechtsrollenverteilung – die Bedeutung der je eigenen Autonomie und ökonomischen Selbständigkeit gegenüber der Verbindlichkeit der „Beziehung" aufgewertet wird.

Es ist eine empirische Frage, inwieweit die damit angesprochenen Imperative eines Übergangs vom „Familienernährermodell" zum für beide Geschlechter geforderten „Selbsternährermodell" mit seinen Implikationen einer größeren Partnerunabhängigkeit der je eigenen Lebensführung und einer damit verbundenen zunehmenden Freisetzung aus Beziehungspflichten sich im Beziehungskonzept von Männern und Frauen niederschlagen. Dabei verstehen wir unter *Beziehungskonzept* ein Set subjektiver Deutungsmuster, die mehr oder weniger bewusste Vorstellungen darüber enthalten, wie eine gute Beziehung aussehen sollte, welchen Eigenwert Beziehungen annehmen und welche Formen wechselseitiger Verpflichtungen oder – die Individualisierungsoptionen steigernder – Entpflichtungen zwischen den Partnern erwünscht sind (vgl. Hirseland et al. 2004, Schneider et al. 2005, Wimbauer et al. 2002). Ein Beziehungskonzept adressiert also mehrere analytisch trennbare Dimensionen, die von der Bedeutung einer Beziehung bis hin zu Fragen des idealen (alltäglichen) Zusammen- bzw. Miteinanderlebens, insbesondere des Umfangs wechselseitiger Ver- bzw. Entpflichtung in einer Paarbeziehung, reichen. Entsprechend lassen sich eine Ebene der allgemeinen Wertorientierung (Primat der Beziehung oder der individuellen Freiheit), der präferierten Bindungsform (Dauerhaftigkeit oder an die individuelle Lebenssituation gebunden), der Handlungsmodi (Entscheidungsautonomie oder Koordinationszwang) unterscheiden. Damit verbunden sind Fragen der beziehungsinternen Regelung der Ressourcenverfügbarkeit (z. B. ob Geld vergemeinschaftet oder getrennt bewirtschaftet wird) und nicht zuletzt der Rollenorientierung bzw. -verteilung (egalitär oder differenziert). Idealtypisch lassen sich also zwei Formen von Beziehungskonzepten unterscheiden – „kollektivistische" und „individualistische" –, die auf unterschiedliche Formen beziehungspraktischer Alltags- und Lebensgestaltung bei Paaren verweisen (vgl. *Tabelle 1*).[1]

Der Typ des *kollektivistischen* Beziehungskonzepts lehnt sich an die Tradition der Gattenehe an und ist dementsprechend am Sozialgebilde ‚Paar' als einer vergemeinschaftenden Institution sui generis orientiert. Es ist an einem handlungsleitenden Wertprinzip ausgerichtet, das dem Bestand der Beziehung Vorrang gegenüber der Abwägung individueller Vorteils- und Chancenstrukturen einräumt. Da die Beziehung als dauerhaft zu schützendes Gut gilt, bildet sie auch den Referenzrahmen des individuellen Handelns – man tut, was der Beziehung gut tut und ihren Fortbestand sichert und erwartet von dem Partner bzw. der

---

1   Diese idealtypischen Verdichtungen sind Ergebnis einer qualitativen Panelbefragung von Doppelverdienerpaaren, die im Rahmen des Projekts B6 „Getrennt leben, gemeinsam wirtschaften? – Grenzen der Individualisierung in Paarbeziehungen" des Sfb 536 „Reflexive Modernisierung" durchgeführt wurde.

Partnerin Gleiches, auch wenn dies dazu führt, die Verfolgung eigener Interessen und Wünsche zurückzustellen. Diese Begrenzung von Handlungsspielräumen schafft hohe Erwartungssicherheit bei verringerten individuellen Optionsräumen. Ist das Handeln dergestalt in den Dienst der Beziehung als überindividuellen Zweck gestellt, kann das Geben und Nehmen innerhalb der Beziehung am Prinzip der (über die Zeit) generalisierten Reziprozität ausgerichtet werden. Entsprechend werden auch Ressourcen wie etwa Geld oder Besitz vergemeinschaftet – aus „Mein" wird „Unser". Mit der Betonung des Gemeinsamen und dem Selbstverständnis, Teil eines Ganzen zu sein, gehen Formen der beziehungsinternen Arbeitsteilung und Rollendifferenzierungen einher. Diese können von einer (zeitlich begrenzten) geschlechtsunabhängigen Aufgabenspezialisierung bis hin zu einer traditionell geschlechterkomplementären Rollenteilung, reichen. Je nachdem, ob die beziehungsinternen (funktionalen) Differenzierungen dem Muster der Geschlechterkomplementarität folgen oder nicht, lassen sich die Subtypen eines „traditionalistischen" und eines „modernisierten" Kollektivismus unterscheiden.

Tabelle 1: Idealtypische Beziehungskonzepte

Dimension	Kollektivistisch		Individualistisch
Wertorientierung	„Paar" / Familie als Eigenwert		Individuelle Freiheit als Eigenwert
Bindungsform	Beziehung auf Permanenz gestellt → Verpflichtung		Bestand der Beziehung ist Aushandlungssache → Entpflichtung
Handlungsmodus	durch Beziehung beschränkt → Erwartungssicherheit		persönliche Freiheit → Selbstverwirklichung
Zurechnung Ressourcen	Vergemeinschaftung („unser Geld")		Individualisiert („mein Geld")
Rollen	Differenzierung		Symmetrisierung
	Geschlechtsrollenkomplementär	funktional / kompetenzbezogen	Egalitär
Subtypen	Traditionalistisch	Modernisiert	*pure relationship*

Dem gegenüber steht beim Typ des *individualistischen* Beziehungskonzepts das Wertprinzip der Wahrung oder Maximierung persönlicher Freiheit im Vordergrund. Er folgt der Maxime, größtmögliche individuelle Handlungsoptionen und -spielräume offen zu halten, weder sich noch den Partner bzw. die Partnerin durch die Übernahme von aus der Beziehung resultierenden Verpflichtungen in der biographischen Gestaltungsfreiheit einzuengen. Die Beziehung wird folglich als ein prinzipiell auflösbares Sozialverhältnis gedacht, dessen Bestand von situativen (biographischen) Gegebenheiten abhängig ist und stets neuer expliziter Bekräftigung und Aushandlung durch die Akteure bedarf. Dieser (impliziten) Vertragslogik entsprechend orientiert sich das in der Beziehung erforderliche Geben und Nehmen am Modell des marktökonomischen Äquivalententauschs.

Das Äquivalenzprinzip stellt sicher, dass die Partner einander nichts schulden oder schuldig bleiben, sich ihre 'Beziehungsbilanz' zu jeder Zeit im Gleichgewicht befindet und somit keine dauerhaften, zu Asymmetrien führenden ‚Verbindlichkeiten' oder Abhängigkeiten entstehen. Die Reziprozitätsfähigkeit innerhalb einer solchen Beziehung beruht daher auf der ständigen individuellen Verfügbarkeit je eigener (materieller) Ressourcen als beziehungsinternem Tauschmedium oder – im Falle der Trennung – als Garant der eigenen Unabhängigkeit. Entsprechend wohnt diesen Beziehungen eine auf beständige Symmetrisierung der beziehungsinternen und -externen individuellen Positionen angelegte Tendenz inne, die geschlechtsspezifische Rollendifferenzierungen und destabilisierende Ungleichheiten bzw. Ungleichgewichte über die Zeit zu verhindern sucht. Die derartig begründete wechselseitige Entpflichtung wird geradezu zur Voraussetzung einer „purifizierten", ausschließlich auf vergemeinschaftender Emotionalität gegründeten Beziehungsform („pure relationship"; vgl. Giddens 1991).

Wie unschwer zu erkennen, korrespondiert der Idealtypus des individualistischen Beziehungskonzepts mit den Anforderungen einer sich zunehmend auf das Lebensführungsmuster des Adult-Worker-Modells hin entwickelnden Gesellschaft (vgl. Böhm/Diewald/Körnert, in diesem Band), in der mit dem Umbau des keynesianischen Sozialstaats auch dem Modell des Familienlohns der Rückhalt entzogen wird, sozialstaatliche Sicherungen gelockert und Strukturen geschaffen werden, die auf (beruflicher) Mobilität, Flexibilität, Eigenverantwortlichkeit und individueller Eigenvorsorge beruhende Formen der Lebensgestaltung und biographischen Planung begünstigen (Lessenich 2008). Insofern wäre zu erwarten, dass sich individualistische Beziehungsvorstellungen gerade in den vergleichsweise chancenreichen Mittelschichten mit gutem Bildungshintergrund und entsprechenden Erwerbschancen als funktionale Adaption an die Gegebenheiten erweisen und entsprechende Verbreitung finden. Ebenso ließe sich vermuten, dass Angehörige der chancenärmeren Gruppen – mit geringem Bildungskapital und eher ungünstigen Arbeitsmarkt- bzw. Karrierechancen – stärker zum kollektivistischen Beziehungskonzept tendieren, da sie fehlende individuelle Chancen und daraus resultierende Prekarisierungsrisiken durch das in privaten Beziehungen des kollektivistischen Typs enthaltene Stabilitätsversprechen zu kompensieren suchen (vgl. Koppetsch, in diesem Band). Wenn diese Überlegungen zuträfen, wäre dies nicht ein Indiz dafür, dass die Individualisierungsthese zumindest mit Blick auf das Private einer sozio-optischen Täuschung erlegen wäre und eine in zumeist in akademisch geprägten Milieus anzutreffende Alltagsevidenz pars pro toto auf die Gesellschaft als Ganzes übertragen hätte? Oder lässt sich eine Diffusion beziehungsbezogener Individualisierungstendenzen über die Grenzen von „Stand und Klasse" ausmachen? Im Folgenden möchten wir eine empirische Annäherung versuchen.

3 Daten, Variablen und Methode

Um dieser Frage nachzugehen, wurden die oben beschriebenen idealtypischen Beziehungskonzepte in Form alltagsvalider Items operationalisiert (vgl. Anhang A) und mit einer standardisierten computergestützten Telefonbefragung bei 5782 Personen im Alter von 25 bis 65 Jahren erhoben.[2] Erfasst werden sollten individualistische und kollektivistische Grundhaltungen im Hinblick auf die Dimensionen Wertorientierung, Bindungsform, Handlungsmodus, Ressourcenzurechnung sowie Geschlechtsrollenauffassung. Zur empirischen Auffindung der einzelnen Dimensionen wurde eine explorative Faktorenanalyse (Hauptkomponentenanalyse) durchgeführt. Für die Interpretation wurden diejenigen 14 Items herangezogen, deren Faktorladung größer als 0.5 ist. Diese wurden teilweise umkodiert, um eine einheitliche Richtung der Items (0 = kollektivistisch/traditionalistisch, 1 = individualistisch/modern) herzustellen. Die Güte der in die Faktorenanalyse eingegangenen Items wie auch der gesamten Korrelationsmatrix lässt sich mit Hilfe des Kaiser-Meyer-Olkin-Kriteriums (KMK) als meist „ziemlich gut" bis „verdienstvoll" (Backhaus et al. 2008: 269) charakterisieren.

Um festzustellen, inwiefern die qualitativ rekonstruierten Idealtypen auch in der standardisierten Befragung repliziert sind, wurde mit Hilfe der obliquen Rotation eine Korrelation der Faktoren zugelassen und anschließend deren statistischer Zusammenhang mit Hilfe von Korrelationskoeffizienten überprüft. Stark positive Korrelationen zwischen den Faktoren würden die mit der Idealtypik übereinstimmende Annahme gleichgerichteter Orientierungen auf den einzelnen Dimensionen bestätigen, weniger stark positive oder gar negative Korrelationen

---

2 Ziel der Untersuchung im Rahmen des B6 Projekts des Sfb536 war es, in einer gemeinsamen Paarbefragung Zusammenhänge zwischen den Beziehungskonzepten, Lebensformen und dem Umgang mit Geld in Partnerschaften vor dem Hintergrund des auf verstärkte Eigenverantwortung setzenden sozialstaatlichen Umbaus zu erschließen. Die Ausgangsannahme war, dass unterschiedliche Arbeitsmarktrisikolagen Einfluss auf die Gestaltung der Paarbeziehungen haben könnten. Um Zielpersonen in unterschiedlichen Arbeitsmarktrisikolagen zu erreichen, wurden Individuen untersucht, die in Paarbeziehungen leben und die entweder sozialversicherungspflichtig beschäftigt sind oder in SGB II bzw. SGB III Bezug stehen. Die Ziehung der Stichprobe erfolgte als stratifizierte Zufallsstichprobe gemäß dem Prinzip der optimalen Schichtung (Bildung, Alter, Geschlecht, Region) aus der am Institut für Arbeitsmarkt und Berufsforschung (IAB) zur Verfügung stehenden Integrierte-Erwerbs-Biographien-Stichprobe (IEB 5.00). Aus der Einsatzstichprobe wurden im Zeitraum von Februar bis Mai 2008 8910 CATI-Screening-Interviews zur Ermittlung des Partnerschaftsstatus sowie der face-face-Interviewbereitschaft realisiert. Knapp 65 Prozent der Befragten (5782 Individuen) lebten in heterosexuellen Paarbeziehungen und bekamen einen ausführlichen Fragebogen, d. h. sie wurden zu verschiedenen Aspekten der Paardemografie (z. B. Dauer der Paarbeziehung, Kinder) sowie der individuellen Demografie (z. B. Einkommen, Erwerbsstatus, höchster Bildungsabschluss, Alter, Migrationshintergrund) von sich selbst sowie von ihrem/r Partner/in befragt.

eher auf unterschiedliche Orientierungen auf den verschiedenen Dimensionen hindeuten.

Zur Überprüfung der Relevanz soziodemografischer Merkmale für die Ausprägung bestimmter Beziehungskonzeptdimensionen wurden anschließend die individuellen Faktorwerte vorhergesagt. Dabei bedeuten höhere Werte der so gewonnen kontinuierlichen Variablen eine stärker individualistische/moderne Orientierung auf den jeweiligen Faktoren. Diese gingen als abhängige Variablen in OLS-Regressionen ein, deren Ergebnisse wir im Anschluss darstellen. Unabhängige Variablen zur Messung des Einflusses der Sozialstruktur („Stand und Klasse") bildeten Einkommen, Erwerbstatus sowie der höchste Schulbildungsabschluss. Als Kontrollvariablen wurden die demografischen Angaben zu Geschlecht, Alter und Migrationshintergrund sowie die Angaben zur Beziehungsdauer, zu Kindern unter 18 Jahren im Haushalt, zum Familienstand und zum Zusammenleben, berücksichtigt. Der Stratifizierung der Stichprobe (vgl. Fußnote 2) wurde durch die Schätzung von OLS-Regressionen für komplexe Surveydaten Rechnung getragen.

4   Empirische Ergebnisse

Gemäß der Individualisierungsthese wäre erwartbar, dass die Vorstellungen darüber, wie eine Paarbeziehung aussehen sollte, durchgängig zum Typus des individualistischen Beziehungskonzepts hin tendieren und dies zudem – „jenseits von Stand und Klasse" – über alle Bevölkerungsgruppen hinweg. Entsprechend haben wir erstens geprüft, ob sich die Dimensionen des idealtypischen Modells auch anhand unseres Befragungsinstruments faktorenanalytisch bestätigen lassen und – zweitens – ob alle Faktoren miteinander so korrelieren, dass sie – im Sinne unserer Vorannahmen – als an den Polen „Individualismus" oder „Kollektivismus" ausgerichtete Konzepte interpretierbar sind (Abschnitt 4.1). Drittens untersuchten wir, welche sozialstrukturellen Variablen die Prävalenz der gemessenen individualistischen bzw. kollektivistischen Orientierungen positiv oder negativ beeinflussen (Abschnitt 4.2). Entsprechend dieses Erkenntnisinteresses werden wir uns im Folgenden bei der Präsentation und Interpretation unserer Untersuchungsergebnisse auf die dafür wesentlichen Aspekte konzentrieren.

4.1 Moderne Beziehungskonzepte

Die durchgeführte Hauptkomponentenanalyse mit obliquer Rotation liefert fünf distinkte Faktoren, die sich inhaltlich gut interpretieren lassen (siehe *Tabelle 2*). Der Faktor *Rollenorientierung* (RO) beschreibt die Bedeutung von Geschlechterkomplementarität in der Vorstellung einer gelingenden bzw. „guten Beziehung". Personen mit traditionellen Orientierungen vertreten die Auffassung, es obliege dem Mann, für die soziale Positionierung seiner Frau Sorge zu tragen, sei es über ein möglichst hohes Einkommen oder Sozialprestige. Im Gegenzug ist es Aufgabe der Frau, sich zu Hause fürsorglich um das (emotionale) Wohlbefinden des Mannes zu kümmern. In nicht-traditionellen Orientierungen wird diese klassische, auf einer geschlechtsspezifischen Trennung von Erwerbssphäre und Häuslichkeit beruhende, Rollenverteilung zugunsten einer egalitären abgelehnt.

Tabelle 2: Faktorlabels und die enthaltenen Beziehungskonzept-Items

Faktorlabel*	BK-Items: Eine Beziehung ist dann gut, …**
Faktor 1: Rollenorientierung (RO)	…wenn der Mann seiner Frau etwas bieten kann …wenn die Frau ihren Mann zu Hause gut umsorgt
Faktor 2: Wertorientierung (WO)	…wenn das Wir immer vor dem Ich steht …wenn diese Beziehung einem das Wichtigste im Leben ist …wenn man möglichst viel Zeit miteinander verbringt …wenn man sich ganz auf den Partner einstellt
Faktor 3: Bindungsmodus (BM)	…wenn man nicht gezwungen wird, eine Verpflichtung einzugehen …wenn man nicht vom anderen abhängig ist …wenn man so frei ist, dass man jederzeit gehen könnte
Faktor 4: Handlungsoption (HO)	…wenn beide Partner unterschiedliche Ziele verfolgen können …wenn man seine eigenen Ziele verfolgen kann …wenn man unabhängig vom Partner Entscheidungen treffen kann
Faktor 5: Ressourcenverwendung (RV)	…wenn man gemeinsam fürs Alter vorsorgt …wenn man finanziell füreinander sorgt

*Extrahiert wurden 5 Faktoren mit Eigenwerten > 1.
**Nur Items mit einer Faktorladung > 0.5 wurden zur Interpretation herangezogen, die Reihung der Items erfolgt nach abfallender Faktorladung (vgl. Anhang B).

Wertorientierung (WO) bezieht sich im hier diskutierten Zusammenhang auf den subjektiv für verbindlich erachteten normativen Bezugsrahmen des Vergemeinschaftungshandelns in Bezug auf Paarbeziehungen. So betont eine kollektivistische Wertorientierung das normative Primat der Paarbeziehung gegenüber individueller Selbstverwirklichung und Eigenständigkeit. Entsprechend wird der Beziehung eine Höchstrelevanz zugewiesen, die sich darin ausdrückt, dass die Beziehung im Vordergrund des eigenen Lebensentwurfs steht. Vorausgesetzt wird eine kongruente Einstellung beider Partner, die sich in der Anforderung konkretisiert, möglichst viel Zeit miteinander zu verbringen. Eine derart ,bindende' Form der Paarvergemeinschaftung wird in der individualistischen Wertorientierung zugunsten des Primats individueller Freiheit zurück gewiesen.

Bindungsmodus (BM) bezieht sich auf die Rahmenbedingungen wechselseitiger Verpflichtung durch eine Beziehung. In der individualistischen Ausprägung wird die wechselseitige Entpflichtung und Unabhängigkeit der Partner betont, bis hin zu der Erwartung, von verpflichtenden Erwartungen des alter ego so weit entbunden zu sein, dass ein jederzeitiger Austritt aus der Beziehung möglich sein solle. Eine Ablehnung dieser Form individueller Freiheit bzw. die Akzeptanz ggf. auch erzwingbarer Verpflichtungen im Zusammenhang mit der Hinnahme beziehungsinterner Asymmetrien kann als Orientierung hin zu einer eher „kollektivistischen" Bindungsform gedeutet werden.

Handlungsoption (HO) bezieht sich auf die Regulation wechselseitiger Handlungsspielräume in der (alltäglichen) Beziehungspraxis, d. h. auf Fragen der (biographischen) Selbstbestimmung und Entscheidungsautonomie. Bei individualistischen Orientierungen besteht eine Präferenz für eine individuelle, partnerunabhängige Bestimmung von (Lebens-)Zielen. Dies gewährt individuelle Freiräume und erhöhte Chancen zur Selbstverwirklichung auch innerhalb der Beziehung. Im umgekehrten Fall führt ein wechselseitig partnerorientiertes Zielsetzungs- und Entscheidungsverhalten zwar zu einer Begrenzung von Handlungsoptionen, jedoch gleichzeitig auch zu einer Erhöhung von beziehungsstabilisierender Erwartungssicherheit als Ausdruck einer „kollektivistischen" Beziehungsorientierung.

Ressourcenverwendung (RV) ist ein Indikator für ein normatives commitment zur Bindung vorhandener finanzieller Ressourcen an gemeinsame langfristige Ziele (Alterssicherung) und solidarische Formen der materiellen Alltagsbewältigung. Damit werden die aus der Verfügbarkeit von Geld resultierenden individuellen Handlungsspielräume zugunsten einer Verpflichtung auf eine gemeinschaftlich zu organisierende Form der Existenzsicherung eingeschränkt, was dem kollektivistischen Konzept von Beziehung entspricht. Eine Ablehnung dieser Items drückt aus, dass die wechselseitige finanzielle Fürsorge nicht als notwendiger Bestandteil einer gelungenen Beziehung gesehen wird und entsprechend eine für das individualistische Konzept charakteristische Entpflichtung und Eigenverantwortlichkeit der Daseinsbewältigung bevorzugt wird.

Alles in allem entsprechen die vorgefundenen Faktoren den aus den Idealtypen hergeleiteten Dimensionen von Beziehungskonzepten (vgl. *Tabelle 1*). Allerdings zeigt die eher geringe Korrelation der einzelnen Faktoren miteinander, dass sich die in den Idealtypen angenommene gleichsinnige Ausrichtung der einzelnen Dimensionen in den Befragungsdaten nur sehr eingeschränkt wiederfinden lässt (siehe *Tabelle 3*).

Tabelle 3:   Korrelationskoeffizienten der vorhergesagten Faktorwerte

	RO	WO	BM	HO	RV
RO	1.0000	0.1153*	-0.1198*	0.0803*	0.2458*
WO	0.1153*	1.0000	0.1465*	0.1617*	0.1075*
BM	-0.1198*	0.1465*	1.0000	0.2432*	-0.0821*
HO	0.0803*	0.1617*	0.2432*	1.0000	0.0308
RV	0.2458*	0.1075*	-0.0821*	0.0308	1.0000

Signifikanzniveau *p < 0.01

Beispielsweise wird eine individualistische Ressourcenverwendung (RV) eher zusammen mit einem kollektivistischen Bindungsmodus (BM) präferiert, während zwischen Bindungsmodus (BM) und Handlungsorientierung (HO) kein gerichteter Zusammenhang erkennbar ist. Dennoch lassen sich auch einige gleichgerichtete Tendenzen finden. Dies ist noch am ehesten beobachtbar bei der Dimension Wertorientierung (WO), die positiv mit allen anderen Dimensionen korreliert. Auch geht ein traditionelles Rollenverständnis (RO) eher mit einem commitment zu einer langfristig ausgerichteten Verpflichtung materieller Mittel (RV) einher, so wie sie den Regelfall des traditionellen Beziehungsmodells darstellt. Individualistische Orientierungen bezüglich des Bindungsmodus (BM) verbinden sich ebenso mit individualistischen Vorstellungen zu den Handlungsoptionen (HO) innerhalb einer guten Beziehung. Insofern lassen sich die Beziehungsvorstellungen der von uns Befragten mehrheitlich nicht über alle Dimension hinweg als entweder durchwegs individualistisch oder kollektivistisch verorten, d. h. sie weisen keine vollständige Entsprechung zu dem entweder rein individualistischen oder rein kollektivistischen Typus auf.

4.2   *Die sozialstrukturellen Einflussfaktoren von Beziehungskonzepten*

Im Sinne der hier angestrebten Prüfung der Individualisierungsthese interessiert weiter, welche Personenmerkmale Einfluss auf eher individualistische bzw. eher kollektivistische Orientierungen auf welche der einzelnen Beziehungskonzeptdimensionen haben. Im Kontext der Individualisierungsthese steht dabei die Frage im Vordergrund, ob und inwieweit individualistische Orientierungen jenseits von Schichtmerkmalen diffundieren. In *Tabelle 4* sind die Ergebnisse der OLS-Regressionen auf die vorhergesagten Faktorenwerte wiedergegeben. Diese verweisen zunächst relativ deutlich darauf, dass vor allem das klassische Schichtungsmerkmal „Bildung" die Orientierungen auf den verschiedenen Dimensionen beeinflusst.

Tabelle 4:   OLS Regressionen auf die vorhergesagten Faktorwerte

	RO	WO	BM	HO	RV
Schichtungsvariablen					
höchste Schulbildung (Ref.: Abitur)					
Frau Hauptschule	-0.289**	-0.155**	0.114+	-0.031	-0.202**
Frau Realschule	-0.132**	-0.190**	-0.046	-0.091	-0.081
Mann Hauptschule	-0.268**	-0.233**	0.241**	-0.157*	-0.187**
Mann Realschule	-0.176**	-0.198**	0.219**	-0.053	-0.163**
Einkommen (Ref.: 1100-2000 €)					
Frau ohne Einkommen	-0.160*	-0.087	-0.100	0.105	-0.087
Frau unter 1100 Euro	0.030	-0.078	-0.111*	-0.027	-0.036
Frau 2000 Euro und mehr	0.242**	0.250**	0.069	0.091	0.078
Mann ohne Einkommen	0.008	0.104	-0.092	-0.019	0.230*
Mann unter 1100 Euro	-0.179**	0.029	0.071	0.086	0.054
Mann 2000 Euro und mehr	-0.035	0.052	-0.113*	0.023	-0.051
Erwerbstätigkeit (Ref.: nicht erwerbstätig)					
Frau erwerbstätig	-0.020	0.015	0.056	0.072	-0.101+
Mann erwerbstätig	0.121*	0.073	0.114*	0.069	0.126*
Kontrollvariablen					
ZP Frau	0.248**	0.404**	0.389**	0.193**	-0.099*
Alter (Ref.: 35-49 Jahre)					
Frau 25-34 Jahre	-0.114+	-0.024	0.009	0.077	0.124
Frau 50-65 Jahre	0.005	0.013	0.041	0.000	0.034
Mann 25-34 Jahre	-0.130+	-0.078	-0.079	0.028	-0.170+
Mann 50-65 Jahre	-0.098	-0.085	0.091	0.012	-0.062
Paardemografie					
verheiratet	0.020	-0.331**	-0.303**	-0.219**	-0.203**
gemeinsame Wohnung	0.005	-0.145+	-0.087	-0.080	-0.153
Kinder (Ref.: keine Kinder)					
Kinder 0-6 J.	0.004	0.076	-0.158*	0.109	-0.089
Kinder 7-12 J.	-0.063	0.087	-0.017	-0.068	-0.003
Kinder 13-18 J.	0.073	-0.064	-0.131+	-0.043	0.051
Paardauer (Ref.: 96-273 Mon.)					
Paardauer 0-95 Mon	0.002	-0.067	0.020	-0.067	-0.000
Paardauer 274-624 Mon	-0.045	-0.069	-0.101	-0.000	-0.101+
Geburtsland (Ref.: Westdeutschland)					
Frau Ostdeutschland	-0.013	-0.208**	-0.105+	-0.113+	-0.064
Frau Ausland	-0.330**	0.129	-0.057	-0.123	-0.106
Mann Ostdeutschland	-0.090	-0.028	0.040	0.026	-0.160*
Mann Ausland	-0.368**	-0.177*	-0.034	-0.501**	-0.054
Stichprobe (Ref.: SV-Beschäftigte)					
Sgb 2 Empfänger	-0.072	0.054	0.149*	-0.180*	0.059
Sgb 3 Empfänger	-0.017	-0.029	0.095+	-0.114*	0.036
Konstante	0.392**	0.514**	-0.102	0.319*	0.606**
R-squared	0.1751	0.1687	0.1298	0.1000	0.0815
N	4972	4972	4972	4972	4972

+ p<0.10, * p<0.05, ** p<0.01

Die Daten verweisen auf ein klares Bildungsgefälle: Je geringer die formale Bildung der Befragten, desto kollektivistischer sind deren Orientierungen. Gerade bei Geschlechtsrollenvorstellungen (RO) ist dieser Trend sichtbar. Im Vergleich zu Personen mit Abitur sind sowohl diejenigen mit Hauptschul- als auch mit Realschulabschluss der Auffassung, dass die klassische Rollenteilung zwischen den Geschlechtern auch heute noch wichtig für eine gute Partnerschaft ist, wobei dieser Traditionalismus bei Personen mit Hauptschulabschluss stärker ausgeprägt ist als bei einem Realschulschulabschluss. Ausgeprägte Bildungsunterschiede finden sich auch bei den Wertorientierungen (WO): Befragte ohne Abitur räumen der Paarbeziehung eine generelle Vorrangstellung ein. Außerdem stimmen sie, wenn es um die Ressourcenverwendung (RV) geht, eher für eine kollektivistische Vergemeinschaftung materieller Ressourcen im Sinne einer gemeinsam zu leistenden materiellen Daseinsbewältigung und Zukunftssicherung. Die Handlungsorientierung wird dagegen kaum vom Bildungsniveau beeinflusst.

In dieser deutlich nach Bildungsschichten geordneten Ausrichtung der Beziehungsvorstellungen – je höher gebildet umso individualistischer – lässt sich jedoch ein ‚Riss' beobachten, betrachtet man das Merkmal Geschlecht. So besteht bei Männern mit geringerer Bildung eine deutliche Tendenz zu einer den unbedingten Verpflichtungsgehalt zurückweisenden und die individuelle Freiheit betonenden individualistischen Orientierung hinsichtlich des Faktors Bindungsmodus (BM). Auch unterscheiden sich Männer und Frauen mit Realschulabschluss hinsichtlich der Bedeutung, die sie der gemeinsamen materiellen Sorge (RV) entgegenbringen – wobei diese bei den Frauen weniger relevant für eine gute Beziehung zu sein scheint.

Betrachtet man „Einkommen" als weiteres klassisches Schichtungsmerkmal, so zeigt sich zunächst, dass dieses über die verschiedenen Dimensionen hinweg einen insgesamt geringeren Einfluss auf die Beziehungsvorstellungen hat als „Bildung". Mehr noch als bei den eben dargestellten Bildungseinflüssen fällt hier jedoch eine geschlechtsspezifische Differenz auf. So tendieren besser verdienende Frauen stark zu einer deutlichen Ablehnung traditioneller Geschlechtsrollenvorstellungen (RO) und zu einer entsprechend individualistischeren Wertorientierung (WO), die einen unbedingten Vorrang der Beziehung gegenüber individueller Chancenwahrnehmung ablehnt. Weniger ausgeprägt, aber dennoch nicht unbedeutend ist, dass Frauen mit eher geringem Einkommen demgegenüber eine Tendenz zur traditionellen innerpartnerschaftlichen Arbeitsteilung (RO) sowie einer den Verpflichtungsgehalt betonenden kollektivistischen Orientierung bezüglich des Bindungsmodus (BM) aufweisen. Letzteres lässt sich auch bei Männern mit höherem Einkommen finden.

Einfluss auf individualistische oder kollektive Orientierungen übt auch der Erwerbsstatus der Befragten aus. Auch hier zeigen sich wieder – wenngleich nur

schwach ausgeprägte – geschlechtsspezifische Unterschiede. Während Erwerbstätigkeit bei Frauen keinen nachweisbaren Einfluss auf die Orientierungen in den
untersuchten Beziehungskonzeptdimensionen hat, tendieren erwerbstätige Männer eher zu modernen Geschlechtsrollenauffassungen sowie einem individualistischen Bindungsmodus (BM).

Was jedoch generell den stärksten Einfluss auf die favorisierten Beziehungskonzepte hat, ist das Geschlecht der Befragten, und das jenseits aller Schich-
tungsmerkmale. Frauen favorisieren in hohem Maße stärker moderne und individualistische Orientierungen in Beziehungen als Männer. Mit einer Ausnahme:
Wenn es um die Ressourcenaufteilung geht, sind Frauen stärker als Männer dafür, diese gemeinsam zu verwenden und auch in die gemeinsame Zukunft zu in-
vestieren. Die Betrachtung der weiteren Kontrollvariablen zeigt, dass vor allem
Befragte, die im Ausland geboren sind, eine traditionale Rollendifferenzierung
(RO) als Bestandteil einer guten Beziehung sehen, und zwar Männer wie Frauen
gleichermaßen. Im Gegensatz zu den Frauen aus dieser Gruppe vertreten die
Männer zudem deutlich eine kollektivistische Auffassung hinsichtlich der Hand-
lungs- und Entscheidungsautonomie (HO) innerhalb einer guten Beziehung. Dies
ist, wenngleich mit geringerer Ausprägung, sonst nur bei den verheirateten Befragten der Fall, während alle anderen von uns herangezogenen Variablen wie
Bildung, Einkommen, Erwerbsstatus keinen vergleichbar starken Einfluss auf
eine kollektivistische oder individualistische Orientierung in Bezug auf den Faktor Handlungsorientierung (HO) haben.

Interessant ist, dass die gefundenen Unterschiede in den Beziehungsvorstellungen weder einem Generationeneffekt (Alter) unterliegen, noch erkennbar von
der jeweiligen Beziehungsform, in der die Befragten leben – Beziehungsdauer,
Vorhandensein von Kindern, Zusammenleben – abhängen. Jedoch bewirkt der
formale Beziehungsstatus (die Ehe) auf allen Dimensionen eine deutliche Präferenz für kollektivistische Vorstellungen einer guten Beziehung – mit einer be-
merkenswerten Ausnahme: Bei der Geschlechtsrollenorientierung (RO) zeigt
sich, dass es keinen zwangsläufigen Konnex zwischen Ehe und traditionaler Rollendifferenzierung mehr zu geben scheint.

5   Fazit

Die dargestellten Befunde deuten darauf hin, dass die Vorherrschaft des traditionellen Beziehungskonzepts mit seiner geschlechtsspezifischen Rollenteilung und
durchgängig kollektivistischen Regulationsmechanismen in den Vorstellungen
der von uns Befragten „gebrochen" zu sein scheint. Selbst dort, wo geschlechtsspezifische funktionale Binnendifferenzierungen und das damit korrespondieren-

de normative *commitment* zu einer wechselseitigen materiellen Verpflichtung als für eine gute Beziehung bedeutsam erachtet werden, geht dies nicht zwangsläufig mit ebenfalls kollektivistischen Orientierungen auf jenen Dimensionen einher, welche die (emotionale) Wertigkeit der Beziehung und die individuelle Autonomie im (alltäglichen) Zusammenleben betreffen. In den Vorstellungen der Befragten erweisen sich Elemente des traditionalen Beziehungskonzepts durchaus mit individualistischen Formen der Ausgestaltung einer Beziehung vereinbar. Demgegenüber sind gerade bei denjenigen, die in einer Ehe leben, traditionelle Geschlechtsrollenmuster von geringer Bedeutung für ihre Konzepte einer guten Beziehung, wenngleich auf den übrigen Dimensionen kollektivistische Einstellungen überwiegen. Beides zusammengenommen verweist auf eine Erosion des traditionalen Leitbildes mit seiner festgefügten Beziehungsordnung und damit auf eine Hybridisierung der Beziehungskonzepte, die in der Regel in ihrer Vielgestaltigkeit weder eindeutig kollektivistisch noch individualistisch sind.

Dennoch zeigt sich, dass die Verbreitung individualistischer Beziehungsorientierungen mit steigendem Bildungs- und in geringerem Maße Einkommensstatus der Befragten zunimmt. Dabei sind es vor allem die besser verdienenden Frauen, die sowohl die traditionalistische Geschlechtsrollendifferenzierung ablehnen und – betrachtet man den Faktor „Wertorientierung" (WO) – eine Verpflichtung auf die Beziehung um „jeden Preis" ablehnen, während vergleichbar gut verdienende Männer hier eher zu einer Betonung des Verpflichtungscharakters einer Beziehung tendieren. Die wirtschaftlich unabhängigen Frauen scheinen sich eine individualistische Vorstellung eines „eigenen", vom Partner unabhängigen Lebensentwurfs im (ökonomischen) Sinne des Wortes „leisten" zu können, wohingegen bei Frauen mit geringem Bildungsstatus (Hauptschule) – und daher erwartbar höheren Arbeitsmarkt- und Einkommensrisiken – eher ein Beziehungs- und Versorgungssicherheit versprechender Kollektivismus anzutreffen ist. Demgegenüber lässt sich bei der Gruppe der Männer keine vergleichbar deutliche Tendenz in Richtung Individualismus oder Kollektivismus erkennen. Diese Indifferenz deutet auf eine Ambivalenz, ein stärkeres „Sowohl-als-auch" bei der Verteilung individualistischer oder kollektivistischer Orientierungen hin.

Bezieht man diese Befunde zurück auf unsere Ausgangsfrage, so zeigt sich, dass sich in der Empirie das Vorhandensein weder „des" kollektivistischen noch individualistischen Beziehungskonzepts nachweisen lässt, was aufgrund des idealtypischen Charakters dieses Konstrukts auch nicht weiter verwundert. Es lässt sich jedoch zeigen, dass individualistische Orientierungen insgesamt relativ weit verbreitet sind, dies jedoch in unterschiedlichem Maße entlang von Schichtungsmerkmalen und – gewissermaßen „quer" dazu liegend – des Merkmals Geschlecht. „Individualisierung", so könnte man daraus folgern, ist keine Schimäre, hat jedoch ein schicht- und geschlechtsspezifisch geprägtes Gesicht.

Literatur

Atkinson, Will (2007): Beck, individualization and the death of class: a critique. In: British Journal of Sociology 58: 349-366.

Backhaus, Klaus/Erichson, Bernd/Plinke, Wulff/Weiber, Rolf (2008): Multivariate Analysemethoden. Eine anwendungsorientierte Einführung. Zwölfte, vollständig überarbeitete Auflage. Berlin, Heidelberg: Springer.

Beck, Ulrich (1983): Jenseits von Stand und Klasse? In: Kreckel (1983): 35-74.

Beck, Ulrich (1986): Risikogesellschaft. Auf dem Weg in eine andere Moderne. Frankfurt am Main: Suhrkamp.

Beck, Ulrich/Beck-Gernsheim, Elisabeth (Hrsg.) (1990): Das ganz normale Chaos der Liebe. Frankfurt am Main: Suhrkamp.

Beck-Gernsheim, Elisabeth (1990): Von der Liebe zur Beziehung? Veränderungen im Verhältnis von Mann und Frau in der individualisierten Gesellschaft. In: Beck/Beck-Gernsheim (1990): 65-105.

Brose, Hans-Georg/Hildenbrand, Bruno (Hrsg.): Vom Ende des Individuums zur Individualität ohne Ende. Opladen: Leske und Budrich.

Deutschmann, Christoph (Hrsg.) (2002): Die gesellschaftliche Macht des Geldes. Leviathan Sonderheft 21. Wiesbaden: Westdeutscher Verlag.

Dingeldey, Irene/Gottschall, Karin (2001): Alte Leitbilder und neue Herausforderungen - Arbeitsmarktpolitik im konservativ-korporatistischen Wohlfahrtsstaat. In: Aus Politik und Zeitgeschichte, http://www.bpb.de/publikationen/1O9V45,0.

Engstler, Heribert/Menning, Sonja (2003): Die Familie im Spiegel der amtlichen Statistik. Lebensformen, Familienstrukturen, wirtschaftliche Situation der Familien und familiendemografische Entwicklung in Deutschland. Erweiterte Neuauflage 2003. Berlin: Erstellt im Auftrag des Bundesministeriums für Familie, Senioren, Frauen und Jugend in Zusammenarbeit mit dem Statistischen Bundesamt.

Geißler, Rainer (2002): Die Sozialstruktur Deutschlands. Die gesellschaftliche Entwicklung vor und nach der Wiedervereinigung. Wiesbaden: Westdeutscher Verlag.

Giddens, Anthony (1991): Modernity and Self-Identity. Self and Society in Late Modern Age. Cambridge: Polity Press.

Gross, Peter (2003): Die Multioptionsgesellschaft. Frankfurt am Main: Suhrkamp.

Hirseland, Andreas/Herma, Holger/Schneider, Werner (2004): Geld und Karriere. Biographische Synchronisation und Ungleichheit. In: Solga/Wimbauer (2004): 163-186.

Hradil, Stefan (1987): Sozialstrukturanalyse in einer fortgeschrittenen Gesellschaft. Von Klassen und Schichten zu Lagen und Milieus. Opladen: Leske und Budrich.

Kohli, Martin (1988): Normalbiographie und Individualität: Zur institutionellen Dynamik des gegenwärtigen Lebenslaufsregimes. In: Brose/Hildenbrand (1988): 33-53.

Kohli, Martin/Günther, Robert (Hrsg.) (1984): Biographie und soziale Wirklichkeit. Stuttgart: C. Ernst Poeschel.

Kohli, Martin/Szydlik, Mark (Hrsg) (2000): Generationen in Familie und Gesellschaft. Lebenslauf – Alter – Generation. Opladen: Leske und Budrich.

Koppetsch, Cornelia/Burkart, Günter (1999): Die Illusion der Emanzipation. Zur Wirksamkeit latenter Geschlechtsnormen im Milieuvergleich. Konstanz: UVK Universitätsverlag.

Kreckel, Reinhard (Hrsg.) (1983): Soziale Ungleichheiten. Göttingen: Schwartz & Co.

Krüger, Helga (1997): Familie und Generationen. Der Gender Gap in den Paarbeziehungen. In: Mansel/Rosenthal/Tölke (1997): 31-42.

Krüger, Helga/Born, Claudia (2000): Vom patriarchalen Diktat zur Aushandlung – Facetten des Wandels der Geschlechterrollen im familialen Generationenverbund. In: Kohli/Szydlik (2000): 203-221.

Lessenich, Stephan (2008): Die Neuerfindung des Sozialen – Der Sozialstaat im flexiblen Kapitalismus. Bielefeld: transcript.

Ley, Katharina (1984): Von der Normal- zur Wahlbiographie? In: Kohli/Günther (1984): 239-260.

Mansel, Jürgen/Rosenthal, Gabriele/Tölke, Angelika (Hrsg.) (1997): Generationen-Beziehungen. Austausch und Tradierung. Opladen: Westdeutscher Verlag.

Marx, Karl (1983): Das Elend der Philosphie [Orig. 1847]. In: Marx-Engels-Werke Bd. 4, Berlin: Dietz Verlag.

Noyon, Alexander/Kock, Tanja (2006): Living apart together. Ein Vergleich getrennt wohnender vs. zusammen lebender Paare. In: Zeitschrift für Familienforschung 18. 27-45.

Peuckert, Rüdiger (2008): Familienformen im sozialen Wandel. 7. vollständig überarbeitete Auflage. Opladen: Verlag für Sozialwissenschaften.

Schneider, Werner/Hirseland, Andreas/Ludwig-Mayerhofer, Wolfgang/Allmendinger, Jutta (2005): Macht und Ohnmacht des Geldes im Privaten – Zur Dynamik von Individualisierung in Paarbeziehungen. In: Soziale Welt 56, Sonderheft: Reflexive Modernisierung: 203-224.

Solga, Heike/Wimbauer, Christine (Hrsg.) (2005): Wenn zwei das Gleiche tun. Ideal und Realität sozialer (Un-)Gleichheit in Dual Career Couples. Opladen: Verlag Barbara Budrich.

Vester, Michael/v. Oertzen, Peter/Gerling, Heiko/Herrmann, Thomas/Müller, Dagmar (2001): Soziale Milieus im Strukturwandel. Zwischen Integration und Ausgrenzung. Frankfurt am Main: Suhrkamp.

Wimbauer, Christine/Schneider, Werner/Ludwig-Mayerhofer, Wolfgang (unter Mitarbeit von Jutta Allmendinger und Dorothee Kaesler) (2002): Prekäre Balancen. Liebe und Geld in Paarbeziehungen. In: Deutschmann, Christoph (2002): 263-285.

Anhang

Anhang A: Items zur Messung von Beziehungskonzepten

Eine Beziehung ist dann gut, ...

BK 1:	wenn man sich ganz auf den Partner einstellt
BK 2:	wenn diese Beziehung einem das Wichtigste im Leben ist
BK 3:	wenn man nicht gezwungen wird, eine Verpflichtung einzugehen
BK 4:	wenn man so frei ist, dass man jederzeit gehen könnte
BK 5:	wenn das Wir immer vor dem Ich steht
BK 6:	wenn man möglichst viel Zeit miteinander verbringt
BK 7:	wenn man nicht vom anderen abhängig ist
BK 8:	wenn man seine eigenen Ziele verfolgen kann
BK 9:	wenn beide Partner unterschiedliche Ziele verfolgen können
BK 10:	wenn man auch unabhängig vom Partner Entscheidungen treffen kann
BK 11:	wenn es klare finanzielle Absprachen gibt
BK 12:	wenn man finanziell füreinander sorgt
BK 13:	wenn man gemeinsam fürs Alter vorsorgt
BK 14:	wenn jeder finanziell unabhängig ist
BK 15:	wenn der Mann seiner Frau etwas bieten kann
BK 16:	wenn die Frau ihren Mann zu Hause gut umsorgt

Anhang B: Ergebnisse der Hauptkomponentenanalyse

BK-Item	Faktor 1	Faktor 2	Faktor 3	Faktor 4	Faktor 5		Uniqueness	KMK
BK1	0.4175	**0.5395**	0.1099	-0.0760	-0.1631	6	0.5030	0.8124
BK2	0.0674	**0.6261**	0.0240	-0.0415	0.2024	7	0.5231	0.7874
BK3	0.0566	-0.1985	**0.6878**	-0.0946	0.0968	8	0.5573	0.6859
BK4	0.0371	-0.0692	**0.6569**	0.0179	0.1021	9	0.5765	0.7208
BK5	-0.1887	**0.6389**	-0.1862	0.0564	0.1786	10	0.5387	0.7908
BK6	0.2781	**0.5572**	-0.0772	0.0516	0.0208	11	0.5595	0.8077
BK7	0.0481	0.0313	**0.6771**	-0.0178	-0.0036	12	0.5451	0.7003
BK8	-0.1189	0.0685	-0.0244	**0.7295**	-0.0318	13	0.4570	0.6944
BK9	-0.0009	-0.0250	-0.0486	**0.7368**	0.0599	14	0.4708	0.7122
BK10	0.2752	-0.1092	0.1089	**0.5510**	-0.0809	15	0.5842	0.7492
BK11	-0.2932	0.2565	0.1655	-0.0485	-0.4202	16	0.5908	0.7641
BK12	0.0104	0.0913	0.1377	-0.0619	**0.7159**	17	0.4600	0.7511
BK13	-0.0663	0.1936	0.0452	0.0481	**0.7315**	18	0.4114	0.7552
BK14	-0.3075	0.1650	0.4711	0.1530	0.0105	19	0.5533	0.6842
BK15	**0.7828**	0.0450	0.0041	-0.0289	-0.0383	20	0.3946	0.7058
BK16	**0.7014**	0.1407	0.0207	0.0194	0.0327	21	0.4507	0.7333

Grau unterlegte Items mit Ladungen > 0.5 werden zur Interpretation der einzelnen Faktoren herangezogen; Kaiser-Meyer-Olkin-Kriterium der Korrelationsmatrix: 0.7444

Instabile Partnerschaften durch neue Beschäftigungsformen?
Risiken von Männern und Frauen

Sebastian Böhm, Martin Diewald und Juliana Körnert

1 Einleitung

Aufgrund abnehmender kultureller Verbindlichkeiten diagnostiziert und prognostiziert die Individualisierungsthese steigende Freiheitsgrade in der privaten Lebensgestaltung. Dies führt aber auch zu schwierigen Abwägungs- und Abstim-
mungsprozessen innerhalb von nicht mehr streng arbeitsteiligen Partnerschaften
(Beck/Beck-Gernsheim 1990: 36ff). Solche Abstimmungsschwierigkeiten sind
eng mit einer Destandardisierung von Erwerbsformen und Flexibilisierung von
Beschäftigungsverhältnissen verknüpft. Sie haben die „alte Arbeitsgesellschaft"
abgelöst, die auf einer engen systemischen Verzahnung von selbstverständlicher
Ehe und Familie, arbeitsteiliger Versorgerfamilie auf Basis einer männlichen Al-
lein- oder Hauptversorgerrolle und darauf zugeschnittenen, standardisierten Beschäftigungsverhältnissen beruhte (Brose/Diewald/Goedicke 2004; Gorz 2000).

Ob die Vielfalt der Lebensformen im Einzelfall eher Autonomie oder eher
Anomie bedeutet, lässt die Individualisierungsthese bewusst offen. Doch ist ihr
häufig zu Unrecht der Vorwurf gemacht worden, sie negiere damit auch die hohe
Wirksamkeit sozialstruktureller Prägungen. Dabei verneint sie die Arbeitsbedingungen als treibende Kraft keineswegs. Zumindest als eine unter mehreren möglichen Entwicklungen hat sie formuliert, dass Arbeitsbedingungen sich immer
schneller wandeln und das Privatleben stärker von sich abhängig machen: „In
dem zu Ende gedachten Marktmodell der Moderne wird die familien- und ehelo-
se Gesellschaft unterstellt. Jeder muß selbständig, frei für die Erfordernisse des
Marktes sein, um seine ökonomische Existenz zu sichern" (Beck 1986: 191,
H.i.O.; ähnlich: Beck/Beck-Gernsheim 1990: 191). Steigende berufliche Anforderungen würden dabei zentrale familiäre Anforderungen permanent unterlaufen.
Beck und Beck-Gernsheim sprechen daher auch von der so genannten „Arbeits-
markt-Individualisierung" (Beck/Beck-Gernsheim 1990: 17).

An diesem Punkt setzen wir mit unserem Beitrag an und fragen, inwiefern
die mit der Abkehr von der alten Arbeitsgesellschaft verbundenen veränderten
Erwerbsmuster die Chancen auf eine stabile Partnerschaft beeinträchtigen. Diese
„Abkehr" untersuchen wir zum einen in Form von Erwerbskonstellationen innerhalb von Partnerschaften, zum anderen über individuelle Beschäftigungsmerk-

male sowie über Merkmale von beruflichen Milieus, in denen die Beschäftigten arbeiten.

Damit berücksichtigen wir auch die Bedingungen, in denen in bestimmten Berufen gearbeitet wird, auch wenn sie individuell (noch) nicht zutreffen, da sie sowohl Personen mit je unterschiedlichen Lebensvorstellungen anziehen als auch ihre Orientierungen und Verhaltensweisen weiter prägen (zusammenfassend: Weeden/Grusky 2005). Durch die Verwendung des Mikrozensuspanel verfügen wir über hohe Fallzahlen, mit denen sich bestimmte Konstellationen von Arbeitsbedingungen feingliedriger als üblich darstellen lassen. Dies ist deshalb von Bedeutung, weil Gratifikationen und Ansprüche an die Beschäftigten nicht isoliert wirksam werden, sondern als Bestandteile von (unvollständigen) Verträgen, in denen Arbeitgeber und Arbeitnehmer ihre wechselseitigen Erwartungen definieren (Conway/Briner 2005).

Wir gehen davon aus, dass diese Auswirkungen für Männer und Frauen in Partnerschaften unterschiedlich sein können, weshalb alle Analysen getrennt für beide Geschlechter durchgeführt werden.

2   Theoretische Annahmen und Hypothesen zum Einfluss von Erwerbstätigkeit und Arbeitsbedingungen auf Partnerschaftstrennungen

2.1 Erwerbsbeteiligungsmuster innerhalb von Partnerschaften

Aus ressourcentheoretischer Sicht wirken zusätzliche Einkommen generell positiv auf die Partnerschaftsstabilität, da der Einkommenszuverdienst dem gesamten Haushalt und somit auch dem Partner beziehungsweise der Partnerin zugute kommt. Allerdings verringert sich mit egalitärer werdender Erwerbsbeteiligung die ökonomische Abhängigkeit voneinander, womit Spezialisierungsgewinne aus der Partnerschaft geringer ausfallen und sich die Bereitschaft, sich im Konfliktfall zu trennen, erhöhen dürfte. In dieser Hinsicht unterscheiden sich die Voraussagen von Familienökonomie (Becker 1981) und verhandlungstheoretischen Ansätzen (Ott 1989) nicht.

Entscheidend ist jedoch nicht nur die Erwerbsbeteiligung, sondern der Unterschied in den Einkommen auch dann, wenn beide Partner erwerbstätig sind. Mit zunehmendem Einkommensunterschied, etwa wenn einer der Partner im Vergleich zum anderen ein besonders hohes Einkommen erwirtschaftet, erhöht sich wiederum der finanzielle Zugewinn für den geringer Verdienenden und damit dessen Nutzen, die Partnerschaft aufrecht zu erhalten. Eine Spezialisierung der Aufgabenbereiche wird für beide wieder lohnenswert. Aus Sicht der Familienökonomie wie auch der Verhandlungstheorie sollte ein besonders hohes Einkommen unter Kontrolle der verschiedenen möglichen Erwerbskonstellationen beider Partner einen positiven Effekt auf die Partnerschaftsstabilität haben. Sowohl Paare mit traditionalem Rollenmodell als auch Paare mit zwei Vollverdienern können daher eine stabile Partnerschaft verwirklichen. Entscheidend ist lediglich das höhere Einkommen eines Partners, das stabilisierend auf Partnerschaften wirkt. Die Prognosen bleiben in jedem Falle geschlechtsneutral.

Die Individualisierungsthese macht dazu keine eindeutigen Aussagen. Einerseits versteht sie die durch die Erwerbsbeteiligung bedingte finanzielle Unabhängigkeit der Frauen als Gewinn an Freiheit zur Auflösung obsolet gewordener Partnerschaften (Beck 1986: Kapitel IV; Beck/Beck-Gernsheim 1990). Ein hohes Einkommen von Frauen wie auch eine egalitäre Arbeitsteilung haben demnach eine destabilisierende Wirkung auf Partnerschaften, da sie die Abhängigkeit der Partner voneinander reduzieren. Andererseits werden in der Individualisierungsthese so genannte Wahlzwänge beschrieben (Beck 1986). Danach können sich Frauen aufgrund gestiegener Unsicherheiten in der Arbeitswelt nicht mehr auf die lebenslange Grundsicherung durch den Mann verlassen und müssen daher ihre berufliche Karriere im Zweifel auch auf Kosten der eigenen Partnerschaft verfolgen. Im Unterschied zur Familienökonomie argumentiert die Individualisierungsthese jedoch nicht über einen nutzentheoretischen Zugewinn durch Spezialisierung. Die Einkommensrelation oder Erwerbskonstellationen beider Partner sind vielmehr irrelevant. Für eine Konstellation, wo beide Partner vollerwerbstätig sind, aber einer der beiden ein wesentlich höheres Einkommen erhält, ist die Trennungsprognose damit gegenteilig zur obigen, und zwar ist dann eine Trennung besonders wahrscheinlich. Beruflich sehr erfolgreiche Beschäftigte sollten also in jedem Fall eine Trennung von ihrem Partner häufiger erleben.

Inwiefern die Individualisierungsthese diese Wirkungen gleichermaßen für Männer wie für Frauen prognostiziert, ist uneindeutig. Zwar geht Beck von einer noch immer ungleichen Rollenverteilung aus und beschreibt vor allem die sich auf Partnerschaften negativ auswirkenden Freiheitszugewinne von Frauen. Im eingangs zitierten Szenario einer *durchgesetzten* Marktgesellschaft sollte dieser Zusammenhang allerdings nicht nur für Frauen, sondern auch für Männer gleichermaßen gelten.

Geschlechtsspezifische Auswirkungen sind jedoch unter der Voraussetzung zu erwarten, dass dieselben Erwerbskonstellationen jenseits rein nutzenökonomischer Erwägungen wie auch einer Gleichbetrachtung von Freiheiten und Zwängen eine gemessen an kulturellen Vorstellungen und Partner(schafts)-Präferenzen unterschiedliche Bedeutung haben. Die sowohl vom Konzept einer „Verhandlungsfamilie" (Ott 1989) als auch von der Individualisierungsthese in den Vordergrund gestellte Kontingenz der partnerschaftlichen Aushandlungsprozesse bleibt dann zwar konstitutiv, doch werden sie durch immer noch wirksame Geschlechterrollen einseitig gerahmt. Sei es Parität in der Erwerbsbeteiligung, sei es individueller beruflicher Erfolg: Im Hinblick auf die dauerhafte Attraktivität einer Partnerschaft werden diese Bedingungen unterschiedlich gewertet, je nachdem ob sie von der Frauen- oder Männerseite aus betrachtet werden. Wenn ein traditionales Geschlechterbild mindestens auf Männerseite vorherrscht, steigt das Risiko einer Trennung bei egalitären Erwerbsbeteiligungsmustern für Frauen, aber nicht für Männer. Und ein hohes individuelles Einkommen wirkt sich ebenfalls nur für Frauen, aber nicht für Männer negativ aus.

Der bisherige Forschungsstand zu diesen Vermutungen ist widersprüchlich. Rogers (2004) etwa untersuchte alle möglichen der jeweils beiden kurvilinearen und einfach-linearen Zusammenhänge zwischen Einkommen (der Frau) und Trennungswahrscheinlichkeit. Der kurvilineare Zusammenhang im Sinne der Familien- oder Verhandlungstheorie mit der höchsten Trennungswahrscheinlichkeit bei egalitär verteiltem Einkommen wurde dabei am ehesten bestätigt (ähnlich Jalovaara 2003, die geringere Scheidungsraten nur bei traditional arbeitsteiligen, finnischen Ehepaaren findet). Eher widersprüchliche Schlussfolgerungen lieferte dagegen Greenstein (1990). Allerdings legen andere Ergebnisse nahe (Brines/ Joyner 1999; Lois 2008; Kalmijn/Loeve/Manting 2007), dass diese Zusammenhänge von Einstellungen oder Partnerschaftsvorstellungen moderiert werden: In nichtehelichen Lebensgemeinschaften spielt im Gegensatz zu verheirateten Paaren die Egalität eher eine stabilisierende Rolle beziehungsweise ist eine traditionale oder traditionaler werdende Arbeitsteilung eher abträglich.

2.2 Individuelle Beschäftigungsbedingungen

Familienökonomie und Verhandlungsmodelle thematisieren Erwerbsarbeit vor allem hinsichtlich der damit verbundenen Gratifikationen. Es ist sicherlich ein Verdienst der Individualisierungsthese, dass sie frühzeitig auch auf die damit verbundenen Entwicklungen aufmerksam gemacht hat, die zu einer Ausdifferenzierung von Beschäftigungsformen in zweierlei Hinsicht geführt haben: (a) geringere Erwartbarkeit und Sicherheit der Beschäftigung sowie (b) höhere Belastungen in Form von hohen und flexibilisierten Arbeitszeiten, wechselnden Einsatzorten, gestiegenem Arbeitsdruck sowie erhöhten Anforderungen an die Selbststeuerungsfähigkeit (zusammenfassend: Diewald/Sill 2004; Bauer et al. 2004). Beck und Beck-Gernsheim (etwa 1990: 189-192) sehen darin die Ursachen für das Aufkommen von „Lebensabschnittsgefährten" und nicht-linearen Familienbiographien. Vor allem zunehmende beruflich bedingte Mobilitätserfordernisse seien das wesentliche neue Beschäftigungsmerkmal, das die möglichen Konstellationen von Beschäftigung und Privatleben vervielfache. Unter der postulierten Priorität des Erwerbslebens über das Privatleben werden Mobilitätserfordernisse als hinzukommende enorme Belastung gewertet, die eine gemeinsame Lebensplanung und die Pflege von stabilen, emotional gehaltvollen Beziehungen generell erschweren.

Die bisherige empirische Forschung zeigt, dass die seit langem thematisierte Zunahme von Unsicherheit und Flexibilität innerhalb des Beschäftigungssystems in der Fläche erst seit der zweiten Hälfte der 1990er Jahre zugenommen hat (vgl. Diewald/Sill 2004). Auch deshalb sind aussagekräftige Untersuchungen zu den Auswirkungen auf die Beziehungsgestaltung allgemein sowie speziell im Hinblick auf Partnerschaften noch selten. Allgemein scheint es schwach negative Auswirkungen auf Netzwerkbeziehungen und das Eingehen einer Elternschaft zu geben (vgl. Diewald 2007; Kreyenfeld 2008), während Partnerschaften im Alltag durch Konflikte belastet werden (zusammenfassend: Perry-Jenkins/Repetti/Crouter 2000). Inwiefern solche Arbeitsbedingungen jedoch auch die Stabilität einer Partnerschaft unterminieren, ist unseres Wissens bisher kaum untersucht worden. Eindeutig scheint der Erwerbsumfang und -status des Mannes bis heute stabilisierend auf die Partnerschaft zu wirken (etwa Babka von Gostomski/Hartmann/ Kopp 1998; Jalovaara 2003). Auch das relative Einkommen des Mannes scheint stabilisierend auf Partnerschaften zu wirken (Greenstein 1995; Hoffmann/Duncan 1995; Rogers 2004), wobei das relative Einkommen der Frau destabilisierend wirkt (Jalovaara 2003; Rogers 2004). Zudem konnte Presser (2000) im Längsschnitt nachweisen, dass Nacht- und Schichtarbeit ein erhöhtes Scheidungsrisiko induzieren. Weiterhin steigt das Trennungsrisiko mit der Arbeitszeit des Mannes, wobei dies eher der daraus folgenden Mehrarbeit der Frau im Haushalt geschuldet ist (Weagley/Chan/Yan 2007).

Dabei sind wahrscheinlich nicht einzelne Arbeitsbedingungen ausschlaggebend, sondern deren Kombination in Form von impliziten Kontrakten, die „Anreize" (vor allem: Einkommen, Beschäftigungssicherheit) und „Beiträge" wie Arbeitszeit, Stress, Flexibilitätsbereitschaft und Unsicherheit in den Kontext eines Tauschverhältnisses zwischen Arbeitgeber und Arbeitnehmer stellen. Das heißt: Hohe Einkommen sind unter Umständen nicht per se als positiv einzuschätzen, sondern nur dann, wenn sie nicht durch außerordentliche Anstrengungen erreicht werden müssen. Umgekehrt sind solche Anstrengungen vor allem dann für eine Partnerschaft schädlich, wenn sie nicht durch entsprechende Gratifikationen kompensiert werden (vgl. Diewald 2007).

Auch hier gehen wir von geschlechtsspezifischen Auswirkungen auf die Stabilität einer Partnerschaft aus: Hohe Belastungen werden von Männern bei Frauen weniger akzeptiert als umgekehrt von Frauen bei Männern, denn in Familien wie auch in kinderlosen Partnerschaften sind es selbst dann, wenn beide vollzeiterwerbstätig sind, die Frauen, welche die nichtberuflichen Tätigkeiten überwiegend erbringen müssen (BMFSFJ 2003: 15f).

3 Daten

3.1 Daten und Stichprobenselektion

Für unsere Analysen verwenden wir den Scientific Use File des Mikrozensuspanel der Jahre 2001 bis 2004 sowie die Daten der Studie „Erwerb und Verwertung beruflicher Qualifikationen von Erwerbstätigen" (BIBB/IAB-Erhebung 1998/ 1999).[1] Der Mikrozensus ist eine jährlich stattfindende Mehrthemenumfrage, an der etwa ein Prozent aller in Deutschland wohnenden Personen beteiligt ist. Er ist als partiell rotierende Panelstichprobe angelegt, an der jeder Haushalt eines Auswahlbezirks vier Jahre lang befragt wird, wobei jährlich etwa ein Viertel aller beteiligten Auswahlbezirke ausgetauscht wird. Jede teilnehmende Person verbleibt damit für maximal vier Erhebungszeitpunkte in der Stichprobe.

Der von uns verwendete Scientific Use File des Mikrozensuspanel enthält etwa 125.000 Befragungspersonen pro Erhebungszeitpunkt und bietet damit eine sehr hohe Fallzahl. Durch die Anlage des Mikrozensus als Haushaltsstichprobe können allerdings nur solche Partnerschaften analysiert werden, in denen beide Partner im selben Haushalt zusammenleben. Trennungen werden hier nicht selbst berichtet, sondern der Auszug eines Partners aus dem gemeinsamen Haushalt wird als Partnerschaftstrennung vermutet und analysiert.[2]

Zusätzlich haben wir die Daten der BIBB/IAB-Erhebung aus den Jahren 1998 und 1999 genutzt. Diese Repräsentativbefragung des Bundesinstituts für Berufsbildung und des Instituts für Arbeitsmarkt- und Berufsforschung enthält etwa 34.000 Erwerbstätige. Die Daten beinhalten Informationen zu zentralen Merkmalen des Wandels der Arbeitswelt, wie sie im Mikrozensus nicht abgefragt wurden. Die BIBB/IAB-Daten wurden über den dreistelligen Code der Klassifizierung der Berufe von 1992 (KldB 1992) als berufliche Kontextmerkmale mit den Fällen des Mikrozensus verknüpft. Das heißt, die darauf basierenden Informationen beschreiben für die einzelnen Befragten berufliche Milieus, in denen der von ihnen jeweils ausgeübte Beruf angesiedelt ist, ohne dass sie persönlich exakt diese Bedingungen erfahren müssen.

Wir betrachten nur Befragte, die mindestens zu zwei aufeinander folgenden Erhebungszeitpunkten in der Stichprobe waren. Weiterhin haben wir nur Befragte im Alter von 16 bis 65 Jahren am Hauptwohnsitz verwendet. Insgesamt stan-

---

1 Die Daten der aktuelleren BIBB/BAuA-Erwerbstätigenbefragung von 2006 lagen uns zum Zeitpunkt der Analysen nicht vor.

2 Löst sich ein Haushalt auf, so fällt er aus der Stichprobe heraus. Damit sind unsere Ergebnisse für Personen gültig, deren Partner aus dem Haushalt auszieht, ohne dass der Haushalt zur Gänze aufgelöst wird.

den uns damit 31.812 Fälle zur Verfügung. Davon ist in 1.380 Fällen der Partner während des Erhebungszeitraumes aus dem Haushalt ausgezogen.

3.2 Operationalisierung

Die abhängige Variable ist der *Auszug des Partners* aus einem gemeinsamen Haushalt. Einer Befragungsperson wurde immer dann der Status „Partner ausgezogen" zugewiesen, wenn sie zum Zeitpunkt t_0 ohne Partner im Haushalt lebte. Den Status „Partner nicht ausgezogen" erhielten dagegen alle Befragungspersonen, die zum jeweiligen Zeitpunkt in einer Partnerschaft lebten. Dies untersuchen wir für Männer und Frauen getrennt, um den hypothetisch unterschiedlichen Einflüssen von demographischen und Beschäftigungsmerkmalen für beide Geschlechter nachzugehen.

Die verwendeten unabhängigen Variablen sind inhaltlich in vier Blöcke unterteilt: I. individuelle soziodemographische Merkmale, II. Partnerschaftsmerkmale, III. individuelle Beschäftigungsmerkmale und IV. Belastungen am Arbeitsplatz.

Die Variablen *Alter, Bildung* und *Anzahl der Kinder* bilden Block I. *Alter* gibt dabei das kategorisierte Alter, *Bildung* den höchsten Berufsausbildungsabschluss und *Anzahl der Kinder* die Anzahl der im Haushalt lebenden Kinder an. Die Kontrolle dieser Merkmale ist wichtig, da sie wesentliche Rahmenbedingungen sowohl für das Auftreten verschiedener Beschäftigungsmerkmale und Erwerbskonstellationen als auch für deren alltägliche Einbettung in Lebenszusammenhänge und deshalb mit den Einflüssen von Beschäftigungsmerkmalen auf das Trennungsrisiko konfundiert sind.

Block II wird durch die Variable *Erwerbskonstellation der Partnerschaft* repräsentiert. Sie gibt die Konstellationen der Arbeitszeiten beider Partner kategorisiert wider. Als „vollzeittätig" wurden Personen mit einer tatsächlichen wöchentlichen Arbeitszeit von mindestens 35 Stunden, als „teilzeittätig" Personen mit einer tatsächlichen Arbeitszeit von mindestens einer und maximal 34 Stunden in der Woche und als „nicht erwerbstätig" Personen, die keiner Erwerbstätigkeit nachgehen, eingestuft. Die unabhängigen Variablen *Einkommen, tatsächliche Arbeitszeit* und *Befristung* in Block III sind im Mikrozensus erhobene individuelle Beschäftigungsmerkmale der Befragungspersonen. Das *Einkommen* liegt nur in Form von Nettoeinkommensklassen vor.

Den letzten Block der unabhängigen Variablen repräsentieren die Variablen *Arbeitsbelastung, Entlassungsgefahr* und *Arbeit an wechselnden Arbeitsorten*, die als berufliche Kontextmerkmale zu interpretieren sind. Sie sind Mittelwerte der jeweiligen Berufsgruppe des Befragten, die mit den Daten der BIBB/IAB-Erhebung von 1998/99 errechnet und über die KldB 1992 an die Daten des Mikrozensus gespielt wurden. Die Variable *Arbeitsbelastung* wurde aus den beiden Variablen *Grenze der Leistungsfähigkeit* und *Arbeit unter Termindruck* konstruiert. Dafür wurde zunächst ein Index auf der Ebene von Berufen gebildet[3] und anschließend aufsteigend in Quintile gruppiert. Für die von uns verwendete 3er-Kategorisierung wurden in einem letzten Schritt die ersten beiden sowie das dritte und vierte Quintil jeweils zu einer Kategorie zusammengefasst. Das fünfte Quintil wurde einzeln als höchste Belastungskategorie übernommen. Folglich gibt die Variable *Arbeitsbelastung* an, zu welchem Belastungs-Quintil der Beruf gehört, in dem die jeweilige Befragungsperson tätig ist – also ob die befragten Personen einen Beruf ausüben, welcher zu den obersten 20%, mittleren 40% oder zu den unteren 40% belasteten Berufen gehört, bei denen Beschäftigte an der Grenze ihrer Leistungsfähigkeit oder unter Termindruck arbeiten müssen.

Die Variablen *Entlassungsgefahr* und *Arbeit an wechselnden Arbeitsorten* wurden nach gleichem Prinzip wie die Variable *Arbeitsbelastung* gebildet, basieren jedoch jeweils auf nur je einer Variable. Die von uns verwendeten Interaktionseffekte wurden mit dem Ziel konstruiert, die Bündelung möglichst hoher Belastungen abzubilden, in dem die mehrfache Zugehörigkeit zu den jeweiligen höchsten Belastungsgruppen ausgewiesen wird: Die *Interaktion Arbeitsbelastung*Arbeitszeit* wurde aus dem Quintil der Berufe mit der häufigsten Arbeitsbelastung und einer tatsächlichen wöchentlichen Arbeitszeit von mindestens 55 Stunden gebildet. Bei der *Interaktion Einkommen*Entlassungsgefahr* wurde stets das Quintil von Personen, die in Berufen mit der höchsten durchschnittlichen Entlassungsgefahr arbeiten, mit den jeweils ausgewiesenen Nettoeinkommensklassen kombiniert. Mit diesen Interaktionen prüfen wir also, ob (a) bestimmte Belastungen in einem Arbeitsverhältnis kumulieren und (b) ob sie in Kombination mit bestimmten Gratifikationen entsprechend kompensiert werden oder nicht.

4   Ergebnisse

Tabelle 1 zeigt die Ergebnisse der geschätzten binären logistischen Regressionsmodelle.[4] Abhängige Variable ist die Wahrscheinlichkeit, dass der Partner aus dem Haushalt zwischen Zeitpunkt t_{-1} und t_0 ausgezogen ist.

---

3   Eine Faktorenanalyse wie auch Cronbachs Alpha zeigten, dass beide Variablen auf dem gleichen Faktor laden und hoch korrelieren.

4   In Ergänzung zu den hier gezeigten Modellen haben wir auch Panelregressionen (Random Effects) auf die Wahrscheinlichkeit des Auszugs des Partners gerechnet. Die Ergebnisse unterschieden sich im Wesentlichen nicht von den gezeigten Ergebnissen. Panelregression berücksichtigen zwar auch die Veränderungen, die durch den Auszug des Partners entstehen. Da diese uns hier aber nicht interessieren, haben wir auf diese Modellierung verzichtet.

Tabelle 1: Binäre logistische Regression: Wahrscheinlichkeit des Auszugs des
Partners aus dem Haushalt für erwerbstätige Männer und Frauen in
Deutschland (versus Nichtauszug), Odds Ratios.

	Frauen		Männer	
I. Individuelle Soziodemographie	Modell 1	Modell 2	Modell 3	Modell 4
Alter				
16-30 Jahre	1.653***	1.655***	1.154	1.157
31-45 Jahre	1	1	1	1
46-65 Jahre	.677***	.676***	.436**	.433**
Bildung				
Kein Abschluss	1	1	1	1
Berufsausbildung	.713**	.716**	.754**	.761**
Hochschulabschluss	.553**	.559**	.862	.863
Anzahl der Kinder				
Kinderlos	1	1	1	1
1 Kind	.862	.863	.437**	.434**
2 Kinder	.700**	.701**	.345**	.343**
3 Kinder	.576**	.586**	.339**	.359**

II. Individuelle Beschäftigung

	Frauen		Männer	
	Modell 1	Modell 2	Modell 3	Modell 4
Einkommen				
0-1.499€	1.110	1.031	1.581**	1.501**
1.500-2.599€	1	1	1	1
2.600€ und mehr	1.245	.997	.801*	.913
Tatsächliche Arbeitszeit				
1-15h	.784*	.786	.473**	.472**
16-34h	.693**	.696**	1.143	1.153
35-43h	1	1	1	1
44-54h	1.033	1.053	.806*	.811*
55h+	.867	.903	.951	1.013
Int. Arbeitszeit * Einkommen				
Arbeitszeit>54h * 1.500-2.599€	2.482*	--	1.243	--
Arbeitszeit>54h * >=2.600€	.370	--	2.108**	--
Befristung				
Unbefristet	1	1	1	1
Befristet	2.009***	2.000***	1.422**	1.410**
Selbständig	1.005	1.079	1.337**	1.360**

(Fortsetzung von *Tabelle 1*)

	Frauen		Männer	
	Modell 1	Modell2	Modell 3	Modell 4
III. Partnerschaft				
Erwerbskonstellation Partnerschaft				
Ego Vollzeit - Partner Vollzeit	--	1.330**	--	1.073
Ego Vollzeit - Partner Teilzeit	--	2.491***	--	.824*
Ego Vollzeit - Partner nicht erwerbst.	--	2.144***	--	1
Ego Teilzeit - Partner Vollzeit	--	1	--	.992
Ego Teilzeit - Partner Teilzeit	--	.929	--	.820
Ego Teilzeit - Partner nicht erwerbst.	--	1.700**	--	1.061
IV. Belastungen am Arbeits-				
Arbeitsbelastung				
Sehr niedrig bis niedrig	1	1	1	1
Mittel bis hoch	1.102	1.101	1.035	1.022
Sehr Hoch	1.213	1.141	1.480**	1.259*
Int. Arbeitsbelastung * Arbeitszeit				
Sehr hohe Bel. * Arbeitszeit>54h	.388	--	.429**	--
Entlassungsgefahr				
Sehr niedrig bis niedrig	1	1	1	1
Mittel bis hoch	1.089	1.086	1.035	1.045
Sehr Hoch	2.073	.972	1.370	.901
Int. Entlassungsgefahr * Eink.				
Hohe Gefahr * 0-1.499€	.398	--	.520	--
Hohe Gefahr * 1.500-2.599€	.819	--	.662	--
Hohe Gefahr * >=2.600€	n. est.	--	.868	--
Arbeit an wechselnden Einsatzor-				
Fast nie	1	1	1	1
Ab und zu	1.004	1.009	.891	.894
Überwiegend	1.072	1.059	.833	.834
Anzahl Wechsel	611	611	769	769
Fallzahl	13.646	13.646	18.166	18.166
Pseudo R2	.035	.033	.057	.054

Anmerkung 1: Für „Keine Angaben" wurde jeweils kontrolliert.
Anmerkung 2: Die Variable *Erwerbskonstellation Partnerschaft* in den Modellen 2 und 4 wurde in separaten Modellen unter Ausschluss sämtlicher Interaktionseffekte und unter Ausschluss der Variable *Arbeitszeit* geschätzt.
Anmerkung 3: *** $p<0.001$; ** $p<0.05$; *$p<0.10$
Quelle: SUF Mikrozensuspanel 2001-2004, BIBB/IAB 1998/1999, eigene Berechnungen.

Bei der Konstellation der Arbeitszeiten beider Partner zeigen sich starke Effekte bei Frauen. Individualisierte, nicht-traditionale Partnerschaften, bei denen die Frau zeitlich mindestens so lange arbeitet wie der Mann, zeigen hier im Vergleich zur Referenzgruppe, der traditionalen Partnerschaft, ein deutlich erhöhtes Trennungsrisiko. Für Männer, also für den Auszug der Frau, können wir diese Ergebnisse allerdings nicht replizieren. Diese Befunde zeigen, dass berufliches Engagement die Partnerschaft gefährden kann, wenn traditionelle Muster verlassen werden. Sie widersprechen damit aber auch der Familien- und Verhandlungstheorie, wonach beide Geschlechter gleichermaßen einen Spezialisierungsgewinn aus einer ungleichen Partnerschaft erwirtschaften.

Im Sinne der familienökonomischen und verhandlungstheoretischen Hypothese zeigt sich zumindest für Männer, dass mit steigendem Einkommen die Wahrscheinlichkeit sinkt, dass die Partnerin aus dem Haushalt auszieht. Auf Frauen trifft dies jedoch nicht zu. Dadurch bestätigt sich die ökonomische Ressourcentheorie, wonach Personen mit hohem Einkommen aufgrund der guten Ausstattung mit materiellen Ressourcen attraktiv für ihren Partner sind, da sie dem Gesamthaushalt zugute kommen, also nicht universell. Frauen, die fester im beruflichen Leben stehen als ihr Partner, gefährden ihre Partnerschaft eher als dass sie sie stabilisieren. Das leicht verringerte Trennungsrisiko für Männer mit gutem Einkommen (mehr als 2.600 Euro) weist ebenso auf weiterhin gültige traditionale Geschlechterrollen hin.

Bei Betrachtung der *tatsächlichen Arbeitszeit* zeigt sich, dass Männer ebenso wie Frauen mit geringen Arbeitszeiten ein geringeres Trennungsrisiko haben. Bei den Frauen spricht auch dieses Ergebnis für die nach wie vor starke Verbreitung traditionaler Geschlechterrollen. Bei den Männern spiegeln die geringen Arbeitszeiten nichttraditionale Muster wider, die mindernd auf das Trennungsrisiko wirken. Sie indizieren quantitativ eher geringfügige Selbst-Selektionen in nicht-traditionale Lebensformen. Zudem zeigt sich für Männer mit einer relativ hohen wöchentlichen Arbeitszeit von 44 bis 54 Stunden ein leicht verringertes Trennungsrisiko.

Dieses Ergebnis spricht gegen die Erwartung, welche die Individualisierungsthese postuliert. Dass beruflich von der Arbeitszeit her stark eingebundene Männer ein leicht verringertes Trennungsrisiko haben, Frauen aber nicht, scheint tatsächlich für eine einseitige Akzeptanz eines berufszentrierten Lebensmodells zu sprechen. Die Interaktionseffekte zwischen der Arbeitszeit und dem Einkommen untermauern diese Behauptung. Sie geben an, um wie viel sich der Einfluss des Einkommens verändert, wenn man Personen mit einer wöchentlichen Arbeitszeit von mehr als 54 Stunden betrachtet. Denn die bereits negativen Effekte bei Männern mit gutem Einkommen (über 2.600 Euro) werden signifikant verstärkt. Das heißt der risikosenkende Effekt für Männer mit hohem Einkommen wird nochmals verstärkt, wenn sie überlange Arbeitszeiten haben. Es sind also vor allem die Männer mit geringem Einkommen, bei denen die Partnerin eher auszieht. Für Frauen mit sehr hohen Arbeitszeiten konnten im Vergleich zur Referenzgruppe keine signifikanten Effekte geschätzt werden. Tendenziell finden wir aber eher ähnliche als unterschiedliche Muster.

Die Ergebnisse zur Befristung weisen in eine eindeutige Richtung. Gemäß der Erwartung haben Männer wie auch Frauen mit befristeter Erwerbstätigkeit das höchste Trennungsrisiko. Ebenso weisen im Vergleich zur Referenzgruppe selbständig erwerbstätige Männer eine höhere Wahrscheinlichkeit des Auszugs des Partners auf. Dieses Ergebnis entspricht der Individualisierungsthese, wonach berufliche Unsicherheit das Trennungsrisiko erhöht.

Bezüglich der beruflichen Kontextvariablen (Block IV) zeigen sich nur für die Arbeitsbelastung im jeweiligen Beruf signifikante Effekte. Danach haben Männer mit sehr hoher im Vergleich zu Männern mit geringer Arbeitsbelastung ein deutlich erhöhtes Trennungsrisiko, sofern sie keine überlangen Arbeitszeiten haben. Betrachtet man allerdings den Interaktionseffekt zwischen einer sehr hohen Arbeitsbelastung und einer wöchentlichen Arbeitszeit von mehr als 54 Stunden, so haben diese Männer signifikant stabilere Partnerschaften. Hohe Arbeitsbelastungen führen bei Männern also vor allem dann zu einem erhöhten Trennungsrisiko, wenn sie nicht exorbitant viel (mehr als 54 Wochenstunden) arbeiten. Dies könnte daran liegen, dass Männer mit Arbeitszeiten von mehr als 54 Wochenstunden, eventuell in Übereinstimmung mit der Partnerin, ein Lebensmodell leben, in dem die Ernährerrolle vereint mit hoher Identifikation mit der Arbeit eher als gewünschte Herausforderung denn als Belastung empfunden wird.

Für die restlichen betrachteten beruflichen Kontextvariablen, *Entlassungsgefahr* und *Arbeit an wechselnden Einsatzorten*[5] konnten keine signifikanten Effekte geschätzt werden. Dies verwundert, da hier zumindest in der Theorie und hier insbesondere durch die Individualisierungsthese stark positive Effekte auf die Trennungswahrscheinlichkeit postuliert werden.

Die Ergebnisse zu den Merkmalen der individuellen Soziodemographie (Block I) entsprechen den bisher vorliegenden Befunden. Wir diskutieren sie an dieser Stelle jedoch nicht näher, da sie hier nicht in unserem Analysefokus stehen und damit lediglich als Kontrollvariablen verwendet werden.

---

5 Im Gegensatz zu den anderen unabhängigen Variablen des Blocks „Belastungen am Arbeitsplatz" haben wir uns bei dieser Variable aufgrund sehr geringer Fallzahlen in den dafür relevanten Kategorien entschieden, keinen Interaktionseffekt zwischen überwiegend wechselnden Arbeitsorten und hoher Arbeitszeit beziehungsweise hohem Einkommen in das Modell aufzunehmen.

5   Ausblick

Die halbierte Moderne scheint noch immer von großer Aktualität zu sein. Partnerschaften werden tatsächlich eher getrennt, sobald traditionelle Geschlechterarrangements verlassen werden. Ausnahme ist hier der das Trennungsrisiko mindernde Effekt für Männer mit geringen Arbeitszeiten (bei Kontrolle des Einkommens), der aber auf eine bisher sehr kleine Gruppe von Männern zurückzuführen ist. Wir müssen der Individualisierungsthese allerdings insofern widersprechen, als es insgesamt die Entwicklung von der halbierten zur vollen Moderne in Bezug auf das Verhältnis zwischen Erwerbsarbeit und Privatleben nicht in dem behaupteten Ausmaß gegeben hat. Beruflich erfolgreiche Männer sowie Frauen in Teilzeittätigkeit sind diejenigen mit den stabilsten Partnerschaften. Befristete Beschäftigte haben unabhängig vom Geschlecht ein stark erhöhtes Trennungsrisiko. Darüber hinaus erhöhen auch Belastungen am Arbeitsplatz bei Männern im Wesentlichen das Trennungsrisiko. Für Frauen kann dieser Effekt jedoch nicht gezeigt werden, was sehr wahrscheinlich auf die geringen Fallzahlen für Frauen mit sehr hoher beruflicher Belastung zurückzuführen ist.

Literatur

Babka von Gostomski, Christian/Hartmann, Josef/Kopp, Johannes (1998): Soziostrukturelle Bestimmungsgründe der Ehescheidung. Eine empirische Überprüfung einiger Hypothesen der Familienforschung. In: Zeitschrift für Soziologie der Erziehung und Sozialisation 18, 1: 117-133.

Bauer, Frank/Groß, Hermann/Lehmann, Klaudia/Munz, Eva (2004): Arbeitszeit 2003. Arbeitszeitgestaltung, Arbeitsorganisation und Tätigkeitsprofile. Köln: ISO-Institut.

Beck, Ulrich (1986): Risikogesellschaft. Auf dem Weg in eine andere Moderne. Frankfurt am Main: Suhrkamp.

Beck, Ulrich/Beck-Gernsheim, Elisabeth (1990): Das ganz normale Chaos der Liebe. Frankfurt am Main: Suhrkamp.

Becker, Gary S. (1981): A Treatise on the Family. Cambridge, MA: Harvard University Press.

Brines, Julie/Joyner, Kara (1999): The Ties that Bind: Principles of Cohesion in Cohabitation and Marriage. In: American Journal of Sociology 64, 3: 333-355.

Brose, Hanns-Georg/Diewald, Martin/Goedicke, Anne (2004): Arbeiten und Haushalten. Wechselwirkungen zwischen betrieblichen Beschäftigungspolitiken und privater Lebensführung. In: Struck/Köhler (2004): 287-310.

BMFSFJ (2003): Wo bleibt die Zeit? Die Zeitverwendung der Bevölkerung in Deutschland 2001/02. Bundesministerium für Familie, Senioren, Frauen und Jugend. Wiesbaden: Statistisches Bundesamt.

Conway, Neil/Briner, Rob B. (2005): Understanding Psychological Contracts at Work. A Critical Evaluation of Theory and Research. Oxford: Oxford University Press.

Diewald, Martin (2007): Arbeitsmarktungleichheiten und die Verfügbarkeit von Sozialkapital. Die Rolle von Gratifikationen und Belastungen. In: Franzen/Freitag (2007): 183-210.

Diewald, Martin/Sill, Stephanie (2004): Mehr Risiken, mehr Chancen? Trends in der Arbeitsmarktmobilität seit Mitte der 1980er Jahre. In: Struck/Köhler (2004): 39-62.

Franzen, Axel/Freitag, Markus (Hrsg.) (2007): Sozialkapital. Theoretische Grundlagen und empirische Befunde. Sonderband 47 der Kölner Zeitschrift für Soziologie und Sozialpsychologie. Opladen: Westdeutscher Verlag.

Gorz, André (2000): Arbeit zwischen Misere und Utopie. Frankfurt/Main: Suhrkamp.

Greenstein, Theodore N. (1990): Marital Disruption and the Employment of Married Women. In: Journal of Marriage and the Family 52, 3: 657-676.

Greenstein, Theodore N. (1995): Gender Ideology, Marital Disruption, and the Employment of Married Women. In: Journal of Marriage and the Family 57, 1: 31-42.

Hoffman, Saul D./Duncan, Greg J. (1995). The Effect of Income, Wages, and AFDC Benefits on Marital Disruption. In: Journal of Human Resources 30, 1: 19-41.

Jalovaara, Marika (2003): The Joint Effects of Marriage Partners' Socio-economic Positions on the Risk on Divorce. In: Demography 40, 1: 67-81.

Kalmijn, Matthijs/Loeve, Anneke/Manting, Dorien (2007): Income Dynamics in Couples and the Dissolution of Marriage and Cohabitation. In: Demography 44, 1: 159-179.

Kreyenfeld, Michaela (2008): Ökonomische Unsicherheit und der Aufschub der Familiengründung. In: Szydlik (2008): 213-231.

Lois, Daniel (2008): Arbeitsteilung, Berufsorientierung und Partnerschaftsstabilität – Ehen und nicht-eheliche Lebensgemeinschaften im Vergleich. In: Kölner Zeitschrift für Soziologie und Sozialpsy-chologie 60, 1: 57-81.

Ott, Notburga (1989): Familienbildung und familiale Entscheidungsfindung aus verhandlungstheoretischer Sicht. In: Wagner/Ott/Hoffmann-Nowotny (1989): 97-116.

Perry-Jenkins, Maureen/Repetti, Rena L./Crouter, Ann C. (2000): Work and Family in the 1990s. In: Journal of Marriage and the Family 62, 4: 981-998.

Presser, Harriet B. (2000): Nonstandard Work Schedules and Marital Instability. In: Journal of Marriage and the Family 62, 1: 93-110.

Rogers, Stacy J. (2004): Dollars, Dependency, and Divorce: Four perspectives on the Role of Wives' Income. In: Journal of Marriage and the Family 66, 1: 59-74.

Struck, Olaf/Köhler, Christoph (Hrsg.) (2004): Beschäftigungsstabilität im Wandel? München/Mering: Rainer Hampp Verlag.

Szydlik, Marc (Hrsg.) (2008): Flexibilisierung. Folgen für Arbeit und Familie. Wiesbaden: VS Verlag für Sozialwissenschaften.

Wagner, Alexandra/Ott, Notburga/Hoffmann-Nowotny, Hans-Joachim (Hrsg.) (1989): Familienbildung und Erwerbstätigkeit im demographischen Wandel. Berlin: Springer.

Weagley, Robert O./Chan, Min-Lee/Yan, Jiahui (2007): Married Coupleas' Time Allocation Decisions and Marital Stability. In: Journal of Family and Economic Issues 28, 3: 507-525.

Weeden, Kim A./Grusky, David B. (2005): The Case for a New Class Map. In: American Journal of Sociology 111, 1: 141-212.

Jenseits der individualisierten Mittelstandsgesellschaft?
Zur Ambivalenz subjektiver Lebensführung in unsicheren Zeiten

Cornelia Koppetsch

Diagnose und Beschreibung der Sozialstruktur moderner Gesellschaften erfolgte immer wieder von deren Mitte her: Dies gilt für die populäre Charakterisierung der westdeutschen Klassenstruktur als „nivellierte Mittelstandsgesellschaft" (Schelsky 1965). Auch die Klassenanalyse Bourdieus macht die Mittelklassen, nämlich das „Kleinbürgertum", zum Schlüssel der modernen Klassenanalyse (Eder 1989). In den USA reicht die Palette der prominenten „Mittelstandsdiagnostiker" von David Riesman et al. (1963[1950]) über Wright C. Mills (1956) über Daniel Bell (1975) und Gouldner (1979) bis hin zu Barbara Ehrenreich (1994 [1989]). Schließlich findet auch die bundesrepublikanische Individualisierungsthese von Beck (1986) ihren Ausgangspunkt in den mittleren Lagen und Milieus. Der „Fahrstuhleffekt", der Ausbau von Bildungssystem und Wohlfahrtstaat, sowie die Ausdifferenzierung von Mustern der Lebensführung, wurden zum Kristallisationspunkt für die Aufstiegserwartungen der Mittelklasse. Nach Beck wurde dadurch ein Prozess der massenhaften Individualisierung in Gang gesetzt, der das bis dato gültige Hierarchiemodell sozialer Klassen und Schichten untergrub und das Modell der autonomen Lebensführung erstmals für breite Mittelschichten erreichbar macht. Becks Diagnose enthüllt das Bild einer Mittelstandsgesellschaft, einer Gesellschaft, die sich, anders als noch bei Schelsky, nicht mehr als *nivelliert*, sondern als *individualisiert* begreift.

Inwiefern trifft diese Gesellschaftsdiagnose auch heute noch zu? Der Beitrag argumentiert, dass das Ideal der individuellen Autonomie nach wie vor der zentrale Maßstab der sozialen Bewertung der modernen Persönlichkeit darstellt, jedoch heute nicht mehr selbstverständlich für alle erreichbar ist (und damit kein Medium sozialer Integration mehr darstellt) und mit neuen Gefährdungen und Ambivalenzen verbunden ist (1.). Daraus resultiert zweierlei: Paradoxerweise führt das Ideal individualisierter Lebensführung heute, anders als in der Prosperitätsphase der Bundesrepublik, nicht mehr aus der Klassengesellschaft *heraus,* sondern trägt, im Gegenteil, zur Rückkehr klassengesellschaftlicher Strukturen und Lebensformen im neuen Gewand bei (2.). Dabei wird die individualisierte Lebensführung tendenziell erneut zu einem Privileg höherer Schichten. Dabei entstehen neuartige Flugbahnen „negativer Individualisierung" (Castel 2000), die mit hohen psychischen und sozialen Kosten verbunden sind (3.).

1   Individualisierung und die Wiederkehr der sozialen Unsicherheit

Für Ulrich Beck umfasst der Prozess der Individualisierung drei Dimensionen: Zum einen, die Herauslösungsdimension, wonach soziale und geographische Mobilität, Bildungsexpansion, und die Anhebung des Lebensstandards in der prosperierenden Nachkriegsära dazu geführt haben, dass sich die Lebenswege gegenüber traditionellen Herkunftsbindungen verselbständigen konnten (Beck 1986: 125f). Als Folge davon werden, das ist die zweite Dimension, Lebenslagen und Lebenschancen nicht mehr in erster Linie durch Kollektivschicksale, durch „Klasse und Stand", sondern durch *Märkte,* strukturiert (ebd.: 144). Schließlich kommt es, drittens, zur Herausbildung eines kulturellen Modells *subjektiver Lebensführung, wonach* der Einzelne nicht nur aus Bindungen und Zwängen entlassen wird, sondern seinen Lebensweg sich als sein *persönliches Schicksal* zuschreibt (ebd.: 148).

Die Situation, vor der wir heute stehen, ist nun die, dass unter Bedingungen der Globalisierung und Deregulierung das Leitbild der autonomen Lebensführung zwar weiterhin an Bedeutung gewinnt, die gesellschaftlichen Voraussetzungen der Realisierung dieses Leitbilds für einen wachsenden Teil der Bevölkerung jedoch nicht mehr gegeben sind. Individualisierung ist kein Kennzeichen einer integrierten Mittelstandsgesellschaft mehr. Paradoxerweise führt ausgerechnet die zunehmende Vergesellschaftung durch Märkte im Zuge von Globalisierung und Deregulierung zu einer Rückkehr zu „Klasse und Stand", da nun immer häufiger die sozialen Mitgiften über den Grad der Autonomie entscheiden. Damit ist eine Richtungsumkehrung verbunden: Statt einer Herauslösung finden wir eine erneute Rückbindung an Herkunftsbindungen und eine zunehmende Spaltung zwischen sozialen Gruppen, die aufgrund ihrer sozialen Bindungen die gesellschaftlich eingeforderte „Eigenverantwortung" wahrnehmen können auf der einen Seite, und sozialen Gruppen, die eine drastische Einschränkung ihrer subjektiven Gestaltungsspielräume hinnehmen müssen auf der anderen Seite. Für Letztere kann das Modell der subjektiven Lebensführung zur Falle werden, da dieses soziale Abhängigkeiten und negative Selbstzuschreibungen vertieft. Dies gilt gerade für solche Individuen, die sich im hohen Maße dem Ideal subjektiver Autonomie verschrieben haben, wie z. B. die neuen Selbständigen in den symbolischen Ökonomien.

Ursache für diesen Wandel sind gesellschaftliche Veränderungen, die, wie die Flexibilisierung der Arbeitsmärkte, die wohlfahrtsstaatlichen Einschnitte und die Veränderungen von Berufskulturen und Beschäftigungsstrukturen, die kollektive Identität der Mittelschichten im Kern betreffen. Die Phase der Nachkriegszeit war eine Phase der beispiellosen Wohlstandsexpansion, nicht zuletzt durch die Vervielfachung der Realeinkommen innerhalb weniger Jahrzehnte[1], der Ausweitung sozialer Mobilitäts- und Bildungschancen und der Abschwächung sozialer Gegensätze. Tertialisierung und Wachstum qualifizierter Beschäftigungsfelder ließen die Mittelschichten expandieren und schufen neue Aufstiegswege.[2] Gleichzeitig streift die industrielle Arbeiterschaft ihre proletarische Kultur immer mehr ab, denn auch in materieller Hinsicht haben sich die Lebensbedingungen der Arbeiterklasse denen der Mittelklasse angenähert.[3] Seit den 1990er Jahren befindet sich die Mittelklasse in einem Prozess der Transformation, durch den neue soziale Spaltungen und Mentalitätsmuster entstehen. Drehund Angelpunkt dieser Veränderungen ist der Rückbau der Arbeitnehmergesellschaft (Castel 2000), der zunehmend auch mittlere Dienstleistungen und Angestelltentätigkeiten erfasst hat, die Auflösung garantierter Beschäftigungssicherheiten und der wohlfahrtstaatliche Modellwechsel vom Statusgaranten zum Gewährleistungsstaat (Vogel 2008). Der Gewährleistungsstaat kann nur noch eine staatlich-institutionelle Grundausstattung, aber keine Statussicherung durch Minimierung von Risiken der Erwerbslosigkeit oder durch Dämpfung sozialer Ungleichheiten mehr bieten. Die Absicherung gegen die Risiken der Existenz (Arbeitslosigkeit, Krankheit, Alter) wird damit zur privaten Aufgabe, die der Einzelne für sich zu lösen hat. Auch die Auflösung von Beschäftigungssicherheiten betrifft nicht mehr nur die ohnehin benachteiligten Gruppen: Zwar sind die Erwerbstätigen ohne Ausbildungsabschluss mit Abstand am häufigsten unsicher beschäftigt, doch sind im Westen die Höchstqualifizierten, nämlich die UniversitätsabsolventInnen, die am zweithäufigsten betroffene Gruppe.[4] Die Auflösung von Sicherheiten entfaltet jedoch sehr ungleiche Wirkungen in unterschiedlichen sozialen Schichten der Gesellschaft: Während es in den Randlagen zur Verfestigung der Armut und zur Vertiefung von Armutskarrieren kommt, geht es in den

---

1   Zwischen 1950 und 1989 stieg das Volkseinkommen pro Kopf der Bevölkerung real um das Vierfache, während es in der ersten Hälfte des 20. Jahrhunderts nur um etwa ein Drittel zugenommen hatte. Auch in längerer historischer Perspektive hat es keine Phase vergleichbarer dynamischer Einkommenszuwächse gegeben. In den anderthalb Jahrhunderten zwischen 1800 und 1950 wuchs das Volkseinkommen pro Kopf nur um das Dreifache, also weniger stark als in den vier Jahrzehnten der Bundesrepublik zwischen 1950 und 1990 (Nolte/Hilpert 2007: 49).

2   Dabei spielt der öffentliche Dienst eine besondere Rolle, denn die unteren und mittleren Positionen im Staatsdienst stellten immer schon klassische Aufstiegskanäle der Mittelschichten bereit (Nolte/Hilpert 2007: 46).

3   Betrug das durchschnittliche Arbeitereinkommen 1925 noch 57% des Angestellteneinkommens, so lag es 1970 schon bei 82% (Nolte/Hilpert 2007: 49).

4   Von den unsicheren Erwerbsformen sind vor allem Frauen und Jüngere betroffen (Allmendinger/ Schreyer 2005).

mittleren Lagen um die Gefährdung des Status – um prekären Wohlstand (laut statistischem Bundesamt ca. 25%) und Vulnerabilität (Castel 2000). *Vulnerabilität* ist nicht mit faktischer Deklassierung und sozialem Abstieg gleichzusetzen, auf dem Spiel steht vielmehr die Erfahrung subjektiver *Gestaltungsspielräume* und langfristiger Lebensplanung (vgl. dazu auch: Keupp, in diesem Band). Vulnerablität zeigt sich in der Schwierigkeit, der verallgemeinerten gesellschaftlichen Anforderung, sich als Individuum zu verhalten, nachkommen zu können, d.h. dem Modell der subjektiven Lebensführung, wie Beck es definiert hat, zu entsprechen.

Die „Wiederkehr der sozialen Unsicherheit" (Castel 2009) treibt einen Riss durch die gesellschaftliche Mitte und ihre unterschiedlichen Binnenmilieus. Mit besonderer Wucht trifft das Risiko der Verwundbarkeit einfache, niedrig entlohnte Beschäftigte, im Pflegebereich, in der Leiharbeit, der Gastronomie und dem Hotelgewerbe. Hier sind Handlungs- und Verhandlungsspielräume am geringsten und Möglichkeiten, sein Berufsleben zu gestalten, im Prinzip nicht vorhanden. Besonders eindrucksvoll manifestiert sich Verwundbarkeit jedoch an den sozialen Gruppen, für die Prekarität eine neue soziale Erfahrung darstellt – z.B. für die Beschäftigten des expandierenden Segmentes „symbolischer Arbeit" innerhalb der neuen Ökonomien (Koppetsch 2006, 2008), in denen es meist keine Betriebsräte, keine Berufsverbände und keine kollektiven Vereinbarungen gibt, sind zunehmend von Verwundbarkeit bedroht. In der Kultur- und Medienökonomie und im Non-Profit-Sektor mit seinen Transfer- und Weiterbildungsträgern sind die Grenzen zwischen kreativer und prekärer Arbeit fließend geworden (Dörre 2005, 2009: 45). Die Beschäftigten leben und arbeiten in Projekten, immer darauf bedacht, sich alle Möglichkeiten offen zu halten und das Spektrum der Kontakte und Beschäftigungschancen zu erweitern. Anders als bei den Geringverdienern des Dienstleistungssektors und den Leiharbeitern im Produktionsgewerbe betrachten die Beschäftigten des Kreativsektors sich nicht als Opfer von Umständen, sondern als Handlungssubjekte – mit dem Risiko der Überschätzung der eigenen Karriere- und Aufstiegsmöglichkeiten.

Verwundbarkeit resultiert hier nicht aus einem völligen Mangel an Handlungsmöglichkeiten, sondern aus der Diskrepanz zwischen der prekären Logik der konkurrenzbestimmten beruflichen Felder auf der einen Seite, und dem übersteigerten Ideal autonomer Subjektivität und narzisstischer Allmacht auf der anderen Seite. Wenige Gewinner stehen hier vielen Verlierern gegenüber – und am Ende entscheidet häufig der Zufall über das Berufsschicksal. Auch in diesen Laufbahnen ist das Scheitern (an den eigenen Ansprüchen) vorprogrammiert: Je größer die Kluft zwischen der Illusion der Machbarkeit und den faktischen berufsbiografischen Unwägbarkeiten, desto tiefer ist der Fall im Falle des Scheiterns – und desto problematischer, weil unkontrollierbar in ihren Auswirkungen, sind Misserfolge. Die Berufsbiographie stellt sich hier weniger als eine kumulative Kette von vorab definierten Etappen, sondern als das Produkt eines Spiels dar, bei dem die „Arbeitswelt" ebenfalls ein Spieler ist und sich wie alle anderen Spieler nicht in die Karten schauen lässt (Bauman 2003: 162). Die Gestaltung der Zukunft wird, wie bei anderen Spielen auch, kurzfristig, unbeständig und erfasst nur die unmittelbar nächsten Züge. Dabei muss auch die Möglichkeit kumulativer Misserfolge mit bedacht werden. Wer hier alles aufs Spiel gesetzt hat, kann auch alles verlieren. Die Angestellten der neuen Ökonomie laufen daher stets Gefahr, zu typischen Individualisierungsopfern zu werden, da sie trotz ihrer großen Initiative und ihres Engagements, trotz oder gerade aufgrund von eigenverantwortlichen Entscheidungen, durch die „nicht-normativen", d. h. die unvorhersehbaren und folglich auch nicht kalkulierbaren, Lebensereignisse und Zufälle aus dem Gleis gebracht und ins berufliche Abseits manövriert werden können. Schnell wird aus der Welt allgemeiner Flexibilität eine Welt auswegloser Unsicherheit, in der das Individuum nichtsdestotrotz für sein Scheitern ganz allein die Verantwortung trägt – vor allem in den eigenen Augen. Aus dem Individualismus der triumphierenden Selbstverwirklichung ist der *negative Individualismus der selbst zerstörerischen Selbstanklage* geworden.

Neben dem Verlust der Statussicherheit hat auch die globale Ausdehnung von Wettbewerbsbedingungen Veränderungen in Sozialstruktur und Positionsgefüge der Mittelklasse ausgelöst. In der wohlfahrtsstaatlichen Phase der Bundesrepublik eröffneten sich durch die Expansion des Bildungssystems und durch die Zunahme qualifizierter Dienstleistungsberufe neue Aufstiegsmöglichkeiten für die Mittelklasse. Expandiert sind vor allem die mit hohen kulturellen Kapitalanteilen ausgestatteten akademischen Berufsgruppen (Vester et al. 2001).[5] Diesen von Gouldner auch als „Neue Klasse" (Gouldner 1979) bezeichneten Gruppen ist es gelungen, gesellschaftliche Schlüsselstellen zu besetzen und – legitimiert durch ihren Expertenstatus – eigene Spielregeln sozialer Macht und politischer Kontrolle zu etablieren. Nicht mehr in erster Linie Eigentumsverhältnisse, sondern Möglichkeiten kultureller Teilhabe rücken ins Zentrum der sozialstrukturellen Ausstattung von Positionen. Wer in den Auseinandersetzungen um die „legitime" Kultur, d. h. die anerkannte Moral und die richtige Lebensweise, die besseren Ressourcen mobilisieren konnte, hatte auch die besseren Voraussetzungen im Kampf um höhere Positionen (Eder 1989: 352). Seit den 1990er Jahren schwingt das Pendel jedoch wieder in die andere Richtung. Das Widererstarken ökonomischer Akteure im Zuge der Globalisierung hat die universelle Bedeutung des kulturellen Kapitals und die Vormachtstellung der „Neuen Klasse" zurückge-

---

5 Nach Vester et al. (2001) haben diese auch als neue Berufe bezeichneten Beschäftigtengruppen seit den fünfziger Jahren einen überproportionalen Anstieg von rund 5% auf 22% (1987) zu verzeichnen.

drängt.[6] Dieser Wandel spiegelt sich zum einem in einem partiellen Macht- und Statusverlust von Professionen und akademischen Expertenberufen (als den ehemaligen Trägergruppen der „Neuen Klasse"), zum anderen in der Entwertung kulturellen Kapitals als Ressource des sozialen Aufstiegs. Es kommt zu einem Wandel von Spielregeln, durch die ökonomische Akteure erneut an Einfluss gewinnen, während wohlfahrtstaatliche und kulturelle Akteure an Autonomie verlieren. Sichtbar wird dies daran, dass ökonomische Verteilungskämpfe und ökonomisches Kapital gegenüber Bildung und kulturellem Kapital wieder stärker in den Vordergrund treten und neue Abgrenzungen erzeugen. Frühere, aus der wohlfahrtsstaatlichen Phase der BRD resultierende Statusansprüche der gebildeten Mittelschicht, die auf Titel und Stelle gründeten, veralten zunehmend und werden durch neue, wettbewerbsförmige Distinktionsmuster und Lebensstile in den Hintergrund gedrängt.

2 Die Rückkehr der Klassengesellschaft im neuen Gewand. Zur Dialektik von Individualisierung und Kollektivierung im Zeitalter der Globalisierung

Der historische Prozess der Individualisierung, d. h. der Aufstieg des Leitbildes der Autonomie, hat somit zur Verwundbarkeit des Individuums in einer Welt, die an Festigkeit verloren hat und in der die Zukunft (auch die eigene) nicht mehr planbar ist, beigetragen. Die Anforderung, ein autonomes Subjekt zu sein, stellt im Extremfall eine Zumutung dar, die zur Selbstabwertung bis hin zum völligen Kontrollverlust führen kann. Diese und andere Beispiele machen deutlich, dass Individualisierung auf kollektive Bindungen angewiesen bleibt. Individualisierung erzeugt, wie Karl Otto Hondrich (1997) brillant gezeigt hat, immer auch ihr Gegenteil: Kollektivierung. Individualisierung, verstanden als Freisetzung von traditionalen Bindungen und Zwängen, treibt ihr Gegenteil, Kollektivierung – d.h. die Einbindung in traditionale Bindungen und Zwänge – hervor. Das völlig autonome, d. h. bindungslose, Subjekt ist nicht autonom sondern haltlos. Oder anders formuliert: Autonomie ist eine spezifische Form der Geborgenheit.

In der alten Bundesrepublik entsprach die Freisetzung aus „Klasse und Stand" einer Individualisierungsbewegung, die nicht ohne die Kollektivbindungen an die (nationalstaatlich regulierte) Lohnarbeitsgesellschaft und den Sozial-

---

6 Zwar ist der Trend zur Ausweitung der Dienstleistungsgesellschaft und der Bedarf an hoch qualifizierten Beschäftigten ungebrochen. Allerdings zeichnet sich bei gleichzeitig steigendem Anteil von Beschäftigten mit Hochschulabschluss ein Status- und Einkommensverlust von Akademikern ab. Dadurch kam es neben den Veränderungen der Berufsstruktur auch zu Verschiebungen in der Gewichtung der unterschiedlichen Kapitalsorten.

staat möglich gewesen wäre. Die Individualisierung, die Beck als Merkmal der prosperierenden Bundesrepublik beschreibt, basierte auf hochvoraussetzungsvollen institutionellen Grundlagen, durch die Versorgungsbindungen und der Schutz vor Existenzrisiken von der Herkunftsfamilie auf den Staat übertragen wurden. Heute kommt es zur Umkehrung dieser Bewegung, d. h. zur Rückübertragung individueller Existenzrisiken und Versorgungsansprüche vom Staat auf die persönlichen (Herkunfts-)Bindungen: Materielle Ressourcen, soziale Netzwerke, Insiderwissen wie auch die sozial „ererbte" Zugehörigkeiten, werden als Versicherung gegen Existenzrisiken unverzichtbarer denn je.

Betrachten wir dies genauer: In der alten Bundesrepublik wurde Individualismus, im Sinne der Gestaltung des eigenen Lebens und der Erweiterung von Handlungsoptionen, als Modell der Lebensführung erstmals für eine breite Mittelschicht verfügbar, *weil* an die Stelle regionaler, ständischer und herkunftsbedingter Gemeinschaften die Bindung an den Staat und seine Institutionen getreten ist. Der junge Mann verlässt zum Studieren seinen Heimatort statt die Metzgerei seines Vaters zu übernehmen, und begibt sich, ausgerüstet mit *Bafög,* in die Obhut des *staatlichen* Bildungssystems. Studiengebühren gab es noch nicht. Die Ehefrau und Mutter, deren Mann sie wiederholt betrogen hat, beantragt die Scheidung und lebt mit den Kindern von den Alimenten des Mannes, statt wie ihre eigene Mutter, in einer „unglücklichen Ehe" auszuharren. (Nach dem heutigen Scheidungsgesetz würde sie sich die Scheidung wohl genauer überlegen, zumal sie für ihren Lebensunterhalt ab einem bestimmten Alter der Kinder selbst aufkommen müsste.) Der Angestellte, der unterbezahlt wird, geht zum Betriebsrat und wird durch seine Gewerkschaft unterstützt. (Heute arbeiten viele der neuen Selbständigen, geringfügig Beschäftigten und Leiharbeiter in gleichsam rechtsfreien Räumen, die keine Handhabe gegen Unterbezahlung und Ausbeutung mehr bieten.)

Immer mehr Personen konnten in den „goldenen Jahren" der Bundesrepublik die durch Herkunft und Geschlecht vorgezeichneten Wege verlassen und ihr „eigenes Leben" leben. Dies war möglich soweit und solange, wie der Sozialstaat einspringen konnte: elternunabhängiges Bafög als die materielle Basis für den Auszug aus dem Elternhaus; Scheidung oder der Verlust der Arbeitsstelle geht nicht mit dem Verlust der Existenz einher, etc. Die Bindungen an Ehe, Region und Herkunftsfamilie konnten gekappt werden, *weil* die individuelle Existenz nun durch die Versorgungsbindung an den Wohlfahrtsstaat und sozialstaatliche Regulative gesichert war. Und dabei handelt es sich um kollektive Herkunftsbindungen und keineswegs um individualisierte Wahlbindungen. Solange wir in den Nationalstaat hineingeboren werden, und solange der Sozialstaat im nationalen Rahmen organisiert ist, handelt es sich sogar um höchst exklusive Herkunftsbindungen – wie ein Blick auf die Migrationsbewegungen zwischen den Staaten zeigt. Wie bei anderen, z.B. familiären Herkunftsbindungen gilt auch hier: Wir wählen diese Bindung nicht. Sie sind schon da. Und sie bleiben. Globalisierung kann nun als der Prozess verstanden werden, durch den sich diese Bindungen lockern. Ursache ist die politische Schwächung des Staates durch die Erosion nationaler Wirtschaftsräume. Unternehmen verwandeln sich in globale Netzwerke, deren standardisierte Massenproduktion dahin verlagert wird, wo der Faktor Arbeit weltweit am preisgünstigsten ist. Landesgrenzen sind keine besonderen Domänen wirtschaftlicher Interdependenz mehr, weshalb Nationen aufhören, geschlossene, wirtschaftliche Gemeinschaften zu sein. Auch politische Entscheidungen und die Gestaltung der Bildungsinstitutionen verlagern sich zunehmend auf transnationale Einrichtungen. Hinzu kommt, dass sozialstaatliche Regulative, die Arbeitnehmer bislang schützten, ausgehebelt werden. In der Folge nehmen Einkommensunterschiede auch in den entwickelten Industrieländern rasant zu. Insbesondere für das unterste Drittel der Beschäftigten wird das Leben angesichts der neuen, flexiblen Arbeitsmärkte immer unsicherer. Das Resultat ist eine neue Ordnung sozialer Ungleichheiten, bei der die unteren und oberen Einkommensschichten sich zunehmend aus der wirtschaftlichen Klammer des Nationalstaats lösen und eigentlich schon nicht mehr im „gemeinsamen Boot" der nationalen Volkswirtschaft sitzen (Reich 1993). Herausgelöst werden einerseits gering qualifizierte Arbeitnehmer in der Massenproduktion, die sich der Konkurrenz durch sogenannte Niedriglohnländer ausgesetzt finden und deren Löhne sich langfristig auf internationale Vergleichsmaßstäbe absenken werden (Werding/Müller 2007: 131f).[7] Herausgelöst wird andererseits die kosmopolitische Intelligenz der „Symbolanalytiker" (z. B. international tätige Ingenieure, Wissenschaftler und Gelehrte, prominente Unterhaltungseliten, Geschäftsführer, Investmentbanker, Finanzdienstleister, Berater, etc.; Koppetsch 2009), deren Zugehörigkeitsgefühl zur eigenen Gesellschaft sich in dem Maße lockert, als auch sie zunehmend durch globale Netzwerke vergesellschaftet und international umworben werden.[8] Dieser Prozess ist in den USA schon weiter fortgeschritten

---

7 Hier findet aktuell ein internationaler Unterbietungswettbewerb um die niedrigsten Löhne und die geringsten Arbeitnehmerrechte statt. Besiegelt wird der kollektive Ausschluss der Geringverdiener aus den Mittelschicht-Milieus durch die „Krise des Wohlfahrtsstaates", der ihre Einkommens- und Statusverluste bzw. ihr „Überflüssigwerden" nicht mehr auffängt.

8 Da unterschiedliche Länder an ihrem Bleiben interessiert sind, steht es ihnen frei, sich dort niederzulassen, wo sie die besten Arbeits- und Lebensbedingungen vorfinden. Folglich sind sie kaum noch dazu zu motivieren, sich an der Produktion von Kollektivgütern – der Verbesserung des politischen und sozialen Lebens und der Herausbildung allgemeiner Wohlfahrtsinstitutionen im Rahmen ihrer Nation – zu beteiligen. Ihr Leben spielt sich in städtischen Arealen (sogenannte symbolanalytischen Zonen) statt, in denen sie über eigene, privat finanzierte Sozial-, Bildungs- und Freizeiteinrichtungen verfügen können. Auch sind Symbolanalytiker nicht mehr auf nationale Arbeitsmärkte angewiesen, weshalb ihre Identifikation mit dem Nationalstaat und seinen Sozialleistungen noch zusätzlich geschwächt wird. Dieser Prozess ist in den USA schon weiter fortge-

(Reich 1993: 232ff). Hier ist es den Erfolgreichen bereits gelungen, eine „Sezession" (Bauman 2009: 63), d. h. eine soziale und räumliche Abspaltung ihrer gemeinschaftlichen Ressourcen durch die Gründung eigener Wohnviertel, Kindergärten, Schulen, Freizeitparks, Sportanlagen, etc. zu vollziehen, wogegen die Mittelschichten verzweifelt versuchen, durch Nachbarschaftsnetzwerke, karitative Aktivitäten und Selbsthilfegruppen, die Lücken zu schließen, die der Rückzug des Wohlfahrtsstaats hinterlassen hat.

In der Folge erleben auch die noch im gemeinsamen volkswirtschaftlichen Boot verbleibenden Mittelschichten soziale Ungleichheiten und Unsicherheiten in folgenreicher Weise anders, als dies in den Strukturen der Industriemoderne der Fall gewesen ist. Dies gilt auch in der Bundesrepublik. Hier erlebte die Mittelschicht in den vergangenen zwei Jahrzehnten eine schleichende – und zuletzt beschleunigte – Schrumpfung. Umfasste die „Mitte"[9] in den 1980er Jahren recht stabil knapp zwei Drittel der (in Westdeutschland lebenden) Erwachsenen und ihrer Kinder, und 1992 noch etwa 62%, so sind es heute (2006) noch gut die Hälfte (54,1%). Und bei den Abgängen aus der Mittelschicht überwiegen die Abstiege in die armutsgefährdeten Lagen (14,4%) gegenüber den Aufstiegen in die privilegierten Ränge der oberen Schichten (11,1%, Grabka/Frick 2008). Verwundbarkeit und prekäre Lebensumstände halten damit auch in den bislang stabilen mittleren Lagen Einzug. Wohlfahrtsstaatliche Programme haben maßgeblichen Anteil an der Verbreitung von Verunsicherungstendenzen. Statussicherung im Kontext der alten Bundesrepublik hieß im Kern Mittelstandssicherung: Die Gewährleistung einer die Existenz sichernden Erwerbsbiografie des (typischerweise männlichen) Arbeitnehmers und seiner Familienangehörigen und einer standesgemäßen Lebensführung auch über die Erwerbsphase hinaus. Seit den 1990er Jahren erlebt die Mittelschicht eine Abkehr von den „goldenen Zeiten" wohlfahrtsstaatlich fundierter Statussicherheit.[10] Ja mehr noch: Es kommt zu ei-

---

schritten (Reich 1993). Häufig wird in diesem Zusammenhang von „globalen Eliten" gesprochen (Dahrendorf 2000; Münch 2009). Dieser Umstand wird allerdings der Tatsache nicht gerecht, dass die transnationalen Akteursgruppen allein noch keine globale Gesellschaft ausmachen, sondern zunächst in ihren Auswirkungen auf die nationalen Klassenstrukturen zu betrachten sind (vgl. Berger/Weiß (Hrsg.) 2008).

9 Einkommensstatistisch werden zur Mitte Personen in Privathaushalten gezählt, die ein mittleres Einkommen in Höhe von 70^% bis 150% des Medianeinkommens aufweisen (Grabka/Frick 2008: 103).

10 Der Rückzug des Wohlfahrtsstaates und seiner kollektiven Institutionen geht mit einer „Neuerfindung des Sozialen", der Herausbildung eines *aktivierenden* Sozialstaates einher (Lessenich 2008; Vogel 2008), bei der sich die wohlfahrtsstaatlichen Institutionen der Rhetorik der „Selbstverantwortung" und „Eigeninitiative" bedienen, um Ansprüche abzuweisen und Verantwortung auf das hilfsbedürftige Individuum abzuwälzen. Arbeitsagenturen, Bürgerämter und Sozialämter verstehen sich nicht mehr als Versorgungseinrichtungen für Hilfsbedürftige, sondern als Agenturen der Hilfe zur Selbsthilfe, sie verordnen ihren Klienten statt geldwerter Unterstützungsleistungen nun

ner Umwertung von Status- und Prestigesymbolen innerhalb der beruflichen Lebensführung. Das Festhalten an dem (einst sozialpolitisch fundierten) Leitbild der Stetigkeit und Beständigkeit der Lebensführung, das Festhalten am erlernten Beruf, lokale Verwurzelung und langfristige Bindungen, erscheinen heute anachronistisch und bringen verstärkt Risiken der Deklassierung mit sich. An die Stelle der früheren Statussicherheiten tritt das individualistische Leitbild des flexiblen und hochmobilen Menschen – das „unternehmerische Selbst" (Bröckling 2007). Dieses bringt eine weitere Radikalisierung der Freisetzungs- und Individualisierungsdynamik innerhalb moderner Gesellschaften mit sich, denn es fordert, Initiative zu zeigen, sein Leben und seinen Berufsweg selbst in die Hand zu nehmen, und sich nicht „auf den Staat zu verlassen".

Doch hier kommt nun die Dialektik von Individualisierung und Kollektivierung erneut zum Tragen. Die massenhafte Herauslösung aus den kollektiven Sicherungen des Sozialstaats befähigt nur dann zur Gestaltung des eigenen Lebens, *wenn* an die Stelle andere Gewährleistungsstrukturen treten. Auf der Suche nach Haltepunkten für die Gestaltung seines Schicksals wird das Individuum von seinen Herkunftsbindungen eingeholt – zum Beispiel die junge Architektin (32), die von ihrem Gehalt die Miete nicht zahlen kann und von den Eltern mit monatlichen Zahlungen unterstützt wird, oder der Firmenkundenberater (56), der vor einigen Jahren aus seiner Bank herausgeflogen ist, inzwischen nicht mehr mit einer Anstellung rechnet und sich sein Erbe vorzeitig auszahlen ließ, um seinen Lebensunterhalt (und den seiner Familie) zu gewährleisten.

Die zunehmende Privatisierung von „Sicherheit" und die von den Einzelnen verlangte Risiko- und Mobilitätsbereitschaft lassen nicht nur frühere Statuspositionen einer mittel*ständischen* Lebensführung erodieren, sie schaffen auf der Stelle neue Abhängigkeiten (vom Partner, von den Eltern, von den Geschwistern). Die völlige Unabhängigkeit des Individuums wäre mit seinem Herausfallen aus der Gesellschaft gleichzusetzen. Dieser Umstand konnte in der alten Bundesrepublik solange verborgen bleiben, als die Strukturen von Sozialstaat und Lohnarbeitsgesellschaft, mitsamt den Flächentarifverträgen, den Berufsverbänden und den Standard-Lebensläufen, einen „kollektiven Individualismus" etabliert haben, der – innerhalb dieser Strukturen – die Autonomie des selbstbestimmten Lebens (gegenüber Herkunftsbindungen) für eine gesellschaftliche Mehrheit möglich machte. Und heute entlässt die Freisetzung der Bevölkerung aus der „Bevormundung" durch den Sozialstaat den Einzelnen nicht in die Freiheit, sondern in neue Abhängigkeiten – zum Beispiel in die Abhängigkeit des ihn

---

Mobilität, Risikobewusstsein und Eigeninitiative. Dabei erweist sich insbesondere das mittlere Alter als Zone biografischer Verwundbarkeit, da die mittlere Generation durch die „Reform" des Wohlfahrtsstaates unvorbereiteter und unausweichlicher getroffen wird, als Spätere und Jüngere (Bude 2008: 265f).

beschäftigenden Unternehmens, in die Abhängigkeit von „Beziehungen" und sozialen Netzwerken, in die Abhängigkeit von Reputation und Anerkennung, in die
Abhängigkeit vom Kurswert der eigenen Persönlichkeit. Dadurch entstehen neue
Institutionen und normative Bindungen. Es handelt sich um Abhängigkeiten, die
allerdings neue Unsicherheiten hervorbringen, deren Bewältigung das Individuum *im Dienste* eines selbstbestimmten Lebens meist wieder an den Ausgangspunkt seiner familiären Bindungen zurückführen.

Die neuen Abhängigkeiten unterscheiden sich von den frühren Bindungen
dadurch, dass auch sie die erwünschten Haltepunkte und Sicherungen nur unzureichend vermitteln können. Dies ist umso bedrückender, als das Individuum fa-
talerweise in einem historischen Augenblick aus den Versorgungsbindungen des
Staates entlassen wird, in dem nicht nur die soziale Sicherung, sondern auch die
anderen beiden „Stabilitätskerne" der Industriemoderne (Castel 2000) – die Erwerbsarbeit und die Partnerschaft (wie auch die privaten Beziehungen) – Erosi-
onsprozessen ausgesetzt sind (vgl. Hirseland/Leuze und Böhm/Diewald/Körnert,
in diesem Band). Auch diese gestalten sich zunehmend nach einer Projektlogik
der Kurzfristigkeit und Anpassungsfähigkeit (Boltanski/Chiapello 2003). Passagen der Arbeitslosigkeit, Beschäftigungs- und Beziehungswechsel sind für die
jüngeren Generationen längst zum Normalfall geworden und erhöhen das Risiko
der Verwundbarkeit. Denn jenseits des Normalarbeitsverhältnisses lebenslanger
und vollzeitlicher Beschäftigung, jenseits der Normalfamilie mit männlichem
Hauptenährer und jenseits des dreiphasigen Standardlebenslaufs (Ausbildung,
Beschäftigung und Rente) werden die Lebensformen irregulärer. Je kurzfristiger
aber die Bindungen an Arbeitsstellen, Partner oder Freunde, desto eher kann es
vorkommen, dass Ehekrisen oder berufliche Misserfolge für den Einzelnen zum
Verhängnis werden (vgl. dazu den Beitrag von Böhm, Diewald, und Körnert, in
diesem Band), zumal Misserfolge in den netzwerkförmigen Strukturen der
„schwachen Bindungen" (Granovetter) die Tendenz haben, sich in alle Richtungen auszuweiten: Freunde werden rar oder erweisen sich als „falsche" Freunde.
Neue Kontakte und Bindungen, die zusätzliche Energien kosten, sind nicht sofort
zur Stelle. Gleichzeitig gilt es, die Haltung zu wahren, da eine gedrückte Aus-
strahlung in den auf expressive Kompetenz getrimmten Arbeitsbereichen, in denen Begeisterungsfähigkeit und Teamfähigkeit als oberstes Gebot gelten, weiteres Unheil nach sich ziehen kann.

Dies ist der Moment, wo nun die Herkunftsbindungen über Wohl und Wehe
des weiteren Lebenswegs entscheiden. Denn meist sind es Eltern, Geschwister,
Tanten, Großeltern, Jugendfreunde, später auch die eigenen Kinder, an die man
sich in Notzeiten wendet. Handelt es sich um Bindungen, die bereits vor langer
Zeit als Sicherheitsnetz aufgespannt worden sind und Notlagen erst gar nicht aufkommen lassen? Um Bindungen, die akute Notlagen abwenden und vielleicht

sogar beruflich weiterführende Kontakte vermitteln können? Oder handelt es sich um Bindungen, die nur wenig Unterstützung zu geben vermögen, da die entsprechenden Personen selbst mit sozialen Problemlagen der Prekarisierung oder Exklusion zu kämpfen haben oder aus anderen Gründen über geringe Ressourcen verfügen? Die Ressourcen der Herkunftsfamilie entscheiden nun darüber, ob es dem prekären Individuum gelingt, in der Mittelschicht zu verbleiben, oder ob der Ausschluss aus dem normalen Erwerbsleben mit dem Abschied auch vom mittelständischen Konsumstandard einhergeht. Kann das von den Eltern in den „fetten" Wohlstandsjahren angesammelte Vermögen, vielleicht deren Einfamilienhaus oder deren Eigentumswohnung, den sozialen Abstieg abwenden? Sicher ist jedoch, dass die durch den Rückbau des Sozialstaats forcierte Privatisierung von Existenzrisiken und Sicherungen eher zur Vergrößerung sozialer Ungleichheiten beiträgt. Zum Beispiel hat die Vererbung von Vermögen bereits heute eine Vergrößerung der sozialen Ungleichheit in der Kindergeneration zur Folge (Szydlik und Schupp 2004; Kohli 2007).[11] Auch finden wir bereits heute in beträchtlichem Ausmaß finanzielle Unterstützung der Elterngeneration an die erwachsenen Kinder, die umso höher ausfallen kann, je größer die finanziellen Mittel der Eltern sind (Kohli 2007: 61f). Es wäre ein interessanter Gegenstand zukünftiger Forschung, zu untersuchen, wie sich Muster sozialer Ungleichheiten unter Bedingungen des Rückbaus des Wohlfahrtsstaats durch die ungleiche Vererbung sozialer Mitgiften (neben Erbschaften z. B. auch exklusive Netzwerke und Zugehörigkeiten) in der Kindergeneration (und in der Folge von Generationen) verändern werden. Anzunehmen ist, dass es wieder zu einer stärkeren Konturierung von Klassengrenzen kommen wird. Fest steht jedoch, dass die Chancen, ein autonomes Leben zu führen, in Zukunft immer weniger für eine breite Mitte verfügbar sind, sondern zu einem Privileg werden, welches mit größerer Wahrscheinlichkeit zukünftig in den höheren Schichten anzutreffen ist. Das ändert nichts an der Tatsache, dass das Modell des autonomen Individuums zur herrschenden Identitätsnorm geworden ist, an dem auch die sozial Schwachen zunehmend gemessen werden.

---

11 Die Vererbung von mittleren und kleineren Vermögen ist bereits zu einer Massenrealität geworden. Laut Alters-Survey hatten bis zum Befragungszeitpunkt 1996 immerhin 44% der 40-85jährigen bereits etwas geerbt, und zwar ganz überwiegend von den (Schwieger-)Eltern. Die meisten Nachlässe haben einen kleinen bis mittleren Umfang. Knapp ein Fünftel der Erbschaften hat einen Wert von weniger als 2.556 Euro, drei Viertel liegen unter 51.129 Euro, und nur knapp zwei Prozent übersteigen 511.292 Euro (Kohli 2007: 62f).

3   Die Flugbahnen der negativen Individualisierung: Affektive und soziale Entkopplungen

Der Aufsatz verfolgte bislang zwei Ziele: Das eine Ziel bestand darin, die Ambivalenzen subjektiver Lebensführung in unsicheren Zeiten aufzuzeigen und zu fragen, in welcher Form das kulturelle Modell der Individualisierung unter den gegenwärtigen Bedingungen zur Verschärfung sozialer Ungleichheiten beiträgt. Das andere Ziel bestand darin, zu zeigen, dass Individualisierung nicht ohne sein Gegenteil, nämlich die Zugehörigkeit und Bindung an ein gemeinschaftliches Kollektiv, möglich ist. Oder noch grundlegender formuliert: Individualisierung ist nicht ohne ein Netz von gegenseitigen Verpflichtungen, nicht unabhängig von Institutionen, möglich. Individualisierung kann nur *innerhalb* von Gesellschaft stattfinden und setzt dabei Abhängigkeiten von Kollektivstrukturen (Normen, Werte, Institutionen) immer schon voraus.[12] In dem nun noch verbleibenden Teil geht es um die Frage, welches Schicksal Individuen haben die tatsächlich aus diesen Strukturen herausfallen, weil sie über keinerlei Haltepunkte mehr verfügen, durch die sie Sicherheit und Kontrolle über ihr Leben gewinnen können.

Im Anschluss an Robert Castel (2000: 401ff) soll in diesem Zusammenhang von Verläufen *negativer Individualisierung* gesprochen werden, da hier keine Freisetzung in die Autonomie, sondern eine schrittweise Entkopplung vom Sozialen, gewissermaßen eine De-Sozialisierung des Individuums, stattfindet. Typische und oft zitierte Beispiele stellen prekäre Lebensläufe dar, die durch lange Phasen der Arbeitslosigkeit oder geringfügige Beschäftigungen gekennzeichnet sind und schließlich in sozialer Isolation, d. h. in einem vollständigen Ausschluss von gesellschaftlichen Bezügen münden (Castel 2000; Kronauer 2002, Dörre 2005, Bude/Willisch 2008). Daneben gibt es jedoch weniger spektakuläre, aber nur scheinbar harmlosere, Flugbahnen negativer Individualisierung, die überdies weiter verbreitet sind. Es handelt sich um die Flugbahn *emotionaler Entkopplung* durch die persönliche Zurechnung von Erfahrungen des Scheiterns. Soziale Verwundbarkeit, etwa in Form von prekärer Beschäftigung oder diskontinuierlichen Erwerbsbiografien, führt häufig in destruktive Selbstabwertungen und emotionale Abwärtsspiralen, weil sie als individuelles Versagen (und nicht als gesellschaftliches Problem) erscheint. Damit lenkt sie den Einzelnen unweigerlich auf die Flugbahn emotionaler Störungen. Hochgradig durch den Markt vergesell-

---

12 Dies wurde weiter oben auf die Formel der „Dialektik von Individualisierung und Kollektivierung" gebracht: In dem Maße, wie sich Individuen aus Bindungen und Traditionen von Klasse und Stand emanzipieren, sind sie auf andere Formen der Kollektivbindungen – z. B. auf den Sozialvertrag des nationalen Wohlfahrtsstaates – angewiesen. Durch das Prinzip der Sozialversicherung enthält der Lohnabhängige über den „reinen" Arbeitsvertrag hinausgehende Rechte und Existenzsicherungen. Werden auch diese Bindungen aufgelöst, fallen die Individuen in Notlagen meist erneut auf private Sicherungen, ihre familiären Bindungen, zurück.

schaftet, findet der Einzelne jene soziokulturellen Bedingungen nicht mehr vor, die in der Geschichte des Kapitalismus das Marktprinzip immer wieder begrenzt haben. Das Markt-Individuum erlebt dadurch eine verstärkte „Unmittelbarkeit von Individuum und Gesellschaft", in der „gesellschaftliche Krisen als individuelle erscheinen und in der Gesellschaftlichkeit nur noch sehr bedingt und vermittelt wahrgenommen werden können" (Beck 1986: 1117f).

Die individuelle Zurechnung schafft strukturelle Bedingungen, unter denen sich existenzielle Bedrohungen und soziale Risiken nicht abbauen, sondern verschärfen. Die Verwandlung von „Außenursachen in Eigenschuld" (Beck 1986) wird weniger denn je durch kollektive Deutungsmuster und Institutionen eingeschränkt, die in der Geschichte des Kapitalismus das Marktprinzip immer auch begrenzt haben. In der Folge wächst die ganz persönliche Angst vor dem Versagen und der Rückzug ins Private wird angetreten. Das Individuum fühlt sich unfähig, sein Leben selbst in die Hand zu nehmen und sieht sich als Opfer von Umständen, die es nicht beeinflussen kann (Ehrenberg 2004: 229ff). Nach dem Modell der „erlernten Hilflosigkeit" (Seligman 1975) ist die Erfahrung der Hilf- oder Machtlosigkeit, infolge dessen Menschen ihr Verhaltensrepertoire dahingehend einengen, dass sie negative Zustände nicht mehr abstellen (obwohl sie dies vielleicht könnten), eine zentrale Ursache für *Depressionen*. Depressionen sind eine besonders extreme Form der destruktiven Selbstbezüglichkeit, bei der soziale Misserfolge ursächlich in die Person hineingenommen und dem eigenen Selbstbewusstsein einverleibt werden. Aus Angst vor einem Statusverlust zieht sich das Individuum auf sich selbst zurück unter Vermeidung von Öffentlichkeit für Probleme, die keine privaten sind, aber erfolgreich zu solchen gemacht werden (Neckel 1991: 172).

Für den Sozialpsychologen Kurt Lewin, der bereits zu Beginn des 20. Jahrhunderts eine Feldtheorie des sozialen Handelns entwickelt hat, ist die Sicherheit einer Person eine Eigenschaft des gesamten Handlungsraums, denn das Vertrauen in sich selbst und seine Handlungsfähigkeit ist immer relativ zu dem in die Umwelt. Sicherheit ist daher nicht auf eine „innere" psychische Eigenschaft zu reduzieren. Sie bezeichnet die generalisierte Erwartung, dass Ereignisse für das Individuum erwartbar und beeinflussbar sind. Sicherheit ist eine generalisierte Handlungsvoraussetzung, die sich auf das gesamte Umfeld und die Befähigung zum Handeln auswirkt. Unsichere Zeiten sind nun durch eine höhere Wahrscheinlichkeit des Eintretens unerwarteter und unbeeinflussbarer Ereignisse gekennzeichnet – im guten wie im schlechten Sinne. Auch Misserfolge, berufliches Scheitern und Phasen der Erwerbslosigkeit können unter gegenwärtigen Bedingungen kaum mehr durch planvolles Handeln grundsätzlich vermieden werden. Und wer häufiger die Erfahrung macht, von den Ereignissen gleichsam überrollt zu werden, erlebt sich unter Umständen auch in Zukunft nicht mehr als jemand, dessen persönliche Entscheidungen zählen.

Doch nicht alle Personen reagieren mit Depressionen auf derartige Erfahrungen – hinzu kommen muss die Hereinnahme der Misserfolgserfahrungen in das individuelle Selbstbild. Die Erfahrung von Machtlosigkeit ist ohne Makel. Machtlosigkeit wohnt eine entschuldigende Komponente inne. Sie ist ein Zustand, der einer Person in den seltensten Fällen vorzuwerfen ist, weil begrenzte Ressourcen nicht beliebig vermehrt werden können (vgl. Neckel 1991: 155). Erst wenn das Scheitern mit einer negativen Selbstbewertung einhergeht, wenn Gefühle der eigenen Schwäche oder Inkompetenz hinzukommen, ist der Weg in die Depression gebahnt. Depressionen entstehen aufgrund der tief verwurzelten Annahme, das Individuum *persönlich* sei die Ursache der Probleme. Ironischerweise hat gerade der Depressive die normativen Ideale der Gesellschaft mehr als andere bis in seine Emotionen hinein verinnerlicht, da er sich selbst die Schuld für sein Versagen, d. h. für seinen wahrgenommen Mangel an Kontroll- und Handlungsmöglichkeiten, gibt. Erfahrungen des Scheiterns werden dann nicht mehr als singuläre, von außen hereinbrechende Misserfolge, sondern als Defizite der Persönlichkeit wahrgenommen. Indem sie sich die Ereignisse ihres sozialen Schicksals persönlich zurechnen, übernehmen Depressive folgerichtig die Hypothek, die ihnen durch das gesellschaftliche Leitbild der individuellen Lebensführung aufgegeben wurde: Für Erfolg wie auch Versagen ist jetzt jeder ganz allein verantwortlich. Der Depressive erlebt daher keine soziale, sondern eine *existenzielle* Verunsicherung seiner Identität.

Kein Wunder, dass sich viele der Verantwortung, ein eigenständiges und selbstbestimmtes Leben zu führen, entziehen und ihr Heil in Traditionen, auf der Suche nach verloren gegangenen Wertsystemen und Gewissheiten, finden wollen. Je größer die Öffnung und die Zahl der Optionen, je widersprüchlicher die Sinnsysteme, desto größer werden die Anforderungen, seinem Leben einen persönlichen Sinn zu verleihen, und desto größer das Bedürfnis nach Geschlossenheit und Kohärenz. Häufig neigt das moderne Individuum deshalb dazu, sich wieder in die Vergangenheit zu begeben, wo alles in Gestalt einer objektiven Tatsache auftritt, und – mehr noch – in der imaginären Reinheit des scheinbar Natürlichen erscheint. Auch die Identifikation mit einer „höheren" Instanz, die Verschmelzung mit einer machtvollen Gemeinschaft, stellt eine rückwärtsgewandte Form der Identitätsbildung, eine *Konterrevolution* dar, die das radikale Projekt der Individualisierung, die „Revolution der Identitäten" (Kaufmann 2005), unterläuft. Fundamentalismus, als eine historische Rückwendung zur religiösen Begründung von Solidaritäten, ist nur eine – die extremste – Form einer rückwärtsgewandten Identitäts- und Gemeinschaftsbildung, die sich auf die Wiederherstellung hierarchischer und patriarchalischer Ordnungen richtet (Kaufmann 2005: 87). Eine weniger extreme Form stellt die Rückkehr zu kollektiven Identitäten, etwa in Gestalt der Restauration traditioneller Geschlechtsidentitäten oder im Rückgriff auf holistische Gesellschaftsentwürfe (Esoterik oder fernöstliche Religionen) dar. Auch die erfolgreiche Sezession der globalen Wirtschafts- und Kulturelite in kosmopolitische Inseln kann als eine – eher liberale Form – der posttraditionalen Gemeinschaftsbildung verstanden werden.

4 Schluss

Während die Vergesellschaftung durch Märkte immer weiter voranschreitet, bleiben die Möglichkeiten, ein selbständiges Leben zu führen, dahinter zurück. Damit wird ein neues Kapitel im Prozess der Individualisierung, eine historisch neue Dialektik von Individualisierung und Kollektivierung, eingeleitet, die sich von der Dynamik der von Beck untersuchten prosperierenden Nachkriegsära unterscheidet. Was heute von den gesellschaftlichen Institutionen, von Arbeitsämtern, Schulen, Sozialagenturen und Kirchen unter dem Etikett der „Eigenverantwortung" propagiert wird, bringt für viele keine „Befreiung", im Sinne von mehr Autonomie, sondern eine größere Abhängigkeit mit sich, die herkunftsbedingte Ungleichheiten vertieft. Die Forderung der sozialstaatlichen Institutionen nach mehr „Autonomie" ihrer Klienten geht mit dem Kappen jener gesellschaftlichen Bindungen einher, die einst für die gesellschaftliche Mehrheit ein Mehr an Autonomie ermöglichte. Sie dirigiert den Einzelnen erneut in den Schoß der Familie und verwandelt die Versorgungsbindung an den Sozialstaat zurück in die Bindung an Klasse und Stand: Nur wer in ausreichendem Maß über exklusive (Herkunfts-)Bindungen und persönliche Netzwerke verfügt, kann die Risiken der individualisierten Lebensführung auf sich nehmen. Dadurch wird das Modell subjektiver Lebensführung erneut zu einem Distinktionsmerkmal, das zur Verschärfung sozialer Ungleichheiten beiträgt.

Literatur

Bauman, Zygmunt (2003): Flüchtige Moderne. Frankfurt a. M.: Suhrkamp.

Bauman, Zygmunt (2009): Gemeinschaften. Frankfurt a. M.: Suhrkamp.

Beck, Ulrich (1986): Die Risikogesellschaft. Auf dem Weg in eine andere Moderne. Frankfurt a. M.: Suhrkamp.

Bell, Daniel (1975): Die nachindustrielle Gesellschaft. Frankfurt a. M.: Campus.

Berger, Peter A./Weiß, Anja (Hrsg.) (2008): Transnationalisierung sozialer Ungleichheit, Wiesbaden: VS Verlag für Sozialwissenschaften

Boltanski, Luc und Eve Chiapello (2003): Der neue Geist des Kapitalismus. Konstanz: Universitätsverlag Konstanz.

Bourdieu, Pierre (1982): Die feinen Unterschiede. Kritik der gesellschaftlichen Urteilskraft. Frankfurt a. M.: Suhrkamp.

Bröckling, Ulrich (2007): Das unternehmerische Selbst. Soziologie einer Subjektivierungsform. Frankfurt a. M.: Suhrkamp.

Bude, Heinz (1998): Die Überflüssigen als transversale Kategorie. In: Berger/Vester: Alte Ungleichheiten. Neue Spaltungen. Opladen: Leske und Budrich, S. 363-382.

Bude, Heinz (2008): Das Phänomen der Exklusion. In: Bude, Heinz und Andreas Willisch (Hrsg.): Exklusion. Die Debatte über die „Überflüssigen". Frankfurt a. M.: Suhrkamp, S. 246-260.

Castel, Robert (2000): Die Metamorphose der sozialen Frage. Eine Chronik der Lohnarbeit. Konstanz: UVK.

Castel, Robert (2009): Die Wiederkehr der sozialen Unsicherheit. In: Castel, Robert und Klaus Dörre (Hrsg.): Prekarität, Abstieg, Ausgrenzung. Die soziale Frage am Beginn des 21. Jahrhunderts. Frankfurt a. M.: Campus, S. 21-35.

Castel, Robert und Klaus Dörre (Hrsg., 2009): Prekarität, Abstieg, Ausgrenzung. Die soziale Frage am Beginn des 21. Jahrhunderts. Frankfurt a. M.: Campus.

Dahrendorf, Ralf (2000): Die globale Klasse und die neue Ungleichheit. In: Merkur, 54. Jg., Heft 11, Nr. 619, S. 1057-1068.

Dörre, Klaus (2005): Prekarität – Eine arbeitspolitische Herausforderung. In: WSI-Mitteilungen 5, S. 250-258.

Dörre, Klaus (2009): Prekarität im Finanzmarkt-Kapitalismus. In: Castel, Robert und Klaus Dörre (Hrsg.): Prekarität, Abstieg, Ausgrenzung. Die soziale Frage am Beginn des 21. Jahrhunderts. Frankfurt a. M.: Campus, S. 35-64.

Eder, Klaus (1989): Jenseits der nivellierten Mittelstandsgesellschaft. Das Kleinbürgertum als Schlüssel einer Klassenanalyse in fortgeschrittenen Industriegesellschaften. In: Ders. (Hrsg.): Klassenlage Lebensstil und kulturelle Praxis. Frankfurt a. M.: Suhrkamp, S. 341-394.

Ehrenreich, Barbara (1994 [1989]): Angst vor dem Absturz. Das Dilemma der Mittelklasse. Reinbek bei Hamburg: Rowohlt.

Gouldner, Alvin (1979): Die Intelligenz als neue Klasse. 16 Thesen zur Zukunft der Intellektuellen und der technischen Intelligenz. Frankfurt a. M.: Campus.

Grabka, Markus und Joachim R. Frick (2008): Schrumpfende Mittelschicht. Anzeichen einer dauerhaften Polarisierung der verfügbaren Einkommen? In: DIW Wochenbericht, Berlin Nr. 10/2008.

Hartmann, Michael (2003): Nationale oder transnationale Eliten. Europäische Eliten im Vergleich. In: Hradil/Imbusch (Hrsg.): Oberschichten – Eliten – Herrschende Klassen. Opladen: Leske und Budrich, S. 273-298.

Hondrich, Karl Otto (1997): Wie werden wir die sozialen Zwänge los? Zur Dialektik von Kollektivisierung und Individualisierung. Merkur, 51, S. 283-292.

Hradil, Stefan und Holger Schmidt (2007): Angst und Chancen. Zur Lage der gesellschaftlichen Mitte aus soziologischer Sicht. In: Herbert-Quandt-Stiftung (Hrsg.): Zwischen Erosion und Erneuerung. Die gesellschaftliche Mitte in Deutschland. Ein Lagebericht. Frankfurt a. M.: Societätsverlag, S. 163-226.

Kaufmann, Jean-Claude (2005): Die Erfindung des Ich. Eine Theorie der Identität. Konstanz: UVK.

Kohli, Martin (2007): Von der Gesellschaftsgeschichte zur Familie. Was leistet das Konzept der Generationen? In: Lettke, Frank und Andreas Lange (Hrsg.): Generationen und Familie. Frankfurt a.m.: Suhrkamp, S. 47-68.

Koppetsch, Cornelia (2000): Wissenschaft an Hochschulen. Ein deutsch-französischer Vergleich. UVK: Konstanz.

Koppetsch, Cornelia (2006): Das Ethos der Kreativen. Vom bürgerlichen Beruf zur Kultur des neuen Kapitalismus. Eine Studie zum Wandel von Arbeit und Identität am Beispiel der Werbeberufe. UVK: Konstanz.

Koppetsch, Cornelia (2008): Der Markt der Ideen. Neue Wege der Professionalisierung am Beispiel der Kultur- und Medienberufe. In: Soziale Welt, Jg. 59, Heft 4, S. 327-350.

Koppetsch, Cornelia (2009): Glanz und Elend der Symbolanalytiker. Die Experten der Wissensgesellschaft. In: IBA_Hamburg (Hrsg.) Bildung und Stadt. Schriftenreihe Band III. Im Erscheinen.

Kronauer, Martin (2002): Exklusion. Die Gefährdung des Sozialen im hoch entwickelten Kapitalismus. Frankfurt a. M.: Campus.

Lessenich, Stephan (2008): Die Neuerfindung des Sozialen. Der Sozialstaat im flexiblen Kapitalismus. Bielefeld: Transcript.

Lewin, Kurt (1982): Feldtheorie. Werkausgabe, Bd. 4, hrsg. Von C. F. Graumann. Bern und Stuttgart: Huber und Klett.

Mills, C. Wright (1956): White Collar. New York: Oxford University Press.

Münch, Richard (2009): Globale Eliten, lokale Autoritäten. Bildung und Wissenschaft unter dem Regime von Pisa, McKinsey und Co. Frankfurt a. M.: Suhrkamp.

Neckel, Sighard (1991): Status und Scham. Zur symbolischen Reproduktion sozialer Ungleichheit. Frankfurt a. M.: Campus.

Newman, Katherine S. (2008): Kummervolle Zeiten. In: Bude, Heinz und Andreas Willisch (Hrsg.): Exklusion. Die Debatte über die „Überflüssigen". Frankfurt a. M.: Suhrkamp, S. 87-104.

Nolte, Paul und Dagmar Hilpert (2007): Wandel und Selbstbehauptung. Die gesellschaftliche Mitte in historischer Perspektive. In: Herbert-Quandt-Stiftung (Hrsg.): Zwischen Erosion und Erneuerung. Die gesellschaftliche Mitte in Deutschland. Ein Lagebericht. Frankfurt a. M.: Societätsverlag, S. 11-101.

Reich, Robert (1993): Die neue Weltwirtschaft. Frankfurt a. M. und Berlin: Ullstein.

Riesman, David; Reuel Denney und Nathan Glazer (1963): Die einsame Masse. Eine Untersuchung über den Wandel des amerikanischen Charakters [zuerst 1950]. Reinbeck: Rowohlt.

Schelsky, Helmut (1965): Auf der Suche nach Wirklichkeit. Gesammelte Aufsätze. Düsseldorf: Diedrichs.

Seligman, Martin E. P. (1975): Helplessness. On Depression, Development and Death. San Francisco: Freeman and Comp.

Sydlik, Marc und Jürgen Schupp (2004): Wer erbt mehr? Erbschaften, Sozialstruktur und Alterssicherung. In: Kölner Zeitschrift für Soziologie und Sozialpsychologie 56, S. 609-629.

Vester, Michael; von Oertzen, Peter; Geiling, Heiko; Hermann, Thomas und Dagmar Müller (2001): Soziale Milieus im gesellschaftlichen Strukturwandel. Frankfurt a. M.: Suhrkamp.

Vogel, Berthold (2008): Der Nachmittag des Wohlfahrtsstaats. In: Bude, Heinz und Andreas Willisch (Hrsg.): Exklusion. Die Debatte über die „Überflüssigen". Frankfurt a. M.: Suhrkamp, S. 285-308.

Wohlrab-Sahr, Monika (1997): Individualisierung: Differenzierungsprozeß und Zurechnungsmodus. In: Ulrich Beck und Peter Sopp (Hrsg.): Individualisierung und Integration. Neue Konfliktlinien und neuer Integrationsmodus? Opladen: Leske und Budrich, S. 23-36.

Individualisierung
Riskante Chancen zwischen Selbstsorge und Zonen der Verwundbarkeit

Heiner Keupp

> „Es gibt zwei Orte, an denen Individua-
> lisierungswünsche entstehen. In Ihrem
> Kopf. Und in Zuffenhausen."[1]

Die Individualisierungsthese bildete immer einen besonders belastbaren Pfeiler der Theorie „Reflexiver Modernisierung"[2] und wurde auch lange Zeit in der kritischen Rezeption als ein Zentrum der theoretischen Bemühungen von Ulrich Beck und seinen wissenschaftlichen Mitstreitern betrachtet. Oft ist bemerkt worden, dass diese These intuitiv gut nachvollziehbar sei, aber dass sie vage bliebe und die harte empirische Evidenz nicht erbracht worden sei. Dagegen lässt sich die Auffassung setzen, dass die Individualisierungsthese von Anfang an begrifflich gut durchbuchstabiert wurde (vor allem Beck 1986; Beck/Beck-Gernsheim 1994; Beck-Gernsheim 1994) und die häufigen Hinweise auf ihre Vagheit wohl eher für eine mangelnde Rezeptionsbereitschaft sprechen. Individualisierung ist am präzisesten als *soziologische* Kategorie im Rahmen von Modernisierungstheorien bestimmt worden, und bezeichnet in aller Regel einen Prozess, „in dem die Abhängigkeit des Individuums von seiner unmittelbaren Umgebung" abnimmt (van der Loo/van Reijen 1992: 161). Traditionelle Lebensformen mit ihrem hohen Normierungsleistungen für individuelles Handeln verlieren in diesem Prozess an Bedeutung für die individuelle Lebensführung, und das einzelne Subjekt muss sich im Rahmen seiner gesellschaftlichen Ressourcen eine eigene Lebensform erarbeiten.

1   Das Konzept Individualisierung – was es (nicht) meint

Das Individualisierungskonzept formuliert einen wichtigen Trend gesellschaftlicher Veränderung. Gleichzeitig wird es oft vollständig missverstanden. Es trifft auf spezifische Formen von Vorverständnis, die zugleich Missverständnismöglichkeiten einschließen. Individualisierung findet ein Bedeutungsnetz vor, in das

---

1   http://www.porsche.com/swiss/de/accessoriesandservices/personalisation/
    individualcustomerservice/
2   Dieser Beitrag geht zurück auf einen Vortrag im Rahmen der Schlusskonferenz des Sonderfor-
    schungsbereichs 536 „Reflexive Modernisierung" in Tutzing am 28./29. Mai 2009.

sie eingebunden wird bzw. das der Individualisierungsthese Bedeutungsassozia-
tionen unterschiedlichster Art verleiht. Das erzeugt die „Aura des assoziativ Mit-
gedachten", wie es Renate Mayntz (1967: 28) ausdrückte. Ulrich Beck und Elisabeth Beck-Gernsheim haben immer wieder klar zu stellen versucht, was der
Begriff *nicht* meint: *„nicht* Atomisierung, Vereinzelung, *nicht* Beziehungslosig-
keit des freischwebenden Individuums, auch *nicht* (was oft unterstellt wird) Indi-
viduation, Emanzipation, Autonomie" (1995: 304). Wenn er dies alles *nicht*
meint, was meint der Begriff „Individualisierung" sonst? Beck unterscheidet drei
Dimensionen eines gesellschaftlichen Prozesses, der die Moderne wie kein anderer prägt: (1) die „Freisetzungsdimension", die die *Herauslösung* aus historisch
vorgegebenen Sozialformen und -bindungen im Sinne traditionaler Herrschafts-
und Versorgungszusammenhänge" thematisiert; (2) die „Entzauberungsdimension", also den *Verlust von traditionalen Sicherheiten* im Hinblick auf Handlungswissen, Glauben und leitende Normen" und (3) die „Kontroll- bzw. Reintegrationsdimension", die sich auf eine „neue Art der sozialen Einbindung" bezieht (Beck 1986: 206). Individualisierung wird dort eindeutig als „gesell-
schaftsgeschichtlicher" Begriff bezeichnet (S. 207). Da er vor allem in seiner ge-
genwartsdiagnostischen Erklärungsfunktion rezipiert wurde, hatte er – trotz all
dieser Richtigstellungen und auch der deutlichen Benennung der Ambivalenzen,
die den Individualisierungsprozess kennzeichnen – vor allem eine hohe Deu-
tungsfunktion für aktuelle lebensweltliche Erfahrungen.

2   Der Umbau des modernen Lebensgehäuses

Subjekttheoretisch hatte die Individualisierungsdebatte erhebliche Konsequenzen
(vgl. Hafeneger 2005; Keupp/Hohl 2006). Vor allem, wenn es um die Folgen der
Individualisierung für das Subjekt geht, eröffnet sich ein Diskursfeld, in dem
dem diagnostisch umkreisten „Selbst" die unterschiedlichsten adjektivischen
Seinsformen zugeschrieben werden. Subjekttheorien und ihre Selbstkonstruktio-
nen bemühen häufig die Hausmetapher. Der heute so populäre Gedanke der
Konstruktion stammt aus der Metaphorik der Architektur und diese spezifische
Metaphorik hat die Subjektentwürfe der Ersten Moderne stark geprägt, als Be-
hausungen, als Versuche, sich in der jeweils vorgefundenen Welt zu beheimaten.
Das neuzeitliche Subjekt wurde als von traditionellen Entwurfsschablonen befreit konstruiert. Für John Stuart Mill, einem der großen Vordenker einer liberalen Gesellschaft, ist die freie Entwicklung und Entfaltung der Persönlichkeit
(„innere Kultur des Individuums") zentral. In seiner Schrift „Über die Freiheit"
schreibt er: „Der Einzelne hat das Recht der Selbstbestimmung über seinen eigenen Körper und Geist".

Die Perspektive der freien Kreation des eigenen Lebens wird von der entstehenden kapitalistischen Gesellschaft immer mehr zu einer verinnerlichten Zwangsgestalt. Max Weber hat uns das Bild vom „stahlharten Gehäuse der Hörigkeit" geliefert und damit die sozialpsychologische Infrastruktur der Arbeitsgesellschaft thematisiert. Norbert Elias hat mit dem „homo clausus"-Bild das Subjekt der Moderne als „häuslich verkapseltes Subjekt" (Flusser 1993) konstruiert. Es ist bestimmt von dem Gefühl des „in sich Eingeschlossenseins". Entstanden ist also der „homo clausus", jenes Subjekt, das sich hinter „hohen Mauern" in seinem „Subjektgehäuse" (Müller-Doohm 1987: 71) verschanzt hat. Von dem selbstbewussten bürgerlichen Subjekt, das die Welt nach eigenen Vorstellungen gestaltet und sich als Souverän dieser Welt definiert, klingt in solchen Modellen nichts mehr an. Bei Ernst Bloch noch in ambivalenter Weise, wenn er davon spricht, dass Menschen „sich in der Welt einrichten". Peter L. Berger interpretiert diese Formulierung so: „Der einzelne richtet sein Leben ein wie sein Haus, und oftmals symbolisiert die Einrichtung im Haus die Einrichtung im Leben" (Berger 1994: 124). „Sich-einrichten" heißt sich arrangieren. Der „homo clausus" sollte wenigstens in seinen „eigenen vier Wänden" die Kontrolle haben. Die „Selbstzwangapparatur" sorgt dafür, dass die innere Welt unter Kontrolle bleibt. Gleichzeitig ist die für den Kulturmenschen provozierende Frage von Freud nicht zu unterdrücken, ob Menschen wirklich „Herr im eigenen Haus" sind. Was nicht im eigenen psychischen Apparat passförmig bearbeitet oder wenigstens „hinter die Kulissen" geschoben werden kann, muss in „Container" außerhalb des eigenen Persongehäuses deponiert werden.

Die Subjektkonstruktionen der Aufklärung, die für die Erste Moderne leitend wurden, basierten „auf einer Auffassung der menschlichen Person als vollkommen zentriertem und vereinheitlichtem Individuum. Es war mit dem Vermögen der Vernunft, des Bewusstseins und der Handlungsfähigkeit ausgestattet. Sein ‚Zentrum' bestand aus einem inneren Kern, der mit der Geburt des Subjekts entstand und sich mit ihm entfaltete, aber im wesentlichen während der ganzen Existenz des Individuums derselbe blieb – kontinuierlich oder ‚identisch' mit sich selbst. Das essentielle Zentrum des Ich war die Identität einer Person." (Hall 1994: 181)

Dieses programmatisch entworfene Subjektgehäuse kam nicht ohne prothesenhafte Stützpfeiler aus, einen descartschen kognitivistischen Rationalismus, den Stephen Toulmin (1991) als das „geistige Baugerüst der Moderne" bezeichnete. Für Hinderk Emrich (1994: 265) ist es nicht nur ein Baugerüst, sondern eine „steinerne Festung". Aber die Stütze bestand nicht nur in einer kognitiven Überzeugung, sondern sie war auch lebensweltlich abgesichert. Das Subjekt der ersten Moderne zeichnet sich zwar „durch eine programmatische *Individualisierung* aus", die allerdings „durch ständisch eingefärbte, kollektive Lebensmuster strukturiert und begrenzt wird, ..., die nicht selten wie Zwangsvergemeinschaftungen wirken" (Beck/Bonß 2001: 20; kurisv im Original). Und genau diese Lebensmuster verlieren unter den Bedingungen der zweiten Moderne „ihre sozial prägende Bedeutung" (ebd.: 23).

Für Vilém Flusser (1994: 62 f.) ist in seinem Buch *Vom Subjekt zum Projekt* die Diagnose der Gegenwart klar: „Die soliden und komfortablen Häuser scheinen ihrer Aufgabe nicht mehr gewachsen zu sein, als Orte der Gewohnheit Geräusche aufzufangen und zu Erfahrungen zu prozessieren. (...) Daher ist das Haus umzuentwerfen, und solange dies nicht geschehen ist, leben wir unbehaust, auch wenn wir weiterhin Häuser im alten Sinne bauen. Solche Häuser sind nämlich Kapseln geworden, die unsere Intersubjektivität hemmen, anstatt sie zu fördern." Als Akt der Befreiung feiert Flusser (ebd.: 71) diese Entwicklung: „... wir beginnen, aus den Kerkerzellen, die die gegenwärtigen Häuser sind, auszubrechen, und uns darüber zu wundern, es solange daheim und zu Hause ausgehalten zu haben, wo doch das Abenteuer vor der Tür steht". Flusser empfiehlt uns, auf stabile Häuser ganz zu verzichten und uns mit einem Zelt und leichtem Gepäck auf dieses Abenteuer einzulassen. Nicht ganz so radikal sind die uns angebotenen Bilder, die uns als Konstrukteure und Baumeister unserer eigenen Identitätsbehausungen zeigen.

ArchitektIn und BaumeisterIn des eigenen Lebensgehäuses zu werden, ist allerdings nicht nur Kür, sondern in einer grundlegend veränderten Gesellschaft zunehmend auch *Pflicht*. Es hat sich ein tiefgreifender Wandel von geschlossenen und verbindlichen zu offenen und zu gestaltenden sozialen Systemen vollzogen. Nur noch in Restbeständen existieren Lebenswelten mit geschlossener weltanschaulich-religiöser Sinngebung, klaren Autoritätsverhältnissen und Pflichtkatalogen. Die Möglichkeitsräume haben sich in pluralistischen Gesellschaften explosiv erweitert. In diesem Prozess stecken enorme Chancen und Freiheiten, aber auch zunehmende Gefühle des Kontrollverlustes und wachsende Risiken des Misslingens. Die qualitativen Veränderungen in der Erfahrung von Alltagswelten und im Selbstverständnis der Subjekte könnte man so zusammenfassen: Nichts ist mehr selbstverständlich so wie es ist, es könnte auch anders sein; was ich tue und wofür ich mich entscheide, erfolgt im Bewusstsein, dass es auch anders sein könnte und dass es meine Entscheidung ist, es so zu tun. Das ist die unaufhebbare Reflexivität unserer Lebensverhältnisse: Es ist meine Entscheidung, ob ich mich in einer Gewerkschaft, in einer Kirchengemeinde oder in beiden engagiere oder es lasse.

3   Ambivalenzen der Individualisierung

Diese Entwicklung fördert – wie es Jürgen Habermas (1998: 126 f.) treffend formulierte – eine „zweideutige Erfahrung": „Die Desintegration haltgebender, im Rückblick autoritärer Abhängigkeiten, die Freisetzung aus gleichermaßen orientierenden und schützenden wie präjudizierenden und gefangen nehmenden Verhältnissen. Kurzum, die Entbindung aus einer stärker integrierten Lebenswelt entlässt die Einzelnen in die Ambivalenz wachsender Optionsspielräume."

Die sozialwissenschaftliche Literatur, die auf diese epochale Veränderung reagiert, reproduziert noch einmal diese Ambivalenz. Auf der einen Seite wird die Entkernung der Subjektgehäuse betrauert, das seine „Substanz" einbüßen würde, es ist vom „Tod des Subjekts" die Rede (Kurzweil 1999; Gergen 2000). Die Serie von Buchtiteln, die den „Selbst"-Begriff in erbarmungswürdiger Weise adjektivisch tönen, klingt beeindruckend: das „minimale Selbst" (Lasch 1984), das „zertrümmerte Selbst" (Bradley 1996), das „leere Selbst" (Cushman 1995), das „übersättigte Selbst" (Gergen 1996), das „proteische Selbst" (Lifton 1993), das „designte Selbst" (Strenger 2005), das „erschöpfte Selbst" (Ehrenberg 2008) oder das „melancholische Selbst" (Prager 2009). Doch auch positiv getönte „Selbste" beleben den Büchertitelmarkt: das „virtuelle Selbst" (Agger 2004), das „resiliente Selbst" (Swann 1999), das „dialogische Selbst" (Hermans/Kempen 1993), das „spielende Selbst" (Melucci 1996) oder das „unternehmerische Selbst" (Bröckling 2007).

In den meisten dieser besorgten Diagnosen wird unterstellt, dass die zunehmende Individualisierung zu einer Liquidation des Subjektes führt. Es wird entweder unterstellt, dass das Subjekt völlig aus seiner sozialen Verankerung gerissen wird und nun hilf- und haltlos zum Treibholz gesellschaftlicher Fluten wird – oder zu einem „ungebundenen Selbst" (Michael Sandel 1993), das sich allein von seinen „egoistischen" Interessen leiten lässt und deshalb zu einem konstruktiven Beitrag sozialen Zusammenlebens unfähig ist. Hier ist von den „Ichlingen" die Rede oder – als Steigerungsform – von „neoliberalen Subjekten" (Walkerdine 2005), die einzig und allein ihren persönlichen Gewinn im Sinne haben und damit zu einem gemeinschaftsschädigenden Potential werden. „Unreflektierte Einzigartigkeit" (Heller 1995: 80) würde kultiviert und es resultiere daraus das, was Agnes Heller (ebd.: 81) den „narzisstischen Konformisten" genannt hat.

4   Positionierungen in der Individualisierungsdebatte

In einer so aufgemischten Diskursarena hatten sich auch die Subjektprojekte im SFB 536 „Reflexive Modernisierung" zu positionieren. Ihr Spezifikum war ihre Thematisierung der Subjekt-Struktur-Schnittstelle. Die industrielle Moderne hat für die Integration der Subjekte in gesellschaftliche Strukturen Grundmuster ausgebildet, die eine epochenspezifische Passung von sozialstrukturellen Anforderungen und individuell-biographischen Formen der Lebensführung und Identitätsentwicklung ermöglicht haben. Erwerbsbezogene Normalbiographien, geschlechtsspezifische Formen der Arbeitsteilung, soziale Sicherungssysteme oder Vergemeinschaftungszusammenhänge haben in der industriellen Moderne Lebensformen ermöglicht, die zumindest die normative Erwartung einer dauerhaften Subjekt-Struktur-Synchronisation begründet haben. Sie haben den Status von Basisprämissen gesellschaftlicher Reproduktion angenommen. Subjektspezifische soziale Integrationsleistungen – die sich in den Grundgefühlen von Vertrauen, Sicherheit, Zugehörigkeit und Kontinuität äußern – schienen über diese Grundmuster industriegesellschaftlicher Lebensformen garantiert.

Die theoretische Figur der „Zweiten Moderne" bzw. reflexiven Modernisierung ist von der Annahme eines durchgängigen Prozesses der Individualisierung geprägt, der vor allem in Bezug auf die genannte Subjekt-Struktur-Synchronisation zu nachhaltigen Veränderungen führt. Die gesellschaftlichen Passungsangebote verlieren an Prägekraft für individuelle Biographien und die alltägliche Lebensführung. Subjekte werden mit der wachsenden Notwendigkeit konfrontiert, für die eigene Lebensorganisation bedürfnisgerechte Muster selbstständig zu entwickeln. Auf die bislang als gültig betrachteten „Normalformtypisierungen" als regulierende Prinzipien für die private und berufliche Lebenswelt ist kein Verlass mehr. Vorstellungen von Lebenssicherheit, von eindeutiger und fester sozialer Verortung, von innerfamiliärer Arbeitsteilung oder von der identitätsstiftenden Qualität der Erwerbsarbeit werden in Zweifel gezogen. Aus der mehrjährigen Forschungspraxis der subjektbezogenen Projekte[3] sind nun einige Markierungspunkte in der Individualisierungsdebatte zu setzen:

4.1 Individualisierung als Vergesellschaftungsmodus

„Individualisierung ist ein Vergesellschaftungsmodus", der sich in seinem Deutungsmuster offensichtlich immer mehr in den Subjekten verortet hat und dabei „Selbstkontrolle, Selbstverantwortung und Selbststeuerung akzentuiert" (Wohlrab-Sahr 1997: 28). Diese Konstrukte lassen sich durchaus als befreiende Dyna-

---

3   Siehe dazu auch: http://www.sfb536.mwn.de/projekte/sfb_b2.html.

mik individueller Lebensführung darstellen, aber sie haben zugleich die Konnotation der Verpflichtung zur Selbstverantwortung und sozialer Kontrolle. Manche Rezipienten haben die frühen Produkte als „emphatische Individualisierung"
gelesen und sind durch manche Formulierung über die „Kinder der Freiheit" dazu auch ermuntert worden, aber schon die ersten Theoriebausteine haben nie die
Ambivalenzen oder auch die neuen Zwänge ausgespart. Seit dem der Begriff der
Individualisierung Gegenstand der Theoriedebatten geworden ist, werden vermehrt die *Folgen* dieses Prozesses für Individuum und Gesellschaft kontrovers
diskutiert. Dabei ist es durchaus bedeutsam, das eine *allein positive* Konnotation
des Begriffes, die nur auf die erfreulichen, weil befreienden Effekte des Freiset-
zungsprozesses aus überkommenen Bindungen und aus bis dato unhinterfragba-
ren Verpflichtungen, im strengen Sinne nicht vorliegt. Denn noch die eifrigsten
Vertreter einer positiven Lesart weisen auf die Ambivalenzen des Individualisierungsprozesses für das einzelne Subjekt hin. Demgegenüber betonen die Vertreter einer *negativen* Lesart in erster Linie eine Verfallsperspektive im Hinblick
auf das Verschwinden bisheriger sozialer Bindungen und bewegen sich letzten
Endes in der Durkheimschen Tradition der Diagnose gesellschaftlicher Anomie.
Demgegenüber ist die von Beck vertretene Lesart eine, welche die Ambivalenzen, Nebenfolgen und Brüche des Individualisierungsprozesses in den Mittelpunkt stellt. Von „ganz normal chaotischer Individualisierung" (Beck 2007: 582)
ist dabei u. a. in Anlehnung an andere Zusammenhänge die Rede.

4.2 Individualisierung ist institutionalisierte Individualisierung

Der Blick auf die Folgen für das einzelne Individuum und seine sozialen Zusammenhänge bedeutet indes nicht, dass die gesellschaftliche Seite der Individualisierung ausgeblendet wird, denn Individualisierung ist zuvorderst ein *gesellschaftlicher* Prozess, d. h. er wird institutionell unterstützt, vorangetrieben und
gefördert. Die Autonomie des Individuums als Ergebnis und Anforderung des Individualisierungsprozesses ist also auch vor diesem Hintergrund zu betrachten.
Genauer, die Autonomiebehauptung des Subjekts steht in unmittelbarem Zusammenhang mit der Autonomie*zuschreibung* und -*erwartung* durch gesellschaftliche Institutionen. In dem Maße, wie dies der Fall ist, können wir von einer *institutionalisierten Individualisierung* sprechen.
    Es kommt weniger auf das Autonomiebedürfnis der Subjekte an, das man
durchaus unterstellen darf, nein: Autonomie wird ihnen abverlangt, aufoktroyiert, abgefordert. Nicht immer, nicht überall, aber grundsätzlich haben viele Institutionen die Erwartung an die Subjekte, sich als individualisiertes Individuum zu
definieren (vgl. Howard, 2007). Und natürlich ist dieses normative Programm
auch schon in die Selbstbeschreibung der Subjekte integriert. Fest steht: Das

Programm der Individualisierung ist zur affirmativen Selbstbeschreibung der Individuen geworden, zur Erklärungsformel des eigenen Soseins. Die Frage der neoliberalen Amalgamierung des Individualisierungsprogramms in der Figur des „unternehmerischen Selbst" ist mittlerweile breit diskutiert (Bröckling, 2007). Empirisch finden wir allerdings die institutionalisierte Individualisierung als Anforderung an die Subjekte höchst unterschiedlich ausbuchstabiert. Der Selbst-Diskurs ist in einem *machtbestimmten* Kontext widersprüchlich prägend.

– Im *Arbeitsbereich* finden wir die Figur des unternehmerischen Selbst als Ziel institutioneller Individualisierung mit der Doppelbotschaft von Autonomie und Kontrolle und der möglichen Konsequenz eines ermüdeten Selbst: *Entwickle ein unternehmerisches Selbst und weise mir das nach!* Im Arbeitskontext fällt uns aus der Perspektive sozialer Verortung auf, dass es hier nicht nur zu einer Verunklarung der Außen- sondern auch der Binnengrenzen kommt. Der hierarchische Aufbau, der in einem ersten Schritt möglicherweise durch eine Matrixstruktur überlagert wurde, wird nun zusätzlich unter einer Netzwerkperspektive betrachtet. Soziale Netze der Mitarbeiter werden aus der halbprivaten Sphäre geholt, Networking wird verbindlich und Teil der Beurteilung.

– Im *sozialen Bereich* steht diese Erzählung in Spannung zu den Traditionen staatlicher Fürsorge und Kontrolle. Das unternehmerische Selbst ist hier eine nicht intendierte Nebenfolge institutioneller Differenzierung und erscheint als Behauptungsdiskurs gegenüber der Vielfalt spezialisierter und wenig abgestimmter fürsorglicher „Belagerungstruppen". Aber auch in diesem Bereich gibt es Ansätze der institutionellen Individualisierung z. B. durch die Einführung von individuellen „Pflegebudgets" u. ä..

– In wieder anderen Kontexten wie z. B. im Bereich des *bürgerschaftlichen Engagements* gibt es auf der *institutionellen Ebene (Vereine, Verbände)* noch ein lebendiges Erbe des Anspruchs an die Individuen, sich „selbstlos" zu präsentieren. Hier fordern nicht die Institutionen die Individuen, sondern umgekehrt die *Interessenten die Institutionen* auf, sich zu ändern. Die Figur des unternehmerischen Selbst ist hier *Katalysator* für institutionelle Individualisierung und eine Provokation zur institutionellen Selbstbetrachtung, die von den *Mitgliedern* und Interessenten ausgeht.

4.3 Individualisierung und Verortung

Verbreitet und in hohem Maße problematisch ist die Gleichsetzung von Individualisierung und Vereinzelung. Die Einbettung in Milieus und institutionelle Muster, die Zugehörigkeiten absicherten, aber auch über Subjekte verfügten, verliert an Verbindlichkeit und Selbstverständlichkeit. Gleichwohl ist ein kommunitaristischer Trauergesang angesichts der empirischen Befundlagen unangemessen. Die Engagement- und die Netzwerkforschung zeigen, dass „posttraditionale Ligaturen" Verortungsmuster darstellen, in denen Bindungen hergestellt werden, die eher den Charakter von „Loose connections" (Wuthnow 1998) haben, die gegenüber dichten Traditionsbindungen offene Konträume schaffen und den Subjekten die Freiheit lassen, sich eigene Beziehungsnetze aufzubauen und bestehende auch zu verlassen. Relevant sind dabei insbesondere die in Quer- und Längsschnittstudien immer wieder bestätigten Befunde, dass weder früher die Urbanisierung noch heute informationstechnologische Prozesse die These des Gemeinschaftsverlusts rechtfertigen. Wie andere in der Debatte betrachtet z.b. auch Barry Wellman (2001) weniger die quantitativen, als vielmehr die qualitativen Veränderungen dabei als primär relevant. So kann man am Beispiel des Internets eine Reduzierung des Einflusses klassischer Milieus und die Chance neuer Brückenbildungen zwischen unterschiedlichen Milieus erkennen. Historisch gesehen durchläuft der Gemeinschaftsbezug zwei markante Veränderungen. Mit dem Übergang von der *door-to-door-* zur *place-to-place-community* im 20. Jahrhundert reduzierte sich der Stellenwert der unmittelbaren Nachbarschaft. Umgekehrt gewinnt der Haushalt an Bedeutung. Wellman (2001) spricht von der „Verhäuslichung" der Gemeinschaft. Wichtig werden vor allem die Transportmöglichkeiten, mit denen man schnell vom Ort A zum Ort B kommt. Mit dem gerade beginnenden Übergang von der *place-to-place-* zur *person-to-person-* (und *role-to-role-*)community reduziert sich die Ortsgebundenheit nochmals (A ist etwa mit der Person B verbunden, wo immer diese Person B oder umgekehrt die Person A sich auch befinden).

Mit Blick auf den Umgang mit Bindungserbschaften lässt sich das Prinzip der *Vertragsfreiheit* als ein wesentliches Bestimmungselement des Individualisierungsprozesses benennen. Damit ist das Recht des Einzelnen thematisiert, Bindungen frei zu wählen – und wieder zu lösen. Dass die historische *Durchsetzung* der Idee, Bindungen frei eingehen und wieder lösen zu können, eine lange Geschichte hat, zeigt sich z. B. im Bereich des Eherechts. Bezogen auf Bindungs*erbschaften* bedeutet die Vertragsfreiheit das Recht eine „Bindungserbschaft" ausschlagen zu können, sich „Testamenten" nicht fügen zu müssen. In der Netzwerkforschung hat Barry Wellman (1979) in der seit den 1970er Jahren lebhaften Diskussion um Verortungsmöglichkeiten in modernen Gesellschaften zwischen „lost community", „saved community" und „liberated community" unterschieden. Für alle drei Positionen gibt es subjektive Erfahrungsbezüge und deren Bewertung hängt jeweils von normativen Annahmen über Vergemeinschaftungsformen ab, die Menschen brauchen. Die Empirie zeigt, dass Verortung heute lokale Fesseln abstreifen kann, ohne es immer zu tun, dass Netzwerke statt hoher Dichte eher die „Stärke schwacher Bindungen" aufweisen, ohne deshalb dichte Erfahrungsräume ganz zu verlieren, dass der Handlungsspielraum der Subjekte bei der Schaffung von posttraditionalen Ligaturen gewachsen ist und zugleich auch das Risiko des Verortungsdefizits, das wesentlich vom individuellen Zugang zu psychischen, sozialen, symbolischen und materiellen Ressourcen abhängt.

4.4 Individualisierung und Ressourcen

Die Bewältigung der Gestaltungsaufgaben, die der Individualisierungsprozess immer mehr den Subjekten überträgt, setzt ein *handlungsfähiges* Subjekt voraus, das den Zugang zu den notwendigen „capabilities" („Verwirklichungschancen"; vgl. Sen 1993) hat und auch wahrnimmt. Die von Bourdieu konzipierten Kapitalsorten zeigen, welche Gestaltungsressourcen unabdingbar sind, um sich sowohl in der individuellen Lebensführung als auch im Aufbau passförmiger Netzwerke als selbstwirksam zu erleben. Coté/Levine (2002) haben in diesem Zusammenhang das Konzept des „Identitätskapitals" entwickelt. Dieses bezeichnet die Summe aller Eigenschaften bzw. Merkmale, die ein Individuum in der Interaktion mit anderen Individuen erworben bzw. zugewiesenen bekommen hat. Dazu gehören soziale Ressourcen („tangible resources"), wie Kreditwürdigkeit, Mitgliedschaften, Bildungszertifikate, die sozusagen als „Passport" in andere soziale und institutionalisierte Sphären fungieren. Und es gibt „intangible resources" wie Ich-Stärke und „reflexiv-agentic-capacities", wie Kontrollüberzeugung, Selbstwertschätzung, Lebenssinn, die Fähigkeit zur Selbstverwirklichung und eine kritische Denkfähigkeit. Die Autoren nehmen an, dass die Ich-Stärke bzw. das Identitätskapital den Individuen Kräfte und Vermögen verleiht, die verschiedenen sozialen und persönlichen Hemmnisse und Chancen, auf die sie im spätmodernen Leben stoßen, verstehen und überwinden zu können. Auch Tom Schuller mit seinem Forschungsteam bei der OECD (Schuller et al. 2004) arbeitet mit dem Konzept des *Identitätskapitals*. Es verweist auf die Eigenschaften des Individuums, die seine Perspektiven und sein Selbstbild bestimmen. Es enthält spezifische Persönlichkeitseigenschaften, wie Ich-Stärke, Selbstachtung oder Kontrollüberzeugung. Der spezifische Blick auf die gesellschaftlich ungleich verteilten Chancen, Zugang zu solchen Kapitalien zu erwerben, liefert Erklärungen dafür, warum Individualisierung als Chance und Verhängnis zugleich thematisiert werden kann.

4.5 Individualisierung und identitäre Arbeit

Die Grundrisse der alltäglichen Lebensführung in der Ersten Moderne waren verbindliche und orientierende *frames*. Wenn heute von der „Subjektivierung" gesellschaftlicher Verhältnisse die Rede ist, dann wird damit – in den Worten von Gabriele Wagner (2004: 267) – folgende Entwicklung benannt: „ Das institutionelle Geflecht, das Lebensläufe rahmt und strukturiert, verändert sich derart, dass traditionelle Verweisungszusammenhänge zwischen Institutionen wie auch zwischen gesellschaftlichen Sphären aufbrechen. Die Lockerung des vormals eng gekoppelten Verweisungszusammenhangs zwischen Liebe, Ehe und Elternschaft und die Normalisierung der doppelten Lebensführung in Familie und Beruf erfordern und ermöglichen zugleich subjektiv-eigensinnige Rekonfigurierungsleistungen." Wenn in der aktuellen Diskussion um identitäre Strategien in der Spätmoderne von der Dekonstruktion grundlegender Koordinaten des modernen Subjektverständnisses die Rede ist, dann sind vor allem die erstmodernen Vorstellungen von Einheit, Kontinuität, Kohärenz, Entwicklungslogik oder Fortschritt gemeint. Begriffe wie Kontingenz, Diskontinuität, Fragmentierung, Bruch, Zerstreuung, Reflexivität oder Übergänge sollen zentrale Merkmale veränderter Welterfahrung thematisieren. Identitätsbildung unter diesen gesellschaftlichen Signaturen wird von ihnen durch und durch bestimmt. Identität wird deshalb auch nicht mit mehr als Entstehung eines „inneren Kerns" thematisiert, sondern als ein Prozessgeschehen beständiger „alltäglicher Identitätsarbeit", als permanente Passungsarbeit zwischen inneren und äußeren Welten. Die Vorstellung von Identität als einer fortschreitenden und abschließbaren Kapitalbildung wird zunehmend abgelöst durch die Idee, dass es bei Identität um einen „Projektentwurf des eigenen Lebens" (Fend 1991) geht oder um die Abfolge von Projekten, wahrscheinlich sogar um die gleichzeitige Verfolgung unterschiedlicher und teilweise widersprüchlicher Projekte über die ganze Lebensspanne hinweg.

4.6 Individualisierung und Inklusion als „Kampf um Anerkennung" und Zugehörigkeit

In den 10 Jahren, die es den Sonderforschungsbereich 536 „Reflexive Modernisierung"[4] gab, hat sich das gesamtgesellschaftliche Feld erheblich verändert und das hat auch seinen Niederschlag in der Diskursarena außerhalb und innerhalb des SFB gefunden. Die positiven Erwartungen an Prozesse der Zweiten Moderne sind nicht völlig erloschen, die Wahrnehmung von Ambivalenzen ist schärfer geworden und damit sind auch die problematischen Konsequenzen ins Aufmerk-

---

4 siehe: http://www.sfb536.mwn.de/

samkeitszentrum gerückt. An die Überlegungen zu Verwirklichungschancen, Ressourcen und Identitätskapital als Bedingungen für den souveränen Umgang mit individualisierten Lebensbedingungen anschließend ist das Faktum zu konstatieren, dass eine wachsende Anzahl von Menschen und Menschengruppen marginalisiert und aus dem Alltag von Arbeit, Politik, Konsum und Zivilgesellschaft ausgeschlossen ist oder sich so erlebt. Armut ist wieder zu einem zentralen Thema geworden, Begriffe wie „Prekariat" oder „Exklusion" begegnen uns und lassen sich als Indikatoren für eine tiefgreifende gesellschaftliche Transformation lesen. Die sich immer deutlicher abzeichnende Weltwirtschaftskrise wird eher noch zu einer weiteren Zuspitzung ungleicher Lebensbedingungen führen und diese Frage noch radikalisieren. Die gesellschaftliche Ignoranz gegenüber der wachsenden Zahl ausgegrenzter Menschen, die lange Zeit auch das Bild der Sozialwissenschaften geprägt hatte, scheint angesichts der Dimensionen der sich vollziehenden Exklusion allmählich aufzubrechen. Aktuell erscheinen Bücher, in deren Titel die „Exklusion" (Kronauer 2003), die „Ausgegrenzten, „Entbehrlichen" und „Überflüssigen" (so Bude und Willisch 2006) oder die „Ausgeschlossenen" (Bude 2008) ins Zentrum gerückt werden. Zygmunt Bauman hat eines seiner letzten „Verworfenes Leben. Die Ausgegrenzten der Moderne" (Bauman 2005) genannt. Wie wir der soziologischen Auslegung des Exklusionsthemas entnehmen können, entsteht hier eine gesellschaftliche Konstellation auf neuem Niveau, die dadurch ausgezeichnet ist, dass neben der objektiven Prekaritätsdiagnose eine subjektive Seite beleuchtet wird, die von Bude und Lantermann (2006) als „Exklusionsempfinden" bezeichnet wird. Im gesellschaftlichen Verhältnis von Exklusion und Inklusion machen sich Veränderungen und Umbrüche bemerkbar. Diese zeigen sich aktuell im Feld der Erwerbsarbeit, im Bereich wohlfahrtsstaatlicher Regulierung und letzten Endes im Gebiet der sozialen Beziehungen selbst (vgl. dazu auch: Koppetsch, in diesem Band). Das Zusammenspiel der drei Entwicklungen führt zu einer zugespitzten Form der Exklusion. Nach Castel (2000: 13) spaltet sich die Gesellschaft dabei unter der Wirkung dieser Schockwellen zunehmend in drei Zonen: Den Zonen der Inklusion, der Gefährdung oder Verwundbarkeit und der Ausschließung oder Exklusion. Eine genaue Analyse der Zonen der Verwundbarkeit und der Ausschließung ist erforderlich, um herauszufinden, woran das Zugehörigkeitsbegehren in seiner Verwirklichung scheitern kann und die Idee der „Selbstsorge" (vgl. Lantermann et al. 2008) sich illusionär verflüchtigt.

4.7 Individualisierung und soziale Gerechtigkeit

Die erste Moderne hat die Existenzrisiken der Subjekte in einem System kollektiver Daseinsvorsorge und kompensatorischen sozialstaatlichen Leistungen aufzufangen und zu bearbeiten versucht. Auch die Folgen sozialer Ungleichheit sind durch diese Systemleistungen abgefedert worden. Hier wird auch eine Grenze der Vertragsfreiheit erkennbar, die mit der sich durchsetzenden Individualisierung zu einem zentralen gesellschaftlichen Organisationsprinzip wird. Aber es ist eine Idealnorm, die sich an der Realität wachsender sozialer Ungleichheit bricht. Denn nach Robert Castel kann eine Gesellschaft „nicht ausschließlich auf einer Gesamtheit von Vertragsbeziehungen zwischen freien und gleichen Individuen aufbauen, weil sie dann all jene ausschließt, denen ihre Existenzbedingungen nicht die notwendige soziale Unabhängigkeit bieten, um gleichberechtigt an einer kontraktuellen Gesellschaftsordnung teilzunehmen" (Castel 2005: 54). Nicht jeder Akteur hat also die gleichen Möglichkeiten, seine Bindungsaspirationen zu realisieren, soziale Bezüge beizubehalten oder diese aufzukündigen.

Unter der Perspektive sozialer Gerechtigkeit entsteht in einer Gesellschaft, die auch ihre Sozialpolitik immer stärker individualisiert, eine problematische Disparität. Staatliches Handeln im Bereich der Sozialpolitik wird zunehmend unter der Perspektive einer „,aktivierenden' Wende der Sozialpolitik" (Lessenich 2008: 77) diskutiert. Damit ist einerseits der Abschied von einem „Vorsorgestaat" (Ewald 1993) gemeint, der alle Lebensrisiken in einer kollektiven Daseinsvorsorge absichert, und andererseits ist ein neuer Regierungsmodus angesprochen, in dessen Zentrum „der tendenzielle Übergang von der öffentlichen zur privaten Sicherheit, vom kollektiven zum individuellen Risikomanagement, von der Sozialversicherung zur Eigenverantwortung, von der Staatsversorgung zur Selbstsorge (steht)" (Lessenich 2008: 82). Es entsteht eine Politikform, die „nach dem Modell des Anleitens zur Selbststeuerung" (Saar 2007: 38) konstruiert ist. Die beliebte Formel von „investing in people" hat hier ihren systematischen Ort – und diese Politik unterstellt und fördert das „unternehmerische Selbst" (Bröckling 2007), das sein Leben als eine Abfolge von Projekten sieht und angeht, die mit klugem Ressourceneinsatz optimal organisiert werden müssen. Die Zukunftskommission von Bayern und Sachsen hat dieses neue Bürgerleitbild exemplarisch formuliert: „Das Leitbild der Zukunft ist das Individuum als Unternehmer seiner Arbeitskraft und Daseinsvorsorge." Und das bedeutet für die Autoren: „Diese Einsicht muss geweckt, Eigeninitiative und Selbstverantwortung, also das Unternehmerische in der Gesellschaft, müssen stärker entfaltet werden" (Kommission für Zukunftsfragen Bayern und Sachsen 2007: 36). Das so konstruierte Subjekt ist für seine Gesundheit, für seine Fitness, für seine Passung in die Anforderungen der Wissensgesellschaft selbst zuständig – auch für sein Scheitern. Nicht selten erlebt sich das angeblich „selbstwirksame" unternehmerische Selbst als „unternommenes Selbst" (Freitag 2008) oder gar als „erschöpftes Selbst" (Ehrenberg 2008).

Literatur

Agger, Ben (2004): The virtual self. A contemporary sociology. Oxford: Blackwell.
Altenhain, Claudio, Danilina, Anja, Erik Hildebrandt et al. (Hrsg.) (2008): Von „Neuer Unterschicht" und Prekariat. Bielefeld: transcript.
Bauman, Zygmunt (2005): Verworfenes Leben. Die Ausgegrenzten der Moderne. Hamburger Edition.
Beck, Ulrich (1986): Risikogesellschaft. Auf dem Weg in eine andere Moderne. Frankfurt: Suhrkamp.
Beck, Ulrich (1995): Vom Verschwinden der Solidarität. In: H. Keupp (Hrsg.): Der Mensch als soziales Wesen. Sozialpsychologisches Denken im 20. Jahrhundert. München: Piper, S. 303-308.
Beck, U. (2007): Tragische Individualisierung. In: Blätter für deutsche und internationale Politik, Nr. 5, Bonn, S. 577-584.
Beck, Ulrich/Beck-Gernsheim, Elisabeth (1994): Individualisierung in modernen Gesellschaften – Perspektiven und Kontroversen einer subjektorientierten Soziologie. In: dies. (Hrsg.): Riskante Freiheiten. Frankfurt: Suhrkamp, S. 9-39.
Beck, Ulrich/Bonß, Wolfgang (Hrsg.) (2001): Die Modernisierung der Moderne. Frankfurt: Suhrkamp.
Beck, Ulrich (1986): Risikogesellschaft. Auf dem Weg in eine andere Moderne. Frankfurt: Suhrkamp.
Beck-Gernsheim, Elisabeth (1994): Individualisierungstheorie: Veränderungen des Lebenslaufs in der Moderne. In: H. Keupp (Hrsg.): Zugänge zum Subjekt. Frankfurt: Suhrkamp 1994, S. 125-146.
Berger, Peter L. (1994): Sehnsucht nach Sinn. Glauben in einer Zeit der Leichtgläubigkeit. Frankfurt: Campus.
Bradley, Harriet (1996): Fractured identities. Changing patterns of inequality. Cambridge: Polity Press.
Bröckling, Ulrich (2007): Das unternehmerische Selbst; Soziologie einer Subjektivierungsform. Frankfurt am Main: Suhrkamp.
Bude, Heinz (2008): Die Ausgeschlossenen. Das Ende vom Traum einer gerechten Gesellschaft. München: Hanser.
Bude, Heinz/Lantermann, Ernst-Dieter (2006): Soziale Exklusion und Exklusionsempfinden. In: Kölner Zeitschrift für Soziologie und Sozialpsychologie, 58, S. 233-252.
Bude, Heinz/Willisch, Andreas (Hrsg.) (2006): Das Problem der Exklusion. Ausgegrenzte, Entbehrliche, Überflüssige. Hamburg: Hamburger Edition.
Castel, Robert (2000): Die Metamorphosen der sozialen Frage. Eine Chronik der Lohnarbeit. Konstanz: UVK.
Castel, Robert (2005): Die Stärkung des Sozialen. Leben im neuen Wohlfahrtsstaat. Hamburg: Hamburger Edition.
Castel, Robert (2009): Negative Diskriminierung. Jugendrevolten in den Pariser Banlieues. Hamburg: Hamburger Edition.
Castel, Robert/Dörre, Klaus (Hrsg.) (2009): Prekariat, Abstieg, Ausgrenzung. Die soziale Frage am Beginn des 21. Jahrhunderts. Frankfurt: Campus.

Coté, James E. (1997): An empirical test of the identity capital model. In: Journal of Adolescene, 20, S. 577-597.

Coté, James E., Levine, Charles G. (2002): Identity Formation, Agency, and Culture. A Socialpsychological Synthesis.Mahwah, NJ: Lawrence Erlbaum.

Cushman, Philip (1995): Constructing the self, constructung America. A cultural history of psychotherapy. New York: Da Capo.

Ehrenberg, Alain (2008): Das erschöpfte Selbst. Depression und Gesellschaft in der Gegenwart. Frankfurt, M.: Suhrkamp.

Ewald, Francois (1993): Der Vorsorgestaat. Frankfurt: Suhrkamp.

Fend, Helmut (1991): Identitätsentwicklung in der Adoleszenz. Bern: Huber.

Flusser, Vilém (1984): Vom Subjekt zum Projekt. Menschwerdung. Schriften Band 3. Bensheim/Düsseldorf; Bollmann 1994.

Freytag, Tatjana (2008): Der unternommene Mensch. Eindimensionalisierungsprozesse in der gegenwärtigen Gesellschaft. Weilerswist: Velbrück.

Friedrichs, Jürgen (Hrsg.) (1998): Die Individualisierungsthese. Opladen: Leske + Budrich.

Gergen, Kenneth J. (1996): Das übersättigte Selbst. Identitätsprobleme im heutigen Leben. Heidelberg: Carl Auer.

Gergen, Kenneth J. (2000): The self: death by technology. In: D. Fee (Ed.): Pathology and the postmodern. Mental illness as discourse and experience. London: Sage, S. 100-115.

Habermas, Jürgen (1998): Die postnationale Konstellation. Frankfurt: Suhrkamp.

Hafeneger, Benno (Hrsg.) (2005): Subjektdiagnosen. Subjekt, Modernisierung und Bildung. Bad Schwalbach: Wochenschau Verlag.

Hall, Stuart (1994): Rassismus und kulturelle Identität. Ausgewählte Schriften 2. Hamburg: Argument-Verlag 1994.

Heller, Agnes (1989): The contingent person and the existential choice. The Philosophical Forum, Herbst/Winter 1989, S. 53-69.

Heller, Agnes (1995): Ist die Moderne lebensfähig? Frankfurt: Campus.

Hermans, Hubert J.M./Kempen, Harry J.G. (1993): The dialogical self. Meaning as movement. San Diego: Academic Press.

Höfer, Renate/Knothe, Holger (2009): Subjektives Zugehörigkeitsbegehren in Zonen gesellschaftlicher Verwundbarkeit. Manuskript: IPP.

Howard, Cosmo (2007): Contested Individualization: Debates about Contemporary Personhood: Political Sociologies of Contemporary Personhood (First.): Palgrave.

Junge, Matthias (2002): Individualisierung. Frankfurt: Campus.

Kaufmann, Jean-Claude (2005): Die Erfindung des Ich. Eine Theorie der Identität. Konstanz: UVK.

Keupp, Heiner/Ahbe, Thomas/Gmür, Wolfgang/Höfer, Renate/Kraus, Wolfgang/Mitzscherlich, Beate/Straus, Florian (2006³): Identitätskonstruktionen. Das Patchwork der Identität in der Spätmoderne. Reinbek: Rowohlt.

Keupp, Heiner/Hohl, Joachim (Hrsg.) (2006): Subjektdiskurse im gesellschaftlichen Wandel: Zur Theorie des Subjekts in der Spätmoderne. Bielefeld: transcript.

Kommission für Zukunftsfragen der Freistaaten Bayern und Sachsen (Hrsg.) (1997): Erwerbstätigkeit und Arbeitslosigkeit in Deutschland. Entwicklung, Ursachen und Maßnahmen. Anlageband, Band 3: Zukunft der Arbeit sowie Entkoppelung von Erwerbsarbeit und sozialer Sicherung. Bonn.
Kron, Thomas/Horacek, Martin (2009): Der Prozess der Individualisierung oder: Zur so-
   ziologischen Erzeugung von Individualitätstypen. Bielefeld: transcript.
Kronaucr, Martin (2002): Exklusion. Die Gefährdung des Sozialen im hoch entwickelten
   Kapitalismus. Frankfurt: Campus.
Kurzweil, Ray (1999): Homo S@piens. Leben im 21. Jahrhundert – Was bleibt vom Men-
   schen? Köln: Kiepenheuer& Witsch.
Lantermann, Erns-Dieter/Döring-Seipel, Elke/Eierdanz, Frank/Gerhold, Lars (2009):
   Selbstsorge in unsicheren Zeit. Weinheim: Beltz PVU.
Lasch, Christopher (1984): The minimal self. Psychic survival in troubled times. New
   York: W.W.Norton.
Lessenich, Stefan (2008): Die Neuerfindung des Sozialen. Der Sozialstaat im flexiblen
   Kapitalismus. Bielefeld: transcript.
Loo, Hans van der/Reijen, Willem van (1992): Modernisierung. Projekt und Paradox.
   München: dtv.
Lifton, Robert Jay (1993): The protean self. Human resilience in an age of fragmentation.
   New York: Basic Books.
Mayntz, Renate (1967): Modellkonstruktion: Ansatz, Typen und Zweck. In: Mayntz,
   Renate (Hrsg.): Formalisierte Modelle in der Soziologie. Neuwied/Berlin: Kiepen-
   heuer& Witsch, S. 11-31.
Melucci, Alberto (1996): The playing self. Person and meaning in the planetary society.
   Cambridge: Cambridge University Press.
Mill, John Stuart (1986): Über die Freiheit. Stuttgart: Reclam.
Müller-Doohm, Stefan (1987): Zur Genese neuzeitlicher Subjektivität. In: Psychologie
   und Gesellschaftskritik, 11, Heft 41, S. 63-82.
Nollmann, Gerd/Strasser, Hermann (Hrsg.) (2004): Das individualisierte Ich in der mo-
   dernen Gesellschaft. Frankfurt: Campus.
Prager, Jeffrey (2009): Melancholic identity: Post-traumtic loss, memory and identity
   formation. In: A. Elliott/du Gay (Eds.): Identity in question. London: Sage, S. 139-
   157.
Saar, Martin (2007): Macht, Staat, Subjektivität. Foucaults Geschichte der Gouvernemen-
   talität im Werkkontext. In: S. Krasmann/M. Volkmer (Hrsg.): Michel Foucaults ‚Ge-
   schichte der Gouvernementalität in den Sozialwissenschaften. Bielefeld: Transcript,
   S. 23-45.
Sandel, Michael (1993): Die verfahrensrechtliche Republik und das ungebundene Selbst.
   In: A. Honneth (Hrsg.): Kommunitarismus. Eine Debatte über die moralischen
   Grundlagen moderner Gesellschaften. Frankfurt: Campus, S. 18-35.
Schroer, M. (2007): Das Individuum der Gesellschaft: Synchrone und diachrone Theorie-
   perspektiven (2. Aufl.). Frankfurt: Suhrkamp.
Schroer, Markus (2008a): Individualisierung. In: N. Baur et al. (Hrsg.): Handbuch Sozio-
   logie. Wiesbaden: VS, S. 139-161.

Schroer, Markus (2008b): Individuum/Individualisierung. In: S. Farzin/S. Jordan (Hrsg.): Lexikon Soziologie und Sozialtheorie. Hundert Grundbegriffe. Stuttgart: Reclam, S. 113-117.

Schuller, Tom/Preston, John/Hammond, Cathie/Brassett-Grundy, Angela/Bynner, John (2004): The Benefits of Learning. The impact of education on health, family life and social capital. London and New York: RoutledgeFalmer.

Sen, Amartya K. (1993): Capability and Well-Being. In: M. Nussbaum/A.K. Sen (Hrsg.): The Quality of Life. New York. Oxford University Press. S. 31-53.

Sennett, Richard (1998): Der flexible Mensch. Die Kultur des neuen Kapitalismus, Berlin: Berlin Verlag.

Strenger, Carlo (2005): The designed self. Psychoanalysis and contemporary identities. Hillsdale, NJ: The Analytic Press.

Swann, William, Jr. (1999): Resilient identities. Self, relationships, and the construction of social reality. New York: Basic Books.

Toulmin, Stephen (1991): Kosmopolis. Die unerkannten Aufgaben der Moderne. Frankfurt: Suhrkamp.

Wagner, Gabriele (2004): Anerkennung und Individualisierung. Kontanz: UVK.

Walkerdine, Valerie (Hrsg.) (2005): Neoliberal subjects. Critical Psychology 15. London: Lawrence & Wishart.

Wellman, Barry (1979): The community question: The initimate networks of East Yorkers. In: American Journal of Sociology, 84, S. 1201-1231.

Wellman, Barry (2001): Computer networks as social networks. In: Science, 293, S. 2031-2034.

Wohlrab-Sahr, Monika (1997): Individualisierung: Differenzierungsprozess und Zurechnungsmodus. In: U. Beck/P. Soop (Hrsg.): Individualisierung und Integration. Opladen: Leske + Budrich, S. 23-36.

Wuthnow, Robert (1998): Loose connections. Joining to gether in America's fragmented communities. Cambrdige, Mass.: Harvard University Press.

Individualisierungen:
Theoretische und methodologische
Herausforderungen

Ambivalente Individualisierung und die Entstehung neuer Soll-Normen

Matthias Junge

Alltagsweltlich fungiert der Begriff der Individualisierung als eine Metapher für Selbstbestimmung und wird mit einer Erweiterung der Entscheidungs- und Wahlmöglichkeiten assoziiert. Soziologisch gesehen entspricht dies einer Lockerung des normativen Gefüges einer Gesellschaft. Nochmals anders: Individualisierung scheint die Entstehung und Vermehrung schwacher Kann-Normen zur Folge zu haben: Sich zu individualisieren scheint zu heißen, etwas zu können, aber nicht zu müssen.

Diese Vermutung übersieht den ambivalenten Charakter von Individualisierung. Denn Individualisierung stellt sich als Einheit von Gegensätzen in der gesellschaftlichen Entwicklung dar, die es in der individuellen und kollektiven Auseinandersetzung zu bewältigen gilt. Kurz: Individualisierung ist als ambivalent zu kennzeichnen.[1]

Konzeptionell führt ambivalente Individualisierung eine Doppeldeutigkeit mit sich, die Individualisierung zu bestimmen hilft. Einerseits wird ausgesagt, dass Individualisierung in der Auseinandersetzung mit gegebenen Ambivalenzen entsteht und in diesem Sinne ambivalente Individualisierung ihre *Herkunft* aus der Auseinandersetzung mit Ambivalenz bezeichnet. Die zweite Bedeutung hingegen betont, dass die in der Auseinandersetzung mit Ambivalenz gewonnene Individualisierung auch ambivalent ist, weil eine Entscheidung immer auch anders möglich gewesen wäre und insofern ein alternativer *Bewertungshorizont* in der Individualisierung aufscheint, der diese mit Ambivalenz durchtränkt. Verdichtet: Individualisierung konstituiert sich in der Bewältigung von Ambivalenz und erzeugt dabei ambivalente Bewertungen der gewählten Individualisierung.

Daher soll entgegen dem alltagsweltlichen Anschein und in Anbetracht der Ambivalenzen der Individualisierung im Folgenden die These entfaltet werden, dass Individualisierung in ihren beiden Teilprozessen – der strukturellen Arbeitsmarktindividualisierung und der kulturellen lebensweltlichen Individualisierung – zur Entstehung und Vermehrung starker Soll-Normen beiträgt. Diese nur

---

1 Der Diskurs um die Postmoderne ist in Hinblick auf die Kennzeichnung der Ambivalenz gegenwärtiger gesellschaftlicher Entwicklungen pointierter und hat, insbesondere in den Arbeiten von Zygmunt Bauman (vgl. 1995; 2000; 2001; zusammenfassend Junge 2006), Ambivalenz und Ambiguität als wesentliche Faktoren der gesellschaftlichen Entwicklung und der Erfahrung der Gegenwart hervorgehoben (vgl. Junge 2000).

scheinbar paradoxe These vertrat bereits Durkheim (vgl. 1988) in seiner Argumentation zum Zusammenhang von Arbeitsteilung und Solidarität. Nachfolgend
soll anhand dieser Intuition aufnehmend gezeigt werden, dass dies auch für die
gegenwärtige Form der Individualisierung zutrifft.

Um dieses Ziel zu erreichen, werden die Ausführungen zuerst das Konzept
der Norm entfalten (I.), sodann kurz die Individualisierungsthese Ulrich Becks
rekapitulieren (II.), um abschließend die Entstehung starker Soll-Normen durch
beide Teilprozesse der Individualisierung aufzuzeigen und das vermeintliche
Versprechen der Individualisierung zu hinterfragen (III.).

I.

Wir sind beständig von Normen umgeben. Was aber sind Normen? Welche
Funktion erfüllen sie in der Gesellschaft? Und: Wie verändern sich Normen im
gesellschaftlichen Individualisierungsprozess? Die vorliegenden Ausführungen
greifen diese Fragen auf und werden zeigen, dass der Individualisierungsprozess
entgegen dem ersten Anschein starke Soll-Normen fördert.

Die Aufklärung der Bedeutung von Normen für die Gesellschaft kann auf
vielerlei Weise geschehen: etwa handlungstheoretisch bei Talcott Parsons (vgl.
1968) in seiner Beschreibung der vier notwendigen Elemente einer umfassenden
Handlungsbeschreibung, in der Normen die Verbindung zwischen Zielen und
Mitteln des Handelns herstellen. Oder macht- und herrschaftstheoretisch bei
Thomas Hobbes (1978, Orig. 1651) in seiner Konzeption des Leviathan, der den
Krieg aller gegen alle durch die Macht der absoluten Normsetzung und -durch-
setzung befriedet.

Im Gegensatz zu diesen Zugängen zur Normkonzeption steht ein phänomenologisch orientierter Weg. Für diesen steht vor allem Heinrich Popitz „Soziale
Normen" (2006). Dort skizziert Popitz das Konzept der sozialen Normen unter
beständigem Verweis auf anthropologische Bedingungen sozialen Zusammenlebens. Normen sind die erste und bleibende Erfahrung von Gesellschaft. Normen
sind, so Rene König (vgl. 1976) in enger Anlehnung an Emile Durkheim, ein un-
verzichtbares Moment der Vergesellschaftung. Soziales kann ohne Normen nicht
verstanden werden.

Wie stoßen beständig an Normen, werden durch Sanktionen an die Einhaltung der Normen erinnert, fühlen uns durch Normen in unserer Handlungsfreiheit begrenzt. So sehr, dass Ralf Dahrendorf (vgl. 1958) diesen Sachverhalt als
„ärgerliche Tatsache" der Gesellschaft bezeichnete. Ärgerlich, weil wir der Begrenzung unserer Handlungsmöglichkeiten durch Normen nicht entgehen können. Sie sind immer da, unvermeidbar uns einschränkend. Aber, wenngleich är-

gerlich, so sind Normen doch auch unverzichtbar. Denn ohne Normen ist Gesellschaft nicht möglich. Das Zusammenleben der Individuen verlangt, so Heinrich Popitz, angesichts der „Plastizität" und „Produktivität" des Menschen „Gestaltung" (2006: 64). Diese ist nicht nur die Wahl einer Möglichkeit, sondern vor allem eine Festlegung. Eine Entscheidung, sich eine bestimmte Form zu geben. Normen sind eine Weise, um „Sich-selbst-Feststellen" (Popitz 2006: 64) zu können. Ohne diese Feststellung müsste jedes Verhalten erst ausgehandelt werden. Und selbst die Form des Aushandelns wäre noch auszuhandeln. Absehbar ist, dass ein solcher Prozess wenig Aussicht auf ein Gelingen hätte. Daher bedarf es, mit Rene König gesprochen, der Norm als einer nicht-kontraktuellen Voraussetzung des Kontrakts gesellschaftlichen Zusammenlebens. Später würde diese Konzeption von Talcott Parsons dann als einzig funktionierende Lösung des Problems doppelter Kontingenz und damit das Normkonzept endgültig als zentrale Konzeption jeder Gesellschaftstheorie ausgezeichnet.

Normen leisten diese Aufgabe, indem sie, unterstützt durch eine Sanktionsandrohung, ein bestimmtes Verhalten für typische Situationen fordern. Damit ist eine Definition der sozialen Norm gegeben: Normen fordern sanktionsbewehrt ein bestimmtes Verhalten für typische Situationen. Diese Definition muss im Folgenden ausbuchstabiert werden.

Zuerst, Normen fordern kein bestimmtes Handeln. Vielmehr fordern sie ein Verhalten, ein sich in Raum und Zeit abspielenden körperlichen Vollzug. Verhalten ist, verglichen mit Handeln, das umfassendere Konzept. Jedes Handeln ist ein Verhalten, aber nicht jedes Verhalten ist ein Handeln. Verhalten kann ohne das Konzept der Intention als rein reaktives Tun beschrieben werden. Die Forderung der Norm ist von den Intentionen abgelöst. Es bleibt gleichgültig, aufgrund welcher Motivation eine Norm befolgt wird.

Zweitens, Normen fordern etwas für typische Situationen. Also nicht für eine einzelne, bestimmte Situation, sondern für eine Gruppe von ähnlichen Situationen. Diese Allgemeinheit der Norm verweist darauf, dass Normen in langwierigen Sozialisationsprozessen erlernt und internalisiert, verinnerlicht werden müssen. Denn die Übertragung der Forderung für eine typische Situation auf eine einzelne, bestimmte Situation setzt voraus, dass man das Typische an der einzelnen Situation erkennen kann. Hierzu ist erhebliche kognitive Kompetenz erforderlich. Gut erkennbar ist dies etwa an kleineren Kindern, deren Normanwendung häufig etwas Zufälliges zu haben scheint und eher an Normerprobung denn an Normanwendung erinnert.

Die Norm ist *drittens* mit Sanktionen belegt. Vier Fragen sind hier zu klären: Offen bleibt erstens, ob hier positive oder negative Sanktionen gemeint sind. Zumeist denken wir an negative Sanktionen, und zwar im Falle der Abweichung von der Norm. Aber auch positive Sanktionen gehören dazu, sie bekräftigen die Norm durch die Anerkennung des normkonformen Verhaltens. Allerdings ist die innere Logik von positiven und negativen Sanktionen verschieden. Positive Sanktionen sind weniger stark reguliert als negative Sanktionen. Die schlichte Erwähnung der Sanktion lässt zweitens die Frage unbeantwortet, wer die Sanktion ausübt. Die Spannbreite ist hier breit, sie reicht vom Einzelnen, über Gruppen bis hin zu Instanzen staatlichen Kontrollhandelns. Drittens wird bei der Erwähnung der Sanktion nicht gesagt, dass die Ausübung von Sanktionen Kosten für den Sanktionierenden aufwirft. Auch hier ist die Spannbreite der Kosten sehr weit zu fassen, sie reichen von Unmutsäußerungen gegen den Sanktionierenden bis hin zu den enormen Kosten, und auch Folgekosten von Gefängnissen und Gefängnisaufenthalten. Das führt zur vierten Frage bezüglich des Merkmals der Sanktion: Aus welchem Grund werden die Kosten der Sanktion übernommen? Beim polizeilichen Handeln etwa ist dies noch leicht nachvollziehbar, die Sanktionskosten werden getragen, um die öffentliche Ordnung zu erhalten. Aber schwerer verstehbar ist es beispielsweise, wenn eine Sanktionierung in einer unmittelbaren Interaktionssituation zwischen zwei Interaktanden erfolgt, denn dann können die Kosten des Sanktionierens sofort spürbar sein.

Durch Normen wird Verbindlichkeit, Berechenbarkeit und Erwartbarkeit des Verhaltens hergestellt. Dies geschieht durch verschiedene Normarten, die im Rückgriff auf die Rollentheorie abgeleitet werden (vgl. Dreitzel 1972), in unterschiedlichem Ausmaß. Muss-Normen sichern fast vollständige Erwartbarkeit, Soll-Normen sind nur unwesentlich schwächer, während Kann-Normen eher geringe Erwartbarkeit herstellen, denn Können setzt ein Wollen voraus, das nicht einfach unterstellt werden darf. Diese drei Normarten werden zur Regelung unterschiedlicher Geltungsanforderungen eingesetzt. Unbedingte Ansprüche bei den kodifizierten Muss-Normen – etwa das Tötungsverbot –, bedingte Ansprüche von Sitten bei den Soll-Normen – zum Beispiel beim kulturspezifischen Rechtsfahrgebot – und schwache Ansprüche bei den Gewohnheiten der Kann-Normen – etwa adrette Kleidung beim Bewerbungsgespräch.

Auf dieser Grundlage können Individuen sich aneinander orientieren. Gäbe es Normen nicht, dann würde sich, so Heinrich Popitz, eine „schlangestehende Gesellschaft" (2006: 77) ergeben, weil jeder, um eine Erwartung zu bilden, auf das Verhalten des Anderen warten würde. Kurz: Keiner würde den ersten Schritt tun. Normen sichern über die Erwartbarkeit des Verhaltens zugleich die Möglichkeit zum eigenen Handeln.

Die Sicherheit der Erwartung ist davon abhängig, dass eine Normübertretung eine Sanktion nach sich zieht. Dabei ist jedoch eine Paradoxie zu beachten: Wenn eine Norm nicht mehr sanktioniert wird, dann verliert sie ihre Geltung; aber auch dann, wenn eine Norm zu oft sanktioniert wird, verliert sie an Geltung.

Der erstgenannte Fall war vor einigen Jahren Gegenstand einer Debatte unter Juristen. Anlass der Diskussion war eine Überlastung der Gerichte mit Prozessen über so genannte Kleinkriminalität, vor allem dem Delikt des Kaufhausdiebstahls. Die Überlastung der Gerichte verhinderte in der Tendenz eine zeitnahe Sanktionierung des Kaufhausdiebstahls, die Norm – Stehlen ist verboten – schien an Geltung zu verlieren. Erwogen wurde daher, dem Kaufhausdiebstahl nicht mehr mit den Sanktionen des StGB entgegen zu treten, sondern eine schwächere Sanktion zur Bewehrung dieser Norm zu wählen und sie als Ordnungswidrigkeit zu ahnden. Zwar blieb diese Debatte ohne Konsequenz, sie zeigte aber, unter welchen Druck die Norm des Diebstahlverbots im Zuge der gesellschaftlichen Entwicklung geraten ist.

Der zweite Fall kann am Beispiel der Steuerhinterziehung verdeutlicht werden. Wenn in den Medien – so etwa in Begleitung des Prozesses um den früheren Post-Chef Klaus Zumwinkel – häufig über Steuerhinterziehung berichtet wird, so sinkt insgesamt die Steuermoral. Daraus zieht Popitz die Schlussfolgerung, dass eine Gesellschaft, die alle Normübertretungen aufdecken und sanktionieren würde, ihre Normen ruinieren würde. Die Dunkelziffer erweist sich so besehen als Segen für die Norm. Die Paradoxie zeigt an, dass der Zusammenhang von Norm und Sanktion eine empfindliche Balance ist. Sowohl ein Zuviel wie ein Zuwenig der Sanktion sind schädlich für die Norm.

Hinzu kommt etwas Weiteres: Mit fortschreitender sozialer Differenzierung kommt es zu einer Ausdifferenzierung und Spezialisierung von Normen. Oder, mit den Worten von Popitz: „Soziale Normen sind von dem Stoff, der sich differenzieren lässt." (2006: 123) Sowohl der Kreis von Normabsendern wie auch von Normadressaten kann immer kleiner werden. Normen werden in sozialen Differenzierungsprozessen kleinteiliger. Was in einer Gruppe gilt, muss in einer anderen nicht gelten. Dieser Prozess der „Normfächerung" (Popitz 2006: 123) ist unaufhaltsam.

II.

Wie Verhalten sich die nun konzeptionell präzisierten sozialen Normen im Individualisierungsprozess? Hier soll im Folgenden nicht auf den Spuren von Hartmut Esser (1989) aus der Individualisierungsthese ein Plädoyer für den methodologischen Individualismus abgeleitet werden. Vielmehr soll der Zusammenhang zwischen Individualisierung und der Entwicklung von Normen so pointiert werden, dass im abschließenden Abschnitt die paradox erscheinende Zunahme von starken Soll-Normen im Individualisierungsprozess herausgearbeitet werden

kann. Zuerst, was soll unter Individualisierung verstanden werden?[2] Dieser viel-
deutige Begriff soll im Folgenden unter Rückgriff auf sein Verständnis bei Ulrich Beck beschrieben werden.

Individualisierung ist zuerst, daran muss angesichts einer weit verbreiteten
Fehlrezeption erinnert werden, eine „gesellschaftsgeschichtliche Kategorie"
(Beck 1986: 207). Das Konzept spricht nicht über subjektives Befinden und Em-
pfinden, es ist keine psychologische Theorie, auch sozialisationstheoretische Perspektiven werden nicht aufgezeigt. Vielmehr geht es Beck um einen Strukturwandel der Industriegesellschaft und ihrer Form der sozialen Differenzierung.

Dieser Strukturwandel wird als Arbeitsmarktindividualisierung beschrieben.
Das heißt, jeder Einzelne ist nun, so hatte dies Karl Marx (vgl. 1972) bereits
formuliert, zum individuellen Verkauf seiner Arbeitskraft gezwungen. Er trägt
dabei das Risiko des Scheiterns am Arbeitsmarkt selbst. Beck skizziert den Arbeitsmarkt als freies Spiel von Angebot und Nachfrage im Sinne des ökonomischen Liberalismus. Oder anders: Der durchgesetzte Markt reguliert im Rahmen
wohlfahrtstaatlicher Regelungen die Möglichkeiten der individuellen Existenzsicherung und Reproduktion.

Die soziale Differenzierung wird von Beck als Individualisierung gekennzeichnet. Hier wird, spiegelbildlich zur Konzeption individueller Existenzsicherung am Arbeitsmarkt, festgehalten: „Der oder die einzelne wird zur lebensweltlichen Reproduktionseinheit des Sozialen." (Beck 1986: 209) Lebensweltliche
Individualisierung wird von ihm als Gleichzeitigkeit von Freisetzung (von historisch vorgegebenen Sozialformen), Stabilitätsverlust (traditionaler Sicherheiten
der Orientierung) und Wiedereinbindung (Reintegration in neue soziale Beziehungen) beschrieben. Reintegration führt wieder zusammen, was Freisetzung
und Stabilitätsverlust im Gefolge der Arbeitsmarktindividualisierung zerstörten
und auseinander trieben.

Sowohl strukturell wie auch kulturell wird also das Individuum zum Motor,
aber auch zum Getriebenen der Logik des Arbeitsmarktes wie auch der Logik der
Individualisierung. Beide Prozesse beschleunigen sich wechselseitig.

---

2   Das Individualisierungskonzept ist vielfach Gegenstand von Klärungsversuchen und Zusammen-
    fassungen wichtiger Beiträge zu diesem Konzept gewesen (vgl. z.B. Ebers 1995; Kippele 1998;
    Schroer 2001; Junge 2002; 2008), ohne dass dies eine terminologische Klärung herbeigeführt hät-
    te. Vermutlich wären bereits die exemplarisch genannten und andere ähnliche Texte idealer Ge-
    genstand für eine metatheoretische Analyse im Sinne von George Ritzer (1991). Aber auch eine
    solche würde die auch in der Soziologie anzutreffende Verwendung von Individualisierung als
    Metapher nicht endgültig aufklären und klassifizieren können. Denn es ist gerade die metaphori-
    sche Verwendung, die das Konzept sowohl theoretisch wie auch in der empirischen Forschung
    und dem alltagsweltlichen Denken so reizvoll und anschlussfähig sein lässt.

III.

Diese Entwicklung hat weit reichende Konsequenzen für den Gesamthaushalt sozialer Normen. Denn Individualisierung deutet eine Normenspannung an. Eine Spannung zwischen der durch Arbeitsmarktindividualisierung erzwungenen Orientierung an der Norm der Nutzenmaximierung einerseits, und der mit der lebensweltlichen Individualisierung einhergehenden Normenauffächerung und verstärkten Normproduktivität andererseits. Diese Normenspannung darf jedoch nicht als Kontrast zwischen einem Bereich zwingender Soll-Normen der Arbeitsmarktindividualisierung und eher schwachen Kann-Normen im lebensweltlichen Bereich gelesen werden. Die abschließenden Überlegungen werden auch die Normen lebensweltlicher Individualisierung als in der Tendenz starke Soll-Normen erweisen.

Die durch Arbeitsmarktindividualisierung bestärkte Norm der Nutzenmaximierung ist eine starke Soll-Norm. Ihr nicht zu genügen bedeutet, sich der Sanktion durch einen anonymen Markt auszusetzen. Sowohl Geltungs- wie auch Wirkungsgrad dieser Norm sind sehr hoch. Ihr zuwider zu handeln heißt, die Bedingungen der eigenen Existenzsicherung und Reproduktion aufs Spiel zu setzen. Die Sanktionen des Marktes sind vorwiegend negativ, positiv sanktioniert der Markt nur erfolgreiches Verhalten auf dem Arbeitsmarkt. Die negativen Sanktionen des Marktes lassen sich nur schwer und in seltenen Fällen Personen direkt zuordnen. Vielmehr werden die Sanktionen durch einen Mechanismus ausgeübt, dem Mechanismus der Preisbildung auf dem Arbeitsmarkt über Angebot und Nachfrage. Deshalb wirken Sanktionen auf diesem Markt für den Einzelnen so bedrohlich – sie sind im Regelfall nicht personalisierbar.

Die Kosten der Sanktion durch den Mechanismus des Arbeitsmarktes trägt in Sozial- und Wohlfahrtsstaaten nicht der Markt. Vielmehr werden die Kosten der Sanktion individualisiert, etwa als entgangenes Einkommen, und im Rahmen sozialrechtlicher Regelungen, etwa Arbeitslosengeld oder Sozialhilfe, sozialisiert. Auf dieser Seite haben wir also eine klare Soll-Norm, deren Sanktionierung durch ihre soziale Abfederung individuell tragbar gehalten werden soll. Anders formuliert, die sich aus der Soll-Norm des Marktes ergebenden Sanktionen werden durch eine gegenläufige Norm der Sozialisierung der Sanktionskosten abgeschwächt. Beide Normen stehen in einem andauernden Konflikt, weil das Ausmaß der Sozialisierung der Sanktionskosten zwischen den Parteien umstritten ist und vermutlich auch bleiben wird.

Scheinbar anders stellen sich Normen im Bereich der lebensweltlichen Individualisierung dar. Hier bestehen die Konsequenzen vor allem in einer Normauffächerung und Normpluralisierung im Bereich der Kann-Normen. Der Pluralisierung lebensweltlicher Zusammenhänge und Lagen folgt eine Pluralisierung und

Ausdifferenzierung spezifischer Kann-Normen, deren Befolgung über die Zugehörigkeit zu einem lebensweltlichen Zusammenhang entscheidet. Die Sanktionierung von Kann-Normen folgt einer anderen Logik als die Sanktionierung von Muss-Normen oder Soll-Normen. Ihre Sanktionierung ist meist positiv, anerkannt wird, wenn der Norm gefolgt wird. Wird ihr nicht gefolgt, drohen nur in seltenen Fällen negative Sanktionen. Demgemäß scheinen im Bereich der lebensweltlichen Individualisierung die Sanktionen eher geringfügig.

Dies erweist sich jedoch bei näherem Hinsehen als Irrtum. Denn die Verfehlung der Kann-Norm gefährdet die Zugehörigkeit zu einem lebensweltlichen Zusammenhang. Es droht lebensweltliche Exklusion. Die eher schwach scheinende Kann-Norm erweist sich aufgrund der geringen Sanktionskosten in der Tendenz als eine starke und wirksame Norm, die sich im Einzelfall als Soll-Norm darstellt. Denn ihr zu genügen ist Voraussetzung für die unverzichtbare lebensweltliche Zugehörigkeit. Diese Diskussion wird üblicher Weise nicht unter dem Etikett der Inklusion geführt, sondern als Problem der Mitgliedschaft und Zugehörigkeit. Fasst man jedoch im Anschluss an Becks Individualisierungsthese Inklusion als einen gleichzeitig strukturellen und kulturellen Prozess auf, dann bietet das Begriffspaar von Inklusion und Exklusion Chancen zur konzeptionellen Integration dieser Debatten.

Zieht man beide Entwicklungen zusammen, so kann man das Fazit ziehen, dass Arbeitsmarktindividualisierung und paradoxer Weise auch lebensweltliche Individualisierung Soll-Normen fördern. Lebensweltliche Individualisierung folgt der Norm „Individualisiere Dich!" und bewehrt diese mit der Sanktion „Verlust der lebensweltlichen Zugehörigkeit". Das Freiheits- und Entfaltungsversprechen lebensweltlicher Individualisierung erweist sich am Ende als falscher Schein, der den imperativen Charakter ihrer Norm unterschlägt.

Literatur

Bauman, Zygmunt (1995 [1991]): Moderne und Ambivalenz. Das Ende der Eindeutigkeit. Frankfurt am Main: Fischer.

Bauman, Zygmunt (2000): Liquid Modernity. Cambridge/UK: Polity Press.

Bauman, Zygmunt (2001): The Individualized Society. Cambridge: Polity Press.

Beck, Ulrich (1986): Risikogesellschaft. Auf dem Weg in eine andere Moderne. Frankfurt am Main: Suhrkamp.

Dahrendorf, Ralf (1958): Homo sociologicus. Ein Versuch zur Geschichte, Bedeutung und Kritik der Kategorie der sozialen Rolle. Köln; Opladen: Westdeutscher Verlag.

Dreitzel, Hans Peter (1972): Die gesellschaftlichen Leiden und das Leiden an der Gesellschaft. Vorstudien zu einer Pathologie des Rollenverhaltens. (Gekürzte Taschenbuch-Ausgabe) Stuttgart: Enke. (Orig. 1968)

Durkheim, Emile (1988): Über soziale Arbeitsteilung. Studie über die Organisation höherer Gesellschaften. Frankfurt am Main: Suhrkamp. (Orig. 1893)

Ebers, Nicola (1995): "Individualisierung". Georg Simmel – Norbert Elias – Ulrich Beck. Würzburg: Königshausen & Neumann.

Esser, Hartmut (1989): Verfällt die „soziologische Methode"? In: Soziale Welt, Jg.40, H.1/2, S. 57-75.

Hobbes, Thomas (1978): Leviathan. Stuttgart: Reclam. (Orig. 1651)

Junge, Matthias (2000): Ambivalente Gesellschaftlichkeit. Die Modernisierung der Vergesellschaftung und die Ordnungen der Ambivalenzbewältigung. Opladen: Leske + Budrich.

Junge, Matthias (2002): Individualisierung. Frankfurt/Main; New York: Campus.

Junge, Matthias (2006): Zygmunt Bauman: Soziologie zwischen Moderne und Flüchtiger Moderne. Eine Einführung. Wiesbaden: VS Verlag für Sozialwissenschaften.

Junge, Matthias (2008): Individualisierung. In: Volker Steenblock (Hrsg.): Kolleg Praktische Philosophie, Band 3: Zeitdiagnose. Stuttgart: Reclam, S. 70-101.

Kippele, Flavia (1998): Was heißt Individualisierung? Die Antworten soziologischer Klassiker. Opladen: Westdeutscher Verlag.

König, René (1976): Emile Durkheim. Der Soziologe als Moralist. In: Dirk Käsler (Hrsg.): Klassiker des soziologischen Denkens. Erster Band. Von Comte bis Durkheim. München: C.H.Beck, S. 312-364, 401-444, 501-508.

Marx, Karl (1972): Das Kapital. Kritik der politischen Ökonomie. (MEW Bd.23-25) Berlin (Ost): Dietz. (Orig. 1867)

Parsons, Talcott (1968 [1937]): The Structure of Social Action. A Study in Social Theory with Special Reference to a Group of Recent European Writers. 2 Vols. New York: Free Press.

Popitz, Hans (2006): Soziale Normen. Frankfurt am Main: Suhrkamp.

Ritzer, George (1991): Metatheorizing in Sociology Lexington; Toronto: Lexington Books.

Schroer, Markus (2001): Das Individuum der Gesellschaft. Synchrone und diachrone Theorieperspektiven. Frankfurt am Main: Suhrkamp.

Individualisierung als Zumutung
Von der Notwendigkeit zur Selbstinszenierung in der visuellen Kultur

Markus Schroer

Was sich nach 25 Jahren Individualisierungsthese sicher sagen lässt, ist, dass sie kaum noch auf Widerspruch stößt. Zwar wird hier und dort noch über das Ausmaß der Individualisierung gestritten, eine insgesamt zu positive Lesart der Befunde moniert oder sogar über die Rückkehr der Klassengesellschaften nachgedacht. All dies aber wird eher im Sinne der Korrekturbedürftigkeit einiger Auswüchse und Übertreibungen der Individualisierungsthese kritisiert, weniger als radikaler Widerspruch. Denn selbst wenn Klassen am Horizont wieder auftauchen sollten, so besteht doch weitgehend Einigkeit darüber, dass dies nicht mehr die Klassen von gestern sein werden, sondern Klassen, die sich auf der Basis der bereits erfolgten Individualisierung neu zu bilden im Begriff sind. Damit aber würde sich nur eine mögliche Variante der Wiedereinbindung des freigesetzten Individuums vollziehen, die Urich Beck (1986: 206) von Anfang an – in der Rezeption gleichwohl oft ignoriert – in seinem Modell vorgesehen hatte. Wenn deshalb über Individualisierung heute bei weitem nicht mehr so erhitzt debattiert wird wie noch in den 1980er und 1990er Jahren, dann vor allem deshalb, weil die Individualisierungsthese ein für die Institutionen der Ersten Moderne typisches Schicksal ereilt hat, das Ulrich Beck etwa den Gewerkschaften attestiert: Sie geraten nicht aufgrund ihres Misserfolgs, sondern aufgrund ihrer Erfolgsgeschichte in Vergessenheit. Die Individualisierungsthese ist gewissermaßen zum allgemeinen Kulturgut geworden und damit zum Bestandteil der generellen Versozialwissenschaftlichung einer Gesellschaft, die gar nicht mehr bemerkt, dass sie im Rahmen soziologischer Kategorien denkt und sich artikuliert. Aber auch innerhalb der Soziologie selbst hat die Individualisierungsthese (Beck/Beck-Gernsheim 2002) eine in den Anfängen nicht für möglich gehaltene Verbreitung gefunden. Ob bei Zygmunt Bauman (2001) und Anthony Giddens (1991) in Großbritannien oder bei Jean-Claude Kaufmann (2005) und Bernard Lahir (1998) in Frankreich: Die Individualisierungsthese gehört zum festen Inventar theoretischer Überlegungen und zeitdiagnostischer Aussagen der Gegenwart – längst nicht mehr nur in Deutschland. Die breite Zustimmung kann indes kaum verwundern, sieht man sich die lange Geschichte der Individualisierungsdiskussion innerhalb der Soziologie an. Die These der Herauslösung des Individuums aus traditionellen Sozialbeziehungen begleitet die Soziologie seit ihren Anfängen und ist von Emile Durkheim und Max Weber über Georg Simmel und Talcott Parsons bis Norbert Elias und Niklas Luhmann in zum Teil bis in die Formulierungen hinein reichenden Ähnlichkeiten immer wieder konstatiert worden (vgl. Schroer 1997, 2000, 2001a, 2001b).

Sehr viel strittiger dagegen ist bis heute die Frage, wie der Individualisierungsprozess im Einzelnen zu bewerten ist und welche Folgen für Individuum und Gesellschaft daraus entstehen. Während eine von Durkheim über Parsons bis Luhmann reichende Theorietradition auf die Notwendigkeit der Individualisierung für das Funktionieren einer modernen Gesellschaft verweist, zugleich aber auch auf Gefahren einer zu weit getriebenen Individualisierung aufmerksam macht, wird in einer von Weber über die kritische Theorie der Frankfurter Schule bis Michel Foucault reichenden Theorietradition Individualisierung vornehmlich als Prozess der Atomisierung der Gesellschaft zwecks effektiverer Disziplinierung und Kontrolle des Individuums verstanden. So wie die erste Theorietradition durch die Sorge um ein *gefährliches Individuum* geeint wird, das durch seinen ungezügelten Egoismus zur Auflösung gesellschaftlicher Zusammenhänge beiträgt, verbindet die zweite Tradition die Sorge um ein in seiner Bewegungs- und Handlungsfreiheit zunehmend *gefährdetes Individuum*. Zwischen beiden Theorietraditionen vermittelt eine dritte, die – von Georg Simmel über Norbert Elias bis Ulrich Beck – den Individualisierungsprozess als höchst ambivalenten Prozess auffasst, der für Individuum wie Gesellschaft sowohl Chancen als auch neue Zwänge bereit hält (vgl. Schroer 2001, 2008).

Trotz dieser drei schon im Ansatz höchst unterschiedlichen Argumentationsfiguren verbinden die verschiedenen Theorieschulen die Auffassung, dass der Einzelne mit dem einheitlich diagnostizierten Prozess kaum fertig zu werden in der Lage ist und deshalb Hilfe von außen benötigt. Individualisierung – darin ist man sich überraschend einig – ist vor allem eine Zumutung. Sie ist eine Zumutung, weil sie den Einzelnen mit Fragen allein lässt, die ihm vorher von mächtigen Institutionen beantwortet worden waren, weil sie dem Einzelnen Entscheidungen abverlangt, deren Folgen er zwar kaum absehen kann, die ihm aber dennoch zugerechnet werden und weil sie eine Haltung permanenter Aktivität und Beweglichkeit erfordert, die ihn zu erschöpfen droht (Ehrenberg 2004). Von den Anfängen bis in die Gegenwart traut die Soziologie in ihrer überwiegenden Mehrheit den Individuen den Umgang mit diesen neuen Anforderungen im Grunde nicht zu, weshalb sie sich in einem andauernden Zustand der Sorge befindet, seit sie sich mit den Folgen der Individualisierung auseinandersetzt. In einem nahezu therapeutisch induzierten Diskurs nimmt sie sich der Probleme des Individuums angesichts der von ihr gestellten Individualisierungsdiagnose an und begibt sich auf die Suche nach Mechanismen, die die Zumutungen der Individualisierung mildern helfen sollen. Dabei wird vor allem nach neuen sozialen

Beziehungsformen gefahndet, die den Einzelnen vor der schwindenden Evidenz
sozialer Ordnung und der daraus entstehenden Unsicherheit und Orientierungslo-
sigkeit bewahren können sollen, die mit dem Individualisierungsprozess zwangsläufig einhergehen.

Bei dieser weiterhin andauernden Suche nach neuen Formen der Vergemeinschaftung ist beinahe in Vergessenheit geraten, dass Individualisierung noch
in einem anderen, in der Individualisierungsdiskussion bisher weniger beachteten
Sinne eine Zumutung darstellt, nämlich darin, dass das Individuum in einem verstärkten Maß auf sich aufmerksam machen muss, um sozial überhaupt in Erscheinung zu treten. Die These des folgenden Beitrags ist es, dass die Notwendigkeit zur Selbstrepräsentation, Selbstdarstellung und Selbstinszenierung unter
Individualisierungsbedingungen zugenommen hat. Individualisierung bedeutet
eben auch, dass sich das Individuum nicht mehr ohne weiteres auf die Bestätigung seiner selbst durch die ihn umgebende soziale Umwelt verlassen kann. Wir
wissen seit langem, dass wir nur dann und nur so lange existieren, wie wir von
anderen wahrgenommen werden, wie andere Notiz von uns nehmen und sich uns
zuwenden (Mead 1973, Goffman 1983). Doch die Sicherheit, diese Form der
Existenzbestätigung zu erfahren, scheint uns zunehmend abhanden zu kommen.
Und insofern muss mit immer größer werdendem Aufwand betrieben werden,
was in früheren Tagen nahezu selbstverständlich schien: Die Bestätigung der eigenen Existenz durch die Zuwendung anderer.

Um diese These zu entfalten möchte ich zunächst auf den Zusammenhang
von Individualisierung und Selbstthematisierung eingehen, wobei Selbstthematisierung als eine zentrale Dimension der Individualisierung vorgestellt wird (1).
Anschließend gilt es, die Inszenierung des eigenen Selbst als zentrale Dimension
im Daseins des Menschen zu analysieren, der in der Gegenwart ein geradezu
existentieller Wert beizumessen ist und deshalb nicht nur als Wunsch, sondern
als Notwendigkeit ausgewiesen wird (2). Schließlich soll auf die zunehmende
Bedeutung der audiovisuellen Formen der Selbstdarstellung eingegangen werden, die die von der soziologischen Tradition favorisierte Selbstdarstellung unter
Anwesenden mehr und mehr überlagert (3). Sich zu präsentieren, ist in einem
hohen Maße zu einem visuellen Ereignis geworden, wie ein Blick auf die von
Individuen selbst gefertigten privaten Filme zeigt (4). Der Beitrag schließt mit
einigen Überlegungen zum Stellenwert des Privaten angesichts des Kampfes um
Aufmerksamkeit.

1   Individualisierung und Selbstthematisierung

Die Geschichte der Selbstthematisierung ist ohne den Individualisierungsprozess nicht denkbar (vgl. Burkart 2006, Schroer 2006). Ein verstärkter Bezug auf sich selbst, ein Thematisieren des eigenen Ich, kann nicht ohne einen strukturellen Prozess gedacht werden, der den Einzelnen aus traditionellen Abhängigkeiten befreit, die ihm weder die Zeit noch den Raum gelassen haben, sich mit sich selbst reflexiv zu beschäftigen. Allerdings ist Individualisierung mit Selbstthematisierung nicht einfach gleichzusetzen. Um der Gefahr zu entgehen, unter den Begriff des Individualismus die verschiedensten Phänomene zu subsumieren, schlägt Michel Foucault (1986: 58ff.) vor, zwischen drei Entwicklungen zu unterscheiden: 1. „die individualistische Einstellung, die die Einzigkeit des Individuums sowie seine Unabhängigkeit von Gruppen und Institutionen betont", 2. „die Hochschätzung des Privatlebens" und 3. „die Intensität der Selbstbeziehungen". Es spricht vieles dafür, dass wir es aktuell mit einer Verbindung der Betonung der Unabhängigkeit des Individuums und der Intensität der Selbstbeziehungen zu tun haben, die zu Lasten der Hochschätzung des Privatlebens zu gehen scheinen.

Die uns im vorliegenden Zusammenhang interessierenden Selbstbeziehungen definiert Foucault als „Formen, in denen man sich selbst zum Erkenntnisgegenstand und Handlungsbereich nehmen soll, um sich umzubilden, zu verbessern, zu läutern, sein Heil zu schaffen" (ebd.: 59). Schon in der Antike findet Foucault Quellen für die Beschäftigung des Einzelnen mit sich selbst. Die Suche nach dem Selbst und das Streben nach Selbsterkenntnis treten also keineswegs erst in der Moderne auf. Die Untersuchung über die Geschichte der Sexualität lebt allerdings von der These Foucaults, dass von den beiden antiken Maximen „Achte auf Dich Selbst" und „Erkenne Dich selbst" im Zuge der Ausbreitung der christlichen Religion nur die letztere überlebt hat, während die erste in Vergessenheit geraten ist. Das vorherrschende Modell der Moderne ist die Selbsterkenntnis und nicht die Selbstsorge (Foucault 1993: 31ff.). Deutlich ablesen lässt sich dies an der Geschichte der Selbstbiographien, die sich der Aufgabe der Selbsterkenntnis widmen. Als deren Geburtsstunde gilt das Erscheinen der „Bekenntnisse" von Jean-Jacques Rousseau (Rousseau 1985). Sie stellen so etwas wie die Initialzündung für die in der Folgezeit häufig vorzufindende Thematisierung des Selbst in Biographien und Romanen dar. Neu gegenüber seinen zahlreichen Vorläufern ist an dieser Schrift, dass wir es hier mit einem individualistischen Streben nach Selbsterkenntnis und Selbstverwirklichung zu tun haben, das in der langen Geschichte von Vorgängern noch undenkbar erschienen wäre. Was wir vor Rousseau vor allem noch nicht vorfinden, ist der unbedingte Anspruch auf Besonderheit: „Ich bin nicht gemacht wie irgendeiner von denen, die ich bisher sah, und ich wage zu glauben, daß ich auch nicht gemacht bin wie irgendeiner von allen, die leben. Wenn ich nicht besser bin, so bin ich doch wenigstens anders." (Rousseau 1985: 37) Eine solche Betonung des individuellen Selbst als unverwechselbare Besonderheit – darüber scheint in der Forschung weitgehend Einigkeit zu herrschen – hat es vor dem 18. Jahrhundert nicht gegeben. In diesem Sinne notiert Luhmann (1993: 174): „Weder in den Biographien noch in den Romanen findet man deshalb vor dem 18. Jahrhundert nennenswerte Spuren moderner Individualität." Die Betonung liegt dabei auf *moderner* Individualität, verstanden als *Besonderheitsindividualität*, die dem Unterschied gegenüber anderen Menschen eine vorher nicht gekannte Bedeutung beimisst. Vor dem Zeitalter der Aufklärung geht es nicht um individuelle Besonderheit als vielmehr um die Betonung der *Zugehörigkeit* zu einer Religion, einer Klasse oder eines Berufsstandes. Das vormoderne Individuum ist gerade nicht an seiner Besonderheit, sondern an einem Allgemeinen orientiert (Luhmann 1993: 178). Erst die Abweichung vom allgemeinen Schema, erst der Widerspruch zu einem erwartbaren Lebenslauf, bringt die Selbstthematisierung hervor und führt zu einem legitimatorischen Selbstrechtfertigungsdiskurs wie etwa in den Bekenntnissen Rousseaus. Insofern lässt sich mit Alois Hahn (2000: 111) treffend von der „Geburt der Autobiographie aus der Erfahrung der Selbstentfremdung" sprechen. Auslöser für biographische Selbstthematisierungen sind oftmals Erschütterungen der bestehenden gesellschaftlichen Ordnung, die das Individuum zunehmend auf sich zurückwerfen (vgl. ebd.: 113f.). So gesehen dient die Herstellung einer in sich geschlossenen Lebensgeschichte in gewisser Weise als Kompensation für die Verunsicherungen, die durch gesellschaftliche Umbrüche ausgelöst werden. Und in der Tat scheint es sowohl Auslöser als auch Folge der Individualisierung zu sein, dass das Individuum für sich eine Ordnung herzustellen hat, die gesellschaftlich nicht mehr länger vorgegeben ist. Der Aufbau einer Identität, die Ausbildung eines Selbst und die Erlangung von Individualität werden nun zu einer von jedem einzelnen zu bewältigenden Aufgabe.

2 Von der Unerträglichkeit des unbeachteten Seins – Selbstinszenierung als Notwendigkeit

Obwohl es zu den gut gesicherten Wissensbeständen vor allem der philosophischen Anthropologie und des symbolischen Interaktionismus gehört, dass es nicht ausreicht, ein Individuum zu sein, sondern der Bestätigung durch andere bedarf, schwingt im aktuellen Diskurs um Individualisierung doch immer wieder die Vorstellung mit, dass wir es mit einem bereits vorhandenen Individuum zu tun haben, das sich gewissermaßen nachträglich darstellen oder inszenieren

muss, ebenso gut aber auch darauf verzichten kann, so als gäbe es eine Alternative zwischen dem einfach nur existierenden Individuum auf der einen und der ex-
pressiven Hervorbringung des Individuums auf der anderen Seite. Dem aber ist
nicht so. Vielmehr lässt sich mit Erving Goffman (1983, vgl. Hitzler 1992) ebenso gut wie mit Helmuth Plessner (2003) zeigen, dass Selbstdarstellung und -in-
szenierung immer schon stattfindet und soziales Handeln immer schon ein thea-
trales Moment aufweist. Der Mensch „muß spielen, etwas vorstellen, als irgendeiner auftreten, um die Aufmerksamkeit auf sich zu lenken und sich die Achtung
der Anderen zu erzwingen" (Plessner 2003: 82). Da ihm nichts so unerträglich ist
wie das „Nichtbeachtetsein" (Plessner 2003: 64), ist er gezwungen, nach außen
in Erscheinung zu treten, sich zu zeigen, auch wenn er sich damit angreifbar
macht. Aufgrund der Vulnerabilität des Individuums begibt es sich niemals un-
geschützt und mit offenem Visier in die Öffentlichkeit, sondern verborgen hinter
einer es schützenden, in seinen Möglichkeiten aber auch einengenden Maske
(vgl. ebd.: 82).

Die Betonung des generellen menschlichen Strebens „nach Ausdruck und
Geltung: nach Selbstobjektivation" (ebd.: 91) darf jedoch nicht den Blick auf die
historisch herausgebildete, typisch moderne Erwartung verstellen, „sich gefäl-
ligst *als Individuum* zu konstituieren" (Beck 1993: 153). Der Mensch muss sich
„selber beobachten und über sich selber nachdenken, sich mit sich selber beschäftigen. Das gehört zur anthropologischen Grundausstattung, ist aber heute
von besonderer Bedeutung." (Gross 1991: 403) In der Tat nimmt die Notwendigkeit der Selbstbeobachtung und Selbstpräsentation im Zuge der Herausbildung der funktional differenzierten modernen Gesellschaft zu. Anders als in der
vormodernen Gesellschaft, in der sich das Individuum durch die Zugehörigkeit
zu einem Kollektiv definierte, genügt es in modernen Gesellschaften gerade
nicht mehr, „einen Namen zu haben und zu sein, was man ist." (Luhmann 1993:
243) Vielmehr wird das moderne Individuum dazu angehalten, „eine eingeübte
Selbstbeschreibung mit sich herum[zu]tragen, um bei Bedarf über sich Auskunft
geben zu können" (ebd.: 252).

Die Selbstthematisierung ist folglich nicht mehr länger als solipsistische
Übung ohne Zuschauer und Publikum vorstellbar wie beim Tagebuchschreiber,
auch richtet es sich nicht auf ein konkretes Gegenüber wie etwa beim Brief.
Selbstthematisierung heute erfolgt vielmehr vor allem öffentlich und expressiv,
mit möglichst vielen Zuschauern bzw. vor möglichst großem Publikum. Dabei
muss heute jegliche Selbstthematisierung, will sie sozial wirksam werden, durch
das enge Nadelöhr der öffentlichen Aufmerksamkeit, die als knappste Ressource
aller Waren in der politischen Ökonomie der Postmoderne gelten kann (vgl.
Bauman 1995: 20). Angesichts des schon von Simmel beobachteten „Tempos
des modernen Lebens" (Simmel 1996: 197), das seither sicher noch einmal zu-

genommen haben dürfte (vgl. Berger 1996: 51; Rosa 2005), reicht die Zeit für ausgiebige Selbstthematisierungen schon längst nicht mehr, sodass wir es mit immer pointierter ausfallenden Selbstdarstellungen zu tun bekommen. Die Konkurrenz sorgt dabei dafür, den Spieleinsatz ständig in die Höhe zu treiben (vgl. Bauman 1995: 20), sodass wir eine Spirale sich permanent überbietender Selbstenthüllungen beobachten können. Eben diese Enthüllungen des eigenen Selbst vor einem möglichst großen, anonym bleibenden (Medien-)Publikum stehen seit einiger Zeit unter dem Verdacht, so weit getrieben zu werden, dass wir es mit einer wahren „Tyrannei der Intimität" (Sennett 1983: 379ff.) zu tun bekommen. In der berühmt gewordenen Abschlussbetrachtung seiner historischen Studie über den „Verfall und das Ende des öffentlichen Lebens" weist Sennett darauf hin, dass das öffentliche Leben zum Stillstand gekommen ist, weil die Menschen es verlernt haben, sich als einander Fremde mit „höflicher Gleichgültigkeit" (Goffman 1971: 85) zu begegnen. Die verbreitete Klage über die Kälte, Anonymität und Distanz in den modernen sozialen Beziehungen habe zu einer auf Wärme, Intimität und Nähe abstellenden Gesellschaft geführt, so Sennetts Diagnose, in der der Sinn für die öffentlichen Belange zurückgeht, weil sich das zu nehmend narzisstische Selbst nur noch mit seinen eigenen Empfindungen beschäftige. Man muss die kulturkritische Zuspitzung der These nicht teilen, um dennoch zu konstatieren, dass wir in der Tat eine verstärkte Selbstinszenierung und Selbstpreisgabe beobachten können, die sich der verschiedensten Formate in den Medien Fernsehen und Internet bedient, wie im Folgenden gezeigt werden soll.

3   Selbstinszenierung im visuellen Zeitalter

Dass wir in einer zunehmend durch das Visuelle dominierten Kultur leben, ist keine These, die Neuigkeitswert für sich in Anspruch nehmen kann. Vielmehr kündigt schon Bela Balázs (2001: 104) im Jahre 1924 das Entstehen einer „visuellen Kultur" an. 1960 beklagt Günter Anders (1980: 250), dass wir „einem Dauererregen von Bildern ausgesetzt sind". Bei John Berger (1974: 122) heißt es: „In keiner anderen Gesellschaftsform der Geschichte hat es eine derartige Konzentration von Bildern gegeben, eine derartige Dichte visueller Botschaften." Daniel Bell schließlich weist in seinem 1976 erschienen Buch „Die Zukunft der westlichen Welt" auf die Zunahme visueller Momente als eines der zentralen Merkmale der modernen Kultur hin (vgl. Bell 1976: 129f.). Folgerichtig wird das zurückliegende 20. Jahrhundert inzwischen als „Jahrhundert der Bilder" (Paul 2009) bilanziert. In unserer Gegenwart – in der längst von einem „pictorial turn" (Mitchell 1997) die Rede ist – hat sich dieser Trend zur Visualität und Visibilisierung

weiter fortgesetzt und dies in einem Ausmaß, an das die klassischen Stimmen bei
weitem noch nicht gedacht haben. Was in den frühen Thesen über die Entstehung einer visuellen Kultur vor allem noch nicht mitgedacht wurde, ist die bri-
sante Entwicklung, dass wir nicht nur von Bildern umgeben sind, sondern auch
selbst ständig Bilder erzeugen und uns selbst zu Bildern machen. Nicht nur sind
wir in zunehmendem Maße Konsumenten der Bildkultur, sondern auch deren
Produzenten. Während man in traditionalen Gesellschaften noch auf Ängste
trifft, abgebildet zu werden, „legen die Menschen in den industrialisierten Ländern sogar Wert darauf, fotografiert zu werden, weil sie fühlen, daß sie Bilder
sind und durch das Foto wirklich gemacht werden" (Sontag 1980: 154). Auch
dass in den USA lange Zeit auf der Straße keine Filmaufnahmen gemacht werden konnten, „nur weil jemand, der da gerade vorbeiging, einen hinterher hätte
verklagen können mit der Begründung: Sie haben kein Recht, mich zu zeigen."
(Godard 1981: 27), ist heute kaum mehr vorstellbar. Insofern ließe sich im Sinne
einer „Theorie reflexiver Modernisierung" (vgl. Beck 1993, Schroer 2009) die
Erste von der Zweiten Moderne auch dahingehend unterscheiden, dass in der
Zweiten Moderne nicht mehr die Angst überwacht zu werden, sondern die
Angst, übersehen zu werden, vorherrscht. Unauffällig und unsichtbar zu bleiben,
scheint eines der größten Befürchtungen zu sein, die in der globalisierten Welt
des 21. Jahrhunderts die verschiedensten Akteure zu einem mit allen Mitteln ge-
führten Kampf um Aufmerksamkeit treibt.[1]

Diese Dominanz des Visuellen hat erhebliche Auswirkungen auf die Formen der Selbstthematisierung, die nicht mehr länger begrifflich und verbal, sondern vor allem bildlich erfolgen, über Fotos, Filme und Fernsehauftritte. Der von
Ulrich Beck diagnostizierte Individualisierungsprozess, der nicht nur einige wenige Eliten erfasst hat, sondern als gesamtgesellschaftlicher Trend wirkt, hat zur
Entstehung einer „Selbst-Kultur" (Beck 1997) beigetragen, die zur Intensivierung der Selbstthematisierung, der Selbstbeobachtung und Selbstdarstellung beiträgt. In den aktuellen Formen der Selbstthematisierung zeigt sich eine Betonung
der Einzigartigkeit des Individuums und eine Intensivierung der Selbstbeziehungen, also eine Verbindung des ersten und dritten Trends in der oben vorgestellten
Unterscheidung nach Foucault. Die Funktion der Selbstthematisierung scheint
dabei allerdings nicht mehr allein darin zu bestehen, „sich selbst zum Erkenntnisgegenstand" zu machen, „um sich umzubilden, zu verbessern, zu läutern, sein

---

[1] Als Bestätigung dieser schon früher artikulierten These (vgl. Schroer 2003) lese ich den Bericht
    in der „taz" vom 26. Mai 2009 über den Atombombentest des Nordkoreanischen Diktators Kim
    Jong Il., in dem es heißt: „Damit buhlt Nordkoreas Regime um Washingtons Aufmerksamkeit.
    [...] Die Ironie dabei ist, dass Kim angesichts der Isolierung seines Landes zu immer krasseren
    Handlungen greifen muss, um überhaupt wahrgenommen zu werden." In der Tat tobt der Kampf
    um Aufmerksamkeit auf allen gesellschaftlichen Ebenen und erscheint dabei vor allem als Ant-
    wort auf Exklusionserfahrungen und -befürchtungen (vgl. Schroer 2007).

Heil zu schaffen" (Foucault 1989: 59), sondern auch darin, sein Selbst zum öffentlichen Gegenstand zu machen, auf sich aufmerksam zu machen, sich zu zeigen und damit das Gefühl zu verschaffen, existent zu sein – woran sonst offensichtlich Zweifel zu bestehen scheinen.

4   Das eigene Leben – ein Film?

Das Leben in unserer Gegenwart wird längst nicht mehr nur erzählt, sondern vor allem auch fotografiert und gefilmt. Die Verbreitung von Digitalkameras und Fotohandys ermöglicht eine ebenso unaufwändige wie unauffällige Dokumentation alltäglicher Begebenheiten und flüchtiger Eindrücke. So wie nicht mehr nur zu herausragenden biographischen Ereignissen das Leben narrativ bilanziert wird, sondern kleinste Anlässe genügen, um eine Selbstthematisierung in Gang zu bringen, so gibt es jetzt auch nicht mehr nur das inszenierte Foto anlässlich der entscheidenden biographischen Übergänge (Geburt, erster Schultag, Kommunion, die erste Freundin, Abiturfeier, Hochzeit usw.). Möglich wird vielmehr eine nahezu lückenlose filmische Erfassung unseres Lebens. Das Fotoalbum, in dem die einzelnen Stationen eines gesamten Lebens erfasst sind, weicht den unzähligen Filmen, die auf Cassetten oder Festplatten von Computern gespeichert sind: über die Geburt, den ersten Tag im Krankenhaus, den ersten Tag Zuhause, den ersten Ausflug, das erste Bad, die ersten Gehversuche usw. Allein die Filme über den ersten Lebensabschnitt füllen schnell ganze Regale. „Leben heißt fotografiert werden und Aufzeichnungen vom eigenen Leben zu besitzen", heißt es dazu treffend bei Susan Sontag (2004: 13). Ohne deren visueller Dokumentation trauen wir unseren eigenen Erlebnissen nicht mehr. Als wahr – im Sinne von: wirklich geschehen – gilt etwas offenbar nur dann, wenn es auf einem Monitor – für sich selbst und andere sichtbar – erscheint. Deshalb gibt es eine wahre Dokumentationswut des eigenen Lebens. Mit Hilfe von Digitalkameras zeichnen immer mehr Menschen ihren ganz gewöhnlichen Tagesablauf auf und verleihen ihm auf diese Weise Bedeutung und vielleicht auch eine Art Würde. Zahlreiche Sendungen aus dem Bereich Reality-TV und Doku-Soap machen deutlich, dass das ganz normale Leben, ohne spektakuläre Aktionen und besondere Ereignisse, Aufmerksamkeit auf sich ziehen kann, wenn es nur gefilmt und über Fernsehsender verbreitet wird. Die Kamera erscheint insofern als Aufmerksamkeitsgarant par excellence. Und selbst wenn sich kein Sender dafür interessiert, können die Sequenzen aus dem eigenen Leben dennoch eine gewisse Verbreitung finden, indem sie auf Homepages abrufbar sind oder per email verschickt werden. Jeder ist sein eigener Fotograf und jeder kann sich mit Hilfe der neuesten Kommunikationstechniken eine eigene kleine Öffentlichkeit schaffen. Wenn Walter Benja-

min bereits in den 1930er Jahren notiert: „Jeder heutige Mensch kann einen Anspruch vorbringen, gefilmt zu werden" (Benjamin 1977: 155), so lässt sich heute
sagen, dass diesem Anspruch längst massenhaft entsprochen wird. Doch statt wie
bei Benjamin nur als Objekt der Kamera zu fungieren, sind wir heute oftmals
beides zugleich: Filmer und Gefilmte, Produzenten und Konsumenten unzähliger
Fotos und Filme, die noch von den scheinbar belanglosesten Ereignissen und Begebenheiten angefertigt werden.

Doch bei der privaten Dokumentation des eigenen Lebens bleibt es nicht.
Im Internet haben sich Formate etabliert, die es jedem User ermöglichen, sich
darzustellen und auszustellen. Portale wie „Facebook", „YouTube", „MySpace",
„Mein VZ", „StudiVZ", „SchülerVZ" usw. sind wahre Bühnen der Selbstdarstellung und Selbstinszenierung. Mit einer jeden Datenschützer alarmierenden Offenheit werden biographische Daten mitgeteilt, Interessen und Hobbys verraten,
Freunde vorgestellt. Dabei genügt es nicht, ein einmal erstelltes Profil online zu
stellen. Die Pflege der eigenen Homepage nimmt eine Menge Zeit in Anspruch.
Täglich will das Profil aktualisiert werden. Es werden gelesene Bücher, gesehene
Filme und der Besuch von kulturellen Events mitgeteilt und kommentiert, An-
fragen von Freunden beantwortet, Fotos gesichtet und online verfügbar gemacht
usw. Wenn man nicht schnell zu einer digitalen Karteileiche werden will, muss
man unentwegt aktiv sein, sich zeigen und der Beobachtung aussetzen. Will man
gegen die starke Konkurrenz überhaupt eine Chance haben, muss man sich schon
etwas einfallen lassen, um die knappe Ressource Aufmerksamkeit, die als neue
Währung des Internet gehandelt wird, auf sich zu lenken. Kurz und gut: Das Individuum präsentiert sich, zeigt sich, stellt sich aus. Es präsentiert sich so, wie es
sich wünscht gesehen zu werden und es kann mit Hilfe des Mediums Internet
feststellen, wie diese Selbstinszenierung beim Publikum ankommt. Eine solche
Konzentration auf die eigenen Vorlieben und Abneigungen gab es vor wenigen
Jahrzehnten nur für die Stars und Sternchen der Popmusik und des Hollywood-
Kinos, die in Zeitschriften wie der „Bravo" und dem „Freizeit-Magazin" vorgestellt wurden. Doch mit den Möglichkeiten des Internets kann offenbar jeder ein
kleiner Star werden – zumindest für jene berühmten 15 Minuten, die Andy War-
hol prophezeit hatte (vgl. Schroer 2010). In den einzelnen Einträgen lässt sich
das mitunter durchaus verzweifelte Bemühen erkennen, als unverwechselbares
Individuum wahrgenommen werden zu wollen. Die Einträge stellen unter Be-
weis, dass man sich für wichtig hält und dass man sich wünscht, dass sich jemand für einen interessiert: „Die Gesellschaft wird vom Bedürfnis nach Anerkennung überflutet. Jeder heischt nach Zustimmung, Bewunderung, Liebe im
Blick des Anderen. Im Blick jedes anderen, wie unbekannt und unbedeutend er
auch sein mag." (Kaufmann 2005: 196)

5   Ende oder Inszenierung des Privaten?

Internetplattformen wie „My Space", „You Tube" u. a., aber auch TV-Formate wie „Big Brother", „Deutschland sucht den Superstar" oder „Ich bin ein Star – Holt mich hier raus!" zeigen in beeindruckender Weise das Ausmaß der Schau- und Zeigelust, von dem die Individuen in der postmodernen Gesellschaft erfasst worden sind. Da in einer „visuellen Kultur" nur zählt, wer sichtbar ist, wer ange- sehen wird, wer die Blicke der Anderen immer wieder auf sich zu ziehen ver- mag, gibt es das schier unermüdliche Bestreben, in den Fokus einer Kamera zu gelangen: Denn fotografiert oder gefilmt zu werden, heißt Bedeutung zu erlan- gen (vgl. Schroer 2003). Angesicht der scheinbar unbegrenzten Offenheit, mit der auf den Netzseiten auch intime Details aus dem eigenen Leben präsentiert werden, ist von einem Sieg des Exhibitionismus (Greiner 2000), der Tyrannei der Intimität (Sennett 1983) oder auch von der schamlosen Gesellschaft (DER SPIEGEL 1993) die Rede. Dass es überhaupt (zumeist junge) Menschen gibt, die sich an diesem Spiel beteiligen, wird mit einer Mischung aus Unverständnis, Be- dauern und Häme kommentiert. Der Vorwurf lautet dabei vor allem, dass dieses Klientel von Usern keinen Sinn für das Private mehr habe und diese Errungen- schaft des bürgerlichen Zeitalters achtlos über Bord werfe, wenn es sich derart ungehemmt vor der Öffentlichkeit entblöße.

Die Idee des Individuums lebt nun in der Tat davon, dass ein Teil des Ichs stets intransparent für die anderen bleiben muss, will man den Anspruch auf In- dividualität nicht aufgeben. Als Regel kann gelten: „Was nicht verborgen wird, darf gewußt werden, und: was nicht offenbart wird, darf auch nicht gewußt wer- den." (Simmel 1992: 396) Simmel geht davon aus, dass innerhalb des modernen Lebensstils der einzelne geschützt ist vor dem „gegenseitigen Hineinsehen und Sichhineinmischen" (ebd.: 412), wie es für unentwickeltere Zustände, die sich im dörflichen Zusammenleben noch gehalten haben, nach wie vor der Fall ist. Zivi- lisiertes und urbanes Zusammenleben gelingt für ihn erst auf der Basis des gleichzeitigen „Sich-Offenbarens und Sich-Zurückhaltens" (ebd.: 402), eines dif- fizilen Gleichgewichts zwischen „Verbergen" und „Enthüllen" (ebd.: 410). Wenn man sich die medialen Selbstenthüllungsformate, die auf den letzten Sei- ten genannt wurden, noch einmal vergegenwärtigt, so hat es zunächst tatsächlich den Anschein, als hätte sich das von Georg Simmel betonte Zusammenspiel von Enthüllen und Verbergen zu einer Seite hin aufgelöst (vgl. Jung/Müller-Doohm 1998). Dem ausgestellten Individuum scheint die von Simmel zum Individuali- tätsgaranten erhobene Kategorie des Geheimnisses nichts mehr zu sagen. Auf einen privaten Schutzraum kann es, so scheint es, getrost verzichten.

Doch bei genauerem Hinsehen fällt auf, dass auch in den scheinbar gänzlich hemmungslosen Enthüllungen immer noch ein Quäntchen Verborgenes enthalten ist. Manch eine Webcam, die angeblich zum Zwecke einer lückenlosen Überwachung der Privaträume eines Individuums installiert wurde, macht vor einigen Orten der Wohnung durchaus Halt und der freiwillig Beobachtete behält sich die Kontrolle über das An- und Abschalten der Kameras vor, wechselt zwischen online-Sein und offline-Sein (vgl. Rössler 2001: 279); die Bewohner des Endemolschen Big Brother Containers in Köln Hürth haben sich entgegen des Versprechens der lückenlosen Überwachung mit Hilfe aufgehängter Handtücher ein winziges Fleckchen Intimität zu retten versucht (vgl. Malzahn 1999: 138), und die Computerbranche lebt nicht nur vom Verkauf von Überwachungstechnologie, sondern auch vom Verkauf von Software (etwa des "Torpark Browsers"), mit deren Hilfe ein anonymes Surfen im Netz ermöglicht werden soll.

Aus diesen hier nur angedeuteten Möglichkeiten zur Wahrung der Privat- und Intimsphäre ergeben sich eine Reihe von Fragen: Ist es denkbar, dass selbst hinter den radikal exhibitionistischen Auftritten der Versuch steckt, sich gleichzeitig „maximal sichtbar zu machen und zu verhüllen" (Plessner 2003: 85)? Stellen die Selbstinszenierungen vielleicht den Versuch dar, einerseits den an ein jedes Individuum gestellten Visualisierungsanforderungen gerecht zu werden und andererseits dennoch einen Teil seines Selbst für sich zu bewahren? Soll vielleicht gerade durch die extrovertierte Zurschaustellung privater und intimer Informationen von dem abgelenkt werden, was man wirklich für privat und intim hält? Wird als privat einfach längst nicht mehr das angesehen, was die Verteidiger der Privatheit als solches ausgeben? Suchen wir das Private womöglich an der falschen Stelle? Verstellt uns die tradierte Entgegensetzung von „privat" und „öffentlich" womöglich den Blick auf die Bedeutungsverschiebungen, die diese „Zombiekategorien" (Beck 2000: 16) gegenwärtig erfahren? Momentan sind wir jedenfalls ganz und gar auf die dominierende Enthüllungsbereitschaft und die Lust an der Preisgabe der intimsten Details aus dem Alltag der Individuen konzentriert. Doch statt dies vorschnell als leichtfertige Preisgabe der Privatheit und als endgültigen Sieg des Exhibitionismus auszugeben, wie es in den Feuilletons (aber eben nicht nur da!) geschieht, sollten wir zumindest wahrnehmen, dass es nach wie vor die Suche nach dem Schutz des Privaten gibt, was in der öffentlichen Wahrnehmung nahezu unbemerkt bleibt. Der Wunsch nach Selbstdarstellung ebenso wie die Möglichkeiten des Scheiterns und des Missbrauchs dieser Selbstdarstellung sind jedenfalls nicht neu. Auch im Leben des ausgestellten Individuums gehören sie zu den kaum vermeidbaren Risiken, will es auf seine Selbstpräsentation nicht gänzlich verzichten, was in unserer visuellen Kultur die sofortige Exklusion nach sich ziehen würde. Individualisierung mit ihrem Gebot zur Selbstinszenierung bleibt insofern zwar eine Zumutung, der sich niemand entziehen kann, der in der alltäglichen Praxis aber mit Eigensinn und Kreativität begegnet wird.

Literatur

Anders, Günter (1992): Die Antiquiertheit des Menschen, Bd. 2: Über die Zerstörung des Menschen im Zeitalter der dritten industriellen Revolution. München: Beck Verlag.

Bauman, Zygmunt (1995): Ansichten der Postmoderne. Hamburg: Argument Verlag.

Bauman, Zygmunt (2001): Individualized Society. Cambridge.

Beck, Ulrich (1986): Risikogesellschaft. Auf dem Weg in eine andere Moderne. Frankfurt am Main: Suhrkamp Verlag.

Beck, Ulrich (1993): Die Erfindung des Politischen. Zu einer Theorie reflexiver Modernisierung. Frankfurt am Main: Suhrkamp Verlag.

Beck, Ulrich (1997): Die uneindeutige Sozialstruktur: Was heißt Armut, was Reichtum in der ‚Selbst-Kultur'? In: Ders./Peter Sopp (Hg.): Individualisierung und Integration. Neue Konfliktlinien und neuer Integrationsmodus? Opladen: Leske + Budrich, 183-197.

Beck, Ulrich (2000): Freiheit oder Kapitalismus? Ulrich Beck im Gespräch mit Johannes Willms. Frankfurt am Main: Suhrkamp Verlag.

Beck, Ulrich/Beck-Gernsheim, Elisabeth (2002): Individualization. Institutionalized Individualism and its Social and Political Consequences. London u. a. 2002.

Bell, Daniel (1976): Die Zukunft der westlichen Welt. Kultur und Technologie im Widerstreit. Frankfurt am Main: Fischer Verlag.

Benjamin, Walter (1977): Das Kunstwerk im Zeitalter seiner technischen Reproduzierbarkeit. In: Ders.: Illuminationen. Frankfurt am Main: Suhrkamp Verlag, 136-169.

Berger, John (1974): Sehen. Das Bild in der Welt in der Bilderwelt. Reinbek bei Hamburg: Rowohlt Verlag.

Berger, Peter A. (1996): Individualisierung. Statusunsicherheit und Erfahrungsvielfalt. Opladen: Leske + Budrich.

Burkart, Günter (2006): Einleitung. Selbstreflexion und Bekenntniskultur. In: Ders. (Hrsg.): Die Ausweitung der Bekenntniskultur – neue Formen der Selbstthematisierung. Wiesbaden: VS Verlag für Sozialwissenschaften.

DER SPIEGEL (1993): Die schamlose Gesellschaft, 47. Jg., Nr. 2, 11. Januar 1993.

„die tageszeitung" (2009), „Atombombe! Na und?" 31. Jg., Nr. 8893, S. 1.

Ehrenberg, Alain (2004): Das erschöpfte Selbst. Depression und Gesellschaft in der Gegenwart. Frankfurt am Main, New York: Campus Verlag.

Foucault, Michel (1986): Der Gebrauch der Lüste. Sexualität und Wahrheit, Bd. 2. Frankfurt am Main: Suhrkamp Verlag.

Foucault, Michel (1993): Technologien des Selbst. In: Ders. u. a.: Technologien des Selbst. Frankfurt am Main: Fischer Verlag, 24-62.

Giddens, Anthony (1991): Modernity and Self-Identity. Self and Society in the late Modern Age. Stanford, California.

Godard, Jean-Luc (1981): Einführung in eine wahre Geschichte des Kinos. Frankfurt am Main: Fischer Verlag.

Goffman, Erving (1971): Verhalten in sozialen Situationen. Strukturen und Regeln der Interaktion im öffentlichen Raum, Gütersloh: Bertelsmann.

Goffman, Erving (1983): Wir alle spielen Theater. München: Piper Verlag.

Greiner, Ulrich (2000): Versuch über die Intimität. Von Ballermann bis zu „Big Brother", vom Internet bis zur Talkshow: Der neue Exhibitionismus grassiert. In: DIE ZEIT Nr. 18, S. 43.

Gross, Peter (2001): Solitäre Enklaven. Zur Soziologie des Nicht-Sozialen. In: Hans Rolf Vetter (Hrsg.): Lebensführung in der modernen Industriegesellschaft. München, 379-406.

Hahn, Alois (2000): Konstruktion des Selbst, der Welt und der Geschichte. Aufsätze zur Kultursoziologie. Frankfurt am Main: Suhrkamp Verlag.

Hitzler, Ronald (1992): Der Goffmensch. Überlegungen zu einer dramatologischen Anthropologie. In: Soziale Welt 43, 449-461.

Jung, Thomas/Stefan Müller-Doohm (1998): Das Tabu, das Geheimnis und das Private. In: Kurt Imhof/Peter Schulz (Hg.): Die Veröffentlichung des privaten – die Privatisierung des Öffentlichen. Opladen: Westdeutscher Verlag, 136-146.

Lahir, Bernard (1998): L'homme pluriel. Les ressorts de l'action. Paris.

Luhmann, Niklas (1993): Gesellschaftsstruktur und Semantik. Studien zur Wissenssoziologie der modernen Gesellschaft, Bd. 3. Frankfurt am Main: Suhrkamp Verlag.

Kaufmann, Jean-Claude (2005): Die Erfindung des Ich. Eine Theorie der Identität. Konstanz: Universitätsverlag.

Malzahn, Claus Christian (1999): „Big Brothers kleiner Bruder". In: DER SPIEGEL Nr. 44, 136-138.

Mead, George Herbert (1973): Geist, Identität und Gesellschaft. Frankfurt am Main: Suhrkamp Verlag.

Mitchell, W.J.T. (1997): Der Pictorial Turn. In: Christian Kravagna (Hg.): Privileg Blick. Kritik der visuellen Kultur. Berlin, 15-40.

Paul, Gerhard (Hg.) (2009): Das Jahrhundert der Bilder, 2 Bände. Göttingen: Vandenoeck & Rupprecht.

Plessner, Helmuth (2003): Grenzen der Gemeinschaft. Eine Kritik des sozialen Radikalismus (1924). In: Ders.: Macht und menschliche Natur. Gesammelte Schriften, Bd. V, Frankfurt am Main: Suhrkamp Verlag, 7-133.

Rössler, Beate (2001): Der Wert des Privaten. Frankfurt am Main: Suhrkamp Verlag.

Rosa, Hartmut (2005): Beschleunigung. Die Veränderung der Zeitstrukturen in der Moderne. Frankfurt am Main: Suhrkamp Verlag.

Rousseau, Jean-Jacques (1985): Bekenntnisse. Frankfurt am Main, Leipzig: Insel (zuerst: 1781)

Schroer, Markus (1997): Individualisierte Gesellschaft. In: Georg Kneer/Armin Nassehi/ Markus Schroer (Hg.): Soziologische Gesellschaftsbegriffe. Konzepte moderner Zeitdiagnosen. München: Fink Verlag, 157-183.

Schroer, Markus (2000): Negative, positive und ambivalente Individualisierung – erwartbare und überraschende Allianzen. In: Thomas Kron (Hg.): Individualisierung und soziologische Theorie. Opladen: Leske+Budrich, 319-336.

Schroer, Markus (2001a): Das Individuum der Gesellschaft. Synchrone und diachrone Theorieperspektiven. Frankfurt am Main: Suhrkamp Verlag.

Schroer, Markus (2001b) Das gefährliche, das gefährdete und das Risiko-Individuum. Drei Argumentationsstränge in der Individualisierungstheorie. In: Berliner Journal für Soziologie 11, H. 3, 319-336.

Schroer, Markus (2003): Sehen und Gesehen-werden. Von der Angst vor Überwachung zur Lust an der Beobachtung? In: Merkur 57, Heft 2, 169-173.

Schroer, Markus (2006): Selbstthematisierung. Von der (Er-)Findung des Selbst und der Suche nach Aufmerksamkeit. In: Ders. (Hg.): Die Ausweitung der Bekenntniskultur – neue Formen der Selbstthematisierung. Wiesbaden: VS Verlag für Sozialwissenschaften, 41-72.

Schroer, Markus (2007): Defizitäre Reziprozität. Der Raum der Überflüssigen und ihr Kampf um Aufmerksamkeit. In: Cornelia Klinger/Gudrun-Axeli Knapp/Birgit Sauer (Hg.): Achsen der Ungleichheit. Zum Verhältnis von Klasse, Geschlecht und Ethnizität. Frankfurt am Main, New York: Campus Verlag, 257-270.

Schroer, Markus (2008): Individualisierung. In: Baur, Nina/Korte, Hermann/Löw, Martina Löw/Schroer, Markus (Hrsg.): Handbuch Soziologie. Wiesbaden: VS Verlag für Sozialwissenschaften, 139-161.

Schroer, Markus (2009): Theorie der reflexiven Modernisierung. In: Georg Kneer/Markus Schroer (Hrsg.): Handbuch soziologische Theorien. Wiesbaden: VS Verlag für Sozialwissenschaften, 491-515.

Schroer, Markus (2010): Der Star. In: Moebius, Stephan/Schroer, Markus (Hrsg.): Diven, Hacker, Spekulanten. Sozialfiguren der Gegenwart. Frankfurt am Main: Suhrkamp Verlag.

Sennett, Richard (1983): Verfall und Ende des öffentlichen Lebens. Die Tyrannei der Intimität. Frankfurt am Main: Fischer Verlag.

Simmel, Georg (1992): Soziologie. Untersuchungen über die Formen der Vergesellschaftung, Gesammelte Werke Band 11. Hg. von Otthein Rammstedt, Frankfurt am Main: Suhrkamp Verlag.

Simmel, Georg (1996): Die Mode. In: Ders.: Hauptprobleme der Philosophie, Philosophische Kultur, Gesamtausgabe Bd. 14 . Hg. von Otthein Rammstedt, Frankfurt am Main, 186-218.

Sontag, Susan (1980): Über Fotographie. Frankfurt am Main: Suhrkamp Verlag.

Sontag, Susan (2004): Endloser Krieg, endloser Strom von Fotos. Die Folter der Gefangenen ist keine simple Verfehlung. In: Süddeutsche Zeitung Nr. 118, Montag, 24. Mai 2004, S. 13.

Die Einzelnen und ihr Eigensinn
Methodologische Implikationen des Individualisierungskonzepts

Angelika Poferl

1 Vorbemerkung

Die folgenden Überlegungen beziehen sich auf das Konzept der Individualisierung, wie es im Rahmen der von Ulrich Beck und anderen entwickelten Theorie reflexiver Modernisierung Mitte der 1980er eingeführt und seither weiter ausgearbeitet worden ist.[1] Sie konzentrieren sich darauf, methodologische Aspekte der Individualisierungsthematik zu beleuchten. Entsprechende Frage- und Problemstellungen sind in der Originalliteratur eher verstreut behandelt, eine systematische Aufarbeitung und Weiterführung steht aus. Dabei gilt es zu berücksichtigen: Die Erforschung gesellschaftlicher Individualisierungsprozesse darf und muss *theoretisch* inspiriert sein und kann sich vermutlich auch gar nicht anders vollziehen. Die in diesem Fall bereits vorliegende – Bücher, Debatten wie Sonderforschungsbereiche füllende – Theoriebildung und daran anknüpfende Analyseinteressen zugunsten einer ‚theoretisch unvoreingenommenen‘ Forschung zu ignorieren, käme einem methodisch schwer zu kontrollierenden (und somit kaum legitimierbaren) Balanceakt des ‚nicht wissen Wollens was man weiß‘ gleich. Vor allem die Methodologie qualitativer Sozialforschung mit ihrem allseits erhobenen und zweifellos berechtigten, aber oft ungenau gefassten Postulat der Offenheit hat sich dem zu stellen. Umgekehrt bliebe jede Erkenntnis blass, die das vorhandene Wissen lediglich bestätigt; sie wäre leer, wenn sie sich der Entdeckung von Neuem, dem ‚mehr und anderes wissen wollen‘ sowohl auf der Ebene der Empirie als auch einer daraus folgenden Theoriekorrektur und -weiterentwicklung versagt. Die angestellten Reflexionen sind insofern an einem Verständnis von Theorie und theoretischer Arbeit orientiert, das diese ebenso als *empirisch* inspiriertes, in Bewegung befindliches Unterfangen begreift.

Im ersten Teil des Beitrags werden Grundzüge des Individualisierungskonzeptes in seiner ‚reflexiv-modernisierungstheoretischen‘ Fassung rekapituliert.

---

[1] Die Individualisierungsthese ist breit und äußerst kontrovers diskutiert worden. Vgl. dazu die Beiträge in Beck/Gernsheim (1994b), Beck/Sopp (1997), Friedrichs (1998) sowie Kron (2000), Schroer (2001); in direktem Anschluss an Beck: Hitzler (2005), Poferl (2006); zur angelsächsischen Diskussion Beck/Giddens/Lash (1994), Stevenson (2001) sowie aktuell z. B. den Band von Howard (2007) und auch die Debatte zwischen Atkinson (2007) und Beck (2007).

Der daran anschließende zweite Abschnitt diskutiert methodologische Konsequenzen und entwickelt eine eigene Position individualisierungstheoretischer Forschung. Vorgeschlagen wird eine wissenssoziologisch informierte *historisch-rekonstruktive Praxisanalyse*, die die Untersuchung von individuellen Situationsdefinitionen sozialer Akteure und darin eingehender Erfahrungen mit einer Analyse institutioneller wie diskursiver Voraussetzungen, auf die sie rekurrieren, und einer sorgfältigen Erfassung der materialen, sozialen und kulturellen Kontexte von Handlungspraxis verknüpft. Dies erfordert kein ‚Mammutprogramm' je disparater Ansätze und Zugänge – solange sie inhaltlich und organisatorisch unverbunden bleiben, wäre dies kontraproduktiv. Viel eher geht es darum, die Komplexität sozialer Wirklichkeit und Wirklichkeitskonstruktionen anhand des Studiums je spezifischer Phänomenbereiche einzuholen und forschungspraktisch in entsprechende *settings* einer verdichtenden, fokussierten Beschreibung und Erklärung zu übersetzen; auch Methodiken des Vergleichens und Kontrastierens gehören dazu. Einerseits handelt es sich hierbei um Grundanforderungen einer am Studium gesellschaftlicher Wandlungsprozesse interessierten, qualitativen Sozialforschung, die sich keineswegs allein oder primär aus individualisierungstheoretischen Forschungsinteressen ergeben. Andererseits erhalten diese Anforderungen vor dem Hintergrund des Individualisierungskonzeptes besondere Relevanz, indem sie theoretisch behauptete, konstitutive Merkmale von Individualisierung als struktureller „Freisetzung" methodologisch aufzugreifen in der Lage sind und Wege zu einer gegenstandsadäquaten Bearbeitung eröffnen. Eine für Geschichtlichkeit aufgeschlossene und Gegenwart als Momentaufnahme unvorhergesehener Zukunft verstehende Praxisanalyse beinhaltet daher, die historisch-gesellschaftlich hervorgebrachte Deutungs- und Handlungsfigur des individualisierten ‚Einzelnen' und seiner ihm zugedachten ‚Eigen-Sinnigkeit' in erster Linie *heuristisch*, als ein operatives und sensibilisierendes Konzept einzusetzen; substantialisierende Annahmen darüber, was ‚der Einzelne', ‚das Individuum' oder ‚Subjekt' ist und sein soll, sind damit überflüssig. Sie erfordert zudem, die Einsicht in Konstruktionen gesellschaftlicher Wirklichkeit mit *explorativen* Zugangsweisen zu verbinden – dies insofern, als dem „typisch erfahrbaren Eigensinn" des Sozialen (Honer 1993: 34) Vorrang vor alltäglichen, philosophischen, aber auch szientistischen Verständnissen einzuräumen und der „artifizielle[n] Einstellungsänderung" (ebd.: 37) des ‚fremden' bzw. verfremdenden Blicks auf das scheinbar Bekannte, Vertraute eingedenk seiner wissenschaftlichen Reifikationen zu folgen ist. Honer plädiert für eine „quasi-ethnologische Form der soziologischen Forschung" (ebd.: 35); dieses Postulat fließt teils auch in die hier formulierten Überlegungen ein, wird allerdings mit einer makrosozialen Perspektive verknüpft.

2   Individualisierung und reflexive Modernisierung[2]

Das Konzept der Individualisierung stellt einen Hauptstrang der maßgeblich mit der Publikation der „Risikogesellschaft" (Beck 1986) eingeführten Theorie reflexiver Modernisierung dar[3]. Sowohl die Beschreibung von Pluralisierungs- und Differenzierungstendenzen moderner Gesellschaften als auch die Identifikation neuartiger Gefährdungslagen und sozialer Dynamiken ist eng mit der Diagnose gesellschaftlicher Individualisierung verknüpft. Der Begriff wird in diesem Kontext insbesondere zur Beschreibung und Erklärung des Wandels von Ungleichheits- und Sozialstrukturen eingesetzt (Beck 1983; Beck-Gernsheim 1983). Die Bedeutung der Individualisierungsthese geht allerdings weit über den Blickwinkel entsprechender Bindestrich-Soziologien hinaus. Verstanden als Ausdeutung realgesellschaftlicher Umbruchprozesse, weist sie darauf hin, dass im Kern der Transformation der Moderne eine neuartige Sozialfigur entsteht: Es ist der Anspruch auf sowie der Zwang zur *Gestaltung eines „eigenen Lebens"*,[4] der zum markanten Signum der Moderne bzw. Spätmoderne wird. Nicht nur traditionale Vorgaben der Lebensführung, wie sie für vormoderne Gesellschaften gelten, sondern insbesondere auch die Grundmuster industriegesellschaftlicher Lebensweisen samt den darin eingelassenen „Bauelementen einer industriell-immanenten Traditionalität" (Beck 1986: 19) werden aufgelöst und überformt. Die Basisprämissen der industriellen oder „ersten Moderne" schließen Aspekte einer „programmatischen Individualisierung" (Beck/Bonß/Lau 2001: 20) als eine spezifische gesellschaftliche „Struktur- und Systemunterstellung" (ebd.: 20) ein[5]; ihr Menschenbild und Grundrechtsverständnis ist von der Idee freier und gleicher Individuen geprägt. Diese findet jedoch ihre faktischen Grenzen in den Fesseln und Beschränkungen von Klasse, Geschlecht und Herkunft, die entsprechende Handlungsmöglichkeiten und -räume beschneiden und verwehren. Die Industriegesellschaft erweist sich in Bezug darauf als eine in ihrem Grundriss „halbierte Moderne" (Beck 1986: 118) bzw. als „moderne Ständegesellschaft" (ebd.: 176), deren Teilungen erst im Zuge fortschreitender, verallgemeinerter und *strukturell*

---

2 Die Ausführungen in diesem Abschnitt greifen in Teilen auf eine überarbeitete Darstellung der Individualisierungsthematik bei Poferl (2004) zurück.

3 Vgl. dazu unter anderem auch Beck/Beck-Gernsheim (2002), Beck/Bonß/Lau (2001, 2004).

4 Der Begriff des „eigenen Lebens" wird in der Literatur als eine feststehende Umschreibung verwendet. Auf die Angabe einzelner Fundstellen sei daher verzichtet.

5 Die Basisprämissen der Ersten Moderne sind generell nach „Struktur- und Systemunterstellungen" sowie „Prozess- und Handlungsselbstverständlichkeiten" (Beck/Bonß/Lau 2001: 20ff) unterschieden. Während Nationalstaatlichkeit, Individualisierungsprogrammatiken, Erwerbsarbeit zu den Struktur- und Systemunterstellungen rechnen, werden funktionale Differenzierung, wissenschaftlich definierte Rationalitäts- und Kontrollkonzepte sowie industrielle Muster der Ausblendung und Ausbeutung von Natur als Prozess- und Handlungsselbstverständlichkeiten aufgefasst (ebd.: 20/21).

durchgreifender Individualisierungsprozesse eingeholt und überwunden werden; unter anderem daran macht sich der Übergang zu einer „reflexiven" bzw. „zweiten Moderne" fest.

Nach Beck lassen sich modellhaft drei Dimensionen von Individualisierung – Prozesse der „*Freisetzung*" aus historisch vorgegebenen, traditionalen Sozialformen, Herrschafts- und Versorgungszusammenhängen, der „*Entzauberung*" von gesichertem Handlungswissen, Glauben und Normen und der Kontrolle bzw. *Re-Integration* als neue Art der sozialen Einbindung – unterscheiden (ebd.: 206). Benannt sind damit keine gänzlich ‚neuen' Phänomene; Individualisierungsprozesse finden auch in historisch früheren Phasen statt. Für die zweite Hälfte des 20. Jahrhunderts gelten jedoch *spezifische* gesellschaftliche Rahmenbedingungen, die sowohl durch ökonomische Prosperität und eine wohlfahrtsstaatlich getragene Verbesserung der allgemeinen Lebensumstände als auch eine Sensibilisierung für soziale – klassen-, geschlechts- und herkunftsbezogene – Ungleichheiten gekennzeichnet sind. Sie setzen jene Entwicklungen in Gang, die die Grundlagen und Muster der Vergesellschaftung von Individuen transformieren. Die Moderne beginnt sich über bisherige (soziale, politische und kulturelle) Begrenzungen hinaus auszuweiten, während und indem industriegesellschaftlich zugewiesene Kollektividentitäten, Rollenverständnisse und Schemata der Lebensführung erodieren. Individualisierung stellt insoweit eine *generalisierte* Entlassung aus industriegesellschaftlichen Vorgaben, *ohne* Rückbindung an übergreifende (ständische oder klassenkulturelle) Lebenszusammenhänge dar.[6] Für den Westen lässt sich mit Blick auf das letzte Drittel des 20. Jahrhunderts von einer „Vollkasko-Individualisierung" (Beck 1993: 160; vgl. auch Hitzler 2000) auf hohem Wohlstands- und Wohlfahrtsniveau sprechen, das die von vielen als selbstverständlich erachteten Elemente einer „individualisierten Alltagskultur" (z. B. Ansprüche an Information, Wissen, Entfaltung, Mitwirkung) erst ermöglicht hat. Erscheinungsformen der Individualisierung, wie sie für andere Weltregionen, zunehmend aber auch für marginalisierte, exkludierte Teile westlicher Gesellschaften gelten, drücken sich demgegenüber als „Armuts-Individualisierung" (Beck 1993: 160) aus. Aktuelle Beiträge zur internationalen Individualisierungsdiskussion (vgl. z. B. Yan 2009, Zaman/Wohlrab-Sahr, in diesem Band) zeichnen ein global differenziertes Bild und machen auf regional, politisch, ökonomisch und kulturell spezifische Hintergründe und Ausprägungen aufmerksam. Auseinandersetzungen mit den Besonderheiten ‚weiblicher' Individualisierung zeigen früh Konfliktpotentiale und Spannungsverhältnisse unter den Voraussetzungen moderner Geschlechterverhältnisse an.[7]

---

6 Instruktiv ist hierzu auch die Ausführung des Individualisierungskonzepts in Auseinandersetzung mit Karl Marx und Max Weber (Beck 1986: 130ff; vgl. zu Marx auch: Vester, in diesem Band).
7 Vgl. Beck-Gernsheim (1983) sowie z. B. Geissler/Oechsle (1994).

Individualisierung in der Perspektive reflexiver Modernisierung wird als ein historisch widersprüchlicher Prozess verstanden, der in mehrfacher Hinsicht Ambivalenzen aufweist. Sie ist zum einen nicht mit emanzipatorischer Befreiung gleichzusetzen, sondern geht mit neuen *Standardisierungen* und rigiden *Abhängigkeiten* (von Vorgaben des Arbeitsmarktes, des Wohlfahrtsstaates, von Konsumangeboten, Dienstleistungen, Infrastruktur etc.) einher. Sichtbar wird darin die institutionelle „Kontrollstruktur" von Individualisierung, die zur „fortgeschrittensten Form markt-, rechts-, bildungs- usw. -abhängiger Vergesellschaftung" wird (Beck 1983: 210). Zum anderen aber haben Institutionen keine ungebrochene Macht. Sie erweisen sich angesichts kultureller Öffnungen einerseits, der Erfahrung von Risiken und Schattenseiten der Moderne andererseits als angreifbar und prekär. Institutionelle Vorgaben sind – bei aller Beharrungstendenz – „in ihrer Programmatik, in ihren Grundlagen unwirklich, widerspruchsvoll und daher individuumsabhängig" (Beck 1993: 154), d. h. sie sind mehr denn je auf Zustimmung und Legitimation verwiesen; die normativ untermauerte Gefolgschaft sozialer Akteure kann nicht umstandslos vorausgesetzt werden. Des Weiteren stellt Individualisierung nicht zwangsläufig ein Zeichen der Desintegration und Anomie, der Atomisierung oder um sich greifender Orientierungslosigkeiten dar. Zwar werden tradierte Vorlagen und Vorbilder der Lebensweise brüchig. Spezifische Problem- und Gefährdungslagen, Diskrepanzen zwischen individuellen Erwartungen und institutionellen Garantien sowie nicht zuletzt die Unmöglichkeit, das „eigene Leben" tatsächlich ungehindert durch gesellschaftliche und politische Schranken leben zu können, lassen jedoch neue „enttraditionalisierte' Gemeinsamkeiten und Solidaritäten, Bündnisse und Netzwerke entstehen. Sie können als „Wahlgemeinschaften auf Zeit" (Beck/Bonß/Lau 2001: 58) bzw. als „projektive" Integrationstypen (Beck/Beck-Gernsheim 1994a: 32ff) begriffen werden, die eine Basis für soziale Identitäten und neuartige Formen des Zusammenlebens bilden:

> „Schlicht gesagt, meint ‚Individualisierung': den Zerfall industriegesellschaftlicher Selbstverständlichkeiten sowie den Zwang, ohne Selbstverständlichkeit für sich selbst und miteinander neue ‚Selbstverständlichkeiten' zu finden und zu erfinden." (Beck 1993: 151)

In diesem Sinne wird Individualisierung schließlich auch zum Ausgangspunkt für eine „Subpolitik" (Beck 1993) der Individuen; sie zeigt sich als ein Ringen um Sinnstiftung und Lebensformen, das sich institutionellen Normalitätsdefinitionen sowie der Rollenhaftigkeit sozialen Handelns in seinen industriegesellschaftlichen Formaten entzieht. Möglich und sichtbar wird eine „Kreativität des Sozialen" (Beck 2001: 3), die der Verflüssigung moderner Sozialstrukturen korrespondiert. Diese Verflüssigung lässt Sozialstruktur zunehmend „uneindeutig" und „paradox" (Beck 1997, 2001) erscheinen, insoweit als die jeweils wirksamen strukturierenden und organisierenden Prinzipien gerade nicht mehr in gängigen kollektivistischen Kategorien von Sozietät erfassbar sind. An deren Stelle tritt die Grundkonstellation einer neuen *„Unmittelbarkeit von Individuum und Gesellschaft"* (Beck 1995: 12; Hervorh. AP). Dies gilt auch und umso mehr unter Bedingungen, unter denen gesellschaftliche Horizonte sich zu globalen Kontexten, d. h. zu neuen Verbindungen von globalen und lokalen, ‚transnationalen' Erfahrungs- und Handlungszusammenhängen weiten. Mit der Auf- und Ablösung klassischer industriegesellschaftlicher Lebensformen verlieren nicht nur die Kategorien von ‚Stand', ‚Klasse' und ‚Geschlecht', sondern auch ‚nationale' Zugehörigkeiten an Aussagekraft. Prozesse der Individualisierung sind demnach eng mit Prozessen der Globalisierung und Transnationalisierung verknüpft. Die Diskussion seit Mitte der 1990er Jahre sowie die aktuelle These der „Kosmopolitisierung" von Gesellschaften nimmt darauf Bezug.[8]

Die Individualisierungsthematik gewinnt ihre Relevanz im Rahmen der Theorie reflexiver Modernisierung durch den Bezug auf einen „Meta-Wandel"[9], der soziale Gefüge und gesellschaftliche Ordnungen ins Wanken bringt. Gestaltungsspielräume und -erfordernisse des Lebens stellen sich vor einem solchen Hintergrund im Kern als „riskante Freiheit" (Beck/Beck-Gernsheim 1994a: 18) dar. Zwar werden in hohem Maße *individuell zurechenbare ‚Verantwortlichkeiten'* für das eigene Tun, für Gelingen oder Scheitern der Lebensführung erzeugt.[10] Die Individuen können aber zunehmend weniger auf institutionell stabilisierte Eindeutigkeiten, Sicherheiten und Gewissheiten zurückgreifen. Unwägbarkeiten und Möglichkeiten des Fehlentscheidens sind allgegenwärtig; wo einerseits Fluchten der Nicht-Entscheidung schwinden, tun sich andererseits neue Barrieren auf. Deutlicher denn je wird aktuell das Augenmerk auf den *„Raum der Ambivalenz* institutionalisierter Individualisierungsschübe" (Beck 2008: 304; Hervorh. im Orig.) gelegt. Auch auf institutioneller Ebene zeichnen sich demnach Formen der Normalisierung von Abweichung und Diversität mit je unterschiedlichen Reichweiten und Begrenzungen ab; Entscheidungschancen und -zwänge gehen mit „Tendenzen der *De*-Individualisierung" (ebd., Hervorh. im Orig.) einher. Eine an die Individualisierungsthese anschließende und für die Theorie reflexiver Modernisierung zentrale Frage ist die der gesellschaftlichen *Restrukturierung.* Neuere Überlegungen hierzu weisen die Untersuchung von Strukturbildungen zum einen als Frage nach der „Subjekt-Struktur-Schnittstelle"

---

8 Vgl. Beck (2000, 2002).
9 Auch diese Formulierung wird in der Literatur über reflexive Modernisierung durchgehend verwendet; bezeichnet ist damit ein „Wandel der Grundlagen des Wandels" (Beck 1986: 19), d. h. eine Transformation der Voraussetzungen, unter denen sich fortschreitende Modernisierungsprozesse vollziehen.
10 Vgl. dazu jedoch die Unterscheidung von Individualisierung als Differenzierungsprozess und als Zurechnungsmodus sowie deren unterschiedliche Ausprägungen bei Wohlrab-Sahr (1997).

(Beck/Bonß/Lau 2001: 56ff) aus. Geklärt werden soll, welche neuartigen Muster der Lebensorganisation und Integration diejenigen ablösen, „die eine epochenspezifische Passung von strukturellen Anforderungen und individuellen Formen der Lebensführung und Identitätsentwicklung" (ebd.: 56) in der ersten Moderne ermöglicht haben. Dies verbindet sich mit einer Reformulierung des verwendeten Subjekt-Begriffs, der zwischen gesellschaftlichen Erwartungen und realen Handlungsmöglichkeiten, zwischen einem „De-jure" und einem „De-facto-Subjekt" (ebd.: 43; Hervorh. im Orig) unterscheidet und von einer erreichten Situation der „Quasi-Subjektivität" in Gestalt „fiktiver Subjektautonomie" (ebd.: 45) ausgeht. Hierin wird erkennbar auf dominante Subjektdiskurse der Moderne reagiert; Vorstellungen eines sich selbst und seine Umwelt beherrschenden und kontrollierenden ‚Subjektes' sind zurückgewiesen zugunsten der Figur eines „fiktiven Entscheiders' (ebd.: 44), die durch den Doppelcharakter von Abhängigkeit und Souveränität geprägt ist. Zum anderen gilt die Aufmerksamkeit – wie eben schon aufgezeigt – verstärkt den *transformativen* Effekten *institutioneller* Vorstrukturierungen von Lebenslagen und Lebensweisen. In den Vordergrund rückt das Wechselspiel von Entgrenzung, Entscheidung und veränderten Formen der Grenzziehung (vgl. Beck/Bonß/Lau 2004), das sich sowohl auf die Ebene institutioneller Vorgaben wie auch auf die Ebene der Lebensführung beziehen lässt. Die Individualisierungsdebatte arbeitet sich seit langem – sowohl auf Seiten der Gegner wie der Befürworter – an Vorwürfen der mangelnden Gültigkeit und Generalisierbarkeit ab; dazu gehört auch der Verdacht der unzulässigen Stilisierung partikularer, weltanschaulicher Einstellungen und/oder milieuspezifischer Alltags- und Sozialkulturen zu einem struktur- und epochenbildenden ‚Trend'. Die zahlreichen Kontroversen um die Individualisierungsthese – wie sie in Deutschland seit den 1980ern, in der angelsächsischen Diskussion in jüngster Zeit geführt werden – dokumentieren dies in vielen Varianten. Aktuelle Positionierungen im Kontext einer hier nur beispielhaft herangezogenen Auseinandersetzung unterstreichen das Argument einer „institutionalisierten Individualisierung" (Beck 2008: 303). Individualisierung sei demnach nicht mit subjektiven Präferenzen, Attitüden und Verhaltensweisen, nicht mit „Individualismus oder Egoismus" zu verwechseln:

> „Individualisierung (meint) ein makrosoziologisches Phänomen, das sich möglicherweise – aber eben vielleicht auch nicht – in Einstellungsveränderungen individueller Personen niederschlägt. Das ist die *Krux der Kontingenz:* Es bleibt offen, wie Individuen damit umgehen. Ähnlich wie Zygmunt Bauman und Anthony Giddens betone ich, dass Individualisierung missverstanden wird, wenn sie als ein Prozess verstanden wird, der aus bewusster Wahl oder einer Präferenz des Individuums hergeleitet wird. Der entscheidende Gedanke lautet: Individualisierung wird tatsächlich dem Individuum durch moderne Institutionen auferlegt." (Beck 2008: 303, Hervorh. im Orig.)

Dies verbindet sich mit der weitreichenden methodologischen Schlussfolgerung, institutionelle Veränderungen bzw. den – unter wohlfahrtsstaatlichen Bedingungen zentral erachteten – „Zusammenhang zwischen Staat und Individualisierung" (ebd.: 303)[11] als entscheidende Instanz der Falsifikation zu definieren. Empirische Überprüfungen von Individualisierung müssen dementsprechend auf einer „Institutionenempirie" (ebd.: 306) aufbauen; sie sind in erster Linie als *Institutionenanalyse* zu betreiben. Darauf wird im Folgenden zurückzukommen sein.

3   Zu einer Methodologie des ‚Eigensinns'

Die sozialphilosophische und sozialwissenschaftliche Diskussion hat sich an unterschiedlichsten Stellen, teils im-, teils explizit, mit Phänomenen des ‚Eigenen' befasst. Der Philosoph Stirner z. B. entwickelte in seiner hoch umstrittenen Arbeit über den „Einzigen und sein Eigentum" ([1844] 1991) ein radikal egozentrisches Emanzipationsdenken, das sich jeglicher Zuordnung und Festlegung auf Normen und gesellschaftliche Moralvorstellungen entzieht. Der Soziologe Bourdieu hat in seiner Untersuchung des Einfamilienhausmarktes in Frankreich seit Mitte der 1980er Jahre den „Einzigen und sein Eigenheim" (1998) studiert und dabei im Rahmen einer feld- und habitustheoretischen Kulturanalyse die Bedeutung des Eigenheimbesitzes als Symbol der Unabhängigkeit, aber auch den damit verbundenen sozialen Druck sowie die Standardisiertheit und Gleichförmigkeit (klein-)bürgerlicher Ausdrucksformen hervorgehoben. Die in diesem Beitrag herangezogene Figur des ‚Einzelnen' und seines ‚Eigensinns' dient als Ausgangspunkt, einige Implikationen des Individualisierungskonzeptes von seiner methodologischen Seite her aufzurollen. Sie verweist nicht auf evidenzverliebte Formeln aus den Restbeständen europäischer Denkhorizonte. Dergleichen Abgrenzungen werden in der Regel bemüht, um theoretische Gegnerschaft zu ‚subjekt'- oder ‚individuumsorientierten' soziologischen Ansätzen zu markieren; darauf kommt es hier nicht an. Die vorliegenden Überlegungen gehen im Gegenteil dezidiert davon aus, dass die Befassung mit *Sinn* und *Subjektivität* – verstanden als eine Form der Perspektivität – sowie mit *Vorstellungen von* und *Praxen des Individuellen* im Kontext sozialer Welten analytisch lohnend ist. Es sei vorausgesetzt, dass man sich dabei von ahistorischen Bestimmungen ‚des' Subjekts oder Individuums als entweder immer schon unterworfenes oder immer schon autonomes Wesen frei zu machen hat. Jenseits allgemeiner, grundbegrifflicher Erörterungen wird im Folgenden der Frage nachgegangen, welche methodologischen Folgen sich aus dem zuvor dargestellten Konzept von Individualisierung und

---

11 Als Beispiele hierfür gelten Grundrechte, wohlfahrtsstaatliche Maßnahmen, Familienrecht und Arbeitsmarktreformen sowie die in diesen Bereichen anzutreffenden Leitbilder.

seiner Behandlung des strukturell hergestellten ‚Einzelnen' und ‚Eigenen' im Rahmen reflexiv-moderner Gesellschaftsentwicklungen ergeben. Dies beinhaltet in Teilen eine Kritik aktueller methodologischer Vorschläge seitens der Individualisierungstheorie, die zu Ergänzungen veranlasst – auch und gerade in Anbetracht ihrer Vielschichtigkeit und unterschiedlichen Akzente der Argumentation.

Sichtbar wird in der Anlage des Individualisierungskonzeptes zunächst ein theoriesprachliches Dilemma; es ergibt sich daraus, Begriffe wie „Institution" und „Institutionalisierung", „Subjekt", „Individuum" überwiegend als Gegen-Begriffe' von ‚objektiven' bzw. objektivierten sozialen Sachverhalten (Institutionen- und Strukturentwicklungen) einerseits, ‚subjektiven' bzw. subjektivierten Bewusstseinsformen (Wahrnehmungen, Einstellungen, Verhalten) andererseits einzusetzen. Dieser Eindruck relativiert sich nur bedingt im Rekurs auf die in den 1990er Jahren betonten und um Vermittlung bemühten Ansätze einer ausdrücklich „subjekt-" oder „individuumsorientierten" Soziologie;[12] neuere, bereits angesprochene Versionen lösen die Schwierigkeit der klassischen Gegenüberstellung von ‚Individuum' und ‚Gesellschaft' bzw. ‚Subjekt' und ‚Struktur' mithilfe der Einführung von Fiktionalitätsvorstellungen und „Quasi"-Begriffen auf.[13] Die Opposition von ‚objektiv' (d. h. strukturell) wirkenden Transformationsmechanismen und ‚subjektiven' (d. h. individuell und kulturell kontingenten) Bezügen ist allerdings auch methodologisch weitreichend. Sie verleitet gerade dazu, den individualisierungstheoretisch interessanten, in sich *offenen Zusammenhang* beider Ebenen aus den Augen zu verlieren und die jeweils eine oder andere Seite zu überhöhen – dies wiederum wäre kein Ausdruck legitimer unterschiedlicher Betonungen differenter Elemente, sondern eine Preisgabe von Forschungsinteressen, die der beanspruchten Komplexität der Individualisierungsthese nicht gerecht würde. Ausgehend davon werden zwei zentrale methodologische Herausforderungen deutlich, die sich individualisierungstheoretischer Forschung stellen:

Eine erste Aufgabe besteht darin, die *Wechselwirkungen* zwischen *Institutionalisierung/Institutionen, sozialer Praxis* und *Subjektivität* zu erfassen[14] und dabei zugleich die theoretisch behauptete ‚Unmittelbarkeit' von Individuum und Gesellschaft zu berücksichtigen. Darin liegt insofern eine besondere Schwierigkeit, als der vereinfachende Rückgriff auf gängige Kollektiv- und Vermittlungskategorien verwehrt ist; dies führt zur Notwendigkeit, alternative Zugänge zu entwickeln. Eine zweite Herausforderung ergibt sich aus einer Auffassung des

---

12 Vgl. Beck/Beck-Gernsheim (1994a).
13 Zu den Möglichkeiten und Grenzen einer ‚subjektorientierten' Perspektive in der Theorie reflexiver Modernisierung vgl. ausführlicher Poferl (2009).
14 Mit Giddens (1984) ließe sich auch von „Rekursivität" sprechen, wobei in der Strukturierungstheorie Fragen der Subjektivität nur eine untergeordnete Rolle spielen.

Individualisierungskonzeptes, die in den einschlägigen Schriften weitgehend verdeckt bleibt: Prozesse der Individualisierung werfen unweigerlich die Frage nach *‚Freiheitsgraden'* menschlichen Handelns und seiner jeweiligen gesellschaftlichen Einkleidungen auf. Sie resultieren aus der Verflechtung von Freisetzung, Entzauberung und Re-Integration, die individualisierungstheoretisch im Mittelpunkt steht. Damit ist jedoch eine Problemstellung eigener Art verbunden. In den Blick rücken Phänomene einer ‚Einzelhaftigkeit' und ‚Eigen-Sinnigkeit' menschlicher Existenzweisen, die nicht philosophisch (und auch nicht sozialtheoretisch) unterstellt werden müssen, sondern in ihrer *historisch spezifischen* Dimension zu erschließen und auf den Prüfstand empirisch-soziologischer Zugänglichkeit zu heben sind. Zu fragen ist also nach den gesellschaftlichen Hintergründen und Voraussetzungen, nach Erscheinungsformen, Folgen, Reibungs- und Konfliktpotentialen, die in ein individualisiertes Dasein sozialer Akteure, in deren Abarbeitung an und Auseinandersetzung mit umfassenderen Anforderungen, Zumutungen, Möglichkeiten eingelassen sind. Dies schließt ausdrücklich Fragen der *Konstitution* und *Genese* subjekt- und individuumszentrierter Deutungs- und Handlungsfiguren, der Zuschreibung von Handlungsmächtigkeit und Sinnstiftungskompetenz ein, deren empirische Relevanz und je beschreibbare Ausprägungen nicht ungeklärt in die sozialwissenschaftliche Analyse einfließen sollte. Weder die individualisierungstheoretisch entwickelten Argumente der Pluralisierung und Heterogenisierung, der Gestaltbarkeit und Wählbarkeit von Lebensformen und -stilen noch die Suche nach neuartigen Gemeinschaftsbildungen sowie sozialstrukturellen Integrations- und Passungsformen geben darauf erschöpfend Antwort.

Skizziert werden nachfolgend Elemente einer historisch-rekonstruktiven Praxisanalyse, die geeignet erscheinen, zur Untersuchung von Individualisierungsprozessen unter diesen Gesichtspunkten beizutragen. Die Absicht ist nicht, speziellere Forschungs- und Literaturlagen zu referieren, sondern methodologisch weiterführende Aspekte im Hinblick auf das hier zur Diskussion stehende Konzept herauszuarbeiten. Bezug genommen wird auf die Bedeutung von (1) Institutionen bzw. Institutionalisierung, von (2) symbolisch-diskursiven und materialen Vorstrukturierungen, von (3) alltagsweltlicher Praxis und Subjektivität.

1.   Begreift man Individualisierung als *Strukturkategorie* – und folgt darin einer charakteristischen, markanten Ausrichtung des Individualisierungskonzeptes reflexiv-modernisierungstheoretischer Provenienz – dann erweist es sich zweifellos als überzeugend, am Studium von Institutionen anzusetzen. Ausgehend von einer Verknüpfung handlungs- und gesellschaftstheoreti-

scher Überlegungen[15] und einem dementsprechend weiten, sozialkonstruk-
tivistischen Verständnis stellen Institutionen geschichtlich entwickelte und
kontextuell variierende „Regulativmuster" bzw. „Programme der Gesellschaft für das Verhalten von Individuen" (Berger/Berger 1976: 55) dar, die
den sozialen Akteuren vorgegeben sind. Sie bilden wesentliche Elemente
der menschlichen Gesellschaftserfahrung. Dies macht sich nicht allein an
‚äußeren' Zwängen und Normen, sondern auch an einer ‚Verinnerlichung'
derselben fest; Institutionen bieten Problemlösungen und Entlastung an, sie
werden durch Prozesse der Tradierung, Legitimierung und Sanktionierung
stabilisiert. So wie Institutionen im Handeln entstehen, können sie ihrerseits
durch Handeln bestätigt, unterlaufen, umgebaut, modifiziert werden. Es ist
vor allem die Erschütterung von Routinen, von Regelmäßigkeiten und Deu-
tungs- und Handlungsgewissheiten durch unvorhergesehene und nach herkömmlichen Modi nicht bewältigbare Ereignisse, die zur Erprobung neuartiger Auffassungs- und Handlungsformen veranlasst (vgl. z. B. Dewey
2002). Doch auf welchen Erfahrungs- und Wissensbeständen bauen Institutionen auf? Wie und in welche Richtungen verändern sie sich? Wie entsteht
ein ‚Raum der Ambivalenz' und was bedeutet die damit verbundene ‚Krux
der Kontingenz' konkret? Im Hinblick auf diese Fragen erscheint der Entwurf einer individualisierungstheoretischen Institutionenanalyse in zweifa-
cher Hinsicht erweiterungsbedürftig.

2. Der Fokus auf institutionelle Vorgaben ist zum einen in eine Untersuchung
    der *kulturellen* Begleiterscheinungen und Grundlagen von Institutionalisie-
    rungsprozessen einzubetten, d. h. in Analysen der symbolischen und diskur-
    siven Verfestigung oder eben auch Verflüssigung gesellschaftlich verfügba-
    rer Bedeutungskomplexe und Semantiken sowie daran anschließender In-
    terpretations- und Handlungsschemata. Institutionalisierung macht sich
    nicht allein an Gesetzestexten, an formalisierten, kodifizierten Regelwerken,
    an der Rechtsförmigkeit von Normsetzungen, an staatlicher Politik und ähn-
    lich ‚harten' Steuerungs-, Lenkungs- und Reglementierungsformen fest. Sie
    wird ergänzt durch die fälschlicherweise oft ‚weich' genannten Formen ge-
    sellschaftlicher Rede und Kommunikationspraxis, die die Lebens- und Er-
    fahrungswelten von Individuen in Gestalt von zirkulierenden Deutungs- und
    Handlungsanweisungen, von Identitätsangeboten und Konglomeraten öf-
    fentlicher Selbstverständigung prägen. Entsprechende Programmatiken (die
    bestimmten ‚institutionellen' Programmen durchaus entsprechen, anderen
    zuwider laufen) diffundieren durch Medien, Bildungs- und Therapieeinrich-

---

15 Vgl. dazu bereits Berger (1982), Berger/Luckmann (1989), Berger/Berger (1976) sowie Luckmann (1992).

tungen, Experten und Konsumkultur, Szenen, soziale Netze wie Gemeinschaften jeglicher Art; sie tragen zur Produktion, Erosion oder Modifikation gesellschaftlicher, aber auch politisch implementierter Leitbilder bei und lösen deren Veränderung oftmals erst aus. Zur Erfassung solcher Entwicklungen und Prozesse bieten sich Zugänge einer *Diskurs-, Dispositiv- und Rahmenanalyse* an,[16] die dem institutionenanalytischen Repertoire zugeordnet werden könnten, aber doch in ihrer methodologischen Besonderheit gesehen werden müssen. Indem sie der öffentlichen bzw. teilöffentlichen Verarbeitung spezifischer Ereignisse, Erfahrungen und Problemlagen nachgehen, geben sie Aufschluss darüber, wie sich institutionell vorgezeichnete, in Institutionenbildungen selbst eingelassene Ambivalenzen überhaupt erst entfalten und gesellschaftliche *Dynamik* entwickeln. Ergänzend zur Untersuchung von Interventionen und Maßnahmen kann gezeigt werden, inwiefern sich Deutungs- und Handlungsspielräume verschließen oder eröffnen, welche Thematisierungs- und Problematisierungsprozesse hierbei eine Rolle spielen, wo ihre Ränder und Grenzen liegen, welche Interpretationskämpfe stattfinden, welche Formen von Macht und Herrschaft sie durchziehen, welche Optionen der Selbsttransformation sich abzeichnen, durchsetzen, verwehrt oder schlicht nicht ‚vorgesehen' sind. Instruktiv ist in diesem Zusammenhang auch die symbolisch-interaktionistische Forschungstradition zur Karriere und Kultur öffentlicher Probleme (Gusfield 1981), die das Ineinandergreifen von institutionellen Praxen und gesellschaftlichen Ordnungsmustern untersucht. Sowohl die erwähnten älteren wie neueren Ansätze ermöglichen es darüber hinaus, die individualisierungstheoretisch wichtige Ebene der *Adressierung* ‚des Einzelnen', der damit verbundenen *Isolierungen*, aber auch *(Wieder-)Einbindungen* (z. B. in Form von Zugehörigkeitskonstruktionen) in den Blick zu nehmen. Dies beinhaltet eine stets fortzuschreibende Analyse spezifischer Individualitätstypen sowie der darüber sich ausbildenden Selbstverhältnisse und Subjektkulturen (vgl. Soeffner 1988; Reckwitz 2006).

3. Die Analyse von Individualisierung kann zum anderen nicht auf die Einbeziehung von *alltagsweltlicher Praxis* und *Subjektivität* in Form von Interaktionen und Tätigkeiten, von Sinngebungen und entsprechenden Ausstattungen sozialen Handelns verzichten. Dies bedeutet in dem hier interessierenden gesellschaftstheoretischen Kontext nicht mehr und nicht weniger als die historisch, institutionell und diskursiv erzeugte Deutungs- und Handlungsfigur ‚des Einzelnen' bis auf Weiteres heuristisch in Rechnung zu stellen, d. h. an der Erkundung gesellschaftlich situierter individueller Erlebensfor-

---

16 Vgl. aktuell Keller (2005), Bührmann/Schneider (2008); zur Rahmenanalyse Donati (2001).

men, Wahrnehmungen, Erfahrungen und Handlungsweisen anzusetzen. Die
Formel der Kontingenz bleibt nichtssagend, solange sich individualisierungstheoretische Forschung eben diesem ‚Einzelnen' und seinem ‚Eigen-
Sinn' entzieht. In der Tat kann mit Individualisierung höchst unterschiedlich
umgegangen werden. Doch *wie* damit umgegangen wird und *was* dies jeweils über die soziale Aktualisierung und Realisierung, die Beschaffenheit
und Wirkungen von Individualisierungsprozessen aussagt, ist nur der Untersuchung sozialer Akteure selbst, *ihren* Interpretationen und *ihrem* Tun und
Lassen zu entnehmen. In Bezug darauf lohnt es, an ein wegweisendes
Schlüsselkonzept des interpretativen Paradigmas der qualitativen Sozialforschung zu erinnern, das vor dem Hintergrund der Erforschung gesellschaftlicher Wandlungs- und Individualisierungsprozesse in den USA der 1920er
Jahre entstanden und als Thomas-Theorem in die Soziologiegeschichte eingegangen ist: Es ist die *„'Definition der Situation'"* (Thomas/Znaniecki
2004: 263), die darüber entscheidet, wie soziale Wirklichkeit in ihren empirisch fassbaren, „mit Inhalt" und „Bedeutung" (ebd.: 256) versehenen Gegebenheiten[17] sich aus der Sicht von Handelnden darstellt und wie diese
dementsprechend ihr Handeln ausrichten. Dies ist weder mit der Anpassung
an gesellschaftliche Konventionen noch mit beliebigen Betrachtungen
gleichzusetzen; auch ist zwischen standardisierten und eher spontanen Definitionen zu unterscheiden, zwischen institutionell etablierten Ansprüchen
und der Möglichkeit, diese zu beeinflussen. Ausschlaggebend für die Gültigkeit von Situationsdefinitionen ist ihr jeweils pragmatischer Bezug: Konkrete Handlungen ruhen auf Situationsdefinitionen auf und „[j]ede konkrete
Handlung ist die Lösung einer Situation." (ebd.: 263). Insofern geben diese
– je nach Kontext eher vorläufigen oder nachhaltigen – Lösungen aber auch
den Blick frei auf die Verarbeitung und Handhabung gesellschaftlicher
Umbrüche, in denen es zur Erschütterung, Infragestellung und Paralyse bislang geltender Situationsdefinitionen kommt. In teils frappierender Ähnlich-
keit zu aktuellen Gegenwartsdiagnosen hält Thomas, ein früher Vertreter
der *Chicago School*, in seiner klassischen Studie über „The unadjusted girl"
fest:

„Die Situationsdefinition gleicht einer Bestimmung des Unbestimmten. (…) Ob es
am Sonntag Vergnügungen geben sollte, ob die Weltgeschichte die Entfaltung des
Willens Gottes ist, ob man Wein trinken darf, ob in den Schulen die Evolutionstheo-
rie gelehrt werden darf. Ob die Ehe unauflöslich ist, ob ein außereheliches Ge-
schlechtsleben gestattet ist, ob bereits Kinder über Geschlechtsdinge aufgeklärt wer-

---

17 Thomas/Znaniecki bezeichnen diese Gegebenheiten als „sozialen Wert", was sowohl Dinge, Körper und gedankliche Inhalte, Komplexe von Menschen, Gebäuden, Gedankenvorstellungen als
auch Imaginäres umfasst.

den sollten, ob die Kinderzahl begrenzt werden darf – alle diese Fragen sind unbestimmt geworden. Es gibt konkurrierende Situationsdefinitionen, von denen keine bindend ist." (Thomas 1965: 324f)

Soziale Akteure füllen somit – um im Bild zu bleiben – den institutionell eröffneten, diskursiv bewegten und mit spezifischen Disponierungen bestückten Raum der Ambivalenz und Kontingenz durch Praxis; unter Bedingungen gesellschaftlicher Individualisierung steht ihnen dafür jedoch allenfalls eine Form der nachtraditionalen „Bastelexistenz" (Hitzler/Honer 1994) zur Verfügung, deren Gestalt untersucht werden kann. Sie muss keineswegs als solche weltanschaulich bejaht und demonstrativ inszeniert werden. Auch gibt es Erfahrungen und Phasen menschlicher Lebens, in denen der Begriff der ‚Individualisierung' womöglich nicht viel Sinn macht. Die ‚Eigensinnigkeit' von Lebenspraxis kommt insbesondere dort zum Ausdruck, wo sie auf mehr oder minder gravierende Handlungsprobleme zurückgeworfen ist und auf (tatsächliche oder vermeintliche) Entscheidbarkeiten, auf von ‚außen' herangetragene oder sich den Akteuren ‚selbst' stellende Begründungspflichten und Legitimationszwänge trifft. Strukturell individualisierte Lebensweisen haben den Charakter eines – sei es freiwilligen, sei es unfreiwilligen – *Experimentierens;*[18] ihre ‚Reflexivität' zeigt sich in vielfach gebrochenen Rückspiegelungen und schließt sowohl Reflexion als auch vorreflexives Wissen bis hin zu (relativem) Nicht-Wissen[19] ein. Entscheidend dafür ist allerdings die Frage der *Stellungnahme* und *Haltung,* die Akteure in und mit ihren jeweiligen Arten und Weisen des ‚Welterfassens'[20] in Form von Denken, Fühlen, Handeln einnehmen. Der Bezug auf bereit gestellte Orientierungsmuster, ihre „alltäglichen Auslegungen" gesellschaftlicher „Vorauslegungen" (Hitzler/Reichertz/Schröer 1999: 13) erhalten einen zentralen Stellenwert und sind für das sozialwissenschaftliche Verstehen sozialen Handelns stets neu von Belang.[21] Die Entwicklung und Darlegung von Motiven zum Beispiel kann in einem solchen Zusammenhang – und unbenommen der vielschichtigen Konstitutiva ‚subjektiven Sinns' – als Gebrauch verfügbarer „Motivvokabularien" (Mills 1940) nach situations- und kontextbezogenen Maßstäben analysiert werden, was nicht nur Spezifikationen eines wie immer gearteten Allgemeinen, sondern möglicherweise

---

18 Vgl. ebenso Poferl (2004).
19 Vgl. dazu auch Wehling (2006).
20 Bewusst wird hier ein phänomenologisch orientierter Begriff herangezogen, der die *Intentionalität* menschlichen Verhaltens und Handelns als elementare Welt- und Gegenstandsbezogenheit verdeutlicht. Von der Idee rational durchdachter Absichten ist dies klar zu unterscheiden.
21 Angeknüpft wird hierin an den Ansatz der Hermeneutischen Wissenssoziologie, vgl. dazu die Beiträge in dem genannten Band sowie Soeffner (2000). Der Begriff einer „konkreten Subjektivität" wird bei Knoblauch (2008) ausformuliert.

grundlegende *Differenzen* der Weltsicht enthält. Dabei sind auch die systematischen Unterschiede zwischen institutionellen Vorgaben, diskursiven
Deutungsangeboten und alltagsweltlichen Handlungsrelevanzen zu berücksichtigen. Um Subjektivität und Praxis zu erkunden, hält die qualitative Methodologie ein breites und etabliertes Spektrum an einschlägigen Ansätzen
von der Biographie- und Lebensstilforschung über Kultur- und Milieustu-
dien bis hin zur Ethnographie bereit; zu bearbeiten sind Frage- und Problemstellungen der Transnationalisierung; instruktive Neuansätze aus der
US-amerikanischen Diskussion widmen sich dem „mapping" von Situationen, Arenen und Diskursen (Clarke 2005) oder gehen den Möglichkeiten
einer Verknüpfung von Globalität, Transnationalität und Lokalität in Form
einer „global" (Burawoy et al. 2000) oder „multi-sited ethnography" (Marcus 1995) nach.[22] Deren jeweiliges individualisierungstheoretisches Potential lässt sich nur anhand einzelner Varianten, Richtungen und bereits vor-
liegender Arbeiten diskutieren. Die Untersuchung gesellschaftlicher Individualisierungsprozesse kann jedoch an ein reiches Repertoire qualitativer
Methodologie anschließen. Für eine daran interessierte Sozialforschung
führt umgekehrt kein Weg an der Gesellschaftstheorie und Fragen der Geschichtlichkeit wie Veränderbarkeit sozialer Phänomene vorbei.

Der skizzierte Entwurf einer historisch-rekonstruktiven Praxisanalyse geht über
die Untersuchung von Individualisierungsprozessen hinaus und umfasst unterschiedliche Themenfelder einer reflexiven Modernisierung; er knüpft direkt, aber
auch indirekt an Bedingungen der Individualisierung an. Sozialforschung im Bezugsrahmen einer zweiten Moderne wird sich weiter von einem Denken in
Großgruppenkategorien verabschieden müssen; Tendenzen einer globalen, welt-
gesellschaftlichen Öffnung verstärken dies. Der ‚Unmittelbarkeit von Individuum und Gesellschaft' korrespondieren Formen einer gesellschaftlichen Restrukturierung, die sich – so die hier vertretene Schlussfolgerung – über Prozesse
der *Institutionenbildung* und *Diskursivierung* sozialer Wirklichkeit, der *Subjektivierung* (verstanden als *aktive Aneignung* sich auch zu ihren eigenen Formierungen verhaltender Individuen) und einer spezifisch ‚entroutinisierten', auf Unge-
wissheit, Unsicherheit und Uneindeutigkeit antwortenden *Strukturierung sozialer
Praxis* entschlüsseln lassen. Erst so geraten auch Ent- und Begrenzungen sozialer

---

22 Allein zur deutschsprachigen Diskussion vgl. z. B. im Bereich der Biographieforschung die Bände von Brose/Hildenbrand (1988), Völter/Dausien/Lutz/Rosenthal (2005); zur Lebensstil- und
Kulturanalyse Richter (1994), Hörning (1997); im Hinblick auf Transnationalisierung Pries
(2008), Berger/Weiß (2008). Diverse Ansätze einer sozialwissenschaftlichen Hermeneutik ver-
sammeln Hitzler/Honer (1997); eine ethnographische Ausrichtung soziologischer Forschung wird
– auf allerdings sehr unterschiedliche Weise – durch Honer (1993) und Amann/Hirschauer (1997)
vertreten.

Ordnungen, wie sie den Akteuren begegnen, und Prozesse der Grenzüberschreitens und Grenzziehens, die diese ihrerseits vollziehen und vorantreiben, in den Blick. Von der Vorstellung aus sich heraus wirkender Mechanismen ist dies ebenso weit entfernt wie von individualistisch verkürzten Modellen. Die reflexiv-modernisierungstheoretische Erforschung von Wandel und Transformation erfordert nicht nur begrifflich, sondern auch methodologisch die Kunst des *Perspektivenwechsels*. Sie besteht darin, ‚makrosoziale' Entwicklungen einzubeziehen – und doch den Blick für das ‚mikrosoziale' Detail und dessen Aussagekraft nicht zu verlieren.

Literatur

Amann, Klaus/Hirschauer, Stefan (Hrsg.) (1997): Die Befremdung der eigenen Kultur. Frankfurt a. M.: Suhrkamp.

Atkinson, Will (2007): Beck, Individualization and the Death of Class. In: British Journal of Sociology 58 (3). 349-366.

Beck, Ulrich (1983): Jenseits von Stand und Klasse? In: Kreckel, Reinhard (Hrsg.): Soziale Ungleichheiten. Sonderband 2 der Sozialen Welt. Göttingen: Schwartz 1983. 35-74.

Beck, Ulrich (1986): Risikogesellschaft. Auf dem Weg in eine andere Moderne. Frankfurt a. M.: Suhrkamp.

Beck, Ulrich (1993): Die Erfindung des Politischen. Frankfurt a. M.: Suhrkamp.

Beck, Ulrich (1995): Eigenes Leben. Skizzen zu einer biographischen Gesellschaftsanalyse. In: Beck, Ulrich/Vossenkuhl, Wilhelm/Ziegler, Ulf Erdmann (Hrsg.): Eigenes Leben. Ausflüge in die unbekannte Gesellschaft, in der wir leben. München: C.H. Beck. 9-15.

Beck, Ulrich (1997): Die uneindeutige Sozialstruktur: Was heißt Armut, was Reichtum in der 'Selbst-Kultur'? In: Beck, Ulrich/Sopp, Peter (Hrsg.): Individualisierung und Integration. Neue Konfliktlinien und neuer Integrationsmodus. Opladen: Leske + Budrich. 183-197.

Beck, Ulrich (2000): The Cosmopolitan Perspective: Sociology of the Second Age of Modernity. In: British Journal of Sociology 51 (1). 79-105.

Beck, Ulrich (2001): Das Zeitalter des "eigenen Lebens". Individualisierung als „paradoxe" Sozialstruktur und andere offene Fragen. In: Aus Politik und Zeitgeschichte, B 29/2001. 3-6.

Beck, Ulrich (2002): The Cosmopolitan Society and its Enemies. In: Theory, Culture & Society 19. 17-44.

Beck, Ulrich (2007): Beyond Class and Nation: Reframing Social Inequalities in a Globalizing World. British Journal of Sociology 58 (3). 679-705.

Beck, Ulrich (2008): Jenseits von Klasse und Nation: Individualisierung und Transnationalisierung sozialer Ungleichheiten. In: Soziale Welt 59 (4). 301-325.

Beck, Ulrich/Beck-Gernsheim, Elisabeth (1994a): Individualisierung in modernen Gesellschaften – Perspektiven und Kontroversen einer subjektorientierten Soziologie. In: Beck, Ulrich/Beck-Gernsheim, Elisabeth (Hrsg.), Riskante Freiheiten. Individualisierung in modernen Gesellschaften. Frankfurt a. M.: Suhrkamp. 10-39.

Beck, Ulrich/Beck-Gernsheim, Elisabeth (Hrsg.) (1994a): Riskante Freiheiten. Individualisierung in modernen Gesellschaften. Frankfurt a. M.: Suhrkamp.

Beck, Ulrich/Beck-Gernsheim, Elisabeth (2002): Individualization. Institutionalized Individualism and its Social and Political Consequences. London/Thousand Oaks/New Delhi: Sage .

Beck, Ulrich/Bonß, Wolfgang/Lau, Christoph (2001): Theorie reflexiver Modernisierung – Fragestellungen, Hypothesen, Forschungsprogramme. In: Beck, U./Bonß, W. (Hrsg.): Die Modernisierung der Moderne. Frankfurt a. M.: Suhrkamp. 11-59.

Beck, Ulrich/Bonß, Wolfgang/Lau, Christoph (2004): Entgrenzung erzwingt Entscheidung: Was ist neu an der Theorie reflexiver Modernisierung? In: Beck, Ulrich/Lau, Christoph (Hrsg.): Entgrenzung und Entscheidung: Was ist neu an der Theorie reflexiver Modernisierung? Frankfurt a. M.: Suhrkamp. 13-62.

Beck, Ulrich/Giddens, Anthony/Lash, Scott (1994): Reflexive Modernisation: Politics, Tradition and Aesthetics in the Modern Social Order. Cambridge: Polity Press.

Beck, Ulrich/Sopp, Peter (Hrsg.) (1997): Individualisierung und Integration. Neue Konfliktlinien und neuer Integrationsmodus. Opladen: Leske + Budrich.

Beck-Gernsheim, Elisabeth (1983): Vom „Dasein für andere" zum Anspruch auf ein Stück „eigenes Leben". In: Soziale Welt Heft 34 (3). 307-340 .

Berger, Peter A./Weiß, Anja (Hrsg.) (2008): Transnationalisierung sozialer Ungleichheit. Wiesbaden: VS Verlag für Sozialwissenschaften.

Berger, Peter L. (19823): Einladung zur Soziologie. Eine humanistische Perspektive. München: Deutscher Taschenbuch Verlag.

Berger, Peter L./Berger, Brigitte (1976): Wir und die Gesellschaft. Eine Einführung in die Soziologie – entwickelt an der Alltagserfahrung. Reinbek bei Hamburg: Rowohlt.

Berger, Peter L./Luckmann, Thomas (1989): Die gesellschaftliche Konstruktion der Wirklichkeit. Eine Theorie der Wissenssoziologie. Frankfurt a. M.: Fischer.

Bourdieu, Pierre (1998): Der Einzige und sein Eigenheim. Hamburg: VSA Verlag.

Brose, Hanns-Georg/Hildenbrand, Bruno (Hrsg.) (1988): Vom Ende des Individuums zur Individualität ohne Ende. Opladen: Leske + Budrich.

Bührmann, Andrea D./Schneider, Werner (2008): Vom Diskurs zum Dispositiv. Eine Einführung in die Dispositivanalyse. Bielefeld: transcript.

Burawoy, Michael et al. (Hrsg.) (2000): Global Ethnography: Forces, Connections, and Imaginations in a Postmodern World. Berkeley/Los Angeles: University of California Press, London: University of California Press Ltd.

Clarke, Adele E. (2005): Situational Analysis. Grounded Theory After the Postmodern Turn. London/Thousand Oaks/New Delhi: Sage.

Dewey, John (2002): Wie wir denken. Zürich: Verlag Pestalozzianum.

Donati, Paolo R. (2001): Die Rahmenanalyse politischer Diskurse. In: Keller, Reiner/Hirseland, Andreas/Schneider, Werner/Viehöver, Willy (Hrsg.): Handbuch Sozialwissenschaftliche Diskursanalyse. Band 1: Theorien und Methoden. Opladen: Leske + Budrich. 145-175.

Friedrichs, Jürgen (Hrsg.) (1998): Die Individualisierungsthese. Opladen: Leske + Budrich.

Geissler, Birgit/Oechsle, Mechthild (1994): Lebensplanung als Konstruktion. Biographische Dilemmata und Lebenslauf-Entwürfe junger Frauen. In: Beck, Ulrich/Beck-Gernsheim, Elisabeth (Hrsg.): Riskante Freiheiten. Individualisierung in modernen Gesellschaften, Frankfurt a. M.: Suhrkamp. 139-167.

Giddens, Anthony (1984): The Constitution of Society. Outline of the Theory of Structuration. Cambridge: Polity Press, Berkeley: University of California Press.

Gusfield, Joseph R. (1981): The Culture of Public Problems: Drinking Driving and the Symbolic Order. Chicago: University of Chicago Press.

Hitzler, Ronald (2005): Ulrich Beck. In: Kaesler, Dirk (Hrsg.): Aktuelle Theorien der Soziologie. Von Shmuel N. Eisenstadt bis zur Postmoderne. München: C.H. Beck. 267-285.

Hitzler, Ronald/Honer, Anne (1994): Bastelexistenz. Über subjektive Konsequenzen der Individualisierung. In: Beck, Ulrich/Beck-Gernsheim, Elisabeth (Hrsg.): Riskante Freiheiten. Individualisierung in modernen Gesellschaften. Frankfurt a. M.: Suhrkamp. 307-315.

Hitzler, Ronald/Honer, Anne (Hrsg.) (1997): Sozialwissenschaftliche Hermeneutik. Eine Einführung. Opladen: Leske + Budrich.

Hitzler, Ronald (2000): „Vollkasko-Individualisierung"? Zum Phänomen der Bastelexistenz unter Wohlfahrtsbedingungen. In: Prisching, Manfred (Hrsg.): Ethik im Sozialstaat. Wien: Passagen Verlag. 155-172.

Hitzler, Ronald/Reichertz, Jo/ Schröer, Norbert (Hrsg.) (1999): Hermeneutische Wissenssoziologie. Standpunkte zur Theorie der Interpretation. Konstanz: UVK Universitätsverlag.

Hörning, Karl-Heinz (1997): Kultur und soziale Praxis. Wege zu einer „realistischen" Kulturanalyse. In: Hepp, Andreas/Winter, Rainer (Hrsg.): Kultur – Medien – Macht. Cultural Studies und Medienanalyse. Opladen: Westdeutscher Verlag. 31-46.

Honer, Anne (1993): Lebensweltliche Ethnographie. Ein explorativ-interpretativer Forschungsansatz am Beispiel von Heimwerker-Wissen. Wiesbaden: DVU.

Howard, Cosmo (Hrsg.) (2007): Contested Individualization: Debates About Contemporary Personhood. New York: Palgrave Macmillan.

Kalthoff, Herbert/Hirschauer, Stefan/Lindemann, Gesa (Hrsg.) (2008): Theoretische Empirie. Zur Relevanz qualitativer Forschung. Frankfurt a. M.: Suhrkamp .

Keller, Reiner (2005): Wissenssoziologische Diskursanalyse. Grundlegung eines Forschungsprogramms. Wiesbaden: VS Verlag für Sozialwissenschaften.

Knoblauch, Hubert (2008): Sinn und Subjektivität in der qualitativen Forschung. In: Kalthoff, Herbert/Hirschauer, Stefan/Lindemann, Gesa (Hrsg.): Theoretische Empirie. Zur Relevanz qualitativer Forschung. Frankfurt a. M.: Suhrkamp. 210-233 .

Kron, Thomas (Hrsg.) (2000): Individualisierung und soziologische Theorie. Opladen: Leske + Budrich.

Luckmann, Thomas (1992): Theorie des sozialen Handelns. Berlin/New York: de Gruyter.

Marcus, George E. (1995): Ethnography in/of the World System: The Emergence of Multi-Sited Ethnography. In: Annual Review of Anthropology 25. 95-117.

Mills, Charles Wright (1940): Situated Actions and Vocabularies of Motive. American Sociological Review 5 (6). 904-913 .

Poferl, Angelika (2004): Die Kosmopolitik des Alltags, Zur Ökologischen Frage als Handlungsproblem. Berlin: edition sigma.

Poferl, Angelika (2006): Ulrich Beck: Für einen „Kosmopolitismus mit Wurzeln und Flügeln". In: Moebius, Stephan/Quadflieg, Dirk (Hrsg.): Kultur. Theorien der Gegenwart. Wiesbaden: VS Verlag für Sozialwissenschaften. 531-544.

Poferl, Angelika (2009): Orientierung am Subjekt? Eine konzeptionelle Reflexion zur Theorie und Methodologie reflexiver Modernisierung. In: Böhle, Fritz/Weihrich, Margit (Hrsg.): Handeln unter Unsicherheit. Wiesbaden: VS Verlag für Sozialwissenschaften. 231-263.

Pries, Ludger (2008): Die Transnationalisierung der sozialen Welt. Sozialräume jenseits von Nationalgesellschaften. Frankfurt a. M.: Suhrkamp.

Reckwitz, Andreas (2006): Das hybride Subjekt. Eine Theorie der Subjektkulturen von der bürgerlichen Moderne zur Postmoderne. Weilerswist: Velbrück Wissenschaft.

Richter, Rudolf (1994) (Hrsg.): Sinnbasteln. Beiträge zur Soziologie der Lebensstile. Wien: Böhlau.

Schroer, Markus (2001): Das Individuum der Gesellschaft. Synchrone und diachrone Theorieperspektiven. Frankfurt a. M.: Suhrkamp.

Soeffner, Hans-Georg (1988): Luther – Der Weg von der Kollektivität des Glaubens zu einem lutherisch-protestantischen Individualitätstypus. In: Brose, Hanns-Georg/Hildenbrand, Bruno (Hrsg.): Vom Ende des Individuums zur Individualität ohne Ende., Opladen: Leske + Budrich. 107-149.

Soeffner, Hans-Georg (2000): Gesellschaft ohne Baldachin. Über die Labilität von Ordnungskonstruktionen. Weilerswist: Velbrück Wissenschaft.

Stevenson, Nick (2000): Ulrich Beck. In: Elliot, Anthony/Turner, Bryan S. (Hrsg.): Profiles in Contemporary Social Theory. London/Thousand Oaks/New Delhi: Sage. 304-314.

Stirner, Max ([1844] 1991): Der Einzige und sein Eigentum. Leipzig: Reclam.

Thomas, William I. (1965): Person und Sozialverhalten. Herausgegeben von Edmund H. Volkart. Neuwied am Rhein/Berlin: Luchterhand.

Thomas, William I/Znaniecki, Florian (2004): Methodologische Vorbemerkung. In: Strübing, Jörg/Schnettler, Bernt (Hrsg.): Methodologie qualitativer Sozialforschung. Klassische Grundlagentexte. Konstanz: UVK Verlagsgesellschaft. 245-264.

Völter, Bettina/Dausien, Bettina/Lutz, Helma/Rosenthal, Gabriele (Hrsg.) (2005): Biographieforschung im Diskurs. Theoretische und methodische Verknüpfungen. Wiesbaden: VS Verlag für Sozialwissenschaften.

Wehling, Peter (2006): Im Schatten des Wissens? Perspektiven der Soziologie des Nichtwissens. Konstanz: UVK Verlagsgesellschaft.

Wohlrab-Sahr, Monika (1997): Individualisierung: Differenzierungsprozeß und Zurechnungsmodus. In: Beck, Ulrich/Sopp, Peter (Hrsg.): Individualisierung und Integration. Neue Konfliktlinien und neuer Integrationsmodus, Opladen: Leske + Budrich. 23-36.

Yan, Yunxiang (2009): The Individualization of Chinese Society. Oxford: Berg.

Das Individuum und die Soziologie
Zur Geschichte eines soziologischen Reflexionsthemas

André Kieserling

I.

Einer der vielen Widersprüche, die die Gesellschaft hervor treibt, betrifft die Spannung zwischen dem Individuum und der Soziologie: Die Attribute der Freiheit und sozialen Unabhängigkeit, mit denen die moderne Gesellschaft das moderne Individuum behängt, werden von der modernen Soziologie aufgelöst. Seit der frühen Neuzeit wird die Semantik des Individuums benutzt, um den Einzelmenschen gegenüber den sozialen Zusammenhängen zu verselbständigen, denen er doch nach wie vor zugehört. Die Soziologie, die sich in vielen ihrer Spielarten vor allem für die aggregierten Effekte dieser Zugehörigkeit interessiert, hat eben darum erhebliche Schwierigkeiten, jene Verselbständigung zu begreifen. Die Einsicht in die soziale Determination auch des individuell zugerechneten Verhaltens expandiert zusammen mit der Soziologie, und ein Bereich des vorgeblich freien Handelns nach dem anderen fällt ihr zum Opfer – vom Kulturkonsum bis zur Partnerwahl und von den Erfolgen oder Misserfolgen in Schule und Berufsleben bis zu den politischen Affinitäten.

Das führt immer erneut zu der Befürchtung, dass eine Gesellschaft, die ihre Selbstbeschreibung von Wissenschaft und dann auch von Soziologie abhängig macht, sich am Ende aus der individualistischen Tradition ihrer eigenen Kultur verabschieden und diese zur einer bloßen Illusion erklären müsse. Dieser Einwand trat der Soziologie zunächst von außen, nämlich aus den Geisteswissenschaften entgegen (Lepenies 1985). Spätestens in der Nachkriegszeit wurde er dann aber auch zu einem Motiv der soziologischen Selbstkritik. Immer wieder treten nun prominente Soziologen hervor, die ihre eigene Bindung ans Fach samt deren etwaigen Grenzen anhand dieser Frage abdiskutieren. Immer wieder wird der Versuch unternommen, die Soziologie einzuschränken, um Platz für das Individuum zu gewinnen. Und immer wieder kann man beobachten, wie die mangelnde Resonanz solcher Versuche ihre Autoren zu Antisoziologen mutieren lässt (Rehberg 1985; Merz-Benz/Wagner 2001). Die folgenden Überlegungen gehen zunächst der neueren (II.) und neuesten (III.) Geschichte dieses Reflexionsthemas nach, um sodann einen eigenen Beitrag zum Thema zu formulieren (VI.).

II.

In der Nachkriegszeit sind es erkenntniskritische Überlegungen, die die Spannung zwischen der Soziologie und dem Individuum auflösen sollen. Dies gilt zunächst für Ralf Dahrendorf und seine umstrittene Rezeption der amerikanischen Rollentheorie (Dahrendorf 1958, 1969). Er misst diese Theorie, wie unter seinen Kritikern vor allem Tenbruck (1961) ihm vorhielt, ganz unmittelbar an einem vorsoziologischen Verständnis von Pathosformeln wie Individualität oder Freiheit, behauptet dann, dass die Rollentheorie den Sinn dieser Begriffe zum Verschwinden bringe, und protestiert dagegen im Namen des politischen Liberalismus. Die Lösung, die Dahrendorf anpeilt, liegt in der methodologischen Selbstbeschränkung der Soziologie. Der Rollenbegriff sei nur eine Modellabstraktion, die man im Interesse an der Freiheit des Menschen mit der Realität nicht verwechseln dürfe. Mit dem *homo oeconomicus* teile der *homo sociologicus* das Merkmal seiner nur analytischen Geltung. Verzichtet wäre damit unter anderem auf die Möglichkeit, mit Hilfe des Rollenbegriffs zur Aufklärung der Soziogenese von Individualität beizutragen.

Wenig später wirbt Helmut Schelsky (1967) für eine transzendentale Theorie der Gesellschaft. Ihre Aufgabe sieht er darin, die Soziologie an die Freiheit des Menschen *von* der Gesellschaft zu erinnern – im Unterschied zu seiner Freiheit *in* der Gesellschaft. Schelsky spricht ausdrücklich nicht vom Menschen und nicht vom Individuum, offenbar in der Befürchtung, dass dieser zweite Begriff nur auf die Freiheit des Menschen in der Gesellschaft, also nur auf ein seinerseits schon gesellschaftlich Konstituiertes hinführen würde, das dann auch der soziologischen Aufklärung zugänglich ist. Gegenüber dieser „Soziologisierung der Freiheitsthematik" (1967: 101) sucht Schelsky den Anschluss an die Tradition von Begriffen wie Seele oder Subjektheit, zu deren Sinn es gehört hatte, etwas zu bezeichnen, was den Zusammenhang sozialer Konditionierungen transzendiert – der Ertrag dieser Überlegungen bleibt reichlich unbestimmt.

Auf diese humanistisch inspirierte Kritik an der Soziologie hatte Adorno (1965) entgegnet, dass es doch in erster Linie die Gesellschaft sei, die es an Respekt vor den Menschen fehlen lasse, und folglich sei es auch nicht die Soziologie, die es zu kritisieren und zu verändern gelte, sondern die Gesellschaft selbst. Die studentische Protestbewegung trug denn auch wenig Bedenken, die Menschen vor allem unter dem Gesichtspunkt ihrer restlosen Versklavung durch die Gesellschaft zu beschreiben. Nicht das „übersozialisierte Menschenbild der modernen Soziologie" (Wrong 1961), vor dem Schelsky und andere gewarnt hatten, sondern der übersozialisierte Mensch war das Ziel ihrer Kritik. Die Rede von Tod des Individuums machte die Runde (skeptisch dazu Habermas 1973), während gleichzeitig eine kurze Scheinblüte der ihrerseits bereits todgesagten

Klassentheorie einsetzte. Angesichts der publizistischen Erfolge dieser Beschreibung ging Schelsky (1975, 1981) von der Reflexion über das eigene Fach zur Polemik gegen dessen Vertreter über. Sein streitlustiges Spätwerk gegen die angebliche Priesterherrschaft der Intellektuellen hatte vor allem die Soziologen selber zur Zielscheibe. Einige Jahre später publizierte dann Friedrich Tenbruck (1984) seine große Streitschrift gegen die Abschaffung des Menschen durch die Sozialwissenschaften. Auch hier war es das eigene Fach, das im Zentrum der Vorbehalte stand, und auch hier war es der Traditionshumanismus der Geisteswissenschaften, der die Sprache bestimmte und damit festlegte, was zu verteidigen war.

Unterdessen ist die Rolle des Anti-Soziologen, der zugleich soziologisch und individualistisch denkt, auf Ulrich Beck übergegangen. Im Unterschied zu Dahrendorf und Schelsky arbeitet Beck jedoch nicht primär mit den Mitteln der Erkenntniskritik, sondern mit denen der Zeitdiagnose. Nicht nur der Geltungsmodus von soziologischen Theorien, sondern diese selbst sollen zur Disposition stehen. Nicht das erkenntnistheoretische Selbstverständnis des soziologischen Kollektivdenkens, sondern seine pure Existenz wird attackiert.

Am Anfang stand ein Aufsatz von Beck (1983), der für eine Reihe von gut belegten und jeweils für sich völlig unbestrittenen Sachverhalten eine provozierende Deutung vorträgt. Die Liste dieser Sachverhalte ist bekannt. Sie betrifft zum einen die Inklusionspolitik von Wohlfahrtsstaaten unter den ökonomisch günstigen Rahmenbedingungen der Nachkriegszeit, und sie betrifft zum anderen den Auftritt eines neuen Anspruchsindividualismus, der vor allem von den (gleichfalls neuen) Protestbewegungen angezapft und verstärkt wird. Schon die ökonomisch günstigen Rahmenbedingungen hätten die bekannten Muster der sozialen Ungleichverteilung auf ein neuartiges Niveau gehoben. Damit trete selbst auf den unteren Ebenen der Druck von Mangel, Not und erfahrener Armut spürbar zurück. Die Aufmerksamkeit werde auf andere Themen abgelenkt, die mit den Bestimmungsgründen des ökonomischen Schicksals nur noch locker zusammenhängen. Insgesamt habe die Inklusionspolitik des Wohlfahrtsstaates zu einer Lockerung sozialer Bindungen, Abhängigkeiten und askriptiver Loyalitäten beigetragen. Diese Mobilisierung der sozialen Beziehungen spiegele sich zum einen darin, dass die Orientierung der Individuen sich von der bekannten Herkunft auf die unbekannte Zukunft verschiebe, also unsicher werde und diese Unsicherheit in sich selber zu reflektieren beginne. Sie spiegele sich zum anderen darin, dass die Wahl von Konfliktpartnern, verstanden als Mechanismus der Unsicherheitsabsorption, nicht mehr den üblichen Erwartungen einer Konfliktsoziologie entspricht, die von Unterschieden der Klassenlage ausgeht, sondern eher dem wohlbekannten Profil der neuen sozialen Bewegungen korrespondiert.

Beck behandelt bekannte Phänomene, die man in sehr unterschiedlichen Theoriesprachen ausdrücken könnte. Es ist also nicht die Datenbasis oder der deskriptive Gehalt dieser Theorie, der ihre Originalität ausmacht. Diese liegt vielmehr darin, dass Beck solche Befunde primär im Rahmen einer negativen Soziologie auswertet, die das Obsoletwerden sämtlicher Theorien über Schichtung und Klassenbildung behauptet. Individualisierung wird als sozialhistorischer Gegenbegriff zu Schichtung, Stand, Klasse usw. angeboten. Die Gesellschaft, die Beck vor Augen hat, kann folglich nicht dieselbe Gesellschaft sein, die auch von Theorien über Schichtung und Klassenbildung beschrieben wird. Der Begriff der Individualisierung soll vielmehr ein historisch neuartiges Modell der Vergesellschaftung bezeichnen.

Sollte diese These zutreffen (oder auch nur: kommunikativen Erfolg haben), dann würde das Problem verschwinden, von dem wir hier ausgegangen sind: Der theoretische Kollektivismus der Soziologie hätte ausgespielt, und jede künftige Soziologie würde in voller Übereinstimmung mit dem kulturellen Individualismus zu argumentieren haben. Diese hypothetische Konsequenz rechtfertigt es, die Individualisierungsthese an dieser Stelle unserer Überlegungen zu diskutieren.

III.

Zeitdiagnosen unterscheiden sich von Gesellschaftstheorien unter anderem dadurch, dass sie eine neue Begriffssprache nur für neue Phänomene suchen – und nicht etwa für neue und alte Phänomene zugleich. Zeitdiagnosen leisten also, anders als vollständige Gesellschaftstheorien, keine neue Beschreibung der soziokulturellen Evolution im Ganzen. Die Vergangenheit, von der sie gleichwohl sprechen müssen, weil sie anders die von ihnen behauptete Epochenschwelle nicht artikulieren könnten, muss daher mit irgendeiner der vorhandenen Theorien beschrieben werden, die dabei zugleich aufgewertet und abgewertet wird, und zwar aufgewertet für die Vergangenheit und abgewertet für die Gegenwart.

Die Theorie, mit der dies bei Beck geschieht, ist die Klassentheorie selbst. In einer Art von retrospektivem Realismus wird sie so behandelt, als wäre sie bis vor wenigen Jahrzehnten eine deskriptiv zutreffende Beschreibung der Verhältnisse gewesen – und nicht etwa Gegenstand erheblicher Konflikte und deutlicher Ablehnung durch namhafte Soziologen. Im Zuge dieses retrospektiven Realismus gerät ihm die Darstellung der Vorzeit, der ersten Moderne, des Industriekapitalismus sehr viel geschlossener und sehr viel „solidarischer", als je ein heute formulierender Sozialhistoriker es sich zutrauen würde. Da die hier ansetzende Kritik für unser Reflexionsthema nur indirekt relevant ist, gehe ich auf diesen Schwachpunkt der Argumentation nicht weiter ein – und konzentriere mich statt dessen auf die Diskussion dessen, was Beck zur Beschreibung der Gegenwart anbietet, also auf den positiven Gehalt der Individualisierungsthese.

In den Kontroversen über diese These spielt die Unterscheidung zwischen objektiver Sozialstruktur und subjektiver (oder intersubjektiver) Sinngebung eine maßgebliche Rolle. Eine geläufige Kritik an Beck lautet, er starte als Strukturalist und lande als Phänomenologe: Er führe die Individualisierungsthese zunächst als eine dem Anspruch nach objektive Beschreibung ein, die sämtliche Theorien über die Zentralität von Klassenbildung oder sozialer Ungleichheit durch das Angebot einer überlegenen Beschreibung der „wirklichen Wirklichkeit" abhängen soll, argumentiere dann aber eigentlich nur hermeneutisch, nämlich nur durch den Hinweis auf subjektiv erfahrene Wahlzwänge, Unsicherheiten, perzipierte Erfordernisse der Aushandlung, Begründung oder Rechtfertigung. Diese eher phänomenologisch eingefärbten Argumente erreichten aber, so die Kritik, gar nicht diejenige Ebene, für die in der einen oder anderen Interpretation der Begriff der gesellschaftlichen Objektivität einsteht. Um auf dieser Ebene etwas auszurichten, müsse man entweder eine alternative Theorie des Wirtschaftssystems und seiner Stellung in der Gesellschaft vortragen, die die funktionale Unterscheidung von Kapital und Arbeit in ihrer gesellschaftstheoretischen Funktion ersetzen oder jedenfalls deutlich relativieren kann, oder man müsse die Entkopplung sämtlicher Variablen nachweisen, mit deren Interkorrelation sich die typischen Forschungen über Schichtung, Mobilität, soziale Ungleichheit usw. befassen. Solange weder der eine noch der andere Beitrag zur Verfügung (oder auch nur: in Aussicht) stehe, hingen jene phänomenologischen oder hermeneutischen Ausführungen gleichsam in der Luft: Sie beschrieben die subjektive Sinngebung für eine objektive Sozialstruktur, die ihrerseits völlig unterbestimmt bleibe. Man kann den Tenor dieser Kritik auf die folgenden Formeln bringen: Beck beschreibe einen Überbau ohne Unterbau, eine Semantik ohne Sozialstruktur, eine Lebenswelt ohne System, ein Subjektives ohne Objektives.

Das Interessante an dieser Kritik ist die Breite ihrer fachlichen Unterstützung: So wie Beck sich gleichermaßen gegen Weberianer und gegen Marxisten wandte, so sind auch jene Einwände gegen seine These auf beiden Seiten dieser Theoriedifferenz formuliert worden.

Für die Klassentheorie des Marxismus, um mit ihr zu beginnen, ist der Begriff der objektiven Sozialstruktur durch eine sich selbst und die eigenen Grundbegriffe totalisierende Theorie besetzt. Der Marxismus ist, nach dem Sprachgebrauch Luhmanns, eine Supertheorie. Er kann noch das eigene Negiertwerden mit den eigenen Begriffsmitteln erklären und ist daher durch Kritik oder Ablehnung von außen auch nicht zu verunsichern. Seine Leitdifferenz, die nicht weniger als die gesamte Gesellschaft transparent machen soll, ist bekanntlich an unterschiedlichen Funktionen im Wirtschaftssystem abgelesen, die durch das bürgerliche Privatrecht institutionell abgesichert werden. Die Differenz der dadurch erzeugten Funktionsgruppen von Kapital und Arbeit absorbiert dann gleichsam den Begriff der Objektivität. Nur solche Bestandteile der eigenen Theorie, die sich unmittelbar auf diese beiden Gruppen richten, gelten als Darstellung der Gesellschaftsstruktur selbst. Alles andere gilt als abgeleitetes Phänomen, das in den Bereich des nur Subjektiven oder nur Ideologischen fällt: also pure Semantik oder bloßer Überbau sein soll.

Nur subjektiv oder nur ideologisch sind nicht zuletzt auch das individualistische Selbstbewusstsein der Menschen sowie sämtliche Formen seiner kulturellen oder institutionellen Unterstützung. Wie so etwas aussehen kann, dafür gibt es einen zu wenig bekannten Beleg: Zwei Jahre vor dem Intitialtext von Beck trägt der junge, noch marxistisch argumentierende Honneth (1981: 190f.), eine eigene Individualisierungsthese vor, von der sich von Beck eigentlich nur darin unterscheidet, dass sie mit der Hypothese einer Klassengesellschaft voll kompatibel sein soll. Honneth spricht von Individualisierung, um wohlfahrtsstaatliche Politikprogramme zu bezeichnen, die mit oder ohne Absicht auf eine Desolidarisierung der Arbeiter hinauslaufen: Das Spektrum reicht von der sozialen Inhomogenität von Wohnorten, die es den Bewohnern auch bei gleicher Klassenlage erschwere, aneinander die Einheit ihrer Betroffenheit und ihres Interesses zu erfahren und diese Erfahrung in Prozesse der Willensbildung zu übersetzen, bis hin zum Universalismus von Versorgungsansprüchen, der dem Einzelnen nach Maßgabe seiner Anspruchsberechtigung, also seiner individuellen Rechtsstellung, und nicht nach Maßgabe seiner Mitgliedschaft in Großgruppen anspricht. Ich zitiere etwas ausführlicher:

> „Prozesse der institutionellen Individualisierung sind all jene staatlich angeregten oder betriebsorganisatorischen verfügten Strategien, die die Gefahr einer kommunikativen Verständigung über gruppen- und klassenspezifisch geteilte Unrechtserfahrungen einzudämmen versuchen, indem sie individualistische Handlungsorientierungen direkt erzwingen oder fördern. (...) Das Instrumentarium dieser Individualisierungsstrategien ist äußerst komplex: es reicht von der sozialpolitischen Prämierung individualistischer Risikoverarbeitungen über die administrativ verfügte Zerstörung nachbarschaftlicher Wohnmilieus bis hin zur konkurrenzfördernden Einrichtung betriebsinterner Arbeitsmärkte. Die in den staatlichen Sozialisationseinrichtungen geförderte Leistungsideologie, die Lebenschancen vom individuellen Beruferfolg abhängig zu machen verspricht, verstärkt diese Individualisierung. (...) Prozesse dieser Art lassen sich, so lautet meine These, auch als Bestandteile einer Individualisierungspolitik begreifen, die die Kontrolle des sozialen Unrechtsbewusstseins zur Aufgabe hat: sie vereinzelt die Erfahrung sozialer Lebensbedingung und erschwert auf diesem Wege die kommunikative Identifizierung sozialen Unrechts."

Honneth hat nicht dieselben Phänomene vor Augen, von denen Beck spricht. Aber es gibt nicht den geringsten Grund, warum er irgendeines dieser Phänomene anders interpretieren sollte. Sein Text zeigt damit ganz gut, dass eine Theorie, die am Klassenbegriff als Zentralkonzept festhält, nicht die geringsten Schwierigkeiten hat, das meritokratische System der Karrierestrukturen samt der dadurch hervorgetrieben und durch den Wohlfahrtsstaat dann noch einmal verstärkten Individualisierung für einen bloßen Überbau zu halten und diesem die ideologische Funktion einer Verdeckung von Klassenverhältnissen durch Desolidarisierung der dadurch Benachteiligten zuzurechnen. Die Individualisierungsthese, soweit sie sich darauf beschränkt, diesen Bereich des bloß Subjektiven ideologiekritisch zu interpretieren, muss daher von Marxisten so wenig abgewehrt werden, dass sie diese These sogar von sich aus vertreten.

Wird dagegen zugleich die sinkende Relevanz oder gar die gesellschaftstheoretische Obsoleszenz der Klassentheorie ausgerufen, dann muss eine Individualisierungsthese, die dies tut, ihrerseits ideologiekritisch bearbeitet werden. Sie erscheint dann als eine weitere, diesmal soziologische Mutante von Leistungsideologie und meritokratischem Blendwerk. Die einzige hier mögliche Lesart für Individualisierungsthesen ist also die einer bloßen Zurechnungsideologie. Sie gehören damit von vornherein in den Bereich der subjektiven oder intersubjektiven Sinngebung, der neben dem Bereich der objektiven Sozialstruktur steht und an der wirklichen Wirklichkeit nicht in vollem Umfange partizipiert.

Aber auch die nicht-marxistische Ungleichheitsforschung (Geißler 1996) konfrontiert den Begriff der Individualisierung mit einer harten und scheinbar unausweichlichen Alternative zwischen objektiven und subjektiven Lesarten: Als Maß für eine objektiv stärkere Individualisierung gilt hier nicht die Entwertung oder Relativierung der Differenz von Kapital und Arbeit, sondern die Entkopplung der Variablen oder der Redundanzverlust in den Daten. Nun gibt es solche Entkopplungen durchaus, wenn man etwa an die Ergebnisse der Wahlforschung denkt, aber es gibt natürlich auch weite Bereiche der Forschung, in denen kein derartiger Redundanzverlust zu verzeichnen ist. Das Bild ist also zu inkonsistent, als dass es die These eines alle Bereiche erfassenden Individualisierungstrends unterstützen könnte. Angesichts der Thesen von Beck findet man daher immer häufiger den freundlich, aber bestimmt vorgetragenen Hinweis auf das Schweigen der Indikatoren.

Übrig bleibt auch hier nur die Möglichkeit, Individualisierung für etwas nur Subjektives zu halten und nur dies dann durch Forschungen zu überprüfen. Und auch hier stehen solche Forschungen unter der Klausel, dass sie nicht die „wirkliche Wirklichkeit" treffen – und im Übrigen natürlich auch nicht den geringsten Anlass bieten, von der Zurechnung auf die Kategorienzugehörigkeit des Individuums abzulassen.

Sowohl in der Klassentheorie auch im Bereich von Forschungen über Schichtung und soziale Ungleichheit scheint die Individualisierungsthese nur auf der zweiten und schwächeren, nämlich nur auf der subjektiven Seite der Unterscheidung von Objektivem und Subjektivem rezipierbar zu sein, und hier wie dort lässt sie die immer schon präferierte Deutung der objektiven Sozialstrukturen intakt.

Dem neueren Selbstverständnis von Beck dürfte es entsprechen, würde man an dieser Stelle der Argumentation entgegnen, dass die übliche Hierarchie von Objektivem und bloß Subjektivem im Übergang zur Zweiten Moderne einer Inversion unterliege: Das vorgeblich nur Subjektive sei unterdessen zum letzten Anhaltspunkt der Objektivität selber geworden, die Individuen seien zur wichtigsten Reproduktionsinstanz der Gesellschaft promoviert worden, und daher müsse ein Interaktionismus der mikropolitischen Aushandlungen als vorläufige Endstufe der soziologischen Gesellschaftstheorie selbst gelten. An die Stelle einer Gesellschaft, die das Individuum über Kategorienzugehörigkeit definiert, sei eine Gesellschaft getreten, in der die Individuen sich miteinander über die Kategorien erst noch verständigen müssen, und da ihnen die bisher nicht gelungen sei, befinde man sich gegenwärtig in einer Gesellschaft ohne klare Struktur. Eine gesellschaftliche Ordnung welcher Art immer sei nicht erkennbar oder werde nur ohnmächtig beschworen, und in Wahrheit stehe nicht weniger als alles zur Disposition. Diese Argumentation, die von fernher an die verkehrte Welt des Karnevals gemahnt, beschreibt die zweite Moderne als eine erste Moderne, die kopfsteht: Die Lebenswelt kolonialisiert das System. Man muss es wohl dem Respekt vor Habermas zurechnen, wenn Beck es bis heute vermieden hat, seine Zeitdiagnose in diese einprägsame Umkehrformel zu kleiden – und dann auch die kritische Theorie selbst anzugreifen.

IV.

Im Rahmen unseres Themas legt dieser Verlauf der Diskussion die folgende Zwischenbilanz nahe: Offenbar lässt sich die Spannung zwischen soziologischem Kollektivdenken und kulturellem Individualismus, nachdem schon ihre erkenntnistheoretische Auflösung umstritten blieb, auch nicht in Zeitunterscheidungen wie Erste Moderne/Zweite Moderne auflösen. Die semantischen Komplexe lassen sich nicht auf verschiedene Epochen aufteilen. Sie lassen sich nicht als ungleichzeitig behandeln, auch nicht mit jener Reflexivfigur der Gleichzeitigkeit des Ungleichzeitigen, auf die Beck polemisch zurückgreift, wenn er allen anderen bescheinigt, mit bloßen „Zombie-Kategorien" zu arbeiten. Wenn dies aber so ist und wenn es manchen Anzeichen zufolge auch in Zukunft so bleiben wird, dann muss man für das Reflexionsthema der Soziologie, über das wir hier handeln, eine andere Fassung finden.

Als positiven Ertrag der von Beck ausgelösten Diskussion mag man festhalten, dass wissenschaftliche und außerwissenschaftliche Zurechnungen konsistent divergieren. Das weitaus meiste von dem, was die empirische Forschung aus der Zugehörigkeit des Individuums zu spezifischen Gruppen oder sozialen Kategorien zu erklären versucht, wird von den Individuen selbst, aber auch von anderen Beobachtern ihres Verhaltens in ganz anderer Weise zugerechnet. In vielen sozialen Kontexten ist es das Individuum, das als letzter Zurechnungspunkt gilt – und zwar unter Abstraktion von den weitaus meisten Kategorien, für die der objektivierende Sozialforscher sich interessiert. Von einer Soziologisierung des Alltagsbewusstseins, wie Schelsky und andere sie befürchtet hatten, kann also gar keine Rede sein.

Wenn die Diskussion dieses Befundes heute dabei ist, steril zu werden, dann vor allem deshalb, weil weder Beck noch seine Kritiker den Kontakt zu soziologischer Theoriebildung suchen (Kieserling 2006b). Umstritten ist ausschließlich, ob man sich die moderne Gesellschaft als ein System ungleicher Verteilungen vorstellen muss. Beck, der diese Auffassung ablehnt, ohne Alternativen zu nennen, scheint sie für eine Gesellschaftstheorie zu halten. Aber die letzten, die sie tapfer vertreten, sind die Erforscher der sozialen Ungleichheit selbst. Die soziologische Theoriebildung hat sich demgegenüber schon seit geraumer Zeit an ein sehr viel komplexeres Modell gewöhnt, dass neben den Schichtungsstrukturen auch die Funktionssysteme der modernen Gesellschaft ernst nimmt – und zwar nicht nur als einen Überbau, den man dann seinerseits aus dem ungleichen Interesse an Ungleichheit zu erklären hätte, sondern als eine zweite Sozialstruktur von mindestens gleichem Rang. Wem dies neu ist, der lese bei Gelegenheit einmal Weber oder Parsons oder Luhmann oder Habermas oder Bourdieu (zu Bourdieu siehe Kieserling 2008).

Eingebracht in diesen erweiterten Denkrahmen, müsste die Individualisierungsthese zunächst reformuliert werden. Die Abstraktion von schichtmäßigen Unterschieden ist nicht nur ein Merkmal sozial irrelevanten Bewusstseins, nicht nur das Hirngespinst irgendwelcher Akteure, sondern ihrerseits eine Sozialstruktur. Sie bestimmt nämlich die Zurechnungsregeln der Funktionssysteme und legt damit fest, was in diesen Systemen als Handlung behandelt werden kann: Den Wähler, der zur Wahl erscheint, fragt man nicht nach dem eigenen Beruf oder dem seines Vaters. Es gibt darum keinen Grund, sie für weniger objektiv zu halten als das, was auf dem Bildschirm der Ungleichheitsforschung sich abzeichnet. Bei der geringen Resonanz, die diese wissenschaftlichen Erklärungsversuche im Alltag finden, könnte man ebenso gut auch sie selbst als etwas bloß Subjektives ansehen, nämlich als eine sozial unmaßgebliche Meinung, auf die es im

Allgemeinen so wenig ankommt, dass nicht einmal ihre Widerlegung sich lohnt. Im Vergleich dazu ist die Zurechnung auf Individuen sehr viel breiter abgesichert, ihrerseits ein objektiver Tatbestand von erheblicher Tragweite. Die Differenz zwischen wissenschaftlicher und außerwissenschaftlicher Zurechnung ist keine solche zwischen Objektivem und Subjektivem, sie trennt vielmehr zwischen Funktionssystemen.

Nachdem weder die Erkenntnistheorie noch die Zeitdiagnose ausreichende Anhaltspunkte für eine haltbare Deutung erkennen ließen, könnte man daher versuchen, in der weiteren Behandlung des Reflexionsthemas stärker auf eine Theorie der gesellschaftlichen Differenzierung zu setzen. Mit gesellschaftlicher Differenzierung ist dabei nicht nur ein Sachverhalt gemeint, der auf der Objektseite der soziologischen Erkenntnisrelation vorkommt. Es so zu sehen, wäre Philosophie. Soziologisch und insbesondere wissenssoziologisch gedacht, verdankt sich dagegen auch die Subjektseite dem Prozess der gesellschaftlichen Differenzierung, nämlich der Ausdifferenzierung eines Wissenschaftssystems im Gesellschaftssystem und eines Soziologiesystems im Wissenschaftssystem (Kieserling 2004). Nach diesen beiden Ausdifferenzierungen kann die Soziologie, durch doppelte und kumulativ wirkende Systemgrenzen geschützt und zugleich isoliert, sehr spezifische Zurechnungsinteressen verfolgen. Das bedeutet einerseits: bessere Chancen zur Aufklärung von Kausalitäten, und es bedeutet andererseits: geringere Aussichten, das Zurechnungsgeschehen in anderen Teilsystemen dadurch zu beeinflussen.

Die wissenschaftliche Ergiebigkeit einer Perspektive, die Individuen über Kategorienzugehörigkeit definiert, ist damit durchaus nicht bestritten, auch nicht das Sachkorrelat von Begriffen wie Schichtung oder soziale Ungleichheit. Nur müsste jede nicht-szientistische Theorie der Gesellschaft sich mit dem Befund befreunden, dass damit ein sehr spezifisches Interesse an Individuen formuliert ist, das nicht umstandslos auch auf andere Teilsysteme oder gar auf die Gesamtgesellschaft projiziert werden kann. Gesellschaftstheoretisch gesehen, sind die Zurechnungen der Wissenschaft nur ein Fall neben anderen. Sie sind, wenn gut gemacht, spezialisiert auf die Lösung spezifisch wissenschaftlicher Probleme. Die Zurechnungen anderer Systeme haben dagegen andere Funktionen, in denen sie durch wissenschaftliche Erklärungen nicht ersetzt werden können.

Machen wir uns dies am Beispiel der Neutralisierung der Schichtabhängigkeit von Leistungen klar. Es gehört zum gesicherten Bestand soziologischen Wissens, dass die in Schule und Berufsleben gezeigten Leistungen nicht allein von den Individuen abhängen, denen man sie zurechnet, sondern auch von der Schichtzugehörigkeit ihres jeweiligen Elternhauses. Andererseits wird dieses Wissen beharrlich ignoriert: Auch den Studenten, der zur Prüfung erschienen ist, wird man nicht nach dem Beruf seines Vaters befragen. Von der Kausalität von Schichtung für Leistung wird bei der Zurechnung der Leistungen also abgesehen. Anhänger von Klassentheorien hatten in dieser Abstraktion nur einen Trick der Eliten gesehen: Die Ideologie der individuell erworbenen Verdienste gaukele den Individuen das kollektive Schicksal ihrer Großgruppe als rein persönliches Schicksal vor – und verhindere so jene Solidarität der Benachteiligten, die weiter oben gefürchtet werde. Dieser Schluss wird aber zu schnell gezogen. Er geht an den spezifisch pädagogischen Gründen der Zurechnung auf Individuen vorbei.

Um den Punkt als Frage zu formulieren: Würde man die Schüler als Schüler überhaupt noch vergleichen können, wenn man auf Unterschiede ihrer Elternhäuser zu achten hätte? Man mag einen solchen Vergleich für wünschenswert halten, etwa weil er mit Fiktion gleicher Startchancen aufräumt. Aber das heißt noch lange nicht, dass er auch durchführbar wäre. Denken wir uns zwei Schüler derselben Klasse, von denen der eine gerade mal lesen kann, während der andere bereits literarisches Talent zeigt. Solange es nur um diese Leistungsdifferenz geht, solange führt an der ungleichen Benotung kein Weg vorbei. Würde man daneben auch Differenzen an elterlicher Vorleistung in Rechnung stellen, dann wäre es sehr wohl denkbar, dass jene beiden Schüler die gleiche Note erhalten. Es ist unsicher, ob diese Gleichbehandlung des Ungleichen, die auf die Höhe der zu überwindenden Hindernisse eingestellt ist, „gerechter" wäre. Sicher ist dagegen, dass sie völlig unbrauchbar wäre, da man an ihre diffusen Urteile nicht anschließen könnte – weder mit Nachhilfekursen für diejenigen, die es nötig haben, noch mit Stipendien zur Ermunterung künftiger Schriftsteller. Die Informationen über das Leistungsniveau der Schüler wären durch Zusatzinformationen soziologischer Art unkenntlich gemacht.

Nichts anderes gilt für die methodisch unkontrollierten Zurechnungen der Wissenschaft selbst. Auch die individuelle Zurechnung von wissenschaftlichen Leistungen, die das Kapital der Reputation aufbaut, ist nur dann überhaupt möglich, wenn die sehr ungleiche Verteilung der Chancen, zum Wissenschaftler zu werden oder eine wissenschaftlich bedeutende Entdeckung zu machen, ignoriert wird. Der Grund dieser Ignoranz liegt aber nicht darin, dass die Schichtungsstruktur der Gesellschaft einer Tarnung bedürfte. Er liegt vielmehr in der Funktion des Reputationswesens für die Steuerung wissenschaftlicher Aufmerksamkeit. Würde die Wissenschaft jene Ungleichheit der Chancen berücksichtigen und dann etwa höhere Reputation dem zuteilen, der die höheren Hürden zu überwinden hatte, dann würde man das Reputationsgefälle verzerren. Statt über Unterschiede in der bewerteten Leistung würde man über Unterschiede in der bewerteten Anstrengung informiert, so wie ein Soziologe sie sehen könnte, und die spezifische Sortierfunktion von Reputationsdifferenzen könnte nicht länger erfüllt werden. Darauf ist niemand eingestellt, und selbst in der Ungleichheitsforschung wird über Reputation ganz ohne Rücksicht auf Schichtung und auf schichtspezifische Nachteile, die zu überwinden waren, entschieden. Auch hier wäre die soziologisch genauere Zurechnung einigermaßen unbrauchbar. Offenbar können Leistungszusammenhänge wie Erziehung oder Wissenschaft in der Gesellschaft nur getrennt werden, wenn man ihren Leistungsbewertungen ein hohes Maß an schichtsoziologischer Ignoranz gestattet.

Die methodisch kontrollierten Zurechnungen der Wissenschaft folgen der Logik des Experiments und der Faktorenneutralisierung. Dieser Logik folgen auf ihre Weise auch die Zurechnungen der anderen Funktionssysteme: Nur wenn die Personen in allen anderen Hinsichten gleich sind, kann man sie nach Maßgabe systemeigener Kriterien vergleichen und ihr ungleiches Abschneiden ihnen selbst zurechnen. Diese Homogenisierung der Personen, diese Neutralisierung aller anderen Faktoren kann aber natürlich niemals in dem Sinne erreicht werden, dass alle faktischen Unterschiede, die mit Unterschieden an bewerteter Leistungsfähigkeit korrelieren, aufgehoben werden. Selbstverständlich haben die Kinder der Professoren, wenn es um akademische Karrieren geht, deutliche Vorteile vor anderen Gruppen. Wohl aber kann durch die Normierung des Zurechnungsprozesses erreicht werden, dass solche Unterschiede nicht thematisiert werden dürfen. An die Stelle der faktischen tritt eine kontrafaktische Neutralisierung der wirklichen Ursachen. „Man *darf* nicht behaupten", schreibt Niklas Luhmann (1970: 241), „dass ein Wissenschaftler seine Leistungen nur als Sohn eines Professors hat erbringen können. *Jede* anerkannte Leistung bringt unabhängig von ihren wirklichen Ursachen Reputation ein".

Dass die Norm der Gleichheit (Kieserling 2006a), an der diese Zurechnung auf Individuen hängt, soziale Ungleichheit reproduziert, ist richtig. Aber das ist nur ihre Folge, nicht ihre Funktion. Diese liegt in der funktionalen Spezifikation von Gesichtspunkten der Ungleichbehandlung, und in dieser Funktion kann sie durch soziologisch korrekte Zurechnungen nicht ersetzt werden. Die Befugnis zu soziologischer Ignoranz, die sich daraus ergibt, ist damit so robust abgesichert, dass gerade soziologisch nicht leicht zu erkennen ist, wie ein noch so großer Fortschritt der Soziologie den Individualismus sollte auflösen können. Nur eine Soziologie, die sich selbst und die eigene Forschungstechnik naiv überschätzt, wird daraus, ohne Alternativen zu sehen, sogleich auf Ideologiebedarf schließen.

Hier angekommen, können wir den klassischen Begriff des institutionalisierten Individualismus neu präzisieren. Es ist nur eine geringe Übertreibung, wenn man den institutionalisierten Individualismus der modernen Gesellschaft als institutionalisierte Abwehr der Soziologie beschreibt. Der moderne Individualismus – das ist die institutionalisierte Befugnis zur Neutralisierung einer Soziologie, die individuelle Erfolge wie Misserfolge aus der Kategorienzugehörigkeit des Individuums zu erklären versucht. Der soziologische Begriff für die gesamtgesellschaftliche Institutionalisierung des Individualismus erklärt zugleich, warum der theoretische Kollektivismus der Soziologie nur innerhalb der Wissenschaft selbst institutionalisiert werden kann. Eine Gesellschaft, die den Individualismus selber zur Institution erhebt, hat für den theoretischen Kollektivismus der Soziologie nur noch begrenzte Verwendung.

Damit löst sich das Reflexionsproblem der Soziologie, von dem wir ausgingen, in Wissenssoziologie auf. Eine gesellschaftstheoretisch informierte Soziologie der Soziologie kann Entwarnung geben: Die Befürchtung von Schelsky und anderen, dass der Kollektivismus und Determinismus der Soziologie dem Individualismus der modernen Gesellschaft gefährlich werde und dass man ihn im Interesse des Individuums aufhalten müsse, ist von naiven Allmachtsphantasien nicht weit entfernt. Nüchterner formuliert: Es mag eine heroische Geste sein, wenn man der Wissenschaft unter Berufung auf das Individuum und seine Freiheit entgegentritt. Aber es verrät auch eine durch und durch szientistische Auffassung von der modernen Gesellschaft, die mit der Einsicht in deren Differenzierung schlecht abgestimmt ist.

Literatur

Adorno, Theodor W. (1965): Notiz über sozialwissenschaftliche Objektivität. In: ders. (1979): Soziologische Schriften I. Frankfurt: Suhrkamp Verlag: 238-244.

Beck, Ulrich (1983): Jenseits von Stand und Klasse? Soziale Ungleichheiten, gesellschaftliche Individualisierungsprozesse und die Entstehung neuer sozialer Formationen und Identitäten. In: Kreckel (1983): Soziale Ungleichheiten. Göttingen: Schwartz Verlag: 35-74.

Beck, Ulrich (1987): Risikogesellschaft. Auf dem Weg in eine andere Moderne. Frankfurt: Suhrkamp Verlag.

Dahrendorf, Ralf (1958): Homo Sociologicus. Ein Versuch zur Geschichte, Bedeutung und Kritik der Kategorie der sozialen Rolle. Opladen: Westdeutscher Verlag.

Dahrendorf, Ralf (1969): Rolle und Rollentheorie. In: Bernsdorf (1969): Wörterbuch der Soziologie. Stuttgart: Enke Verlag: 902-904.

Geißler, Rainer (1996): Kein Abschied von Klasse und Schicht. In: Kölner Zeitschrift für Soziologie und Sozialpsychologie. 48: 319-338.

Habermas, Jürgen (1973): Das Ende des Individuums?. In: ders. (1973): Legitimationsprobleme im Spätkapitalismus. Frankfurt: Suhrkamp Verlag.

Honneth, Axel (1981): Moralbewußtsein und soziale Klassenherrschaft. In: ders. (1990): Die zerrissene Welt des Sozialen. Sozialphilosophische Aufsätze. Frankfurt: Suhrkamp Verlag: 182-202.

Kieserling, André (2004): Selbstbeschreibung und Fremdbeschreibung: Beiträge zur Soziologie soziologischen Wissens. Frankfurt: Suhrkamp Verlag.

Kieserling, André (2006a): Sinn und Gleichheit. In: built: Das Architekten-Magazin 6, Heft 6: 21-23.

Kieserling, André (2006b): Klasse und Klassengesellschaft: Zur Entkopplung zweier Begriffe. In: Karl-Siegbert Rehberg (Hrsg.), Soziale Ungleichheit - Kulturelle Unterschiede, Verhandlungen des 32. Kongresses der Deutschen Gesellschaft für Soziologie in München 2004, 2 Bände nebst einer CD-ROM, Frankfurt/New York: 4425-4436 der CD.

Kieserling, André (2008): Felder und Klassen: Pierre Bourdieus Theorie der modernen Gesellschaft. In: Zeitschrift für Soziologie 37: 3-25.

Lepenies, Wolf (1985): Die drei Kulturen. Soziologie zwischen Wissenschaft und Literatur. Frankfurt: Carl Hanser Verlag.

Luhmann, Niklas (1970): Selbststeuerung der Wissenschaft. In: Luhmann (1970): Soziologische Aufklärung I. Aufsätze zur Theorie sozialer Systeme. Opladen: Westdeutscher Verlag: 232-252.

Merz-Benz, Peter-Ulrich/Wagner, Gerhard (Hrsg.) (2001): Soziologie und Anti-Soziologie. Ein Diskurs und seine Rekonstruktion. Konstanz: Universitäts Verlag.

Rehberg, Karl Siegberg (1985): Anti-Sociology. In: History of Sociology 5.1985. 2: 45-60.

Schelsky, Helmut (1975): Die Arbeit tun die anderen. Klassenkampf und Priesterherrschaft der Intellektuellen. Opladen: Westdeutscher Verlag.

Schelsky, Helmut (1981): Rückblicke eines "Anti-Soziologen". Opladen: Westdeutscher Verlag.

Tenbruck, Friedrich H. (1961): Zur deutschen Rezeption der Rollentheorie. In: Kölner Zeitschrift für Soziologie und Sozialpsychologie 13: 1-40.

Tenbruck, Friedrich H. (1984): Die unbewältigten Sozialwissenschaften oder Die Abschaffung des Menschen. Granz: Styria Verlag.

Wrong, Dennis H. (1961): The Oversocialized Conception of Man in Modern Sociology. In: American Sociological Review 28: 183-193.

Mindsets

Postmodernistische Deutungskonzepte zur Wissensverteilung unter Individualisierungsbedingungen

Ronald Hitzler

„Allein um das Simpelste und Normalste des soziologischen Jobs zu erfüllen, nämlich eine empirisch fundierte Diagnose der Konfliktdynamik sozialer Ungleichheit zu erstellen, müssen wir etwas tun, was dem soziologischen Spezialistenverstand zutiefst suspekt und uneinlösbar erscheint: den namenlosen, diskontinuierlichen Wandel grundlegender Koordinaten der Gegenwartsgesellschaften aufdecken. In diesem Fall: die konzeptionelle Neuvermessung sozialer Ungleichheit." Mit dieser Einsicht beginnt Ulrich Beck (2008a) zufolge die „Soziologische Aufklärung im 21. Jahrhundert".

1 Partialinteressen

Ich beschränke mich hier auf das, was Beck in der fünften These seiner konzeptionellen Neuvermessung – allerdings mit ganz anderen Konnotationen als ich – moniert: „Das Hauptproblem der Soziologie heute besteht darin, dass sie die falschen Fragen stellt. Die Leitfragen der Gesellschaftstheorien sind alle auf Stabilität und Ordnung ausgerichtet und nicht auf das, was wir erfahren, begreifen müssen: den epochalen, diskontinuierlichen Gesellschaftswandel in der Moderne" (Beck 2008b: 42).

Beck selber ist also, wie er in seinem Eröffnungsvortrag zum DGS-Kongress „Unsichere Zeiten" 2008 in Jena sagte, längst dabei, nicht nur seine, sondern jegliche künftige Soziologie im Weltmaßstab zu denken und zu konzipieren. Dahinter bleibe ich nicht nur wissentlich, sondern auch willentlich *weit* zurück mit meinen diesem Denken gegenüber doch sehr bescheidenen Überlegungen zu einer *konzeptionell-methodologischen* Ergänzung der Ungleichheitsforschung unter der Prämisse, dass anhaltende Individualisierung symptomatisch ist für Gesellschaften auf dem Weg in eine andere Moderne:

Meine weder neue noch originale Idee ist (seit langem), dass Ungleichheit unter Individualisierungsbedingungen nicht nur im Sinne der sogenannten Bolte-Schule „subjektorientiert" (was ja nicht mehr impliziert als „auf den Einzelnen und nicht nur auf Aggregate achtend") erforscht werden muss (vgl. Bolte 1983, dazu auch die Beiträge in Voß/Pongratz 1997), sondern dass das Subjekt, das heißt: das im Sinne von Alfred Schütz sinnhaft handelnde Individuum, *in seinem Eigen-Sinn* schlechthin nicht mehr angemessen von etwelchen sozialen Lagen her begriffen werden kann, auch wenn es im Hinblick auf gesellschaftsanalytische Problemstellungen unumgänglich zu sein scheint, das *Verhalten* von Menschen mit ihren sozialen Lagerungen zu korrelieren (vgl. dazu Berger 1994 und 2003 u. v. a.). Denn wenn und sobald man *individualisierte* Subjekte und deren Meinen und Verhalten nicht mehr entlang irgendwelcher ‚externer' Kategorien aggregiert, lässt sich zeigen, dass die Relevanzen dieser Subjekte deutlich und multipel divergieren und dass sie infolgedessen aus den ihnen je zuhandenen sozialen Wissensvorräten das herausbrechen, was *sie* (warum auch immer je gerade) als für ihr alltägliches Leben wichtig erachten.

Das heißt: Die individualisierten Subjekte werden weit weniger durch gesellschaftliche Umstände und Gegebenheiten ‚geprägt', als dass sie sich aufgrund ihrer je eigenen Wichtigkeiten bestimmten Umständen, Gegebenheiten und Vorfällen unter bestimmten Umständen bzw. in bestimmten Situationen besonders aufmerksam zuwenden, sie als besonders bedeutsam definieren und als mittels entsprechender Vorkehrungen und Maßnahmen erhaltenswert oder veränderungsbedürftig deklarieren (vgl. dazu auch Knoblauch 2009: 265-283). Dergestalt weichen die existenziellen Anteile des schicksalhaft Auferlegten zurück vor dem individuell Entscheid- und arbiträr Gestaltbaren.

Besonders augenfällig wird das gegenwärtig etwa bei den Körpertechnologien: Von der Ernährung und Hygiene über das Fitnessprogramm, den Kontaktlinsen, der orthopädischen Einlage, der Zahnspange, der Nasenbegradigung, der Fettabsaugung und der Bauchdeckenstraffung bis zu den chemischen und allmählich auch genetischen Maßnahmen zur Optimierung unserer Physis steht uns in dieser Hinsicht kulturell nachgerade alles zur Verfügung. Und in diesen verschönten und immer aufs Neue zu verschönernden Körper ‚designen' wir immer vorbehaltloser auch einen entsprechend präparierten Geist hinein. Das Alter – als eine biologische Gegebenheit – verliert all dem gegenüber, und zwar massiv, immer mehr an Bedeutung. (Gerade deshalb werden Erkrankungen, die früher selten vorkamen, wie exemplarisch etwa die Demenzen, heute – und morgen erst recht – gleichsam epidemisch. Aber auch solcherlei fordert uns kulturell, jedenfalls auf mittlere Sicht, lediglich zu Innovationen unserer psycho-physischen Optimierung heraus.) Verallgemeinert ausgedrückt: Mit der zunehmenden Fragmentierung der Gesellschaft und der immer größeren Zahl an Optionen, sein Leben zu gestalten, werden die je eigenen – durchaus nicht selten idiosynkratischen – Entwürfe dessen, was sie sein wollen, für die Subjekte selber – und in der Masse dann auch für das gesellschaftliche Miteinander – immer relevanter (vgl. Beck 1995; Gross 1994; Hitzler 2004).

Wie angekündigt ziehe ich angesichts dieser Entwicklung(en) in Zweifel, dass eine Rekonstruktion gesellschaftlicher Wissensverteilung, welche sich anlehnt an überkommene oder auch an ‚neue' sozialwissenschaftliche Ungleichheitsmodellierungen, der unter Individualisierungsbedingungen typischen Selbst- und Weltwahrnehmung noch hinlänglich gerecht zu werden vermag. Schwerlich schon lässt sich noch übersehen, dass dort, wo die traditionellen *direkten* Verteilungskämpfe an Bedeutung verlieren oder hochgradig ritualisiert sind (wie üblicherweise die Tarifverhandlungen zwischen Gewerkschaften und Arbeitgebern), andere, *indirektere*, unregulierte Verteilungskämpfe aller Art um materielle Güter, um Weltdeutungen, um Kollektiv-Identitäten, um Lebensgewohnheiten und -qualitäten, um soziale Räume, Zeiten und Ressourcen, um Gestaltungschancen, um Grundsatz- und Detailfragen ausgetragen werden, die sich kaum noch und immer weniger mit dem überkommenen klassifikatorischen Analyse-Raster von links und rechts, von progressiv und konservativ, von revolutionär und reaktionär, usw. fassen lassen (vgl. Beck 1993: 229ff). Gemeint sind damit Verteilungskämpfe aufgrund von anderen Differenzen und Divergenzen – wie etwa denen zwischen den Geschlechtern und Generationen, zwischen Ossis und Wessis, zwischen Einheimischen und Zugezogenen, zwischen Autofahrern, Radfahrern und Fußgängern, zwischen Rauchern und Nichtrauchern, zwischen Vegetariern und ‚Karnivoren', zwischen Müßiggängern und Workaholics, zwischen Menschen mit Kindern und Menschen ohne heranwachsende Kinder usw., kurz: Alltagsquerelen, wie sie symptomatischerweise eben die *erlebten* sozialen Ungleichheiten markieren.[1]

Unter den Bedingungen einer solchen in immer neue, oft ‚mikroskopische' Partialinteressen zerfallenden Gesellschaft sind die individualisierten Individuen mehr oder minder ständig dazu gezwungen, in *ihren* je eigenen, biographisch erwachsenen und situativ gesetzten Relevanzstrukturen angemessene ‚Anleihen' zu machen bei heterogenen, ja bei zum Teil antagonistischen sozialen Wissensbeständen und daraus eben ihre *ihnen* tauglichen, sozusagen *individualisierten* Wissensvorräte zusammenzubasteln.[2] Während also in der bisherigen Moderne

---

1 Insbesondere der von Beck in die Diskussion gebrachte Begriff der „Vollkasko-Individualisierung" (vgl. z. B. Beck 1993, S. 160, und 1995, S. 35) impliziert – nicht nur, aber insbesondere – solche *erlebten* Ungleichheiten. Vollkasko-Individualisierung meint jene Art Individualisierung, bei der die mit der Freisetzung der Menschen aus überkommenen sozialmoralischen Gemeinschaftsbindungen einhergehenden existentiellen Risiken aufgefangen bzw. abgefedert werden durch Abhängigkeiten, die im Zusammenspiel von marktförmigen Optionen und bürokratischen Ligaturen entstehen (vgl. dazu auch Hitzler/Pfadenhauer 2004a).

2 Diese Rede von „individualisierten Wissensvorräten" (Hitzler 2006a) schließt an an die Rekonstruktion subjektiver und sozialer Wissensvorräte in den ‚Strukturen der Lebenswelt' (Schütz/ Luckmann 2003): Soziale Wissensvorräte setzen sich ‚logisch' – in mannigfaltigen, vielstufigen, komplexen und in der Regel langdauernden Habitualisierungs-, Typisierungs-, Institutionalisierungs- und Sedimentierungsprozessen – zusammen aus subjektiven Wissensbestandteilen. Empi-

die Partizipation an bestimmten sozialen Wissensvorräten unter hinlänglich typischen Umständen typische Lösungen für typische soziale Lagen konventionell
sowohl einigermaßen verbindlich als auch hinlänglich verlässlich nahegelegt hat,
erscheint das (Über-)Leben unter Individualisierungsbedingungen im Beckschen
Sinne (verstanden als im Prozess reflexiver Modernisierung sich verändernder
Handlungsrahmen, vgl. Beck/Giddens/Lash 1996; dazu die Beiträge in Beck/
Bonß 2001) symptomatischerweise eben nicht mehr als dergestalt konventionalisiert, sondern vielmehr als hochgradig diversifiziert. Infolgedessen lassen sich
die sozial vorrätigen ‚Bastel-Anleitungen' immer weniger problemlos auf die
Probleme der individuellen Existenz applizieren und vermögen die gesellschaft-
lichen ‚Regie-Anweisungen' das „Heer von durchschnittlichen Abweichlern"
(Liebl 2000: 13) nicht mehr berechenbar zu organisieren.

2   Postmodernismus[3]

(Nicht nur) deshalb schlage ich vor, auch (augenscheinlich unausgereifte) ästhetisierende, postmodernistische Deutungskonzepte zumindest zu erproben, um so
ebenso augenscheinlich kontingente Wissensformen zu erschließen, deren Un-
gleichheitsrelevanz bislang noch relativ ‚unsichtbar' geblieben ist – nicht zum
wenigsten vermutlich deshalb, weil sie dadurch gekennzeichnet ist, dass sie
(auch) in der Soziologie geschätzte (Grund-)Werte wie Aufklärung, Vernunft,
formale Gleichheit usw. selber wieder hinterfragt – zugunsten sozusagen einer
kulturellen Kakophonie von kleinen Variationen von Sinn und Unsinn, von
Ernsthaftigkeit und Lächerlichkeit, von Biederkeit und Hinterlist, von Sturheiten
und Flexibilitäten usw., kurz: von Ambiguitäten und Ambivalenzen (vgl. dazu
Junge 2000).

So verstandene ästhetisierende, postmodernistische Deutungskonzepte sind
weit weniger etwas, worauf wir zusteuern, als etwas, was längst zur quasi subku-

---

risch aber ist der größte Teil unserer je *subjektiven* Wissensvorräte aus *sozialen* Wissensvorräten
übernommenes und abgeleitetes, also nicht etwa evidentes, sondern *geglaubtes* Wissen. Und wir
brechen aus den uns – auf welche Art und Weise und warum auch immer – je zuhandenen sozialen Wissensvorräten ‚schon immer' das heraus, was wir – warum auch immer – als zum (Über-)-
Leben notwendig bzw. geeignet erachten.

3 Ich spreche nicht von „Postmoderne", sondern von „Postmodernismus", weil aus mannigfaltigen
– u. a. von Ulrich Herbert (2006) plausibel benannten – Gründen der Begriff „Postmoderne" *nicht*
geeignet ist, um damit eine ‚Epoche' nach der (bisherigen) Moderne zu bezeichnen. Unter „Postmodernismus" verstehe ich (z. B. in Hitzler 2006b) jene kulturelle Haltung gegenüber der bisherigen Moderne in der Moderne, die darauf angelegt ist, die Deutungsansprüche der „großen
Ideen" des modernen Weltverständnisses, die modernen Ideologien und Ismen also, ebenso zu
demontieren, wie dieses moderne Weltverständnis die vormodernen Sinngebote, insbesondere
die theistischen Weltbilder, demontiert (hat) (vgl. Lyotard 1986, Welsch 1988, Bauman 1995).

tanen Erfahrungsnormalität geworden ist, was wir allmählich aber erst uns zum Vorschein bringen: Sie implizieren die subjektive Vergegenwärtigung des je meinigen Lebens unter den – vieldeutigen – Vorzeichen des verlorenen Standpunkts, des je meinigen Lebens unter der – möglichen – Annahme, dass jede Idee von der Welt, von den Menschen und ihren Ordnungen eben *eine* Idee ist, dass es mithin zu jeder Idee auch andere – mehr oder minder alternierende – Ideen gibt, und dass das individuelle und mehr noch das soziale Beharren auf einer Idee symptomatischerweise weniger dem Erkennen der dieser Idee als inhärent geglaubten Wahrheit geschuldet ist, als vielerlei möglichen anderen, mehr oder weniger gut erklärbaren Gründen und Umständen. Denn in dem Maße, wie sich prinzipiell alle überkommenen – moralische Verbindlichkeiten produzierenden und stabilisierenden – sozialen Identifikationen relativieren, findet sich der Einzelne nachgerade zwangsläufig jenseits gesellschaftlicher Formierungen wieder, steht er sozusagen in seiner nackten Subjektivität vor dem Dauer-Problem, seine Existenz in einer unerhörten Schärfe und Absonderlichkeit selber bewältigen zu müssen.[4] Daher stelle ich nun die Frage, ob sich zur empirischen Erfassung der für eben diese radikale Individualisierung und Subjektivierung symptomatischen Denkweisen, Geisteshaltungen, Mentaldispositionen sich ein in der Soziologie m.W. noch nicht sehr nachgefragtes Konzept eignen könnte, das in der einschlägigen Literatur unter dem Etikett „*Mindsets*" verhandelt wird.

3 Literatursichtung

Befasst mit der Frage, wie sich interkulturelle Deutungsdissonanzen erklären und eventuell beheben lassen, hat der US-Außenpolitik-Experte Glen Fisher (1988) ein Konzept von *Mindsets* entwickelt, in dem er von der Notwendigkeit ausgeht, dass Menschen mit ihren jeweiligen Lebensbedingungen zurechtkommen müssen. Den Begriff der Mindsets verwendet Fisher im Sinne kultureller Deutungsmuster, die – in der Theoriesprache von Berger/Luckmann (1969) ausgedrückt – über Habitualisierungen, Typisierungen, Tradierungen und Institutionalisierun-

---

4 Vgl. dazu Bauman, z. B. 1997 und 2003, Hitzler 2003. – Diese Feststellung wird hier in der prognostischen Überzeugung getroffen, dass auch die unübersehbare Institutionenwiederentdeckungs- und Moralisierungshausse im ersten Jahrzehnt des dritten christlichen Jahrtausends keine hinlänglich dauerhaft konsensfähigen Sinnangebote wird re-installieren können, welche transsituative Gewissheiten für den je meinigen Lebensvollzug zu setzen vermöchten. D. h., (auch) der gegenwärtige pseudo-traditionalistische Zeitgeist wird – vermutlich zwar nicht kurz-, aber immerhin mittelfristig – vor jener tendenziell allumfassenden Optionalisierung (vgl. Gross 1994) kapitulieren, die sich, die Programme der Moderne zugleich radikalisierend und destruierend, in der ideologischen Emanzipation praktischer Verfügbarkeiten gegenüber jedweder Tabuisierung des Erdenklichen manifestiert.

gen verselbstverständlicht werden bzw. wurden. Allerdings arbeitet Fisher selber eher mit einer à tergo-Theorie, d. h., er geht davon aus, dass Mindsets sich sozusagen hinter dem Rücken bzw. jenseits der bewussten Wahrnehmung der Akteure entwickeln und verfestigen. Auch Rainer Michaeli (2005) begreift Mindsets als solche kulturellen Deutungsmuster, die sich in konsensuellen Gewissheiten wie „Rote Pilze sind giftig und sollten darum nicht verzehrt werden" (S. 87) niederschlagen. Solche einmal eingespielten mentalen Modelle bzw. Vor-Urteile sind Michaeli zufolge nur schwer durch neue Erkenntnisse zu irritieren oder gar zu verändern. Durchaus ähnlich sieht das auch Carl Ulrich Gminder (2006) bei seiner Analyse von manageriellen ‚Lernbarrieren' in Organisationen. Bei ihm werden Mindsets im Sinne je persönlicher Einstellungen von Managern thematisch.

Wie Ende der 1980er Jahre eben bereits Glen Fisher sieht auch der Trendforscher John Naisbitt (2006/2007) „Mindsets, die einer kulturellen Anpassung oder sozialen Zwängen entspringen". Diese betrachtet er jedoch nicht als Gegenstand seines Interesses. Vielmehr konzentriert er sich „auf jene Mindsets in unseren Köpfen, die wir bewusst und zu einem bestimmten Zweck *entwickeln*" (S. 11). D. h. immerhin, dass Naisbitt, ähnlich wie – nahezu zeitgleich – Carol Dweck mit ihrer Betonung der *Entscheidung* für bestimmte Denkweisen, bei den subjektiven Vermögen ansetzt, Wirklichkeit zu konstruieren. Ansonsten unternimmt Naisbitt allerdings überhaupt keine Anstrengungen dazu, Mindsets analytisch zu bestimmen. Alles, was wir in seinem immerhin auf 324 Textseiten aufgeschwemmten Buch von ihm – neben einer Vielzahl autobiografischer Anekdoten und mehr oder weniger plausibler Allerweltsweisheiten – dazu erfahren, ist, dass Mindsets „Muster unseres Denkens" seien, „die uns anzueignen und anzuwenden in unserer Hand liegt" (S. 4), wobei „die Entstehung unserer Mindsets ... in allen Bereichen des Lebens geprägt (wird), von weltbewegenden Ereignissen ebenso wie von persönlichen Beziehungen". Ansonsten belehrt er uns hier darüber, „dass es nicht die Informationen sind, die den Ausschlag geben sondern deren Bewertung. (...) *Wie* wir Informationen aufnehmen, ist demnach entscheidend dafür, welche Schlüsse wir aus ihnen ziehen." (S. 10) Naisbitt erweist sich dergestalt wohl als Prototyp für Holger Rusts kritische Einlassung dazu, dass das Mind Set tatsächlich nichts anderes ist als die generalisierte Ansicht des Trendforschers selber (vgl. Rust 2009).

Im Verhältnis zu Naisbitt theoretisch schon deutlich ambitionierter hingegen kontrastiert die Stanford-Psychologin Carol Dweck (2006) in ihrem überaus populären Ratgeber-Buch „Mindset" zwei Denkweisen, die ihr zufolge den Menschen antreiben oder ausbremsen, ihn glücklich machen oder unglücklich: Das „statische" Mindset hie und das „dynamische" Mindset da. Ein Mensch mit einem in dieser Lesart dynamischen Selbstbild ist einer, der nicht daran glaubt, dass wir als dumme oder schlaue Menschen, als Naturtalente oder Versager auf die Welt kommen, sondern dass wir Intelligenz und Erfolg lernend erwerben können. Ein Mensch mit einem statischen Selbstbild hingegen ist ein Nicht-Lerner, mit Versagensängsten angesichts von Neuem bzw. Unbekanntem. Dweck zufolge beeinflusst die *Entscheidung* für eine dieser Denkweisen das Selbstbild und damit die gesamte Persönlichkeitsentwicklung, ja die realisierten Lebenschancen eines Menschen.

Sowohl theoretisch als auch methodisch am ergiebigsten über Mindsets informiert m.E. nach wie vor Ingo Hamm mit seinem Buch zu den von der Gesellschaft für innovative Marktforschung (GIM) seit 1999 im Auftrag des Musiksenders MTV durchgeführten einschlägigen Konsumenten-Studien. Diese Studien basieren auf der prinzipiellen Einsicht, dass der Konsument (in den Studien ist damit selbstverständlich explizit der jugendliche MTV-Zuschauer gemeint) mit etablierten Mitteln der Marktforschung nicht mehr erfasst, jedenfalls nicht mehr begriffen werden kann; dass seine lebensweltlichen Orientierungen und Wichtigkeiten, dass seine ‚Innenansichten' vielmehr mit ethnographischen Mitteln rekonstruiert werden müssen. Dabei spielen Fragen eine Rolle wie: Wie sehen die Lebensstile aus, die mit bestimmten Mindsets korrelieren? Welche Orte und Zeiten, welche Räume und Zeiträume des Lebens sind relevant mit Bezug auf welche Mindsets? Wie sehen die sozialen Kontakte und Netzwerke bei welchen Mindsets aus? Usw.

Bestimmt werden die so verstandenen, orientierungsrelevanten Mindsets – die nach ihrer Relevanz für innovative Handlungs- und Interaktionsformen und für die Nachfrage nach heterogenen Produktinnovationen ausgewählt werden – nun *nicht* anhand etwelcher Sozialindikatoren (wie Einkommen bzw. verfügbares Budget, Bildung, Beruf, Schichtzugehörigkeit usw.), sondern im *deutenden* Einbezug bisheriger Erkenntnisse der repräsentativ arbeitenden Sozial- und Marktforschung – gemäß dem Motto des gesamten Konzepts: „It's a mindset – not an ageset!". Dabei werden – nochmals wesentlich deutlicher in der neuesten Studie von 2008 „Mindsets 3.0" – (die) Mindsets als kontingente *Setzungen* der „Zielgruppen" selber bzw. zumindest eines wie auch immer bestimmbaren „kreativen Teils" der Zielgruppen begriffen (vgl. – mit Blick auf Zukunftsszenarien – dazu auch Neuhaus 2008).[5]

---

5   Die Dimensionen von Mindsets, die sich aus der gesichteten Literatur generieren lassen, sind somit a) Deutungsmuster und Handlungsschemata, b) Wahrnehmungshorizonte und Relevanzsetzungen, c) Wertorientierungen, d) Denkweise, Geisteshaltung, Einstellung, e) Mentalität bzw. mentale Dispositionen, f) Selbstverständnis und Selbstsicherheit, g) Interessen und Bedürfnisse, h) Hoffnungen und Sorgen, i) Optionen und Restriktionen, j) Fähigkeiten, Routinen, Kompetenzen, k) (entscheidungs-)relevante andere, l) kollektive Identifizierungen und kulturelle Identität(en).

4   Situationsdefinition

Diese und eine Reihe anderer, ‚verstreuter' Auseinandersetzungen mit Mindsets
erscheinen mir als wissenssoziologisch-heuristisch relevant für die „Definition
der Situation" im Sinne der von mir protegierten Schützschen Lesart des Thomas-Theorems[6], das bzw. die ich als eine der für das Betreiben von Soziologie
wichtigsten Einsichten betrachte (vgl. Hitzler 1999): Das Objektivierte, also das
in einem Kulturzusammenhang Sinnhafte und Bedeutungsvolle sozialer Konstruktionen, darauf hat eben schon William I. Thomas hingewiesen, ist nichts
anderes als ein (relativer) *Konsens* darüber, wie etwas definiert ist bzw. wie etwas zu definieren sei. Thomas zufolge ist menschliches Verhalten typischerweise *weder* nur an gesellschaftlich geltenden *noch* nur an individuell erfundenen
Definitionen orientiert, sondern sozusagen eine *Kombination* von subjektiven
und objektivierten Situationsdefinitionen. Denn wenn jedes Individuum seine
Situation *nur* subjektiv definieren würde, käme naheliegenderweise jene (gegenüber anderen) relative Gleichartigkeit von Mitgliedern einer Gesellschaft bzw.
von deren Handlungen nicht zustande. Wären Situationsdefinitionen hingegen
ausschließlich gesellschaftlich standardisiert bzw. konventionalisiert, käme es
eben nicht zu individuellen bzw. individuell besonderten Verhaltensweisen. Jede
Handlung setzt also eine Definition der Situation voraus, in die sowohl sozial
objektivierte Definitionen als auch – unabweisbar – Subjektivismen aufgrund der
je individuellen Lebenssituation des Akteurs eingehen (wie z. B. biographische
Erfahrungen, Kenntnisse über ähnliche Situationen oder – im weitesten Sinne –
theoretisches Wissen, z. B. Höflichkeitsrituale, Anstandsregeln, Sprachcodes).
Kollektiv verbreitete Schemata und Muster des Deutens bzw. Definierens von
Situationen, Regeln und Ordnungen werden in der gesellschaftlichen Praxis ständig neu erhandelt. Deshalb ist Handeln auch sozusagen das ‚Herzstück' soziologischen Interesses.

Handeln – im Sinne des Vollziehens einer vorentworfenen Erfahrung (nach
Schütz/Luckmann 2003) – geschieht notwendigerweise im Rekurs auf Wissen.
Wissen bedeutet, aktuelle Erfahrung(en) mit (wie auch immer) erinnerten (bzw.
inkorporierten) Erfahrungen, die wir als (relativ) ähnlich typisiert und sedimen-
tiert haben, zu vergleichen und ggf. die aktuellen Erfahrungen (d. h. Vorstellungen, Wahrnehmungen, Widerfahrnisse, Handlungen) aufgrund dieses Vergleichs
zu modifizieren und auch zu revidieren (vgl. Thomas 1965: 287), d. h. eine veränderte Deutung daraus zu gewinnen. Das ist der Ausgangspunkt für das, was
ich eine Schützsche Lesart des Thomas-Theorems nenne: Etwas als „wirklich"

---

6   "If men define situations as real, they are real in their consequences" (Thomas/Thomas 1982:
572) bzw. „Wenn Menschen Situationen als ‚wirklich' definieren, dann zieht das wirkliche Folgen nach sich." (Thomas 1965: 114)

zu definieren bedeutet, (in diesem Sinne) zu *wissen*, dass es und *wie* es wirklich ist. Und von der so verstandenen Definition der Situation (d. h. vom Wirklichkeitswissen) wiederum hängt ab, *wie* gehandelt wird. Und das Gelingen bzw. Misslingen von Handlungen schlägt sich dann wieder nieder im Wissen bzw. als Wissen in der nächsten Definition, usw.

Erscheint die Situation nun als geprägt durch Institutionen (wie z. B. Sitten, Ordnungen usw.), d. h. durch Komplexe von Verhaltensmustern, Werten, Einstellungen, so bedeutet dies, dass der Akteur sie als bereits mit einem Anspruch auf Verbindlichkeit vor-definiert erfährt. Regelmäßigkeiten des (sozialen) Verhaltens lassen sich daraus erklären, dass es solcherlei gesellschaftlich als verbindlich angesehene Situationsdefinitionen gibt, deren individuelle Übernahme belohnt, deren Zurückweisung hingegen bestraft wird (im einfachen Fall etwa durch das Ausmaß an Aufwand, der mit Blick auf das, was man will, zu treiben ist): Diese objektivierten Wirklichkeitsbestimmungen (z. B. im Hinblick auf Kriterien für wahr oder unwahr, richtig oder falsch, akzeptabel oder verwerflich) befördern oder behindern dementsprechend individuelles Verhalten. Objektivierte Situationsdefinitionen beeinflussen individuelles Verhalten also insofern maßgeblich, als sie wesentlich die gesellschaftliche Konstruktion von Wirklichkeit stützen (vgl. dazu Berger/Luckmann 1969).

In die Situationsdefinition des Akteurs gehen neben diesen ‚gegebenen' Bedingungen aber eben immer und unabweisbar auch dessen subjektive Erfahrungen und Interessen ein – und weisen so auch den sozial objektivierten Definitionen ihren je spezifischen Stellenwert *für den Handelnden* zu. Ohnehin ist gesellschaftlich objektivierte Wirklichkeit keineswegs homogen, sondern das Resultat einer Vielzahl und Vielfalt von Definitionen, die je verschiedene Aspekte des sozialen Lebens erfassen. Unbeschadet dessen gilt jedoch: Damit Akteure Situationen definieren können, müssen sie sich auf eine (von wem und wie auch immer) definierte Wirklichkeit beziehen können. D. h., sie müssen – trivialerweise – (das von ihnen für ihr Definieren benötigte) Wissen bereits haben.

Empirisch haften Phänomenen, die mir als Elemente meiner Situation erscheinen, mithin in aller Regel Bedeutungen an, die ihnen *von anderen* verliehen worden sind. Diese nicht von mir gesetzten Bedeutungen haben den Charakter von sozial als solchen anerkannten ‚Tatsachen' (faits sociaux, social facts), die sich mir somit (ebenfalls) als anerkennenswerte – oder jedenfalls zu berücksichtigende – Vor-Gegebenheiten meiner subjektiven Situationsdefinition aufdrängen, wenn ich an menschlicher Gesellschaft (hinlänglich akzeptabel) teilhaben will (z. B studieren; in einer Kassenschlange warten; sich ‚gesittet' benehmen usw.). Zu fragen ist infolgedessen, wie es überhaupt zu sozial objektivierten Tatsachen kommt, da es sich dabei ja offenkundig um vom einzelnen Akteur und seinem unmittelbaren Erfahrungsbereich abgelöste Definitionen handelt, die über

einen sozialen Verallgemeinerungsprozess als verbindlich gemachte Definitionen
wiederkehren.

Nun, die Antwort im Sinne von Thomas lautet, dass eben (relative) Konsen-
se entstehen (und fortbestehen). D.h., dass Mitglieder einer Gesellschaft sich im
Laufe der Zeit wechselseitig daran gewöhnen, bestimmte – logischerweise irgendwann einmal in irgendeinem Zusammenhang von irgendeinem Subjekt in
irgendeiner Form vorgenommene – Situationsdefinitionen als zunächst akzeptabel, allmählich dann als gültige und schließlich als völlig fraglose und somit
Verhaltensweisen ‚vorschreibende' (bzw. zumindest nahelegende) Wirklichkeitsbestimmungen anzuerkennen. Unbeschadet dessen entscheidet die so verstandene Definition der Situation, und *nicht* irgendein (gar durch Beobachter)
objektivierter Sachverhalt, wie – und auch als was – das Subjekt etwas erlebt und
welche Konsequenzen sich für es daraus je ergeben.

5 Illustrationen

Um das damit Gemeinte kurz zu illustrieren, greife ich zwei durchaus miteinander korrespondierende, zugleich aber (noch) deutlich unterschiedlich ‚radikale'
Beispiele konzeptioneller Überlegungen zu Mindsets auf. Das erste Beispiel ist
einer Vor-Studie über „Seniorale Konsummilieus" entnommen: Abgesehen davon, dass es konsumsoziologisch immer – und so auch hier – besonders interessant ist, die Differenzen herauszuarbeiten zwischen dem, was produzentenseitig,
und dem, was konsumentenseitig mit Waren und Dienstleitungen expliziert, impliziert und konnotiert wird, ist bei einer solchen Studie selbstverständlich unabdingbar zu berücksichtigen, dass es statistisch signifikante und augenscheinlich
auch bei älteren Menschen erhebliche Bildungs-, Einkommens- und Statusunter-
schiede und (vor allem) Unterschiede bei den je individuell tatsächlich *verfügbaren* Ressourcen gibt.

Aber mit dieser einfachen Zuordnung nach herkömmlichen Schichtungsmerkmalen lässt sich die *Lebenswirklichkeit* und das in diese eingebettete, ent-
wurfs- und entscheidungsgeleitete Konsum-Handeln von älteren Menschen keineswegs (mehr) hinlänglich angemessen erfassen (vgl. auch Pompe 2007). Im
Hinblick auf eine plausible Differenzierung zwischen senioralen Konsummilieus
machen weder herkömmliche Schicht-Indikatoren, noch neuere Lebensstil-Grup-
pierungen noch die in der Alternsforschung geläufige Abgrenzung von Altersspannen, ja macht noch nicht einmal der körperliche Gesundheitszustand typische Konsummuster hinlänglich verständlich. Stattdessen verweist der Rekurs
auf (Selbst-)Wahrnehmungs- und (Welt-)Deutungsprobleme älterer Menschen
zunehmend auf für diese symptomatischen subjektiven Mentaldispositionen, die

sich etwa unter Etiketten wie „*Senioralität*"', „*Juvenilität*" und „*Senilität*" typisieren lassen.[7]

Das zweite Beispiel stammt aus unserer Arbeit an einer Neubestimmung des Begriffs „Jugend(lichkeit)": Auch wenn unsere Gesellschaft ‚altert' (vgl. zu den positiven Aspekten dieser Entwicklung Gross/Fagetti 2008) schwindet das Phänomen *Jugendlichkeit*, mit seinen Konnotationen von Vitalität und Erlebnisorientierung, – auch demografisch – keineswegs dahin, sondern breitet sich im Gegenteil in postmodernen Gesellschaften rapide aus. Dieser scheinbare Widerspruch erklärt sich daraus, dass „Jugendlichkeit" zunehmend bzw. zusehends eben keine Frage des Alters mehr ist, sondern eine Frage der *Einstellung zur Welt*. Diese Einstellung zur Welt, diese mentale Disposition ist dadurch gekennzeichnet, dass man weder (mehr) kindisch ist, noch erwachsen, sondern dass man in einem komplizierten Zusammenhang von eigen(sinnig)en, nicht etwa von individuellen, sondern von einfach *nicht*-erwachsenen-typischen Wichtigkeiten lebt. Und eben diese Einstellung ist in unserer Gegenwartsgesellschaft *keineswegs* immer seltener zu finden (wie es dem schrumpfenden Anteil junger Menschen an der Gesamtbevölkerung entsprechen würde) Diese Einstellung, die symptomatischerweise das argwöhnische Interesse von (mental) Erwachsenen weckt, weil sie mit ‚sonderbaren' Wichtigkeiten und Wertsetzungen einhergeht, breitet sich vielmehr immer weiter aus und streut über immer mehr Altersgruppen hinweg – und erfasst immer mehr Lebensbereiche von immer mehr Menschen: Juvenilität als Lebensform wird *prinzipiell* zur kulturellen Alternative gegenüber der Lebensform des Erwachsenseins (vgl. dazu Hitzler/Pfadenhauer 2004b, Hitzler 2006c).

Jugendlichkeit im damit gemeinten Verstande verweist auf eine bestimmte Geisteshaltung; auf eine Geisteshaltung, die gegenwärtig für zunehmend mehr Menschen nachgerade jeden Alters zu einer echten existenziellen Option wird: Eine Geisteshaltung dezidierter Selbst-Entpflichtung. Kurz: Jugendlichkeit/Juvenilität ist nachgerade prototypisch für das, was hier als Mindset angedacht wird[8]: Vom Standpunkt des Erwachsenseins aus erscheint es als für Menschen mit diesem Mindset symptomatisch, dass sie all das, was getan wird, weil es, dem Selbst- und Weltverständnis von Erwachsenen zufolge, ‚aus guten Gründen' ge-

---

7 Bei diesen Mindsets ansetzend stellt sich z. B. die Frage, welche Rolle Marken und Markenprodukte als ‚Vorlagen' für die Bildung von Identitäten auch bei älteren Menschen spielen, von deren tatsächlichem Erleben (und nicht von deren Aggregierung) her: Hängen (auch) ältere Menschen ihr Selbstverständnis – wesentlich oder jedenfalls in für sie relevantem Maße – an Konsumprodukten auf? Müssen solche Konsumprodukte (auch) bei älteren Menschen ggf. Markenartikel bzw. Artikel mit Markeneigenschaften sein? Usw.

8 (Auch) dieses Mindset ist selbstverständlich nicht ‚aus dem Nichts' entstanden, sondern hat sich vor allem seit der Zeit nach dem Zweiten Weltkrieg in westlichen Industriestaaten allmählich entwickelt und ausgebreitet (vgl. Beck 1983).

tan werden *muss*, ebenso praktisch wie beiläufig in Frage stellen dadurch, dass sie es nicht nur schlicht nicht *tun*, sondern dass sie sich oft nicht einmal damit befassen wollen.[9] Kurz: Dem Protagonisten von Jugendlichkeit ist symptomatischerweise die Erwachsenengesellschaft so lange relativ gleichgültig, wie diese ihn hinlänglich akzeptabel versorgt und zugleich in Ruhe lässt.[10]

Und eben solcherlei nicht abgeleitete, sondern genuin als solche verstandene Geisteshaltungen wie Senioralität und Juvenilität implizieren das von mir vorgeschlagene *wissenssoziologische*[11] Konzept der Mindsets: Mindsets im damit gemeinten Verstande scheinen zunächst einmal (eng) verwandt zu sein mit Weltsichten bzw. Weltauffassungen – etwa im Durkheimschen Sinne komplexitätsreduzierender „Kulturbrillen". Die von mir protegierte relevante Differenz gegenüber der entsprechenden Konzeption in der traditionellen bzw. konventionellen Wissenssoziologie (und nur deshalb habe ich mir den Begriff – bis auf Weiteres – überhaupt aus der Psychologie und aus dem Marketing ‚ausgeliehen'), besteht allerdings darin, dass (auch) *dort* Weltsichten eben durchgängig aus sozialen Lagen bzw. aus sozialstrukturellen Vorgängigkeiten ‚abgeleitet' werden, während ich vorschlage, unter Individualisierungsbedingungen nicht bei der angeblichen Kontingenz der *Seinsgegebenheiten* anzusetzen, sondern bei der – heuristisch – veranschlagten Kontingenz *subjektiver Geisteshaltungen*, aus denen *heraus* definiert wird, was je als „objektiv gegeben" *gilt*. Und ich meine, dass ich damit die Herausforderung, die sich aus dem Individualisierungskonzept für das gewohnte Betreiben von Soziologie ergibt, wenigstens *methodologisch* konsequenter betrachte als Ulrich Beck selbst.[12]

---

9 An einem lapidaren Beispiel verdeutlicht: Fragen wie die, inwiefern eine ‚wilde' Party in einer einsturzgefährdeten Bauruine ein Problem ist, diskutieren Erwachsene typischerweise in einem Vernunftraum zwischen ordnungsamtlichem Genehmigungsverfahren hie und kategorischem Imperativ da. Jugendliche jeglichen Alters hingegen wollen einfach tanzen.

10 Diese Mentalität als „postmaterialistisch" zu bezeichnen, erscheint empirisch folglich als unangemessen: Die enttabuisierte Nutzung und im Zweifelsfalle auch die enttabuisierte Beschaffung von als erforderlich betrachteten materiellen Ressourcen ist vielmehr die nachgerade fraglos vorausgesetzte Basis all dessen, was wir mit dem Mindset „Juvenilität/Jugendlichkeit" konnotieren.

11 Mit meiner in der einschlägigen phänomenologischen und hermeneutischen Tradition wurzelnden, in hohem Maße aber auch dem der Theorie reflexiver Modernisierung eignenden skeptischen Denken verbundenen Idee einer ‚bescheidenen' Wissenssoziologie (vgl. dazu nochmals Hitzler 1999) geht es mir ‚lediglich' darum, das soziale Miteinander zu beobachten, zu beschreiben, zu reflektieren, zu analysieren und – idealerweise eben unabhängig von Fremd- *und* von Eigeninteressen – zu kommentieren. D. h., ich will – sozusagen programmatisch – *tatsächlich* „nicht länger beanspruchen, wie mit den Augen Gottes das Soziale zu durchschauen und es entsprechend kontrollierbar zu machen" (Beck/Bonß 2001, S. 14). Der so verstandene wissenssoziologische ‚Blick' impliziert gleichwohl bzw. eben deshalb eine Attitüde des methodischen *Zweifels* daran, dass die Dinge, um die es js geht, so sind, wie sie zu sein scheinen (vgl. dazu Berger/Kellner 1984).

12 Es versteht sich sozusagen von selber, dass damit das Problem, wie man diese mentalen Zustände, die hier Thema waren, dann eigentlich erheben kann, nicht gelöst, sondern lediglich thematisiert

Literatur

Bauman, Zygmunt (1995): Postmoderne Ethik. Hamburg: Hamburger Edition.
Bauman, Zygmunt (1997): Flaneure, Spieler und Touristen. Hamburg: Hamburger Edition.
Bauman, Zygmunt (2003): Flüchtige Moderne. Frankfurt a.M.: Suhrkamp.
Beck, Ulrich (1983): Jenseits von Stand und Klasse? In: Kreckel, Reinhard (Hrsg.): Soziale Ungleichheiten. Sonderband 2 der Zeitschrift ‚Soziale Welt'. Göttingen: Schwarz.
Beck, Ulrich (1993): Die Erfindung des Politischen. Frankfurt a.M.: Suhrkamp.
Beck, Ulrich (1995): Eigenes Leben. In ders. u. a.: Eigenes Leben. München: C.H. Beck. 9-174.
Beck, Ulrich (2008a): Was heißt „soziologische Aufklärung" im 21. Jahrhundert? München: Manuskript.
Beck, Ulrich (2008b): Die Neuvermessung der Ungleichheit unter den Menschen. Frankfurt a.M.: Suhrkamp.
Beck, Ulrich/Bonß, Wolfgang (2001) (Hrsg.): Modernisierung der Moderne. Frankfurt a.M.: Suhrkamp.
Beck, Ulrich/Giddens, Anthony/Lash, Scott (1996): Reflexive Modernisierung. Frankfurt a.M.: Suhrkamp.
Berger, Peter A. (1994): Soziale Ungleichheiten und sozio-kulturelle Milieus. In: Berliner Journal für Soziologie, Heft 2. 249-264.
Berger, Peter A. (2003): Kontinuitäten und Brüche. In: Orth, Barbara/Schwietring, Thomas/Weiß, Johannes (Hrsg.): Soziologische Forschung: Stand und Perspektiven. Opladen: Leske + Budrich. 473-490.
Berger, Peter L./Kellner, Hansfried (1984): Für eine neue Soziologie. Frankfurt a.M.: Fischer.
Berger, Peter L./Luckmann, Thomas (1969): Die gesellschaftliche Konstruktion der Wirklichkeit. Frankfurt a.M.: Fischer.
Bolte, Karl Martin (1983): Subjektorientierte Soziologie – Plädoyer für eine Forschungsperspektive. In: Bolte, Karl Martin/Treutner, Ernst (Hrsg.): Subjektorientierte Arbeits- und Berufssoziologie, Frankfurt/M./New York: Campus. 12-36.
Dweck, Carol (2006): Mindset. The New Psychology of Success. New York: Random House.
Fisher, Glen (1988): Mindsets: the role of culture and perception in international relations. Yarmouth, ME: Intercultural Press.
Gminder, Carl Ulrich (2006): Nachhaltigkeitsstrategien systemisch umsetzen. Exploration der Organisationsaufstellung als Managementmethode. Wiesbaden: DUV.
Gross, Peter (1994): Die Multioptionsgesellschaft. Frankfurt a.M.: Suhrkamp.
Gross, Peter/Fagetti, Karin (2008): Glücksfall Alter. Freiburg i. Brsg.: Herder.
Hamm, Ingo (2003): Die MTV-Mindset-Studien. Stuttgart: Schaeffer-Poeschel.
Herbert, Ulrich (2006): Europa in der Hochmoderne. Wien: Manuskript.

---

ist. Aber das ist erst einmal keine methodologische, sondern eine methodische Frage, deren Beantwortung mich zwar – anhaltend – beschäftigt, die aber nicht Gegenstand der hier skizzierten Vor-Überlegungen waren.

Hitzler, Ronald (1999): Konsequenzen der Situationsdefinition. In: Hitzler, Ronald/Reichertz, Jo/Schröer, Norbert (Hrsg.): Hermeneutische Wissenssoziologie. Konstanz: UVK. 289-308.

Hitzler, Ronald (2003): Selbstgeschaffene Sicherheit? In: Ederer, Othmar/Prisching, Manfred (Hrsg.): Die unsichere Gesellschaft. Graz: AG für Wirtschafts- und Sozialgeschichte an der Karl-Franzens-Universität. 39-54.

Hitzler, Ronald (2004): Die unschuldige Mündigkeit und ihre ungeliebten Folgen. In: Junge, Matthias/Lechner, Götz (Hrsg.): Scheitern. Wiesbaden: VS. 167-179.

Hitzler, Ronald (2006a): Individualisierte Wissensvorräte. In: Tänzler, Dirk/Knoblauch, Hubert/Soeffner, Hans-Georg (Hrsg.): Zur Kritik der Wissensgesellschaft. Konstanz: Universitätsverlag. 257-276.

Hitzler, Ronald (2006b): Vagabundierende Geister. In: Gebhardt, Winfried/Hitzler, Ronald (Hrsg.): Nomaden, Flaneure, Vagabunden. Wiesbaden: VS. 67-83.

Hitzler, Ronald (2006c): Wird Jugendlichkeit zum Zivilisationsrisiko? In: Robertson-von Trotha, Caroline Y. (Hrsg.): Vernetztes Leben. (Heft 12 der Reihe ‚Problemkreise der Angewandten Kulturwissenschaft' des ZAK). Karlsruhe: Universitätsverlag. 87-98.

Hitzler, Ronald/Pfadenhauer, Michaela (2004a): Individualisierungsfolgen. In: Poferl, Angelika/Sznaider, Natan (Hrsg.): Ulrich Becks kosmopolitisches Projekt. Baden-Baden: Nomos. 115-128.

Hitzler, Ronald/Pfadenhauer, Michaela (2004b): Juvenilität als Identität. In: merz (medien + erziehung). Zeitschrift für Medienpädagogik, 48. Jg., Nr. 4. 47-53.

Junge, Matthias (2000): Ambivalente Gesellschaftlichkeit. Opladen: Leske + Budrich.

Knoblauch, Hubert (2009): Populäre Religion. Frankfurt a.M., New York; Campus.

Liebl, Franz (2000): Der Schock des Neuen. München: Gerling Akademie.

Lyotard, Jean-Francois (1986): Das postmoderne Wissen. Graz, Wien: Böhlau.

Michaeli, Rainer (2005): Competitive Intelligence, Berlin: Springer .

Naisbitt, John (2006): Mind set! – Reset your thinking and see the future. New York: Collins; deutsch: (2007): Mind Set! München: Hanser.

Neuhaus, Christian (2008): Auf das Neue vorbereiten. In: Birger P. Priddat und Peter Seele (Hrsg.): Das Neue in Ökonomie und Management. Wiesbaden: Gabler.

Pompe, Hans-Georg (2007): Marktmacht 50plus. Wiesbaden: Gabler .

Rust, Holger (2009): Verkaufte Zukunft. In: Reinhold Popp und Elmar Schüll (Hrsg.): Zukunftsforschung und Zukunftsgestaltung. Heidelberg: Springer.

Schütz, Alfred/Luckmann, Thomas (2003): Strukturen der Lebenswelt. Konstanz: UVK.

Thomas, William I. (1965): Person und Sozialverhalten (hrsgg. und eingeleitet von Edmund H. Volkart). Neuwied a. R. / Berlin.

Thomas, William I./Thomas, Dorothy S. (1928): The Child in America. New York: Knopf.

Voß, Gerd Günter/Pongratz, Hans J. (1997) (Hrsg.): Subjektorientierte Soziologie. Opladen: Leske und Budrich.

Welsch, Wolfgang (1988): Unsere postmoderne Moderne. Weinheim: VCH, Acta Humaniora.

Autorinnen und Autoren

Rolf Becker, Prof. Dr., geb. 1960, Professor für Bildungssoziologie und Schulforschung an der Universität Bern, Mitglied des Kuratoriums der GESIS Leibniz-Institut für Sozialwissenschaften.

Korrespondenzadresse: Institut für Erziehungswissenschaft, Abteilung Bildungssoziologie, Universität Bern, Muesmattstrasse 27, 3012 Bern (rolf.becker@edu.unibe.ch).

Forschungsschwerpunkte: Bildungssoziologie, Sozialstrukturanalyse, Lebensverlaufsforschung, Methoden der empirischen Sozialforschung und angewandte Statistik, Arbeitsmarkt- und Mobilitätsforschung, empirische Wahlforschung, Familien- und Generationenbeziehungen.

Veröffentlichungen u.a.: Staatsexpansion und Karrierechancen, Campus 1993; Generationen und sozialer Wandel, Opladen 1997; Bildung als Privileg (hrsg. mit Wolfgang Lauterbach), Wiesbaden 2008; Lehrbuch der Bildungssoziologie, Wiesbaden 2009; Expected and Unexpected Consequences of the Educational Expansion in Europe and the US. Bern: Haupt (hrsg. mit Andreas Hadjar), Haupt 2009. Bildungsexpansion. Erwartete und unerwartete Folgen (hrsg. mit Andreas Hadjar). Wiesbaden 2006. Higher Education or Vocational Training? An Empirical Test of the Rational Action Model of Educational Choices Suggested by Breen and Goldthorpe (1997) and Esser (1999) (zus. mit Anna E. Hecken), in: Acta Sociologica 2009. Why are working-class children diverted from universities? (zus. mit Anna E. Hecken), in: European Sociological Review 2009.

Peter A. Berger, Prof. Dr., geb. 1955, Professor für Allgemeine Soziologie – Makrosoziologie an der Universität Rostock, Sprecher der Sektion „Soziale Ungleichheit und Sozialstrukturanalyse" in der Deutschen Gesellschaft für Soziologie; Mitglied im Vorstand der Deutschen Gesellschaft für Soziologie.

Korrespondenzadresse: Institut für Soziologie und Demographie, Universität Rostock, Ulmenstraße 69, 18057 Rostock (peter.berger@uni-rostock.de).

Forschungsschwerpunkte: Allgemeine Soziologie, Sozialer Wandel, Modernisierung, Soziale Ungleichheit, Lebenslauf- und Mobilitätsforschung.

Veröffentlichungen u.a.: Entstrukturierte Klassengesellschaft? Opladen 1986; Lebenslagen, Lebensläufe, Lebensstile (hrsg. mit Stefan Hradil), Göttingen 1990; Individualisierung, Opladen 1996; Alte Ungleichheiten – neue Spaltungen (hrsg. mit M. Vester), Opladen 1998; Welche Gleichheit, welche Ungleichheit? Grundlagen der Ungleichheitsforschung, (hrsg. mit Volker H. Schmidt), Wiesbaden 2004; Institutionalisierte Ungleichheiten. (hrsg. mit H. Kahlert), Weinheim und München 2005; Der demographische Wandel (hrsg. mit H. Kahlert), Frankfurt/ New York 2006; Soziale Ungleichheit und soziale Schichtung (mit C. Neu), in: Joas, Hans (Hrsg.): Lehrbuch der Soziologie, Frankfurt am Main/New York 2007; Transnationalisierung sozialer Ungleichheit (hrsg. mit A. Weiß), Wiesbaden 2008; Soziale Ungleichheit. Klassische Texte zur Sozialstrukturanalyse (hrsg. mit H. Solga und J. Powell), Frankfurt/New York 2009; Dynamiken (in) der gesellschaftlichen Mitte, Wiesbaden 2010.

Sebastian Böhm, M.A., geb. 1981, Wissenschaftlicher Mitarbeiter am Institut für Sozialwissenschaften an der TU Braunschweig (bei Prof. Dr. Dirk Konietzka), Doktorand an der Bielefeld Graduate School in History and Sociology.

Korrespondenzadresse: TU Braunschweig, Institut für Sozialwissenschaften, Bienroder Weg 97, 38106 Braunschweig (se.boehm@tu-bs.de).

Veröffentlichungen: Marginalisierung von Partnerschaft in einer flexibilisierten Arbeitsgesellschaft? Erste Analyseergebnisse. In: Hans-Georg Soeffner (Hg.): Unsichere Zeiten. 34. Kongress der Deutschen Gesellschaft für Soziologie. Wiesbaden: Verlag für Sozialwissenschaften (mit Juliana Körnert, 2010 in Druck). Die Bildungsungleichheit des Erwerbsverhaltens von Frauen mit Kindern. Westdeutschland im Vergleich zwischen 1976 und 2004. In: Zeitschrift für Soziologie, Jg. 36, Heft 6, S. 416-434 (mit Michaela Kreyenfeld und Dirk Konietzka).

Nina Degele, Prof. Dr., geb. 1963, Professorin für Soziologie und empirische Geschlechterforschung an der Universität Freiburg.

Korrespondenzadresse: Institut für Soziologie, Universität Freiburg, Rempartstr. 15, 79085 Freiburg (nina.degele@soziologie.uni-freiburg.de).

Forschungsschwerpunkte: Modernisierung, Soziologie der Geschlechterverhältnisse, des Sports und des Körpers, qualitative Methoden.

Veröffentlichungen u.a.: Sich schön machen. Zur Soziologie von Geschlecht und Schönheitshandeln. Opladen 2004; Modernisierungstheorie (mit Christian Dries) München 2005; Einführung Gender/ Queer Studies, München 2008; Intersektionalität. Zur Analyse gesellschaftlicher Ungleichheiten, (mit Gabiele Winker), Bielefeld 2009.

Martin Diewald, Prof. Dr., geb. 1958, Professor für Soziologie, insbes. Sozialstrukturanalyse an der Universität Bielefeld, Forschungsprofessor am DIW Berlin.

Korrespondenzadresse: Fakultät für Soziologie, Universität Bielefeld, Postfach 100131, 33501 Bielefeld (martin.diewald@uni-bielefeld.de).

Forschungsschwerpunkte: Soziale Ungleichheit, Lebenslauf, Familie und soziale Netzwerke, Arbeitsmarkt und Beschäftigung, Interdependenzen zwischen Beruf und Privatleben.

Veröffentlichungen u.a.: After the Fall of the Wall, Stanford University Press 2006 (mit A. Goedicke und K.U. Mayer); Arbeitsmarktungleichheiten und die Verfügbarkeit von Sozialkapital, S. 183-210 in: Axel Franzen und Markus Freitag (Hrsg.): Sozialkapital. Theoretische Grundlagen und empirische Befunde, Sonderband 47 der KZfSS 2007; Modernisierung, Wohlfahrtsstaat und Ungleichheit als gesellschaftliche Bedingungen sozialer Integration – eine Analyse von 25 Ländern, S. 265-301 in: Jörg Lüdicke und Martin Diewald (Hrsg.): Soziale Netzwerke und soziale Ungleichheit, Wiesbaden 2007 (mit J. Lüdicke); Ungleiche Chancen und ungleiche Verteilungen. Zur Entwicklung sozialer Ungleichheiten in der Bundesrepublik. In F. Faulbaum, C. Wolf (Hrsg.): Gesellschaftliche Entwicklungen im Spiegel der Empirischen Sozialforschung: Deutschland 1949-2009, Wiesbaden (in Druck).

Andreas Hadjar, PD. Dr., geb. 1974, Privatdozent und Oberassistent an der Universität Bern.

Korrespondenzadresse: Institut für Erziehungswissenschaft, Abteilung Bildungssoziologie, Universität Bern, Muesmattstrasse 27, 3012 Bern (andreas.hadjar@edu.unibe.ch).

Forschungsschwerpunkte: Werteforschung, Fremdenfeindlichkeit, Methoden der empirischen Sozialforschung und Datenanalyseverfahren, Familienforschung, soziale Vererbungsprozesse, Jugenddelinquenz, Politische Soziologie.

Veröffentlichungen u.a.: Expected and Unexpected Consequences of the Educational Expansion in Europe and the US. Bern: Haupt (hrsg. mit Rolf Becker), Haupt 2009. Bildungsexpansion. Erwartete und unerwartete Folgen (hrsg. mit Rolf Becker). Wiesbaden 2006. Ellenbogenmentalität und Fremdenfeindlichkeit bei Jugendlichen. Die Rolle des Hierarchischen Selbstinteresses, Wiesbaden 2004; Meritokratie als Legitimationsprinzip – Die Entwicklung der Akzeptanz sozialer Ungleichheit in Westdeutschland im Zuge der Bildungsexpansion, Wiesbaden 2008; Computergestützte Lehre an Hochschulen (Blended Learning) (hrsg. mit Armin Hollenstein), Haupt 2009; Europa auf dem Weg nach rechts? Die EU-Osterweiterung und ihre Folgen für politische Einstellungen in Deutschland, Polen und der Tschechischen Republik (hrsg. mit Susanne Rippl, Dirk Baier, Klaus Boehne), Wiesbaden 2007.

Andreas Hirseland, Dr., geb. 1957, stellv. Leiter des Forschungsbereichs „Erwerbslosigkeit und Teilhabe" am Institut für Arbeitsmarkt- und Berufsforschung (IAB) der Bundesagentur für Arbeit (BA), Leiter verschiedener Forschungsprojekte, u.a. des qualitaiven Panels „Armutsdynamik und Arbeitsmarkt: Entstehung, Verfestigung und Überwindung von Hilfebedürftigkeit bei Erwerbsfähigen".

Korrespondenzadresse: Institut für Arbeitsmarkt- und Berufsforschung der Bundesagentur für Arbeit (BA), Regensburger Straße 104, 90478 Nürnberg (andreas.hirseland@iab.de).

Forschungsschwerpunkte: Forschungsmethoden mit Schwerpunkt qualitative Sozialforschung, Soziale Ungleichheit und soziale Exklusion, Armuts-, Arbeitsmarkt- und Sozialstaatsforschung, Paarsoziologie.

Veröffentlichungen u.a.: Hirseland, Andreas/Ruiner, Caroline (2010): ‚Alles auf einmal' oder ‚Alles zu seiner Zeit'? Individualisierungsprozesse und Transformation von Zeit und Zeitlichkeit in Paarbeziehungen in der reflexiven Moderne. In: Soeffner, Hans Georg (Hrsg.): Unsichere Zeiten. Verhandlungen des 34. Kongresses der Deutschen Gesellschaft für Soziologie in Jena. Wiesbaden:VS Verlag für Sozialwissenschaften; Ruiner, Caroline/Hirseland, Andreas/Schneider, Werner (2010): Money and the Dynamics of Intimate Relationships. In: Widmer, Eric/ Jallinoja,Riitta (Eds.): Families and Kinship in Contemporary Europe: Rules and Practices of Relatedness. Basingstoke: Palgrave Macmillan, S. 207-232.

Ronald Hitzler, Prof. Dr., geb 1950, Professor für Allgemeine Soziologie an der Technischen Universität Dortmund, Mitglied des Fachkollegiums „Sozialwissenschaften" der Deutschen Forschungsgemeinschaft; Sprecher der Sektion „Wissenssoziologie" in der Deutschen Gesellschaft für Soziologie; Mitglied im Vorstand der Deutschen Gesellschaft für Soziologie.

Korrespondenzadresse: Institut für Soziologie, Fakultät 12, Technische Universität Dortmund, 44221 Dortmund (ronald@hitzler-soziologie.de).

Forschungsswerpunkte: Allgemeine Soziologie (Mundanphänomenologie, Dramatologische Anthropologie), Verstehende Soziologie (Hermeneutische Wissenssoziologie, Materiale Kultursoziologie), Modernisierung als Handlungsproblem (Existenzbasteln, Posttraditionale Vergemeinschaftung, Innovationskompetenz), Methoden der explorativ-interpretativen Sozialforschung (Ethnographie, Sozialwissenschaftliche Hermeneutik, Lebensweltanalyse)

Veröffentlichungen u.a.: mit Jo Reichertz, Arne Niederbacher, Gerd Möll und Miriam Gothe: *Jackpot.* Wiesbaden (VS) 2009; mit Anne Honer und Michaela Pfadenhauer (Hrsg.): Posttraditionale Gemeinschaften. Wiesbaden (VS) 2008; Forschungskonsortium WJT (Autorenkollektiv): Megaparty Glaubensfest. Wiesbaden (VS) 2007; mit Winfried Gebhardt (Hrsg.): Nomaden, Flaneure, Vagabunden. Wissensformen und Denkstile der Gegenwart. Wiesbaden (VS) 2006; mit Thomas Bucher und Arne Niederbacher: Leben in Szenen. Wiesbaden (VS) 2005; mit Michaela Pfadenhauer (Hrsg.): Gegenwärtige Zukünfte. Wiesbaden (VS) 2005.

Matthias Junge, Prof. Dr. geb. 1960 in Bonn, Studium der Philosophie, Sozialarbeit und Soziologie in Bamberg. Diplom in Soziologie 1987 in Bamberg. Promotion 1995 ebenfalls in Bamberg, Habilitation 2000 an der TU Chemnitz. Seit 2004 Professur für Soziologische Theorien und Theoriegeschichte an der Universität Rostock, Wirtschafts- und Sozialwissenschaftliche Fakultät, Institut für Soziologie und Demographie.

Korrespondenzadresse: Institut für Soziologie und Demographie, Universität Rostock, Ulmenstraße 69, 18057 Rostock (matthias.junge@uni-rostock.de).

Forschungsschwerpunkte: Kultursoziologie, Kulturtheorie, Soziologische Theorie, Gesellschaftstheorie, Metaphernforschung.

Ausgewählte Veröffentlichungen u.a.: Forever young? Junge Erwachsene in Ost- und Westdeutschland. Opladen: Leske + Budrich, 1995 (Promotion); Ambivalente Gesellschaftlichkeit. Die Modernisierung der Vergesellschaftung und die Modernisierung der Soziologie. Opladen: Leske + Budrich 2000 (Habilitation); (Hrsg.) Zygmunt Bauman. Soziologie zwischen Postmoderne und Ethik. Opladen: Leske + Budrich 2001 (gemeinsam mit Thomas Kron); Individualisierung. Frankfurt/Main; New York: Campus 2002; Soziologische Theorien von Comte bis Parsons. München; Wien: Oldenbourg 2002 (gemeinsam mit Ditmar Brock und Uwe Krähnke); (Hrsg.) Macht und Moral. Beiträge zur Dekonstruktion von Moral. Wiesbaden: Westdeutscher Verlag 2003; Klassische Diagnosen der modernen Gesellschaft. Rationalisierung, Differenzierung, Individualisierung. Kurseinheit: Georg Simmel. Hagen: FernUniversität Hagen 2004; (Hrsg.) Scheitern. Aspekte eines sozialen Phänomens. Wiesbaden: VS Verlag für Sozialwissenschaften 2004 (gemeinsam mit Götz Lechner); Zygmunt Bauman. Wiesbaden: VS Verlag für Sozialwissenschaften 2006; Kultursoziologie. Konstanz: UVK 2009; Simmel lesen. Bielefeld: transcript 2009.

Heiner Keupp, geb. 1943, Studium der Psychologie und Soziologie in Frankfurt am Main, Erlangen und München. Diplom, Promotion und Habilitation in Psychologie, war von 1978 bis 2008 Professor für Sozial- und Gemeindepsychologie an der Universität München. Aktuell Gastprofessuren an den Universitäten in Klagenfurt und Bozen. Vorsitzender der Kommission für den 13. Kinder- und Jugendbericht der Bundesregierung.

Korrespondenzadresse: Ringhofferstraße 34, D-85716 Unterschleißheim (heinerkeupp@psy.lmu.de)

Forschungsschwerpunkte: Soziale Netzwerke, gemeindenahe Versorgung, Gesundheitsförderung, Jugendforschung, individuelle und kollektive Identitäten in der Reflexiven Moderne und Bürgerschaftliches Engagement.

Letzte Buchveröffentlichungen: Psychosoziales Handeln im gesellschaftlichen Umbruch (1987); Soziale Netzwerke (1987); Riskante Chancen (1988); Verunsicherungen (1989); Zugänge zum Subjekt (1993), Psychologisches Handeln in der Risikogesellschaft (1994), Identitätsarbeit heute (1997); Der Mensch als soziales Wesen (1998); Eine Gesellschaft der Ichlinge - Zum gesellschaftlichen Engagement Heranwachsender (2000); Grundkurs Psychologie (2001); Identitätskonstruktionen - Das Patchwork der Identitäten in der Spätmoderne (20063); Subjektkonzeptionen im Diskurs (2007); Armut und Exklusion. Gemeindepsychologische Analysen und Gegenstrategien Bürgerschaftliches (2010); Erschöpfende Arbeit: Gesundheit und Prävention in der flexiblen Arbeitswelt (2010; Engagement in der reflexiven Moderne (i.E.).

André Kieserling, Prof. Dr., geb. 1962, Professor für Allgemeine Soziologie und soziologische Theorie an der Universität Bielefeld.

Korrespondenzadresse: Fakultät für Soziologie, Universität Bielefeld, Universitätsstr. 25, 33615 Bielefeld (andre.kieserling@uni-bielefeld.de)

Forschungsschwerpunkte: Soziologie sozialer Ungleichheit, Wissenssoziologie, Interaktionssoziologie.

Veröffentlichungen u. a.: Kommunikation unter Anwesenden: Studien über Interaktionssysteme, Frankfurt 1999; Selbstbeschreibung und Fremdbeschreibung: Beiträge zur Soziologie soziologischen Wissens, Frankfurt 2004; Felder und Klassen: Pierre Bourdieus Theorie der modernen Gesellschaft, in: Zeitschrift für Soziologie 37 (2008), S. 3-24.

Juliana Körnert, Dipl.-Soz., geb. 1982, Studentin am Graduate Center des DIW Berlin; Mitglied der BGHS Bielefeld.

Korrespondenzadresse: Deutsches Institut für Wirtschaftsforschung, 10108 Berlin (juliana.koernert@uni-bielefeld.de).

Forschungsschwerpunkte: Familiensoziologie, Partnerschaften, Work-Life-Balance.

Cornelia Koppetsch, Prof. Dr., geb. 1967, Professorin für Soziologie an der TU Darmstadt.

Korrespondenzadresse: Institut für Soziologie, TU Darmstadt, Marktplatz 15, Residenzschloss, 64283 Darmstadt. E.Mail: Koppetsch@ifs.tu-darmstadt.de

Forschungsschwerpunkte: Sozialstruktur und Lebensformen; sozialer Wandel, Arbeit und Identität; Familie und Geschlechterverhältnisse.

Veröffentlichungen u.a.: Die Illusion der Emanzipation. Zur Reproduktion von Geschlechtsnormen in Paarbeziehungen im Milieuvergleich UVK 1999: Konstanz. (gemeinsam mit Günter Bukrart); Das Ethos der Kreativen UVK 2006: Konstanz; Zur Wiederkehr der Konformität. Deutsche Mentalitäten im Wandel (Manuskript, erscheint 2011 im Transcript-Verlag); Der Markt der Ideen. Neue Wege der Professionalisierung am Beispiel der Kultur- und Medienindustrien. In: Soziale Welt 4, 2008, S. 327-350; Koppetsch, Cornelia (2009): Glanz und Elend der Symbolanalytiker. Die Experten der Wissensgesellschaft. In: IBA_Hamburg (Hrsg.) Bildung und Stadt. Schriftenreihe Band III, S. 22-33.

Kathrin Leuze, Prof. Dr., geb. 1975, Juniorprofessorin für Bildungssoziologie an der Freien Universität Berlin, Leiterin der Projektgruppe „Nationales Bildungspanel (NEPS): Berufsbildung und lebenslanges Lernen" am Wissenschaftszentrum Berlin für Sozialforschung (WZB).

Korrespondenzadresse: Wissenschaftszentrum Berlin für Sozialforschung, Reichpietschufer 50, 10785 Berlin (kathrin.leuze@wzb.eu).

Forschungsschwerpunkte: Lebenslaufforschung mit den Schwerpunkten (Hochschul-)Bildung, Arbeitsmarkterträge und -mobilität, Geschlechterungleichheiten, internationaler Vergleich

Veröffentlichungen u.a.: Smooth Path or Long and Winding Road? How Institutions Shape the Transition from Higher Education to Work. Opladen, Farmington Hills, MI: Budrich UniPress 2010. New Arenas of Education Governance - The Impact of International Organizations and Markets on Education Policymaking, Houndmills, Basingstoke: Palgrave Macmillan 2007 (hrsg. mit Kerstin Martens und Alessandra Rusconi).

Gunnar Otte, PD Dr., geb. 1971, wissenschaftlicher Assistent am Soziologischen Institut der Universität Zürich.

Korrespondenzadresse: Soziologisches Institut, Universität Zürich, Andreasstraße 15, CH-8050 Zürich (otte@soziologie.uzh.ch).

Forschungsschwerpunkte: Sozialstruktur und soziale Ungleichheit, Lebensstilforschung, Jugendsoziologie, Kultur- und Kunstsoziologie, Stadt- und Regionalsoziologie, Methoden der empirischen Sozialforschung, Soziologische Theorie.

Veröffentlichungen u.a.: Children of the Night. Soziale Hierarchien und symbolische Grenzziehungen in Clubs und Diskotheken, Wiesbaden 2010; Sozialstrukturanalysen mit Lebensstilen, Wiesbaden 2008; From Origin to Destination (hrsg. mit Stefani Scherer, Reinhard Pollak und Markus Gangl), Frankfurt am Main 2007; Fans und Sozialstruktur, in: Roose, Jochen/Schäfer, Mike S./Schmidt-Lux, Thomas (Hrsg.): Fans, Wiesbaden 2010; Lebensstil und Musikgeschmack, in: Gensch, Gerhard/ Stöckler, Eva Maria/Tschmuck, Peter (Hrsg.): Musikrezeption, Musikdistribution und Musikproduktion, Wiesbaden 2008.

Angelika Poferl, Prof. Dr., geb. 1960, Juniorprofessur für Qualitative Methoden und Allgemeine Soziologie an der Ludwig-Maximilians-Universität München.

Korrespondenzadresse: Institut für Soziologie, LMU München, Konradstr. 6, 80801 München (angelika.poferl@lmu.de).

Forschungsschwerpunkte: Sozialer Wandel, Modernisierung, Globalisierung, Soziale Ungleichheiten, Familien- und Geschlechterverhältnisse, Umwelt.

Veröffentlichungen u.a.: Ökologische Kommunikation in Deutschland (mit Klaus Eder und Karl-Werner Brand), Opladen 1997; Geschlechterverhältnisse, Naturverhältnisse. Feministische Auseinandersetzungen und Perspektiven der Umweltsoziologie (hrsg. mit Andreas Nebelung und Irmgard Schultze), Opladen 2001; Ulrich Becks kosmopolitisches Projekt. Auf dem Weg in eine andere Soziologie (hrsg. mit Natan Sznaider), Baden-Baden 2004; Die Kosmopolitik des Alltags. Zur Ökologischen Frage als Handlungsproblem, Berlin 2004; Große Armut, großer Reichtum: Zur Transnationalisierung sozialer Ungleichheiten (hrsg. mit Ulrich Beck), Frankfurt a.M. (2010 im Erscheinen).

Simone Scherger, Dr., Research Fellow am ESRC Centre for Research on Socio-Cultural Change, University of Manchester, Großbritannien.

Korrespondenzadresse: ESRC Centre for Research on Socio-Cultural Change/University of Manchester, 178 Waterloo Place, Oxford Road, Manchester M139PL, Großbritannien (Simone.Scherger@manchester.ac.uk).

Forschungsschwerpunkte: Lebenslauf, Alter und Altern, Soziale Ungleichheit und Sozialpolitik, Generationen, kulturelle Partizipation.

Veröffentlichungen u.a.: Cultural transmission, educational attainment and social mobility (mit Mike Savage), in: Sociological Review 58/2010; Destandardisierung, Differenzierung, Individualisierung. Westdeutsche Lebensläufe im Wandel, Wiesbaden 2007; Flexibilisierte Lebensläufe? Die Dynamik von Auszug und erster Heirat, in: Szydlik, Marc (Hrsg.): Flexibilisierung. Folgen für Familie und Sozialstruktur, Wiesbaden 2008; Eine Gesellschaft – zwei Vergangenheiten? Historische Ereignisse und kollektives Gedächtnis in Ost- und Westdeutschland (zusammen mit Martin Kohli), in: BIOS 18/2005.

Anna Schröder, Dr., geb. 1981, wissenschaftliche Mitarbeiterin am Sustainable Consumption Institute sowie am Centre for Research on Socio-Cultural Change an der Universität Manchester (bis 2010).

Korrespondenzadresse: CRESC – ESRC Centre for Research on Socio-Cultural Change, 178 Waterloo Place, University of Manchester, Manchester, M13 9PL, United Kingdom (dr.anna.schroder@googlemail.com)

Forschungsschwerpunkte: Soziale Ungleichheit, Lebenslauf- und Mobilitätsforschung.

Michael Vester, Prof. Dr., geb. 1939 in Berlin, Prof. i. R. für Politische Wissenschaft am Institut für Politische Wissenschaft der Leibniz Universität Hannover, Leiter der Forschungsgruppe Habitus und Milieu.

Korrespondenzadresse: M. Vester, Altenbekener Damm 28, 30173 Hannover (m.vester@ipw.uni-hannover.de).

Forschungsschwerpunkte: Politische Soziologie und Geschichte sozialer Strukturen, Mentalitäten, Milieus und Bewegungen.

Veröffentlichungen u.a.: Die Entstehung des Proletariats als Lernprozess, Frankfurt a.M. 1970ff; Die Frühsozialisten 1798-1848 (Hrsg.), 2 Bde., Reinbek 1970 u. 1971; Modernisierung und Unterentwicklung in Südportugal 1950-1990, Hannover 1991; Unterentwicklung und Selbsthilfe in europäischen Regionen (Hrsg.), Hannover 1993; Soziale Milieus in Ostdeutschland (hrsg. mit M. Hofmann u. I. Zierke), Köln 1995; Soziale Milieus im gesellschaftlichen Strukturwandel (mit P.v. Oertzen, H. Geiling u. a.), Frankfurt a.M. 2001; Alte Ungleichheiten - neue Spaltungen (hrsg. mit P. A. Berger), Opladen 1998; Soziale Milieus und Kirche (hrsg. mit W. Vögele und H. Bremer), Würzburg 2002; Die neuen Arbeitnehmer (mit C. Teiwes-Kügler und A. Lange-Vester), Hamburg 2007.

Monika Wohlrab-Sahr, Prof. Dr., geb. 1957, Professorin für Kultursoziologie an der Universität Leipzig, Mitglied des Konzils der Deutschen Gesellschaft für Soziologie.

Korrespondenzadresse: Institut für Kulturwissenschaften, Universität Leipzig, Beethovenstr. 15, 04107 Leipzig (wohlrab@uni-leipzig.de).

Forschungsschwerpunkte: Religionssoziologie, Kultursoziologie, Qualitative Methoden, Biographieforschung, Individualisierungstheorie.

Veröffentlichungen u.a.: Individualisierung oder Institutionalisierung des Lebenslaufs? In: Bios 1992, 5, 1; Soziale Zeit und Biographie (mit Hans-Georg Brose und Michael Corsten), Opladen 1993; Biographische Unsicherheit, Opladen 1993; Individualisierung: Differenzierungsprozess und Zurechnungsmodus, in: Beck, U./Sopp, P. (Hrsg.): Individualisierung und Integration. Opladen 1997; Konversion zum Islam in Deutschland und den USA, Frankfurt/M. 1999; Integrating Different Pasts, Avoiding Different Futures? In: Time&Society 2004, 13, 1; Säkularisierung als Konflikt (mit U. Karstein, Th. Schmidt-Lux und M. Punken), in: Berliner Journal für Soziologie 2006, 4; Konfliktfeld Islam in Europa (hrsg. mit Levent Tezcan), Göttingen 2007; Qualitative Sozialforschung (mit Aglaja Przyborski), München 2008; Forcierte Säkularität (mit Uta Karstein und Thomas Schmidt-Lux), Frankfurt/M. 2009; Kultursoziologie (Hrsg.), Wiesbaden 2010.

Muhammad Zaman, Dr. geb. 1981, Postdoktorand an der Universität Leipzig.
Korrespondenzadresse: Institut für Kulturwissenschaften, Universität Leipzig, Beethovenstr. 15, 04107 Leipzig (zaman@uni-leipzig.de).
Forschungsschwerpunkte: Modernisierung, kultureller Wandel und Familienbeziehungen in Schwellenländern.

Veröffentlichungen u.a.: Socio-cultural Security, Emotions and Exchange Marriages in an Agrarian Community, in: South Asia Research 2008, 28, 3; BBC as a diasporic mass medium or an agent of public diplomacy: Users' perceptions in Pakistan and Germany (mit B. Rawan and S.A. Siraj), Global Media Journal 2008, 1, 1; Marriage of Cousins: Congenital Diseases and People's Perception in Pakistan, a Public Health Challenge, in: Journal of Public Health Policy 2010 (im Druck).

Dariuš Zifonun, Prof. Dr., geb. 1968, Professor für Soziologie mit dem Schwerpunkt Soziale Ungleichheit an der Alice Salomon Hochschule; Associate Research Fellow am Kulturwissenschaftlichen Institut Essen (KWI).
Korrespondenzadresse: Alice Salomon Hochschule Berlin, Alice-Salomon-Platz 5, 12627 Berlin (zifonun@ash-berlin.eu).
Forschungsschwerpunkte: Soziologie moderner Wissensgesellschaften, Kultur- und Wissenssoziologie, Migrations- und Ethnizitätsforschung, Erinnerungspolitik, Methodologie empirischer Sozialforschung.

Veröffentlichungen u.a.: Gedenken und Identität. Der deutsche Erinnerungsdiskurs, Frankfurt am Main/New York 2004; Die soziale Welt des FC Hochstätt Türkspor (mit Hans-Georg Soeffner), in: Sociologia Internationalis 2006, Jg. 44, H. 1, S. 21-55; Religiöse Vielfalt und religiöser Konflikt. Der Fall Bosnien und Herzegowina (mit Miranda Jakiša). In: Kippenberg, Hans G./ Rüpke, Jörg/ Stuckrad, Kocku von (Hrsg.): Europäische Religionsgeschichte: Ein mehrfacher Pluralismus, Göttingen 2009, S. 411-438; Was heißt Interkulturalität? (mit Claus Leggewie). In: Zeitschrift für interkulturelle Germanistik 2010, Jg. 1, H.1, S. 11-31; Ethnowissen: Soziologische Beiträge zu ethnischer Differenzierung und Migration (hrsg. mit Marion Müller). Wiesbaden 2010.